Eine Arbeitsgemeinschaft der Verlage

Böhlau Verlag · Wien · Köln · Weimar
Verlag Barbara Budrich · Opladen · Farmington Hills
facultas.wuv · Wien
Wilhelm Fink · München
A. Francke Verlag · Tübingen und Basel
Haupt Verlag · Bern · Stuttgart · Wien
Julius Klinkhardt Verlagsbuchhandlung · Bad Heilbrunn
Mohr Siebeck · Tübingen
Nomos Verlagsgesellschaft · Baden-Baden
Orell Füssli Verlag · Zürich
Ernst Reinhardt Verlag · München · Basel
Ferdinand Schöningh · Paderborn · München · Wien · Zürich
Eugen Ulmer Verlag · Stuttgart
UVK Verlagsgesellschaft · Konstanz, mit UVK / Lucius · München
Vandenhoeck & Ruprecht · Göttingen · Oakville
vdf Hochschulverlag AG an der ETH Zürich

Rüdiger Lohlker

Islamisches Recht

facultas.wuv

Rüdiger Lohlker, Univ.-Prof. Mag. Dr., lehrt Islamwissenschaften am Institut für Orientalistik der Universität Wien.

Bibliografische Information der Deutschen Nationalbibliothek

Die Deutsche Nationalbibliothek verzeichnet diese Publikation in der Deutschen Nationalbibliografie;
detaillierte bibliografische Daten sind im Internet unter http://d-nb.de abrufbar.

© 2012 Facultas Verlags- und Buchhandels AG
facultas.wuv, Stolberggasse 26, 1050 Wien
Alle Rechte vorbehalten

Einband: Atelier Reichert, Stuttgart
Grafisches Konzept & Satz: grafzyx.com, Wien
Druck und Bindung: CPI – Ebner & Spiegel, Ulm
Printed in Germany

UTB-Band-Nr.: 3562
ISBN 978-3-8252-3562-8

Inhalt

Vorbemerkung 7

Umrisse und Kontexte 11
Einige Begriffe 11 • Islamisches Recht und Geschichte 13 • Islamisches Recht und Scharia – zwei schwierige Begriffe 14 • System der Scharia, des fiqh und des Rechts 17

Islamisches Recht und Säkularität 18
Juridische und ethisch-religiöse Logiken 18 • Richterhandbücher 23 • Exkurs: Lehrgedichte 24 • Formularhandbücher 25 • Herrschaft und Säkularität 28 • Gelehrte und Säkularität 30 • Nichtmuslime und Säkularität 37

Strukturen von Rechtswerken 40
Polemik, Streitgespräch, Disputation 47 • Kommentare und Innovationen 51 • Zusammenfassungen 53 • Allgemeine Prinzipien und Maximen (qawa'id) 56 • Spezifische Prinzipien (dawabit) 61 • Ähnlichkeiten (ashbah wa-naza'ir) 62 • Unterscheidungen (Furuq) 64

Zur Geschichte des islamischen Rechts 67
Herrschaft und Gelehrtengemeinschaften 68 • Rechtsschulen 72 • Meinungsstreit (ikhtilaf) 76 • Exkurs: Hadithe 82 • Stiftungen (waqf) 87 • Zwölferschiitische usul al-fiqh 93 • Osmanisches Reich 95

Schariatische Beurteilungen 99
Scharia vor der Scharia 102 • Theologie und Recht 108 • Theologische Fragen 109 • Juridische und naturwissenschaftliche Diskurse 115

Texte, Absichten und Techniken 117
   Vernunft 118 • Empirismus 120 • Authentizität 122 • Göttliche
   Intention 128 • Usul al-fiqh und Sprache 129 • Exkurs: Menschliche
   Intentionen 132 • Mehrdeutigkeit 136 • Khass und 'amm 138 •
   Analogiebildung (qiyas) 139 • Hinweis (dalil) 143 • Motiv-Modell und
   Reines-Zeichen-Modell 147 • Motiv- bzw. Zeichenmodell und die
   damit verbundenen Methoden 149 • Drei Arten des qiyas 151 •
   Rechtskniffe (hila) 157 • Gutdünken (istihsan) 163 • Unsichtbare
   Analogien und istihsan 166 • Erleichternde Regelung (rukhsa) 169 •
   Blockieren dessen, was mit oder ohne Absicht zum Bösen führen
   kann (sadd al-dhara'i') 170 • Annahme der Fortgeltung
   (istishab) 170 • Istishab bei den Zwölferschiiten 173 • Weitere
   zwölferschiitische Handlungsprinzipien 174 • Ziele (maqasid) 175 •
   Nutzen (maslaha) 178 • Rechtsbrauch und Gewohnheitsrecht
   ('urf, 'ada) 182

Die Mühen des ijtihad 184
   Ist das Tor des ijtihad verschlossen worden? 187 • Abrogation
   (naskh oder al-nasikh wa'l-mansukh) 198 • Probleme der
   Mehrdeutigkeit 200 • Ein Beispiel: Diebstahl 202 • Der mujtahid
   und die Gewissheit 212 • Autorität 215 • Konsens (ijma') 222 •
   Mujtahids und Autorität 228 • Fatwas, Furu' und Usul 234

Abschließende Gedanken 236

Literatur 239

Personenregister 254

Sachregister 257

Vorbemerkung

> *Es sind unendliche Figuren und Bewegungen / wenn ich sowohl die gegenwärtigen als vergangenen zusammennehmen soll / welche sich in die causa efficientem oder in die würkende Ursache meiner vorhandenen Schrift vermischen und ihren Einfluss haben. Es gibt auch unendlich viele kleine Triebe und Neigungen meiner Seele / welche sowohl gegenwärtig als auch vergangen sind / und welche in der Final-Ursache dieses meines Aufsatzes zusammenlaufen.*
> (Leibniz 1996: 33, § 35)

Dieses Buch geht auf eine langjährige Beschäftigung mit Themen des islamischen Rechts zurück und soll in die Methoden einführen, die islamische Gelehrte, die sich mit der Scharia und dem *fiqh* beschäftigten, verwendet haben, um ihre Aufgaben zu erfüllen. Zu diesen Aufgaben zählte natürlich die Formulierung rechtlicher Regeln für muslimische Gesellschaften. Aber zugleich zählte und zählt dazu die Annäherung an die Erkenntnis dessen, was Gott von und für seine Schöpfung will. Die Gelehrten haben also zwei Logiken zu folgen.

Bernard Weiss (2006) hat versucht, den „Geist des islamischen Rechts" einzufangen. Dieses Buch ist sicherlich eine Inspiration für jeden Leser, der versucht, einen Überblick über die Methodik schariatischen Denkens zu geben. Wir werden hier aber einige andere Wege beschreiten und glauben auch nicht, über die Fähigkeiten eines Geisterjägers zu verfügen.[1] Wir werden allerdings dieselben Wege beschreiten und manch ähnliche Erscheinungen bemerken. Gegen Ende der Arbeit

---

1 Und wir sind uns dessen bewusst, dass der Titel des Weiss'schen Buches eher der Reihe geschuldet ist, in der es erschienen ist.

an diesem Manuskript konnte noch Thomas Bauers (2011) Abhandlung über *Die Kultur der Ambiguität* berücksichtigt werden, die, obwohl aus einer anderen Richtung kommend, zu ähnlichen Ergebnissen gelangt. Vielleicht gibt es doch einen (Zeit-)Geist.

Was sich hier nicht findet, ist eine detaillierte Auseinandersetzung mit einzelnen Bestimmungen und Formulierungen, die sich in Abhandlungen des angewandten Rechts des *fiqh* finden. Das weite Meer des angewandten Rechts muslimisch geprägter Gesellschaften ist ein Thema, das nur historisch und geographisch spezifisch behandelt werden kann, eine Aufgabe, die weit über die Möglichkeiten eines einzelnen Menschen hinausreicht. Wir werden die religiöse Säkularität des islamischen Rechts und der Rechtsmethodik betrachten, deren Mannigfaltigkeit, Strukturelemente der Diskurse und die Rolle der Wahrscheinlichkeit.

Das Ziel ist es, die Bewegung der rechtsmethodischen Arbeit der Gelehrten der *usul al-fiqh* einzufangen. Eine wirkliche *Geschichte* der *usul al-fiqh* hätte die Entwicklung vor und ebenso innerhalb der einzelnen Rechtsschulen zu verfolgen, auch innerhalb der zwölferschiitischen, zaiditischen u. a. Diskussionen, die Beziehungen zwischen und über die einzelnen Rechtsschulen hinaus, nicht gelehrte Rechtsformen und auch andere Formen islamischen Wissens (Koran, Hadith, Theologie, Sufismus etc.) sowie eher säkulares Wissen (Logik, Naturphilosophie, Literatur etc.) in älteren muslimischen[2] Gesellschaften zu berücksichtigen. Wir können hier diese Perspektiven nur andeuten.

Diese Untersuchung konzentriert sich auf die älteren gelehrten Diskussionen; moderne Entwicklungen werden zwar immer wieder kurz angesprochen, gehören aber zur Geschichte der Moderne. Der Schwerpunkt liegt auf sunnitischen Diskussionen, schiitische können nur am Rande berücksichtigt werden.

Trotz all dieser Beschränkungen wird diese Untersuchung hoffentlich einige Wege eröffnen, die andere Beschränkungen überwinden helfen. Dieses Buch betont in Anlehnung an Paul Gilroy (1993) die Porosität von Konzepten. „Wir haben es hier mit einem dialektischen Prozess zu tun: Indem wir unsere Aufmerksamkeit auf die Porosität der Konzepte richten, wird das Konzept der Porosität semantisch wirksam und

---

2 Wir verwenden in diesem Buch *muslimisch* für *muslimisch geprägt*, um Gesellschaften und Gemeinschaften zu bezeichnen, die bestimmt werden durch Mehrheiten, die sich als Muslim/inn/e/n verstehen. Es handelt sich um eine Adaptierung des gängigen Begriffs *islamicate*, die die Produktivität der einzelnen Subjekte betont.

bestimmte Fakten erscheinen nun als bedeutsam" (Buck-Morss 2011: 151). Um uns von der Dialektik zur hier bevorzugten Theoriesprache zu bewegen: Dieses Buch ist eine Verkettung von Verkettungen, ein Nachverfolgen von De- und Reterritorialisierungsbewegungen, eine Neufaltung von Falten. Es ist ein bescheidener Beitrag zu einer Universalgeschichte – und sicherlich kein hegelianischer. Dieser Beitrag beansprucht keine Normierung dessen, was islamisches Recht ist, denn für eine wirklich universale Universalgeschichte ist „kein synthetisches Verfahren gefragt, sondern ein additives, synkretistisches, nach allen Seiten offenes. Das Projekt der Universalgeschichte wird nie ans Ziel kommen. Es wird von neuem beginnen, an einem anderen Ort" (Buck-Morss 2011: 207).

Um es noch einmal anders zu formulieren: Es handelt sich bei diesen Untersuchungen nicht nur um eine Darstellung wichtiger Elemente der *usul al-fiqh*; es sind auch Reflexionen über und ausgehend von diesen „Wurzeln"; die Beispiele aus Originaltexten (übersetzt vom Verfasser) dienen zur Illustration der Grundlagen der Reflexionen.

Wir beginnen mit der Klärung einiger Begriffe, die immer wieder vorkommen, um einen begrifflichen Rahmen zu geben. Da auch ein zeitlicher Rahmen sinnvoll ist, schließt eine Periodisierung der Geschichte des islamischen Rechts an. Das Ausfüllen dieser Rahmen beginnt mit Überlegungen zu den Begriffen Scharia, *fiqh* und islamisches Recht. Die bestehende Begriffsverwirrung wird etwas aufgelöst.

Begrifflichen Problemen wendet sich auch das folgende Kapitel zu. Das Verhältnis von islamischem Recht und Säkularität wird neu bestimmt als das einer religiös geprägten Säkularität, die in Form zweier miteinander verbundener Logiken wirken. Welche Form nehmen nun die Werke an, in denen diese Logiken entfaltet werden? Der eine Aspekt dieser Form ist ein vielfach miteinander verbundenes Rhizom, das immer wieder über die Grenzen des einzelnen Textes hinausweist und ohne das der einzelne Text nicht zu denken ist. Der andere Aspekt ist die intensiv gelebte Kultur des Disputs, ja des Streits, in unterschiedlichen Formen, die bis in Diskussionen über Ähnlichkeiten und Maximen verfolgt wird.

Die Geschichte des islamischen Rechts wird dann noch einmal aufgenommen und ein Überblick über die Gelehrtengemeinschaften, die Entstehung der Rechtsschulen, Kanonisierungen, die Entstehung des juridischen Empirismus u. a. m. gegeben, der mit einem Exkurs über den Hadith, einem Überblick über die zwölferschiitische Rechtsmethodik und der Entwicklung im Osmanischen Reich bis ins 19. Jahrhundert abschließt.

Dann gehen wir zu den im engeren Sinne rechtsmethodischen Fragen über. Zuerst wird der Begriff der schariatischen Beurteilung geklärt und auch der Begriff der Scharia näher betrachtet. Da wir es mit einer *religiös* geprägten Säkularität zu tun haben, wird dann das Verhältnis von Theologie und Recht bestimmt; ebenso wird das Verhältnis zu anderen nicht rechtlichen Diskursen betrachtet. Im Anschluss wird der Begriff der Absicht des göttlichen Schöpfers der Schari'a näher analysiert, der grundlegend für die Arbeit der Gelehrten ist. Daraufhin rücken die Rolle der Vernunft bei der Ergründung dieser Absicht und die Frage der Authentizität der Grundlagentexte ins Zentrum, der juridisch-empiristische Zugang der Gelehrten erscheint. Zentral für die Arbeit der Gelehrten ist die Analyse der Sprache, die in der Folge dargestellt wird.

Anschließend gehen wir zu einer anderen Form der Intention über. Nicht mehr die göttliche Intention wird thematisiert, die menschlichen Intentionen werden genauer betrachtet. Bei aller Klarheit über die Sprache und die Absichten der handelnden Menschen – es bleiben doch Unklarheiten bestehen. Mehrdeutige Formulierungen und die Spezifizierung allgemeiner Aussagen werden deshalb anschließend behandelt.

Ein wichtiges Instrument der sunnitischen Rechtsentwicklung ist die Analogiebildung, deren Mechanismen im Detail betrachtet werden. Weitere methodische Instrumente, die einer Flexibilisierung des islamischen Rechts dienen und von einem rigiden Empirismus wegführen, werden ebenfalls dargestellt. Als methodische Gegenposition zum juridischen Empirismus wird anhand von Instrumenten wie der Analyse der Ziele der Scharia die juridische Induktion beschrieben.

Haben wir bis jetzt Texte und Begriffe behandelt, wenden wir uns nun der Arbeit der Rechtsgelehrten zu, bekannt unter dem Begriff *ijtihad*. Zentrale Kategorien wie Autorität und Konsens werden hier eingeführt und auch kurz auf das große Thema der Fatwa hingewiesen.

Umrisse und Kontexte

Die gelehrte Arbeit auf dem Felde des islamischen Rechts bedient sich eigener Begriffe, die verwirrend wirken, wenn man sich noch nicht intensiv mit diesem Recht und der gelehrten Diskussion beschäftigt hat. Erschwerend kommt hinzu, dass diese Begriffe in einer Welt, die noch nicht modernen Standardisierungen und Normierungen unterworfen wurde, häufig von einem Gelehrten etwas anders benutzt wurden, als es andere Gelehrte taten. Wenn wir nun noch bedenken, dass es für viele der Begriffe kein genaues deutsches Äquivalent gibt, wird die Lage noch komplizierter. Um hier etwas Orientierung zu schaffen, werden einige Begriffe vorab kurz definiert.

Auch Kenntnisse über die Geschichte des islamischen Rechts sind kein Allgemeingut. Deshalb wird ein historischer Rahmen umrissen, der eine allgemeine Orientierung bei der Lektüre erlaubt.

Für unsere Überlegungen ist besonders wichtig, dass wir verstehen, was denn die Unterschiede zwischen islamischem Recht, Scharia und *fiqh* ist. Gerade um diese Begriffe und ihre Überschneidungen wurde ein Netz von Vorurteilen und Defizitdiagnosen gewoben, das vor der eigentlichen Untersuchung etwas durchlöchert werden muss.

Einige Begriffe

Bei den *usul al-fiqh* handelt sich sprachlich um die „Wurzeln" (*asl*, Pl. *usul*) des *fiqh*. Technisch sind damit die methodischen Grundlagen der Ableitung der Beurteilungen menschlicher Handlungen aus bestimmten Texten gemeint. Aus diesen Wurzeln[1] sprießen die „Zweige" oder „Schößlinge" (*furu'*) der einzelnen Bestimmungen des praktisch angewandten Rechts.

Der *fiqh* ist das Produkt der Arbeit der Rechtsgelehrten, rechtliche Bestimmungen für das menschliche Handeln zu formulieren. Die Gelehrten versuchen diese Bestimmungen möglichst so zu formulieren, dass sie der göttlichen Beurteilung menschlicher Handlungen nahekommen, die in der *scharia* zusammengefasst sind. Scharia und *fiqh* sind also nicht gleichzusetzen.

Ein Rechtsgelehrter wird als *faqih* (Pl. *fuqaha'*) bezeichnet. Die Mehrzahl der Gelehrten versteht sich als Teil einer Gruppe von Gelehrten, die sich auf bestimmte Texte beziehen und *madhab* genannt wird. Diese Gruppe führt sich auf eine Person zurück, nach der sie auch benannt wird. Die Tätigkeit des Rechtsgelehrten, das Sich-Abmühen, um der Scharia nahe zu kommen, wird *ijtihad* genannt; eine besondere Form des *ijtihad* ist die Nachahmung (*taqlid*). Der Gelehrte, der den *ijtihad* ausübt, ist ein *mujtahid*. Wird ein Konsens (*ijma'*) zwischen Gelehrten erreicht, hat dieser einen wichtigen Wert als Rechtsquelle.

Für Rechtsgelehrte ist es wichtig, die Beurteilungen menschlicher Handlungen zu formulieren. Eine Beurteilung wird *hukm* genannt. Bekannt sind *halal* für „erlaubt" und *haram* für „verboten".

Auf diese Beurteilungen gibt es Hinweise, *dalil* (Pl. *adilla*) genannt, in den grundlegenden Texten des Korans und der Hadithe. Diese Hinweise können leichter gefunden werden, wenn es im Kontext einen Zusatz (*qarina*) gibt, der den Hinweis verdeutlicht. Sind Hinweise gefunden worden, muss abgewogen werden, welcher Hinweise am tauglichsten ist. Das Abwägen zwischen Hinweisen in Texten wird mit *tarjih*, das Abwägen der Glaubwürdigkeit von Überlieferern von Hadithen mit *al-jarh wa'l-ta'dil* bezeichnet.

Es gibt etliche Methoden, mit denen versucht wird, den *fiqh* so zu formulieren, dass er die ständig wechselnden Umstände erfassen kann. Für die Sunniten ist die Analogiebildung (*qiyas*) besonders wichtig. Ausgehend von einem älteren Fall wird durch bestimmte Methoden versucht, für einen neuen, ähnlichen Fall eine ähnliche Beurteilung wie für den Ausgangsfall zu finden.

---

1 Wurzeln ist metaphorisch angemessen, da es um die Verwurzelung in grundlegenden Texten geht. Wir sollten uns auch keinen Baum mit dickem Stamm und Zweigen vorstellen, eher einen Strauch, dessen Schößlinge nach allen Seiten sprießen und durch die Arbeit der Rechtsgelehrten in Form gebracht werden.

Wichtige weitere Methoden sind die Orientierung am Nutzen (*maslaha*) einer Bestimmung, die entscheiden helfen kann, in welcher Form z. B. ein Hinweis zu werten ist. Die Annahme, dass ein Zustand fortgilt (*istishab al-hal*), ist ebenfalls zu nennen. Werden die in den grundlegenden Texten enthaltenen Ziele der Scharia (*maqasid*) entfaltet, kann auch dies helfen, eine adäquate Beurteilung einer Handlung zu finden.

Für die Rechtsgelehrten sind außerdem Rechtsprinzipien, *qa'ida* (Pl. *qawa'id*), wichtig, in denen Grundsätze zusammengefasst sind, die Fallgruppen gemeinsam sind. Dies macht es leichter, die Beurteilung einer Handlung zu formulieren und einen Rechtsrat zu erteilen.

Wenn ein Rechtsgelehrter von jemandem nach einer Beurteilung gefragt wird, gibt er schließlich einen Rechtsrat, eine Fatwa. Ein Rechtsgelehrter, der dies tut, handelt als Mufti.

Islamisches Recht und Geschichte

570–632:[2] Lebenszeit des Propheten Muhammad; Gründung der frühen islamischen Gemeinschaft; erste juridische Regeln (im Koran, in den Überlieferungen, Gemeindeordnung von Medina).

632–661: die ersten vier Kalifen als Nachfolger des Propheten; Entwicklung der ersten Rechtsinstitutionen und rechtlichen Prinzipien.

661–750: Herrschaft der Dynastie der Umayyaden; Etablierung eines ersten Kadi-Systems; Entwicklung der Vorläufer der ersten Rechtsschulen; Vorläufer der Hadithspezialisten.

2. Hälfte 8. Jahrhundert–2. Hälfte 9. Jahrhundert: Legung der Grundlagen der sunnitischen Rechtsschulen und des zwölferschiitischen Rechts.

Bis zum 12. Jahrhundert: formative Phase der Rechtsschulen; Etablierung von Madrasas (Schulen höherer religiöser Bildung) als Ausbildungsinstitutionen.

12.–16. Jahrhundert: Revisionen der Lehren und Stabilisierung der Rechtsschulen als Institution.

17.–19. Jahrhundert: verschiedene pietistische Reformbewegungen, die u. a. die Aufspaltung in Rechtsschulen und deren Praxis kritisierten; Neubetonung des *ijtihad*; *taqlid* als Feindbild; Werke zur Unterstützung der vorherigen Revisionen der Lehren der Rechtsschulen.

Ab dem 19. Jahrhundert: endgültige Durchdringung der muslimischen Welt durch den Kolonialismus; Einführung von Recht nach euro-

---

2   Die Daten werden in christlicher Zeitrechnung angegeben.

päischem Vorbild; erste Kodifizierungen des islamischen Rechts, z. B. *Mecelle* (1869–1876) im Osmanischen Reich; Entstehung von Hybriden wie dem *Anglo-Muhammadan Law* in Südasien oder den *Mixed Courts* in Ägypten; Entwicklung von modernistischen Reformbewegungen in Südasien, Syrien und Ägypten, die einen erneuten *ijtihad* proklamierten.

20./21. Jahrhundert: Durchsetzung des nationalstaatlichen Modells mit staatlicher Gesetzgebung und Zurückdrängung des islamischen Rechts hauptsächlich in den Bereich des Personenstandsrechts; seit den 1970er Jahren Forderung nach „Anwendung der Scharia" u. Ä. als politische Parole; teilweise staatliches Appeasement mit „Islamisierung" der Gesetzgebung; weitreichende „Islamisierung" in Pakistan und im Iran; Ausbreitung von Frömmigkeitsbestrebungen, die sich an einer *halal/haram*-Dichotomie orientieren.

Islamisches Recht und Scharia – zwei schwierige Begriffe

Islamisches Recht bezeichnet einen schwierigen Begriffskomplex. Die Diskussion über das islamische Recht hat in der nicht muslimischen Beschäftigung mit diesem Thema eine lange Geschichte.

Ein wichtiger Aspekt dieser nicht muslimischen Beschäftigung ist die Verrechtlichung der Scharia in kolonialen und ähnlichen Kontexten, in denen zu Verwaltungszwecken Formatierungen analog europäischen Rechten versucht wurden, die bis hin zu Kodifizierungsversuchen à la française in Nordafrika, zu österreichisch-ungarischen Handbüchern für das hanefitische Familienrecht in Bosnien-Herzegowina oder zu den Materialsammlungen für das *Anglo-Muhammadan Law* in Indien reichen. Andere frühe europäische Werke zum islamischen Recht sind ebenfalls in diesem Kontext zu verstehen.[3] Diese koloniale Sicht impliziert eine Sicht auf schariatisches Denken, die davon ausgeht, dass auch das europäische Recht allen ähnlichen Phänomenen auf muslimischer Seite überlegen sein *muss*, also die muslimischen Institutionen Defizite aufweisen müssen, die durch eine Adaptierung an europäische aufzuheben sind.[4] Es wird nicht gefragt, was denn die spezifische Leistungsfähigkeit des Rechts islamisch geprägter Gesellschaften[5] sein könnte.

---

3   Zu nennen sind so Juynboll, Sachau oder Santillana.
4   Einheimische Kodifizierungen wie die osmanische Mecelle und ägyptische private Kodifizierungen.
5   Dies in Anlehnung an den Begriff der „islamicate societies", der von Humphreys geprägt wurde.

Dazu tritt die Einstufung des Islams (und des Judentums) als Gesetzesreligion, die dem Christentum als Gnadenreligion gegenüber minderwertig ist (Klausing 2010). Dieser zweiten Defizitdiagnose gesellt sich noch ein evolutionär begründeter Vorwurf hinzu. Auch im Islam habe sich weltliches vom religiösen Recht zu trennen; die Scharia sei als religiöses Recht auf einer früheren, „mittelalterlichen" Stufe stehen geblieben. Letztere Defizitdiagnose mag sich durch moderne muslimische Positionen bestätigt sehen, die Scharia und *fiqh* (s. u.) selber als Recht deuten, das es z. B. nur anzuwenden gelte. Diese Perspektive ignoriert die weiten Bereiche der Selbständigkeit juridischen Denkens und dessen eigenständiger Logik, die sich zum Teil von einer ethisch-religiösen Logik unterscheidet und auch – zumeist – keine Sakralität beansprucht.

Die Scharia enthält unveränderliche Normen, die als Bestandteile der von Gott gegebenen Ordnung angesehen werden. Die Scharia ist aber nicht zur Gänze von Menschen erfassbar. Wir können mit Thomas Bauer (2011: 158) sagen, dass die Scharia „in ihrer Gesamtheit dem Menschen nicht zugänglich ist, schon gar nicht mit einem hohen Grad an Gewissheit". Eine Annäherung an die Kenntnis in der besten möglichen Weise zu versuchen, ist die Aufgabe der Rechtsgelehrten. Es ist sicherlich unzutreffend, „Scharia" mit „islamisches Recht" zu übersetzen.

Neben den göttlichen Normen gibt es einen erheblichen Teil von Regeln, der durch menschliche Formulierung entstanden ist. Dies ist der Bereich des *fiqh* (s. u.) und damit ein wesentlich von Menschen gestalteter Bereich. *Fiqh* bezeichnet das Ergebnis der menschlichen Anstrengungen, die Scharia zu ergründen.

Der *fiqh* enthält allerdings große Bereiche, die keine sanktionsfähigen Normen im rechtlichen Sinne enthalten. Diese enthalten ethische Regeln und Regeln für religiöse Handlungen wie das Gebet, die Reinheit, die Pilgerfahrt etc. *Fiqh* bedeutet also auch weit mehr als bloßes Recht im europäischen Sinne und enthält eine Vielzahl von Regeln, die nicht einklagbar sind und sich an die einzelnen Gläubigen richten, die z. B. für das korrekte Verrichten des Gebetes verantwortlich sind, wofür sie am Ende der Tage Gott Rechenschaft abzulegen haben. Dazu kommen lokale gewohnheitsrechtliche Regeln und verschiedene Rechtsbräuche, die alle in den Bereich des *fiqh* einbezogen werden und damit auch Teil eines Systems sind, das sich auf die Scharia im weiteren Sinne bezieht, aber *nicht* die Scharia ist.[6]

---

6 Für einen Versuch, „Scharia" zu definieren, s. S. 101.

Unter *fiqh* sind die Diskussionsprozesse der muslimischen Religionsgelehrten und die sich daraus ergebende Erforschung der göttlichen Beurteilung menschlicher Handlungen (*hukm*, Pl. *ahkam*; s. u.) zu verstehen. „*Fiqh* ist der schon entschlüsselte Teil [...], das menschliche Bild" der Scharia (Tillschneider 2006: 1). Darin werden Rechtssätze, die auch mit dem Begriff *ahkam* bezeichnet werden, da sie ja idealerweise den göttlichen Beurteilungen so nahe – wie es menschlich möglich ist – kommen sollen, mittels bestimmter Methoden abgeleitet, mit denen sich dieser Band beschäftigt. Damit bewegen wir uns in dem Bereich Scharia-begründeten Denkens, der Recht im europäischen Verständnis am nächsten kommt. Es geht dabei um die methodische Begründung der konkreten Ausgestaltung ehe-, boden- und vertragsrechtlicher sowie ähnlicher Verhältnisse. Es handelt sich nicht nur um ein geistiges Spiel (Nagel 1988: 255). Aber auch die Regelungen z. B. der Reinigungsabgabe (*zakat*) oder des Gebets (*salat*) fallen – wir hatten es erwähnt – in die Domäne des *fiqh* und damit auch ihrer Wurzeln. Also ist auch eine Verkettung zum außerjuridischen Bereich der religiösen Pflichten gegeben.

Da es um die Formulierung von *Rechts*sätzen geht, scheint uns der Gebrauch des Begriffes islamisches *Recht* weiterhin genauso möglich wie *islamisches* Recht, wenn wir diesen von Kategorien wie *heiliges* Recht oder *religiöses* Recht abgrenzen und betonen, dass es um den *fiqh* im oben genannten Sinne geht: ein höchst komplexes Gewebe, ein Rhizom von Bedeutungen und Handlungen, das lange Jahrhunderte erfolgreich die rechtlichen Verhältnisse islamisch geprägter Gesellschaften geregelt und seinen letzten Bezugspunkt in der Scharia hat. Wir können davon ausgehen, dass „ein Gleichgewicht zwischen Akzeptanz einer Pluralität von Rechtsmeinungen einerseits und dem Bedürfnis nach einer funktionierenden, weitgehend einheitlichen Rechtsprechung andererseits erreicht war, das auf allen Ebenen von höchster Funktionalität war" (Bauer 2011: 180).

Neben die Rechtssätze, die Einzelhandlungen betreffen, treten die zur Ergründung der in diesem Rahmen verwandten Methoden, die *usul al-fiqh*, die „Wurzeln des *fiqh*", die wir kurz Rechtsmethodik nennen wollen. Dass zugleich immer eine Referenz auf islamische, also religiöse Logiken vorhanden ist, manchmal in einem Spannungsverhältnis zur rein rechtlichen Logik, bestärkt uns in der Begriffswahl. Die Beziehung zwischen dem angewandten Recht des *fiqh* und seinen „Zweigen" (*furu'*) und der Rechtsmethodik, seinen „Wurzeln" (*usul*), wurde in der nicht muslimischen Forschung zum islamischen Recht lange Zeit ignoriert. Muslimische Gelehrte haben dieser Beziehung schon früh eigene Werke gewidmet (z. B. Tilimsani 1996). Zu beachten ist auch die wichtige Rolle der Sprachwissenschaft in diesem Rahmen (vgl. Haarmann 1971).

Diese Rechtsmethodik ist nun nicht als einheitliches System zu betrachten; vielmehr müssen wir bedenken, dass höchst originelle Denker dieses System der Interpretation produziert haben. Diese Originalität versuchen wir durch längere Übersetzungen wiederzugeben, in denen die Unterschiede auch für diejenigen erkennbar werden, die der arabischen Sprache nicht mächtig sind. Eine detaillierte Untersuchung müsste historisch die Entwicklung der *usul al-fiqh* enthalten, eine Aufgabe, die in dem hier gegebenen Rahmen nicht zu leisten ist. Wir haben es bei unserem Gegenstand mit einem sich stetig weiter verzweigenden Rhizom zu tun, das vielerlei überraschende Verbindungen bereithält, die von der älteren nicht muslimischen Beschäftigung mit dem islamischen Recht nicht erfasst werden konnten oder sollten, um nicht den okzidentalen Vorrang zu gefährden.

Diese Zielrichtung und die oben genannten Defizitdiagnosen befinden sich in einem Irrtum oder in vorurteilsbezogener Ignoranz dem islamischen Recht gegenüber, wenn wir die ganze historische Tiefe der Entwicklung des schariatischen und *fiqh*-Denkens und -Handelns einbeziehen, die Originalität der einzelnen Autoren beachten, die Vielfalt betrachten (s. dazu Feyerabend 2005) und nicht der modernen Einfalt huldigen.

System der Scharia, des fiqh und des Rechts

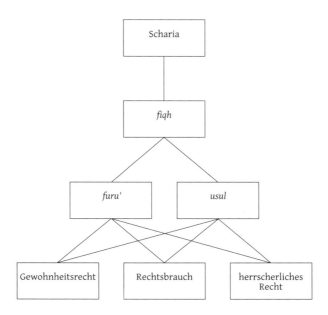

Islamisches Recht und Säkularität

Das Recht, so scheint es die Rede über religiöses Recht zu wollen, ist ein integraler Bestandteil monotheistischer Religionen und insbesondere des Islam. Wenn wir nun dem oben angedeuteten Weg folgen, werden wir feststellen, dass der Komplex, der mit Begriffen wie Scharia, *fiqh*, islamisches Recht etc. bezeichnet wird, vielerlei unterschiedliche Komponenten enthält. Sicherlich gilt für viele, die in diesem komplexen Gewebe handelten, dass sie gläubig waren. Vielleicht manchmal mehr, vielleicht manchmal weniger. Allein dadurch scheint die Rede vom *islamischen* Recht ein Stück weit gerechtfertigt. Weiteres haben wir bereits gesagt.

Wir können hier zu Recht aber auch von einer gewissen Säkularität im Sinne einer säkularen Eigenschaft einer Person oder einer Sache, Institution etc. reden. „Säkular" ist hier kein absoluter Begriff, vielmehr nur in Relation zu „religiös" zu verstehen. Beide Begriffe setzen einander voraus (Schulze 2010). Wir können also beide Bereiche, den säkularen und den religiösen, nur als das jeweils Andere denken. Dies gilt nicht nur für die Moderne, auch im älteren muslimischen Kontext besteht in vielen Bereichen muslimischer Gesellschaften ein immanenter Bereich der Säkularität (vgl. Bauer 2011), der in der Rechtsliteratur einer eindeutig juridischen Logik folgt.

Juridische und ethisch-religiöse Logiken

Neben der aus den bisher geschilderten Gründen in der älteren nicht muslimischen Forschung auftretenden (Über-)Betonung des religiösen Aspektes schariatischen Denkens und Handelns lässt sich zeigen, dass

„auch die rationale Verallgemeinerung juristischer Prinzipien im islamischen Recht ihre systematischen Zwänge entwickelt und in vielen Fällen dazu geführt [hat], dass religiöse und moralische Gesichtspunkte nicht oder nur unzureichend berücksichtigt werden konnten" (Johansen 1988: 265).

Aus den Diskussionen der Gelehrten wird deutlich, dass Religion und Moral sowie die Rechtsbestimmungen zwei semantische Felder bilden, die zusammen erst die Gesamtheit des islamischen Rechts ausmachen, aber nicht miteinander identisch sind: „An den Diskussionen innerhalb der hanafitischen Rechtsschule lässt sich zeigen, dass die rationale und systematische Konstruktion der durch die Justiz anzuwendenden Rechtsnormen zur Nichterfüllung religiös-moralischer Ansprüche führen kann. Diese Nichterfüllung religiös-moralischer Ansprüche durch die Rechtsprechung führt entweder zur Trennung von Moral und Recht oder zu verstärkten Ansprüchen an die Moral der durch solche Gerichtsentscheidungen begünstigten Personen. Im Extremfall kann sie zur Legitimierung einer den gerichtsverbindlichen Rechtsbestimmungen[1] widersprechenden Handlungsweise und zur Trennung von gerichtlicher und religiös-moralischer Glaubwürdigkeit der Kläger und Beklagten führen" (Johansen 1988: 265f.).

Es lässt sich sehr gut zeigen, dass die Beurteilungskategorien (*ahkam*) nicht den religiösmoralischen Forderungen entsprechen müssen. Baber Johansen hat einige Beispiele aus den Diskussionen der hanafitischen Rechtsschule zusammengestellt. So hat er (Johansen 1988: 269f.) darauf hingewiesen[2], dass nach hanafitischer Ansicht der strafrechtliche Schutz von Personen sich in hohem Maße an ihrem Status als Eigentümer und Untertan unter muslimischer Herrschaft bestimmt: Auch ein muslimischer Täter wird bei vorsätzlicher Tötung für sein nicht muslimisches Opfer getötet; ist die Tötung nicht vorsätzlich, erhalten die Erben des nicht muslimischen Opfers das gleiche Blutgeld wie die eines getöteten Muslims. Diese Regel wurde von anderen sunnitischen Rechtsschulen nicht akzeptiert, da sie von der Regel ausgingen, dass Ungläubige Gläubigen niemals gleich sein können und auch keine Macht über Gläubige haben dürfen (Johansen 1988: 269f.).

Folgen wir aber dem hanafitischen Rechtsgelehrten al-Sarakhsi, der im 11. Jahrhundert in Zentralasien wirkte, lässt sich die partielle Gleichstellung von Gläubigen und Ungläubigen so verteidigen: „Die Bedeutung

---

1 Zum arabischen Begriff *hukm* s. S. 100ff.
2 Auch mit den entsprechenden Belegen aus dem *Kitāb al-mabsūṭ* (s. u.).

der Überlieferung (vom Propheten) ist, dass zwischen ihnen beiden Ungleichheit besteht in den Bestimmungen, die das Jenseits betreffen, nicht aber in den Bestimmungen des Diesseits" (Sarakhsi o. J., Bd. 26: 85). Dies erklärt al-Sarakhsi daraus, dass die nicht muslimischen Untertanen unter muslimischer Herrschaft den Muslimen in ihrer Fähigkeit gleich sind, Eigentümer zu sein. Deshalb besteht auch eine Gleichstellung hinsichtlich des Blutgeldes, die dem entspricht, dass auch Sünder rechtschaffenen Personen hinsichtlich des Blutgeldes gleichgestellt sind. Eine Minderung des Blutgeldes kann, so al-Sarakhsi, nur eintreten, wenn die Fähigkeit, Eigentümer zu sein, gemindert ist. Eine solche Minderung gibt es z. B. bei Sklaven, die ja selber Eigentum sind, oder bei Embryos im Mutterleib, die noch keine rechtsfähige Person sind. Dagegen mindern Unglaube und das Fehlen einer bestimmten Offenbarungsschrift nicht die Fähigkeit, Eigentümer zu sein.

Die partielle Gleichstellung wird bei as-Sarakhsi auch dadurch bedingt, dass die Sicherheit von Leben und Eigentum durch die Oberhoheit über das Territorium und die darin zu herrschende Rechtssicherheit und nicht durch die religiöse Zugehörigkeit gegeben ist. Er betont insbesondere die von der muslimischen Obrigkeit zu gewährleistende Rechtssicherheit, die einen gleichmäßigen Schutz von Leben und Eigentum von Muslimen und Nichtmuslimen bedingt.

Hier wirkt also die juridische Logik gegen die ethisch-religiöse, die eigentlich eine Ungleichbehandlung aufgrund von Glaubensverschiedenheit erwarten ließe, so zumindest die Auffassung der nicht der hanafitischen Rechtsschule angehörenden Rechtsgelehrten. Johansen (1988: 271f.) folgert aus diesem und anderen Beispielen: „Diese Trennung von gerichtsverbindlicher und moralischer Norm ermöglicht auch die Interpretation von Koran und Sunna als entweder juristisch oder moralisch bindender Instanzen. Die religiöse Opposition gegen Geldpacht- und Teilpachtverträge beruft sich auf die Überlieferung des Propheten, nach der man das Land selbst bebauen oder es seinem Bruder (im Glauben) kostenlos zur Verfügung stellen solle." Bei al-Sarakhsi (o. J., Bd. 23: 12) findet sich dazu die Aussage, dass dies zwar der „vornehmen Ethik" (*makarim al-akhlaq*) entspreche und damit ein moralisches Urteil erlaube, dies sei aber nicht als als rechtlich verbindliche Beurteilung zu werten, für die er einen Hinweis (*dalil*) auf andere, entgegengesetzte Regelungen nennt.

Die rechtliche Bewertung „bezieht sich auf das Diesseits und auf den äußeren Anschein. Das gilt auch dort, wo sie das Ritual regelt. [...] Die Juristen sind sich einig, dass das Gebet authentische Gottesverehrung und Glauben ausdrücken soll. Aber sie sind auch der Meinung, dass das nicht in der Form gerichtsverbindlicher Rechtsbestimmungen [...] durchsetzbar ist. Auf der Ebene der gerichtsverbindlichen Rechtsbestimmungen kann allein untersucht werden, ob formal richtig gebetet worden ist und ob die rechtlichen Bedingungen des Gebets erfüllt wurden. Die Amoralität der Augendienerei und der Bigotterie ist rechtlich unerheblich" (Johansen 1988: 272f.).

Aus diesen und weiteren Beispielen lässt sich mit Johansen der Schluss ziehen, dass wir beide semantischen Felder als komplementär begreifen müssen. Dieses Verhältnis zwischen den Feldern „repräsentierte das Gleichgewichtsverhältnis, das scholastische Rationalität zwischen Vernunft und Offenbarung herstellte. Gleichzeitig stellte dieses Spannungsverhältnis die Grundlage für die praktische Säkularisierung weiter Teile der gerichtsverbindlichen Normen dar" (Johansen 1988: 281).

Die Reformbewegungen des 17. bis 19. Jahrhunderts (Lohlker 2008: 173ff.), die in Kombination mit kolonialistischen Einflüssen und Deformierungen die Grundlagen für die vielen Spielarten des muslimischen Modernismus gelegt haben, „akzeptieren den scholastischen Kompromiss nicht mehr. Sie sind nicht mehr bereit, die Spannung zwischen den beiden semantischen Feldern hinzunehmen. Sie wollen Recht mit Religion und Moral eindeutig identifizieren. Sie greifen die Juristen und den *fiqh* als das Hindernis an, das der Identität von Offenbarung, Ethik und Recht im Wege steht. Sie betrachten die rationalisierenden Anstrengungen der Juristen als eine sündige Anmaßung der Macht zur Gesetzgebung. Sie greifen die scholastische Rationalität juristischer Argumentation an, sprechen ihr das Recht ab, gerichtsverbindliche Rechtsbestimmungen aus grundlegenden Normen abzuleiten, und machen sie verantwortlich für die Abweichung des *fiqh* [...] von der religiösen und moralischen Lebensführung, wie sie die Offenbarung vorgeschrieben habe. In ihren Angriffen gegen die scholastische Rationalität, deren Ungenügen sie auf den *taqlīd*, die einfache Nachvollziehung überkommener Bestimmungen, zurückführen, begründen sie im Namen von Religion und Ethik eine Tradition des Anti-Rationalismus, die lang dauernde Wirkungen hat" (Johansen 1988: 281f.).

Wir sehen also in diesem „scholastischen Gleichgewichtsmodell" zwei Logiken am Werke, die tendenziell in der Moderne homogenisiert werden. Beide Logiken fallen in der muslimischen Vormoderne nicht auseinander. Das europäische Modell der – tendenziellen – Säkularisierung, dessen Begrenztheit durchaus – z. B. von José Casanova – diskutiert wird, kann eine solche Kombination nicht fassen. In den Diskussionen des islamischen Rechts, sei es das angewandte Recht oder die

Rechtsmethodik, und in der Rechtspraxis wirkt aber trotzdem eine pluralistisch ausgestaltete und auf Wahrscheinlichkeiten ausgerichtete religiöse Säkularität.

Um auch konzeptuell ein Auseinanderfallen oder Auseinanderdenken der beiden Logiken zu vermeiden, können wir eine Leibniz'sche Vorstellung in der Fassung von Gilles Deleuze (2000: 15f.) aufnehmen: Ein „flexibler oder elastischer Körper hat noch kohärente Teile, die eine Falte bilden, so dass sie sich nicht in Teile von Teilen trennen, sondern sich vielmehr ins Unendliche in immer kleinere Falten unterteilen, welche immer noch eine gewisse Kohäsion bewahren. So ist das Labyrinth des Kontinuums keine Linie, die sich in unabhängige Punkte auflöste, wie der fließende Sand in Körner, sondern etwas wie ein Stoff oder ein Papierblatt, das sich ins Unendliche in Falten unterteilt oder sich in Kurvenbewegungen auflöst, von denen jede durch die konsistente oder richtungsgleiche Umgebung bestimmt ist. [...] Immerzu Falte in der Falte, wie eine Höhlung in der Höhlung. Die Einheit der Materie, das kleinste labyrinthische Element, ist die Falte, nicht der Punkt, der nie ein Teil, sondern immer nur das einfache Ende einer Linie ist. [...] Das Entfalten ist [...] nicht das Gegenteil der Falte, sondern folgt der Falte bis zu einer anderen Falte."

Wenn wir nun auch mit Leibniz[3] für das Organische eine Faltenstruktur annehmen, können wir – wieder mit Deleuze – sagen, dass der „lebendige Organismus [...] eine innerliche Bestimmung hat, die ihn von Falte zu Falte übergehen lässt oder die ins Unendliche Maschinen aus Maschinen konstituiert. Man könnte sagen, zwischen dem Organischen und dem Anorganischen gibt es einen Unterschied der Vektoren, wobei der zweite in Richtung auf immer größere Massen geht, wo statistische Mechanismen operieren; der erste in Richtung auf immer kleinere und polarisierte Massen, wo sich eine individuierende Maschinerie und eine innerliche Individuierung vollziehen. [...] Falten – Entfalten heißt nicht einfach Spannen – Entspannen, Zusammenziehen – Ausdehnen, sondern Umhüllen – Auswickeln, Zurückentwickeln – Fortentwickeln" (Deleuze 2000: 19f.).

Wenn wir die Produktion schariatischen Wissens als solch einen Prozess des Faltens – Entfaltens verstehen, können wir die juridischen und religiös-moralischen Logiken als unterschiedliche Falten der Immanenzebene (Rölli 2011; Deleuze/Guattari 2000: 42ff.) des schariatischen

---

3 Wir können hier keine „Entfaltung" des Problems leisten und verweisen global auf *Die Falte* von Deleuze.

Denkens und Handelns begreifen und laufen nicht mehr Gefahr, sie als auseinanderfallende Elemente zu (miss-)verstehen, deren eines den wahren Inhalt dieses Denkens bildet und deren anderes lediglich ein Akzidenz der wahren Substanz schariatischen Denkens bildet.

Richterhandbücher

Einige weitere dieser Falten bezeichnen Gattungen der Rechtsliteratur, die deutlich von Interessen der Rechtspraxis geprägt sind. Für die malikitische Rechtsschule (s. S. 79) charakteristisch sind die Richterhandbücher (*kutub al-ahkam*). Es handelt sich um die Probleme, denen Kadis in ihrer Rechtspraxis begegnet sind und die vor Gericht von den einzelnen Parteien vorgebracht wurden (Lohlker 2002: 40ff.). In den Worten des Verfassers eines Richterhandbuches in Versen, der über sein Werk schreibt: „Ich nannte es ‚Das Schatzkästlein der Richter / betreffs der Feinheiten der Verträge und Beurteilungen'. / Dies [dichtete ich], nachdem ich [mein Leben] verbrachte im Richteramt" (Kafi 1994: 10).

Dass diese Aufgabe nicht zu gering zu schätzen ist, sagt uns ein anderer Gelehrter in der Einleitung seines Werkes: „Da die Wissensdisziplin des Kadiwesens zu den herausragendsten an Wert gehört – zu den vorzüglichsten an Rang, den edelsten an Ruf, weil sie eine hohe Würdenstelle ist und ein Amt, auf den Propheten zurückgehend, durch sie das Blut bewahrt und vergossen wird, die Vulven verboten gemacht und durch Ehevertrag erlaubt gemacht werden, der Sachen Eigentum fixiert oder sie entrissen werden, die Geschäfte unter den Menschen wissen, was erlaubt davon ist und was verboten, was ablehnenswert und was empfehlenswert, wobei die Wege zum Wissen durch diese Disziplin verborgenen Bahnen folgen, voll furchteinflößender steiler Anstiege, die Argumente, durch die die Rechtssätze unterschieden werden, wichtige Aufgaben sind, die den Verstand verwirren, wobei in ihnen das Begehen von Fehler begrenzt sein sollte –, ist das sich bekümmern um die Niederlegung ihrer Grundlagen und die Niederschrift ihrer das höchste, wofür man Anstrengung aufwenden kann und dessen Ergebnisse in all ihrem Umfang zu loben sind" (Ibn Farhun 1995b: 3).

In diesen mit so viel Energie verfassten Werken werden die Regeln für die Interaktionen zwischen den Menschen (*mu'amalat*) behandelt. Fragen wie das Gebet, die Pilgerfahrt u. a. m. finden wir in solchen

---

4 S. dazu S. 99ff.

Werken nicht angesprochen. Diese Textgattung finden wir zuerst im 10. Jahrhundert christlicher Zeitrechnung; sie hat danach im Maghreb und im islamisch regierten Teil der Iberischen Halbinsel enorm an Produktivität gewonnen.⁵ In diesen Texten finden sich neben Äußerungen des Verfassers auch solche anderer Richter (Lohlker 2002: 40).

Wir sehen hier mit Ibn Farhun (gest. 1396) die Einbettung der Gattung in die Geschichte der islamischen Gemeinschaften bis zur Zeit des Propheten, zugleich aber eine Abkopplung und Fixierung des Diskurses auf die spezifischen Aussagen und Erfahrungen von Richtern im Gerichtsprozess, eine zwieschlächtige Logik, deren juridische Form primär erscheint.

Exkurs: Lehrgedichte

Eines der gerade zitierten Werke ist ein Lehrgedicht, die Versifizierung der Lehren eines malikitischen Richters. Die Form des Lehrgedichtes finden wir in den unterschiedlichsten Wissensdisziplinen. Eines der bekanntesten Gedichte ist wohl das grammatische Lehrgedicht der *Alfiyya* von Ibn Malik. Aber auch in den die Natur erforschenden Disziplinen gibt es solche Gedichte. Wir finden sie in der Astronomie, Medizin oder Navigation. In der Logik oder Algebra werden sie ebenfalls benutzt.

Gedichte sind ein wichtiges Medium, auch für den Bereich des islamischen Rechts. Generell sagt Endress zu dieser Literaturgattung, sie diene „in den weitaus meisten Fällen der didaktischen, zum Memorieren geeigneten Darbietung von Schulwissen in den verschiedenen Disziplinen" (Endress 1987: 471; vgl. Eickelman 1978). Darüber hinaus sind sie auch Ausdruck einer Zugehörigkeit der Gelehrten zu einer Wissenskultur, der ein Gedicht gewissermaßen natürlicher Ausdruck des Formulierungsstrebens ist. Gedichte sind also kein Ausdruck der Erstarrung des Wissens, vielmehr manchmal höchst artifizielle Formen der Wissensbewahrung und -vermittlung.

Aber nicht nur *Lehr*gedichte spielen eine Rolle, auch ganze juridische Debatten können in Gedichtform ausgetragen werden (Lohlker 2003). Entscheidend ist aber nicht, dass wir durch die Fähigkeit der Gelehrten beeindruckt sind, komplexes Wissen in Poesie zu fassen. Strukturell können wir dieses Phänomen als eine Verdickung in den Rhizomen des Wissens verstehen, von denen sich eine Vielzahl von Verzweigungen

---

5   S. Lohlker 2002: 40ff. (mit einer Liste von 16 Titeln).

und Faltungen ergibt, die zu weiteren Verkettungen führen (können), die bis weit in literarische Textgattungen anschlussfähig sind. Kommen wir aber wieder zur Prosa und damit zu einer weiteren Falte, die die Textgattung der Formularhandbücher kennzeichnet!

Formularhandbücher

Ein gängiges Vorurteil älterer nicht muslimischer Forschung über das islamische Recht lautet, dass die Handbücher des islamischen Rechts und noch viel mehr die der Rechtsmethodik fern vom tatsächlichen Rechtsleben produziert wurden. Einer der großen Namen dieser älteren Forschung, Joseph Schacht (1964: 76), nahm eigentlich nur eine[6] Textgattung vor diesem Generalverdacht aus: die Handbücher für Formulare (*shurut, watha'iq*). Diese Textgattung produzierte die Schriftstücke, die für Rechtsakte im Bereich wirtschaftlicher, personenstandsrechtlicher, stiftungsrechtlicher u. a. Art benötigt wurden, um eventuell dem Kadi vorgelegt zu werden. Eine umfassende Einschätzung der Textgattung wird dadurch erschwert, dass eine recht geringe Zahl von Originaldokumenten erhalten ist. Was wir sagen können, ist, dass es eine Kontinuität der griechisch-ägyptischen, byzantinischen und anderer vorislamischer Vertragsformulare in die islamische Zeit hinein gegeben hat, in der sie dann islamisiert wurden. Die Dokumente wurden dann weiter entwickelt, um rechtlich „wasserdicht" zu sein.

Allerdings konnte zuweilen die Praxis von der von den Gelehrten als normativ angesehenen Praxis abweichen. So finden wir immer wieder Hinweise darauf, dass die Urkundenhandbücher geschrieben wurden, um fehlerhafte Praktiken zu korrigieren.[7] Ein andalusischer Autor aus dem 12. Jahrhundert schreibt: „Als ich sah, dass die Urkundenspezialisten (*muwaththiqun*) sich in vielerlei Gerede ergingen und fehlerhafte Vorstellungen in ihren Urkunden (*watha'iq*) zahlreich waren, und sie sich davon ablenken ließen, was eigentlich verpflichtend für sie ist von dem, was erlaubt (*halal*) und nicht erlaubt (*haram*) ist, durch Auseinandersetzung und Klagen [...]" (Abu Ishaq 1988: 7).

Unser Autor verfasste auch ein Werk über Urkunden, in dem er die Formulare kurz beschreibt, um dann Ausführungen aus den *fiqh*-Diskursen beizufügen, die für die jeweilige Problematik einschlägig sind.

---

6 Vielleicht kann man noch die *hiyal* dazurechnen (s. S. 157ff.).
7 Dies widerspricht etwas den Angaben bei Hallaq (1995: 117), kann natürlich eine Besonderheit der malikitischen Rechtsschule in al-Andalus sein.

Ein Beispiel: „Erbvertrag (*'aqd al-wasiyya*) / Benennung des Erblassers und dessen, was durch ihn vererbt wird, dass es aus dem Drittel seines Eigentums stammt [über das er frei verfügen kann][8]; in Bezug auf was er [genau] macht und an wen er vererbt; Benennung des Erben und seine Annahme [des Erbes], wenn er anwesend war. Wenn das Erbe für jemand nicht genau Benannten ist, überträgt er [der Urkundenspezialist] dem Testamentsvollstrecker die Inkenntnissetzung über ihr Eigentum und erkennt ihn an, wenn er will, ohne Eidesleistung[9]. Er erwähnt, ob der Erblasser gesund oder krank ist. Beurkundung der Zeugen" (Abu Ishaq 1988: 41). Die anschließenden Ausführungen zu den Regeln des *fikh* sind kurz und beziehen sich auf zwei wichtige Personen aus dem Kanon (s. u.) der malikitischen Rechtsschule, zu der der Autor gehört. Der Diskurs bleibt also eher an der juridischen Logik orientiert.

Unser zweites Beispiel, ein malikitisches Werk, stammt aus dem 11. Jahrhundert, ebenfalls aus al-Andalus: „Urkunde über einen Tod nach einem Tod / Es bezeugt diejenigen von den Zeugen, die in diesem Schriftstück erwähnt werden, dass sie X, Sohn des Y, seiner Person und seinem Namen nach kennen und dass dieser gestorben ist. Es treten sein Erbe an seine Ehefrau Z, Tochter des T, und seine Kinder, Sohn A, Sohn B, Tochter C. Dann ist Sohn A gestorben und es treten sein Erbe an seine oben erwähnten Geschwister und seine Frau H, Tochter des I, und seine Mutter, Z, Tochter des T" (Tulaytuli 1994: 305f.).

Die Modellurkunde geht noch einige Zeilen weiter. Für unsere Zwecke mag der Auszug hinreichend sein. Wir sehen hier eine rein rechtstechnische Darstellung, die in den erläuternden Anmerkungen aus dem *fiqh* auch in ähnlicher Form weitergeführt wird. Das Beispiel demonstriert also ein weiteres Mal die technische Logik der Urkundenhandbücher. Allerdings finden wir an anderen Stellen in diesem Werk bei Anmerkungen aus dem *fiqh* immer wieder Koranverse angeführt, die als einschlägig angesehen werden. So heißt es in einer Anmerkung zu einer Urkunde zur Mündigkeitserklärung eines Waisen: „Es sagte Ahmad: Gott, Er sei gepriesen, sagte: ‚Und ihr an ihnen bemerkt, dass sie verständig sind …' (Sure, *an-nisa'*, 6). Dieses Verständigsein bezieht sich auf Eigentum und seine Früchte" (Tulaytuli 1994: 304).

Damit wird der in der betreffenden Urkunde zitierte Koranvers aufgenommen und in die rechtstechnische Erörterung eingebunden. Dies erfolgt hier in einem Zusammenhang, für den es eine einschlägige kora-

---

8   Erbrechtlich ist die Verfügungsfähigkeit des Erblassers eingeschränkt.
9   Eines der gängigen Beglaubigungsmittel.

nische Aussage gibt. Damit wird einerseits eine Verkettung mit koranspezifischen Diskursen erzeugt, andererseits diese auch in den rechtstechnischen Diskurs reterritorialisiert und damit eine Verstärkung der juridischen Logik erreicht.

Es entwickelte sich also eine eigene Gruppe von Beschäftigten, die Urkundenspezialisten (*shurutiyyun, muwaththiqun*). Manche von ihnen verfassten Urkundenhandbücher (*shurut*), in denen Urkunden enthalten sind, in denen jedoch keine Namen und Ortsbezeichnungen enthalten sind oder der Vertragsgegenstand genau genannt wird (s. o.). Es handelt sich gewissermaßen um Modellurkunden, die im jeweils aktuellen Fall verwendet werden können. Allerdings blieb das Urkundenformular immer Entwicklungen unterworfen, die aus regionalspezifischen Praktiken mit ihren zum Teil vorislamischen Traditionen erwachsen konnten, aus regionalen und individuellen Unterschieden innerhalb der Rechtsschulen und auch schlicht aus dem Wandel der Zeiten (Hallaq 1995: 125ff.).

Die Materie der Urkunden ist der Kadigerichtsbarkeit zugeordnet und der Urkundenspezialist dieser zugeordnet, denn vom Kadi wurde nicht unbedingt[10] verlangt, sich in dieser Materie auszukennen. Die Urkundenspezialisten sind häufig voll ausgebildete Rechtsgelehrte gewesen, die über eine gute Kenntnis des angewandten Rechts des *fiqh* und auch der damit verbundenen Methoden, der *usul*, verfügten. Dies gilt nicht nur für die malikitische Rechtsschule, auch in der hanafitischen Rechtsschule sind solche Werke vorhanden.

Wir sehen in den Urkunden immer wieder eine Verbindung zwischen der Logik der Gerichtspraxis, also der einer bestimmten Berufsgruppe, und eine Verbindung zum schariatischen Rechtsdiskurs. Als dominant können wir die säkulare Logik der Rechtspraxis verstehen, die allerdings immer wieder an eine ethisch-religiöse Logik rückgebunden wird. Also können die Urkunden als ein weiteres Beispiel für eine säkulare juridische Logik gelten, die in einer diesmal etwas weitläufigeren Verkettung mit religiösen Diskursen stehen. Eine wichtige Rahmenbedingung der Rechtsentwicklung sind die Formen der Herrschaft.

---

10 Es kam aber vor, dass Kadis sich auf diesem Gebiet auskannten (s. obiges Beispiel).

Herrschaft und Säkularität

Sicherlich ist die Auffassung irrig, die Geschichte der muslimischen Welt und der in ihr vorzufindenden Herrschaftsformen sei die fortlaufende Entfaltung eines bereits im Koran angelegten Systems theokratischer Herrschaft. Wir können in historischer Perspektive keine genau definierte Herrschaftsform sehen, die als islamisch zu klassifizieren wäre (Lohlker 2008: 44; Hartmann 2007).

Die Ideen über die Organisation von Herrschaft im hauptsächlich muslimisch geprägten – zumindest auf der Ebene der herrschenden Eliten – Nordafrika, in Südwest-, Zentral- und Südostasien verdanken viel den einheimischen Traditionen, die im mehr oder weniger großem Maße islamisch gefasst wurden.

Selbst zur Zeit des Propheten lässt sich die frühe medinensische Gemeinde mit ihren muslimischen Teilen nicht als theokratisch strukturiertes Gemeinwesen definieren, wenn man historisch adäquat auch die Gemeindeordnung von Medina einbezieht, die sich als Dokument des Beistandsbündnisses von Muslimen und Nichtmuslimen verstehen lässt (Lohlker 2008: 44ff.). Auch wenn die Nachfolge des Propheten wenigstens zum Teil nach religiösem Verdienst geregelt wurde (Afsaruddin 2007), finden wir bereits in dieser Zeit eine Vielzahl von Entwicklungen, die eine pragmatische Logik entfalten und damit Verkettungen hin zu einer religiösen Säkularität ermöglichen[11], die sich bis in die auswärtigen Beziehungen muslimischer Reiche erstreckt (Lohlker 2006a).

Obwohl einzelne Kalifen versuchten, eine charismatische Begründung ihrer Herrschaft zu formulieren (s. Nagel 1981, Bd. 1: 175ff.) und in manchen Regionen der muslimischen Welt der Herrscher bis in das 19. Jahrhundert hinein als Repräsentant der geistigen und weltlichen Sphäre galt (z. B. Ricklefs 1998), ist die Entwicklung besser zu verstehen, wenn man als dominant die pragmatische, säkulare Lösung von Legitimationsproblemen in einem religiösen Kontext deutet. Die in der nicht muslimischen islamwissenschaftlichen Forschung vertretene Auffassung, bei weltlicher Herrschaft handele es sich um eine moralisch verwerfliche Verirrung (so noch Hallaq 2009: 72ff.), verkennt die grundlegende Ambiguität gerade arabisch-muslimischer gelehrter Kulturen (Bauer 2011) und privilegiert die Auffassung, es gebe ein rein isla-

---

11 Eine detaillierte Untersuchung dieses Punktes würde den Rahmen dieses Buches sprengen.

mische, religiös durchformte Gesellschaft – eine Auffassung, die genuin modern ist.

Welche Schichten einer hauptsächlich muslimisch geprägten Gesellschaft hätten als Träger einer Durchformung der Gesellschaften mit islamischen Vorstellungen dienen können? Da wir kaum hinreichend Daten über die Sozialstruktur haben, um diese Frage historisch angemessen beantworten zu können, muss – auch aus Raumgründen – eine historische Impression als Hinweis genügen. Wir entnehmen diese Impression einem Aufsatz von Wilhelm Hoenerbach (1963) über eine Schrift des Wesirs Lisan al-din Ibn al-Khatib (gest. 1374; s. Basuj 1994), um sie anhand eines Textes dieses Wesirs zu beantworten. Es handelt sich zwar um einen Fall aus nur einer Region der muslimischen Welt, aus al-Andalus, dem letzten muslimisch regierten Teil der Iberischen Halbinsel, dem Emirat von Granada (1232–1492). Ibn al-Khatib erscheint als Politiker, Historiker und Geograph, Dichter, aber auch Verfasser sufischer Werke (z. B. Ibn al-Khatib 1119h) besonders geeignet, einen Einblick in die soziale Schichtung einer muslimisch geprägten Region zu geben, der sich verallgemeinern lässt. Er betrachtet sie hier unter dem Gesichtspunkt der Rolle sozialer Gruppen in Thronfolge-Auseinandersetzungen.

Die erste Schicht sind die engeren Höflinge, deren einziges Interesse ein materielles ist und die „allein in dieser Welt lebt, die sie mittels des Thronfolgers genießen will". Die zweite Schicht sind die unteren oder hohen Teile des Beamtenstandes, deren „Ambitionen nur bis zu Gehalt und Pflichtteil reichen". Der dritten Schicht rechnet der Autor notorische Quertreiber zu, die sich um unzufriedene Adelige scharen, gewissermaßen eine Opposition von Notablen und Zukurzgekommenen. Die vierte Schicht wird von den Religionsgelehrten gebildet, die sich „auf diese wie auf jene Welt" verstehen und versuchen, den Einfluss religiöser Lehren zu sichern. Dies bleibe, so Ibn al-Khatib, ohne Erfolg, da sie keine Mittel billigten, „die den Wohlstand stören". Die fünfte Schicht ist das gemeine Volk, der „Ausschuss der Marktstraßen", der ebenfalls nur seinen materiellen Interessen folgt. Die sechste und letzte Schicht sind die Idealisten und Sufis, die islamischen Mystiker: „Sie richten ihr ganzes Sinnen auf ihren Herrgott. Doch bilden sie nur eine Minorität" (Hoenerbach 1963: 71f., 74ff.).

Wir sehen also unter den sechs wichtigsten Gruppen der Gesellschaft lediglich zwei Gruppen, die religiöse Interessen verfolgen. Allerdings ist die eine die absolute Minorität, die andere nicht gewillt, den inneren Frieden aufs Spiel zu setzen. Die Träger einer religiös durchformten Gesellschaft sind also recht dünn gesät, sodass wir annehmen können, dass im rechtlichen Kontext die juridische Logik dominant gewesen sein wird. Die Gewichtung solcher sozialer Gruppen ist sicherlich in jeder muslimischen Gesellschaft anders; insbesondere sollten wir die Gruppe der Händler und Handwerker gesondert erwähnen, die in Lisan al-dins Aufzählung nicht direkt aufscheinen.

Betrachten wir das Verhältnis der vierten Schicht Lisan al-dins, der Religionsgelehrten, die uns naturgemäß an dieser Stelle besonders interessieren, zur Herrschaft aus einer anderen Perspektive! Die Gelehrten ('ulama') sind nicht nur Exemplare eines eigenen Standes. Sie sind oft auch Sprecher der Bevölkerung, insbesondere der städtischen Gemeinschaften gegenüber den Herrschern.[12] Damit werden sie zu Repräsentanten einer eigenen Stimme, auch oppositioneller Art, die durch die Kenntnis „dieser *und* jener Welt" legitimiert wird. Dadurch werden sie auch qua der von ihnen praktizierten Wissensformen Träger der zuvor skizzierten unterschiedlichen Logiken juridischer und ethisch-religiöser Art. Diese Rolle erklärt die Hinweise auf die Ablehnung von öffentlichen Ämtern durch sehr religiös orientierte Muslime, die zum Teil der oben erwähnten sechsten Gruppe zuzuordnen wären. Kommen wir also auf die Schichten der Gelehrten und die der Idealisten und Sufis bei Ibn al-Khatib zurück!

Gelehrte und Säkularität

Es mag verblüffen, dass wir zwischen diesen beiden Gruppen und dem Konzept der Säkularität einen Zusammenhang herstellen. Säkularität wird hier als religiös geprägt verstanden. Gelehrte haben immer wieder Ämter im Herrschaftsapparat muslimischer Reiche übernommen bis hin zur Integrierung in bürokratische Apparate wie die des Osmanischen Reiches, zur Bildung einer Trägerschicht des zwölferschiitischen im safawidischen Iran oder der – nicht immer spannungsfreien – Integrierung in Hof und Administration im Mogulreich (Ahmad 1970) und zuvor besonders im Delhi-Sultanat (Jackson 1999). Allerdings haben sie auch – wir haben es bereits gesagt – immer wieder als Sprecher der Bevölkerung gegenüber den herrschenden Eliten fungiert. Damit waren sie – erlauben wir uns einmal einen Anachronismus – Sprecher der Zivilgesellschaft, die versucht wurde, zu kooptieren. Wie sah dies konkret aus?

---

12 Wir wollen allerdings nicht vergessen, dass sie auch Herrscher sein konnten (s. etwa Fierro 1994).

Betrachten wir ein Beispiel aus dem Aghlabidenreich (800–909) in Nordafrika.[13] Bis in die Mitte des 9. Jahrhunderts war die Mehrheit der Rechtsgelehrten in diesem Reich hanafitisch gesinnt, theologisch waren sie mu'tazilitisch orientiert (Berger 2010: 73ff.). Auch die Kadis wurden aus ihren Reihen gewählt. Insgesamt war diese Gruppe eher an den Interessen der herrschenden Schicht arabischer Herkunft orientiert. Die Herrscher versuchten allerdings, einen Ausgleich herzustellen zwischen den Hanafiten und den Anhängern der malikitischen Rechtsschule, die wir uns nicht als einheitliche Gruppe vorzustellen haben.[14] Der Wesir wurde deshalb meist aus den Reihen der Malikiten gewählt. Eine weitere islamische Strömung, die Ibaditen (Lohlker 2008: 137f.), spielten ebenfalls eine Rolle im Aghlabidenreich.

Die Malikiten fanden hauptsächlich Unterstützung in den ethnisch gemischten, hauptsächlich arabisch-berberischen, städtischen Schichten der Händler und Handwerker. Vor diesem Hintergrund kritisierten sie das Luxus- und Lotterleben der herrschenden Schicht, die Erlaubnis, Wein zu produzieren und zu trinken etc. Sie griffen auch die Unterstützung der Herrschenden für die theologische Strömung der Mu'tazila an. Als einer der Sprecher der Malikiten wurde der führende Gelehrte Sahnun (gest. 854) von den Hanafiten mit Verfolgung bedroht (Muranyi 1999).

Nach größeren Unruhen infolge von Thronfolgestreitigkeiten, die nur durch Unterstützung breiter Kreise der Bevölkerung gelöst werden konnten, drängte der neue Aghlabidenherrscher Sahnun wiederholt zur Übernahme des Kadi-Amtes. Nach einiger Zeit übernahm Sahnun schließlich 849 das Kadi-Amt. Diesen Entschluss kommentierte er seiner Tochter gegenüber mit den Worten: „Heute ist dein Vater ohne Messer erstochen worden." Einerseits zählte Sahnun sicherlich zur Schicht der idealistisch gestimmten Gelehrten, die generell eine gewisse Distanz zu den Herrschenden einnahmen, andererseits dürfte ihn auch das Problem von der Amtsübernahme Abstand nehmen haben lassen, da er nicht wissen konnte, wie die hanafitische Schicht der Gelehrten auf seine Ernennung reagierte, obwohl der Herrscher vor der Ernennung die Hanafiten konsultiert hatte. Er könnte eine Spaltung der Gelehrten befürchtet haben, der er nach der Amtsübernahme mit einer Koalition mit hanafitischen Gelehrten zu begegnen versuchte. Die Wahrnehmung der Vertretung der Interessen der breiten Bevölkerungsschicht wie

---

13 Ich folge hier Lohlker 1991: 122ff.; vgl. Brockopp 2011.
14 Es gab auch Malikiten, die eine Verbindung von malikitischen und hanafitischen Lehren anstrebten.

auch die Durchsetzung seiner religiösen Auffassungen[15] zeigt Sahnun aber wiederum als idealtypischen frühen Vertreter des Kompromisses zwischen säkularen und religiösen Logiken. Wir können ihn also sehr gut als Verkörperung der beiden Seiten dieser Falte der Ebene des schariatischen Denkens und Handelns imaginieren.

Sahnuns Leben verkörpert die oppositionelle Instanz des Gelehrtentums gegenüber den Herrschenden[16], wenn nötig, eine Kompromissbereitschaft im durchaus pragmatisch säkularen Interesse breiterer Schichten, das mit dem ebenso pragmatischen Agieren der Herrschenden mit den einzelnen religiös-gelehrten Gruppen verbindet. Eine durchaus politische, machiavellistische Grundhaltung wird wieder erkennbar, von der wir oben gesprochen haben.

Eine Einbindung in die Herrschaftseliten konnte allerdings auch nicht nur metaphorisch ungesund sein. Nehmen wir ein Beispiel aus der Zeit des Mamlukensultans al-Ashraf Qansuh al-Ghawri (1501–1516).[17] Zwar zeigte dieser hin und wieder Anwandlungen, als Verteidiger des sunnitischen Islam aufzutreten, eher aus der pragmatischen Erwägung heraus, dies könne der Legitimation seiner Herrschaft dienen. Sobald es opportun war, sorgte er für eine Nichtverfolgung von Verbrechen, wenn sie von führenden Mamluken begangen worden sind. Die führenden gelehrten Kadis akzeptierten dies meistens. Allerdings nicht immer!

1513 wurde ein Fall von Ehebruch der Frau eines hanafitischen stellvertretenden Richters ruchbar. Der Ehemann erwischte seine Frau beim Zusammensein mit ihrem Geliebten und brachte beide vor den Großkammerherrn des Sultans. Dieser wiederum sah eine Gelegenheit, sein etwas angekratztes Image als Wahrer der öffentlichen Moral aufzupolieren, und er befahl, die Ehefrau und den Geliebten hinzurichten, eine Entscheidung, die von den Kadis der vier sunnitischen Hauptrechtsschulen[18] unterstützt wurde. Er hatte aber die Rechnung ohne die obersten Gelehrten gemacht.

Ein schafiitischer Gelehrter schrieb eine Fatwa, in der er Einspruch gegen die Entscheidung des Sultans erhob, das ehebrecherische Paar ohne angemessenes Gerichtsverfahren durch Steinigung hinzurichten.

---

15 Sahnun initiierte auch eine Verfolgung von hanafitischen Mu'taziliten, die ihn ja früher selber verfolgt hatten, und eine Beschränkung des Handlungsraumes der Ibaditen.
16 Die Rolle der Gelehrten als Kämpfer im Krieg wollen wir hier nicht näher betrachten (Noth 1994).
17 Ich folge hier Petry 1994.
18 Es war durchaus üblich, in größeren Städten aus jeder der vier sunnitischen Hauptrechtsschulen einen Oberkadi einzusetzen.

Dabei stützte er sich auf Auffassungen des Namensgebers seiner Rechtsschule, al-Shafi'i (s. u.), der zudem als Haupheiliger Ägyptens angesehen wurde. Nach einer heißen Debatte nahmen die vier Oberkadis ihre frühere Unterstützung der Entscheidung des Sultans zurück. Darüber entbrannte der Sultan in Zorn. Er hatte beabsichtigt, sich als Verfechter der Moral und des Rechts zu präsentieren, was der Widerspruch der Gelehrten vereitelte, unter ihnen sein engster Rechtsberater.

Soweit die Gründe für den herrscherlichen Zorn. Was aber trieb die Gelehrten und Kadis zur Opposition? Hätten diese führenden Gelehrten einen solch gewichtig begründeten Rechtsrat eines jüngeren Gelehrten ignoriert, hätten sie ihre Verpflichtung der Scharia gegenüber ignoriert und sich wieder einmal offen der irdischen Autorität gebeugt? Da die Angelegenheit unbedeutend erschien, dass der Sultan sein Interesse verloren hätte, dürfte ihnen das Wagnis möglich erschienen sein, um dem Herrscher ihre Unabhängigkeit zu demonstrieren, der ja auch in ihre Prärogative eingegriffen hatte, die das Rechtswesen betrafen. Dies war allerdings eine Fehlkalkulation! Sultan al-Ghawri ließ den unglücklichen Verfasser der Fatwa mit tausend Peitschenhieben bestrafen, eine Strafe, die dieser nicht überlebte. Alle anderen beteiligten Gelehrten wurden ihrer Ämter enthoben; der ehemalige Rechtsberater konnte trotz aller Bemühungen nie wieder ins Amt gelangen. Die unglücklichen Ehebrecher wurden erhängt.

Das Verhältnis zwischen Gelehrten und Herrschern war also sehr komplex, schwankend zwischen Dienstfertigkeit und Opposition. Für unsere Untersuchung ist der Aspekt interessant, dass Rechtsgelehrte durchaus als zivile Opposition gegen Herrscher aufgetreten sind. Die Beispiele ließen sich vermehren.

Es sei nur ein Hinweis gegeben, der zeigt, dass die pragmatische Haltung der Herrscher auch außerhalb der arabischen Welt paradigmatisch erscheint (alles nach Alvi 1989).[19] Fürstenspiegel aus der Zeit des Mogulherrschers Jahangir (1605–1627) zeigen ebenfalls eine pragmatische Sicht von Herrschaft. Jahangir, dessen Herrschaft oft als konservativ oder traditionalistisch beschrieben wird, verstand seine Herrschaft nicht in erster Linie religiös. Er sah sich nicht, so die Fürstenspiegel, in erster Linie als Beschützer des Islam oder als verantwortlich für die „Anwendung der Scharia". Noch nach seinem Tode war eher die Rede von seinem Gerechtigkeitssinn. Auch wenn wir in den hier herangezo-

---

19 Alles andere wäre – bei aller persönlichen Frömmigkeit – auch verwunderlich gewesen.

genen Fürstenspiegeln immer wieder Hinweise auf die enge Beziehung zwischen Herrscher und Religion finden, bleiben diese in den Texten eher isoliert. Dagegen formuliert ein Autor recht deutlich, dass Herrschaft auf Gerechtigkeit (*'adala*) beruht (vgl. Al-Azmeh 1997). Er schreibt: „Beim Systematisieren von Regeln und der Aufrechterhaltung von Verfahren [seiner Verwaltung] muss der Herrscher größtmögliche Umsicht aufwenden, um Gerechtigkeit und Unparteilichkeit zu erreichen. Wenn ein Richter (Herrscher) nicht die Angelegenheiten der Leute regelt, wird der verborgene Rebell, begünstigt durch die Tyrannei, das Leben des Adels und des Pöbels gleichermaßen zerstören. Wenn die Kerze der Gerechtigkeit nicht die düstere Zelle der Gepeinigten erhellt, wird die Dunkelheit der Grausamkeit das ganze Land verdunkeln, wie es es mit dem Herzen des Tyrannen tut" (Alvi 1989: 104).

Ein deutliches Plädoyer für Gerechtigkeit um der Sicherung der Herrschaft willen, aus pragmatischen, nicht aus moralischen Gründen. Verweisen wollen wir noch auf jemanden, der normalerweise als des Pragmatismus unverdächtig gilt: Ibn Taimiyya (gest. 1328). Er verweist in seinem Werk über die *siyasa shar'iyya* darauf, dass das öffentliche Interesse (*maslaha*; s. S. 178ff.) maßgeblich für die Besetzung von Ämtern sei. So habe der Prophet Muhammad als Befehlshaber Khalid b. al-Walid eingesetzt, obwohl dieser eine Anzahl von üblen Taten verübt hatte, die von Muhammad missbilligt wurden. Ibn Taimiyya nennt noch andere ähnliche Beispiele, die zeigen, dass die Qualifikation von größerer Bedeutung erscheint als Frömmigkeit (Afsaruddin 2010: 195f.).

Wir können auch noch eine mu'tazilitische Stimme heranziehen. Qadi 'Abd al-Jabbar (gest. 1025) beschreibt in seinem *Mughni* drei Auffassungen in seiner Zeit hinsichtlich des Kalifats. Die erste, eine Minorität, sieht dieses als nicht notwendig an; die zweite glaubt, dass es aus Vernunftgründen erforderlich ist; und die dritte, dass es aus religiöser Sicht existieren muss ('Abd al-Jabbar, Bd. 20: 16; vgl. Afsaruddin 2010: 194). Auch hier gibt es keine einheitliche Auffassung zu dieser zentralen Herrschaftsinstanz, religiöse Legitimation konkurriert mit einer anderen, rationalen Legitimation.

Weitere theologische Richtungen können genannt werden. Der asch'aritische Theologe al-Juwayni (gest. 1085) schrieb in der Zeit einer gravierenden Krise des Abbasidenkalifats eine Abhandlung über das Imamat (s. Nagel 1988, hier als die Führerschaft der islamischen Gemeinschaft zu verstehen): „In dieser Schrift konstatiert er, dass es keinen Unterschied zwischen dem Imam und den anderen Menschen gebe. Der Imam sei lediglich ein Werkzeug, mit dem die Menschen an die Scharia gebunden werden. Wenn es nun zwei taugliche Kandidaten gebe, müsse man zwischen beiden wählen. Gibt es keine geeignete Person, ist es notwendig, eine andere Person auszuwählen, die zwar nicht die Bedingungen für das Imamat erfüllt, die nötigen Machtmittel zur Durchsetzung der Scharia aber aufbringen kann [...] Dies ist für al-Dschuwaini der primäre Zweck der Herrschaft. Die Bindung an eine Herkunft vom Propheten ist nicht mehr das primäre für Dschuwaini – zumal angesichts des Scheiterns bei der Verteidigung gegen den äußeren und den inneren Feind (insbesondere die Isma'iliten)" (Lohlker 2008: 51).

Selbst auf der Ebene der theologisch geprägten Diskurse, die eine größere Beharrungskraft als andere herrschaftsbezogene Textgattungen zeigen, wird ein Wandel der Legitimation von Herrschaft erkennbar. Nicht mehr die genealogisch mit der frühen Heilsgeschichte verknüpfte Logik dominiert, sondern eine pragmatische, zum Teil säkulare Logik kommt zum Vorschein; die Sicherung von Herrschaft und damit gesellschaftlicher Ordnung wird primäres Anliegen. Diese Sicherung von Herrschaft konnte auch heißen, dass der auserwählte Kandidat der Herrschaftsausübung auf Frömmigkeitsleistungen verzichten musste. So hat der Adressat der Abhandlung al-Juwaynis, der Wesir Nizam al-Mulk (gest. 1092), sich mit dessen Aufforderung auseinanderzusetzen, in einer akuten Krisensituation auf die Pilgerfahrt zu verzichten.

Ist also muslimische Herrschaft doch als säkular zu verstehen? Eine alte Weisheit, die Orientalisten mit muslimischen Vertretern der Moderne in Gestalt der Anhänger politisch-islamischer Strömungen teilen, scheint dem entgegenzustehen. Sie besagt, dass die Muslime bis heute unter dem Verfall des „Gottesstaates" leiden und diesen wiederherstellen müssen. Die oben kursorisch dargebotenen historischen Beispiele lassen schon einmal daran zweifeln, dass diese These falsch ist. Nehmen wir einen Gedanken Thomas Bauers auf! Es scheint außer Frage zu stehen, „dass es in der islamischen Welt (1) nur ein einziges politisches Normensystem geben kann, dass dieses (2) nur ein islamisches sein kann und dass (3) nur ein einziges islamisches Normensystem existieren kann. Des Weiteren ist es selbstverständlich, dass dem schon immer so war und alle Muslime in tiefer Verzweiflung versanken, wenn die realen Gegebenheiten andere waren. Zwar gibt es keinerlei Äußerungen, die ein solches Urteil erlauben, aber wie sollten die Menschen auf ein Auseinanderklaffen zwischen Norm und Realität reagiert haben?" (Bauer 2011: 316).

Nun gab es sicherlich (Bauer 2011: 315ff.) in der muslimischen Welt höchst unterschiedliche Diskurse über Herrschaft, Macht und Recht in unterschiedlichster Verkettung miteinander – und dies gilt bis heute. Einige dieser Diskurse sind zudem eher religiös geprägt, im rechtlichen

Bereich folgen sie einer ethisch-religiösen Logik, andere sind eher säkular geprägt, im rechtlichen Bereich folgen sie einer juridischen Logik. Religiöse Diskurse zählen sicher zu den ältesten Diskursen über Herrschaft und Führung der Gemeinschaft in der muslimischen Welt. Es gibt aber einen älteren Diskurs: „Denn älter als der Islam ist wiederum die arabische Dichtung, die schon in vorislamischer Zeit die Qualifikationen des Führers und die rechte Ausführung von Herrschaft verhandelte" (Bauer 2011: 317). Dies geschah in der Textgattung der Lobgedichte, die in muslimischer Zeit weiter gepflegt wurde: „Für die gesamte niedere und höhere Führungselite wurde die Dichtung zum zentralen Mittel der Repräsentation und für die Intellektuellen das wichtigste Medium, um zu politischen Themen Stellung zu nehmen" (Bauer 2011: 317).

Die umfangreiche und durchaus zum Teil hochklassige Panegyrik, die so entstand, wird in Geschichten des muslimischen politischen Denkens zumeist völlig ignoriert. Vielleicht weil diese muslimische Panegyrik nicht islamisch genug erscheint – Muslimen und Nichtmuslimen; „denn in der Tat steht in ihr weder die religiöse Legitimation des Herrschers noch sein religiöses Handeln im Vordergrund. Die ihr zugrunde liegende Tugendlehre ist weitgehend noch immer die vorislamische. Kriegerische Tapferkeit nach außen und soziales Handeln nach innen sind seine Haupttugenden. Religion spielt selbst in Gedichten auf Kalifen nur eine geringe, oft auch gar keine Rolle – und dies gilt sogar für Trauergedichte auf verstorbene Fürsten. Der panegyrische Politikdiskurs ist mithin ein semisäkularer, zu einigen Zeiten und in einigen Regionen [...] sogar ein rein säkularer" (Bauer 2011: 318).

Wir haben bis jetzt ein Werk unbeachtet gelassen, dass als *islamische* Begründung von Politik gilt: die *Ahkam al-sultaniyya* des Korankommentators, Rechtsgelehrten und Diplomaten al-Mawardi (gest. 1058). Thomas Bauer charakterisiert dieses Werk treffend[20] als die Hinzufügung einer weiteren Perspektive zu den bereits vorhandenen Perspektiven auf Herrschaft und Regierung. Al-Mawardi habe „eine bereits existierende Perspektive geschärft, indem er das über die ganze Materie des *fiqh* verstreute Material kondensierte" (Bauer 2011: 320; Hurvitz 2007). Die von al-Mawardi in seiner Auftragsschrift für den Kalifen hergestellte Verkettung von Materialien, die zu einem Diskurs über Herrschaft seitens der Rechtsgelehrten führte, die sich mit dem *fiqh* beschäftigten, wird also zu einem weiteren Element in den Rhizomen, die sich um die Problematik der Herrschaft produzieren. Insofern können uns die

---

20 Und ich bekenne gerne, hier viel von ihm gelernt zu haben.

bei ihm fortgeführten Falten des Gewebes des theologischen Diskurses über Herrschaft nicht verwundern.[21] Allerdings sind auch theologische Diskurse gegen säkulare Anwandlungen nicht gefeit (s. o.). Panegyrische Diskurse, Herrscherratgeber, historiographische oder – gewiss marginal – philosophische Diskurse sind allerdings immer präsent, ja sogar prägend. Und damit auch die säkulare Logik, die sich auch in Fachlogiken wie der juridischen auffaltet.

Kommen wir zu einem heiklen Thema, zu dem heute – oft gezielt – historisch falsche Auffassungen propagiert werden, das uns aber hilft, Verkettungen der Säkularität weiter zu reflektieren. Welche Rolle haben Nichtmuslime in muslimischen Gesellschaften gespielt? Wir können dies nicht im Detail behandeln und wollen uns unter dem Aspekt der Säkularität auf die Rolle der Nichtmuslime in den Herrschaftsapparaten ziviler Art beschränken.

Nichtmuslime und Säkularität

Recht umstritten ist die Frage, ob Christen oder Juden ein Staatsamt übernehmen sollten, das ihnen Macht über Muslime verleiht. Faktisch kam dies immer wieder vor und wurde als unproblematisch angesehen – zumindest, wenn die Befähigung zum Amt gegeben war (vgl. o.). Die rechtliche Diskussion dieses Problems kann uns einen Einblick in Säkularitätsformen geben. Einen ersten Eindruck haben wir aus den obigen Ausführungen zu al-Sarakhsi gewinnen können.

Wir wollen eine Fatwa heranziehen, in der sich der Fragesteller auf einen Fall bezieht, in dem ein Muslim einen *dhimmi*, einen „Schutzbefohlenen", wohl einen Christen oder Muslim, als Steuereintreiber eingesetzt hatte, über dessen Verhalten sich der Fragesteller beschwert (Gottheil 1911: 208). Der Verfasser dieser Fatwa spricht relativ deutlich in der Antwort auf die an ihn gestellte Anfrage: Der Ton der von ihm gewählten Koranzitate, Hadithe und anderer historischer Belege ist eindeutig ablehnend. Eine solche Einsetzung ist nicht akzeptabel. Bis er zu einer wichtigen Frage gelangt: Wer soll denn ein öffentliches Amt übernehmen? Der Übergang wird eingeleitet mit einer Bemerkung über „diese verfluchten Christen" (Gottheil 1911: 212), die Muslime schädigten. Dies führt den Verfasser zu Erwägungen darüber, dass nur die am

---

21 Auch die daraus herrührende Attraktivität dieses Werkes für islamisierende Vorstellungen in der Gegenwart verwundert nicht.

meisten befähigte Person eingesetzt werden sollte, seien es die Steuerbeamten, die Wesire oder andere. Für alle Amtsinhaber gilt, dass sie nur die am besten befähigte Person einsetzen sollten (Gottheil 1911: 212f.). Begründet wird dies ebenfalls mit religiösen Texthinweisen. Explizit werden keine Unterschiede zwischen Gläubigen und Ungläubigen gemacht. Der Fragesteller wird sogar beruhigt, dass von einem Nichtmuslim unrechtmäßig eingehobenes Eigentum zurückerstattet wird (Gottheil 1911: 212f.).

Wir sehen hier einen Diskurs wirken, der den Fragesteller beruhigen soll: Grundsätzlich ist die Einsetzung eines Christen oder Juden ziemlich verwerflich (und unrechtmäßig angeeignetes Eigentum wird rückerstattet). Daneben vollzieht sich entlang einer Fluchtlinie (s. u.) des religiös geprägten Diskurses ein säkular orientierter Diskurs, der auf die Kompetenzen eines Amtsinhabers zielt, ungeachtet der Religion (vgl. o.).

Der bedeutende Damaszener Gelehrte 'Abdalghani al-Nabulusi (gest. 1731; s. Akkach 2007) formuliert sogar einen weitergehenden Gleichheitsanspruch. Dabei findet eine Deterritorialisierung (s. u.) im Anschluss an sufisches[22] Denken statt. Der Gedanke der Gleichheit wird aus diesem Diskurs heraus mit Ergänzung rechtlicher und koranischer Diskurse entwickelt. Dies ermöglicht eine Verkettung (s. u.), die über die Beschränkungen rein innermuslimischer Diskurse hinausreicht und eine solche Schrift produziert. Die Schrift al-Nabulusis ist eine Antwort auf eine Kritik an einer anderen seiner Schriften, die einen Kommentar zu einer Passage im Werk eines berühmten Sufis enthält (Winter 1988). Dies verweist uns auf den agonalen Charakter der Schriften des islamischen Rechts, die wir hier behandeln (s. u.).

Was ist nun der Kern der Aussage al-Nabulusis? Das erste Argument ist, dass Nichtmuslime, wenn sie die entsprechende Abgabe als Gegenleistung für Schutz durch die Muslime geleistet haben, die gleichen Rechte wie die Muslime genießen (Winter 1988: 98). Al-Nabulusi geht sogar einen Schritt weiter: Tragen die Nichtmuslime in ihrem Herzen den richtigen „inneren Glauben" (Winter 1988: 99), gehen sie mit den Muslimen in das Paradies ein.

Wir können an dieser Schrift sehen, dass es unterschiedliche Wege der Begründung von Gleichheit gibt, die sich zwischen säkularen und eher religiösen Produktionen von Wissen bewegen. Erst vor dem Hin-

---

22 Ohne weitere Vertiefung kann hier der Sufismus als mystisches Denken und Handeln im islamischen Kontext verstanden werden.

tergrund einer religiös geprägten Säkularität mit Verkettungen in eine säkular oder ethisch-religiös geprägte Richtung ist es möglich, die rechtlichen Diskussionen wirklich zu verstehen, ohne in die Zuschreibung eines heiligen Rechts zu verfallen. Es soll hier – das sei betont – nicht negiert werden, dass es Diskurse religiöser Herrschaftslegitimation islamischer Art gegeben hat. Wir wollen nur in einige Poren schauen, die sonst leicht übersehen werden, eine andere Falte betrachten.

Eine andere Betrachtungsweise kann uns helfen, den potenziell unendlichen, real aber bestimmten Bedingungen unterliegenden Prozess des Faltens besser zu erkennen. Wir betrachten jetzt die Strukturen von schariatischen Werken, die im Bereich des angewandten Rechts und der Rechtsmethodik sehr ähnlich, aber auch in anderen Texten auffindbar sind. Solche Prozesse der Realisierung von Säkularität, um den überladenen Begriff der Säkularisierung zu meiden, gibt es auch im Bereich der *usul al-fiqh*. Wir haben bereits von den unterschiedlichen im Recht wirksamen Logiken gesprochen. Der schafiitische Gelehrte al-Juwayni (gest. 1085), bekannt als Imam al-haramayn, Imam der beiden heiligen Stätten, hat eine eigenständige Sicht der Rechtsmethodik entwickelt, in der er auf die überprüfbaren äußeren Merkmale der Handlungen der Menschen zielt.

„Das Wesentliche an seiner Theorie der Scharia ist [...], dass er diese Merkmale zu dem Zweck hervorhebt, eine zuverlässige Handhabung der überlieferten Aussagen zu gewährleisten. Die Jurisprudenz wird dabei auf die Aufgaben beschränkt, die sie wirklich zu lösen vermag. Das Innere des Menschen, seine Gefühle und Gedanken, entziehen sich einer rechtlichen Beurteilung [...]. Das Recht erscheint [...] als Werkzeug, mit dem ein Bereich der menschlichen Existenz geordnet werden kann [...]. Das, was stets als eine unauflösliche Einheit galt, die ‚islamische Persönlichkeit', für die Glaube, Gesetz, staatliche Ordnung eine einzige, nicht zergliederbare Lebensmitte sind, formt er zu einer Zweiheit um. Nicht dass sich gläubige Frömmigkeit und ‚Belastung' mit der Scharia nun aus unterschiedlichen Quellen speisen – bestimmt nicht! Aber um die Gewissheit des richtigen Handelns und die Sicherheit des Heilsgewinns zu erringen, muss man jetzt beide Bereiche als inhaltlich voneinander getrennt auffassen" (Nagel 1988: 270f.).

Es werden die beiden Logiken des Handelns erkennbar, diesmal auf der rechtsmethodischen Ebene, die eine Trennung beider erfordert – sicherlich *auch* ein Ausdruck der Transformation der östlichen muslimischen Welt in der Zeit al-Juwaynis, die neue Falten ermöglichte und erforderte, neue Rhizome produzierte, die im rechtsmethodischem Gebiet wirksam wurden.

Strukturen von Rechtswerken[1]

Wenn wir über islamische Texte reden, und gerade über ältere islamische Texte vormoderner oder nicht moderner Art, müssen wir beachten, dass sich deren Strukturen von denen moderner Art grundlegend unterscheiden. Diese verschiedenen Formen von Büchern und Texten können wir klassifizieren: „Ein erster Buchtyp ist das Wurzel-Buch. Der Baum ist bereits das Bild der Welt, oder vielmehr, die Wurzel ist das Bild des Welt-Baums. Es ist das klassische Bild des Buchs als schöne Innerlichkeit, organisch, signifikant und subjektiv (die Schichten des Buches). Das Buch ahmt die Welt nach wie die Kunst die Natur: mit seinen eigenen Verfahrensweisen [...]. Die Natur verhält sich nicht so: Die Wurzeln sind dort Pfahlwurzeln mit zahlreichen seitlichen und kreisförmigen, aber keinesfalls dichotomischen Verzweigungen. Der Geist bleibt hinter der Natur zurück. Selbst das Buch als natürliche Realität gleicht mit seiner Achse und den sich darum rankenden Blättern einer Pfahlwurzel. Das Buch als geistige Realität dagegen, der Baum oder die Wurzel als Bild, bringt unaufhörlich dieses Gesetz hervor: aus eins wird zwei, aus zwei wird vier ... [...]. Mit anderen Worten, dieses Denken hat die Mannigfaltigkeit nie begriffen: Um auf geistigem Wege zu zwei zu kommen, muss es von einer starken grundlegenden Einheit ausgehen. Und vom Objekt aus gesehen, kann man auf natürlichem Wege zwar direkt von dem Einen zu drei, vier oder fünf gelangen, jedoch immer unter der Vor-

---

1 Wesentliche Teile dieses Abschnittes sind inspiriert von Überlegungen auf der Eröffnungsveranstaltung der Forschungsplattform „Religion and Transformation in Contemporary European Society" und werden auch in anderer Form publiziert; gedankt sei insbesondere Almut Bruckstein Çoruh für das anregende Gespräch.

aussetzung einer starken, ursprünglichen Einheit, jener Hauptwurzel, die die Nebenwurzeln trägt" (Deleuze/Guattari 1992: 14).

Das Wurzel-Buch ist das ideale Buch der europäischen Moderne, das sich nicht als der Natur adäquat zeigt, wenn es auch vorgibt, diese zu analysieren. Es gibt eine zweite Form des Buches: „Das Nebenwurzelsystem oder das Wurzelbüschel ist die zweite Gestalt des Buches, auf die unsere Moderne sich gern beruft. In diesem Fall ist die Hauptwurzel verkümmert, ihr Ende ist abgestorben; und schon beginnt das wilde Wuchern einer Mannigfaltigkeit von Nebenwurzeln. Hier kommt die natürliche Realität in der Verkümmerung der Hauptwurzel zum Vorschein, aber dennoch bleibt ihre Einheit als vergangene, künftige oder zumindest mögliche bestehen. [...] Man könnte an die Methode des *cut-up* bei Burroughs denken; wenn ein Text mit einem anderen zusammengeschnitten wird, entstehen zahlreiche Wurzeln, sogar wild wachsende (man könnte von Ablegern sprechen), wodurch den jeweiligen Texten eine Dimension hinzugefügt wird. In dieser zusätzlichen Dimension des Zusammenschnitts setzt die Einheit ihre geistige Arbeit fort. So gesehen kann auch ein äußerst zerstückeltes Werk noch als Gesamtwerk oder Opus magnum angesehen werden" (Deleuze/Guattari 1992: 15).

Auch in dieser Perspektive sehen wir, dass das Eine sich – in welch fragmentierter Erscheinungsform auch immer – durchsetzt. Wir finden immer noch eine Verteidigung der territorialen Grenzen des *einen* Textes. Dies gilt auch für traditionelle, kollektiv definierte Texte, denn „kollektiv definierte Texte unterliegen der Logik des Territorialen, sie werden mit territorialer Leidenschaft verteidigt. Dabei finden die prinzipiell unbegrenzten Auslegungsmöglichkeiten traditioneller Texte ihre Grenze an der hysterischen Disposition ihrer Apologeten, die die Grenzen des Textes als Grenze der Wahrheit definieren" (Bruckstein Çoruh 2009: 13).

Können wir andere Formen der Reterritorialisierung finden? Deleuze/Guattari beschreiben noch eine dritte Perspektive. Sie sagen, es sei nicht ausreichend, das Mannigfaltige nur zu proklamieren: „Das Mannigfaltige *muss gemacht werden*, aber nicht dadurch, dass man immer wieder eine höhere Dimension hinzufügt, sondern vielmehr schlicht und einfach in allen Dimensionen, über die man verfügt, immer nur n-1 (das Eine ist nur dann ein Teil des Mannigfaltigen, wenn es davon abgezogen wird). Wenn eine Mannigfaltigkeit gebildet werden soll, muss man das Einzelne abziehen, immer in n-1-Dimensionen schreiben. Man könnte ein solches System Rhizom nennen. Ein Rhizom ist als unterirdischer Strang grundsätzlich verschieden von großen und kleinen Wurzeln. [...] Das Rhizom selber kann die unterschiedlichsten Formen annehmen, von der verästelten Ausbreitung in alle Richtungen an der Oberfläche bis zur Verdichtung in Zwiebeln und Knollen. [...] Im Rhizom gibt es Gutes und Schlechtes: die Kartoffel und die Quecke, dieses Unkraut. [...] Merkmale des Rhizoms [...] 1. und 2. Das Prinzip der Konnexion und der Heterogenität. Jeder Punkt eines Rhizoms kann (und muss) mit jedem anderen verbunden werden. Das ist ganz anders als beim Baum oder der Wurzel, bei denen ein Punkt, eine Ordnung festgelegt ist". In einem solchen Rhizom „verweist nicht jeder Strang notwendigerweise auf einen linguistischen Strang: Semiotische Kettenglieder aller Art sind hier in unterschiedlicher Codierungsweise mit biologischen, politischen, ökonomischen etc. Kettengliedern verknüpft, wodurch nicht nur unterschiedliche Zeichenregime ins Spiel gebracht werden, sondern auch unterschiedliche Sachverhalte. [...] Ein semiotisches Kettenglied gleicht einer Wurzelknolle, in der ganz unterschiedliche sprachliche, aber auch perzeptive, mimische, gestische und kognitive Akte zusammengeschlossen sind" (Deleuze/Guattari 1992: 16f.).

Das dritte Merkmal ist das Prinzip der Mannigfaltigkeit. Die Vielheit (oder Mannigfaltigkeit) wird tatsächlich als Subjekt behandelt, ohne dass sie noch eine Beziehung zum Einen im natürlichen oder geistigen Sinne hat (Deleuze/Guattari 1992: 17). „Es gibt keine Einheit, die dem Objekt als Pfahlwurzel dient oder sich im Subjekt teilt. Noch nicht einmal eine Einheit, die im Objekt verkümmert oder im Subjekt ‚wiederkehrt'. Eine Mannigfaltigkeit hat weder Subjekt noch Objekt, sondern nur Bestimmungen, Größen, Dimensionen, die nicht wachsen, ohne dass sie sich dabei verändern. [...] Anders als bei einer Struktur, einem Baum oder einer Wurzel gibt es in einem Rhizom keine Punkte oder Positionen. Es gibt nur Linien" (Deleuze/Guattari 1992: 18).

Als viertes Merkmal ist das Prinzip des asignifikanten Bruchs zu nennen. „Ein Rhizom kann an jeder Stelle unterbrochen oder zerrissen werden, es setzt sich an seinen eigenen oder an anderen Linien fort. Man kann mit Ameisen nicht fertig werden, weil sie ein Tier-Rhizom bilden, das sich auch dann wieder bildet, wenn sein größter Teil zerstört wird. Jedes Rhizom enthält Segmentierungslinien, die es stratifizieren, territorialisieren, organisieren, bezeichnen, zuordnen etc.; aber auch Deterritorialisierungslinien, die jederzeit eine Flucht ermöglichen. Jedes Mal, wenn segmentäre Linien auf einer Fluchtlinie explodieren, gibt es eine Unterbrechung im Rhizom, aber die Fluchtlinie bildet einen Teil des Rhizoms. Diese Linien verweisen ununterbrochen aufeinander" (Deleuze/Guattari 1992: 19).

Wenn wir von Kettengliedern haben reden hören, die sich miteinander verbinden, haben wir einen Schlüsselbegriff. Kommen wir aber nun zu Verkettungen (Deleuze/Guattari 1976: 112ff.)! Die gerade skizzierte

Position europäischer Provenienz ignoriert völlig andere, nicht europäische semiotische Praktiken. So gibt es ganze Gattungen muslimischer Texte, die über semiotische Kettenglieder strukturiert sind (Lohlker 2006b). Von einem Thema wird, so der oberflächliche Blick vieler europäischer Orientalisten, zu einem anderen Thema „gesprungen". Aber dieses Springen funktioniert nur, wenn es Verkettungsbegriffe gibt, seien es Berichte über die Post, die zu denen über Tiere (Pferde) und Preise führen, das Hofzeremoniell mit der Partizipation von Offizieren führt zu Berichten über das Heerwesen ... Es sind Begleitumstände, die sich um ein Objekt anordnen und wieder zu neuen Objekten führen. All dies führt zu Gesamtobjekten, die wiederum narrativ zum Ausdruck kommen und immer offen für neue Anschlüsse sind. Ohne diese Verkettungen, die wiederum vor dem Hintergrund eines gebildeten Gespräches durchaus kritischer Art verstanden werden müssen, lesen wir zwar, verstehen aber nicht. Ein performatives Verständnis ist unabdingbar, gerade in oral-literalen Kommunikationen, durch die ältere muslimische Kulturen gekennzeichnet sind.

Wie ist nun diese Struktur für schariatische Texte zu denken? Schauen wir uns ein typisches Kapitel aus einem schariatischen Werk an. Wir nehmen dafür ein Beispiel aus dem angewandten Recht, den Zweigen (furu'), können diese Struktur aber auf Werke der Rechtsmethodik übertragen. Dies zeigen die von uns übersetzten Texte. Es geht uns hier um den Nachweis eines durchgängigen Elements schariatischen Denkens.

Das Beispiel stammt aus einem Kommentar zu einer Versifizierung der malikitischen Rechtsschule, über die wir bereits im Zusammenhang mit den Richterhandbüchern gesprochen haben, und wurde wohl im 19. Jahrhundert verfasst. Wir haben bereits gesagt, dass es als Knolle, als Verdichtung bereits bestehender Rhizome von Diskursen verstanden werden kann, die sich wiederum in vielerlei kommentierenden Werken weiter verzweigt. Es geht um das Problem, ob ein Vormund – im Normalfall der Vater – bei Abschluss eines Ehevertrages sein Mündel, meistens seine Tochter, zur Zustimmung zum Abschluss des Ehevertrages zwingen könne. Wir wollen an dieser Stelle nicht die Argumentation betrachten, nur einige Strukturelemente sollen hervorgehoben werden. Der Kommentator beginnt seinen Kommentar (Text a) mit etlichen Erläuterungen zum kommentierten Text (Text b). Dabei führt er den ersten zusätzlichen Text (Text 1) ein, der eine Ausnahmeregelung betrifft. Text 1 wird kurz danach wieder aufgenommen und mit einem weiteren Text (Text 2) ergänzt. Implizit wird dann wiederum der erste zusätzliche Text (Text 1) herangezogen. Es folgt ein kleiner Einschub, in dem der Kommentator einen weiteren Text (Text 3) zitiert. Dann wird ein vierter Text (Text 4) zitiert, der mit Text 5 erweitert wird. Es folgt Text 6, dem ein weiterer Auszug aus Text 5 angeschlossen wird. Die Texte 4, 5 und 6 werden vom Kommentator abgewogen und Text 5 als der beste qualifiziert. Dann diskutiert der Kommentator von anderen Gelehrten konstatierte Widersprüche der drei letztgenannten Auffassungen, die er erfolgreich auflösen kann (Lohlker 2002: 78ff.).

All diese Auffassungen der unterschiedlichen Autoren stehen auf einer Ebene, bilden jeweils eine spezifische Falte und eine reale Mannigfaltigkeit gleich zu wertender Auffassungen, aus denen sich Fluchtlinien entwickeln, neue Verkettungen möglich werden, wenn der Kommentator abwägt und eine der Auffassungen für diejenige erklärt, die vorzuziehen sei. Alle zitierten Werke sind wiederum Linien, die zu anderen Werken der schariatischen Diskussion zu diesem Thema (und darüber hinaus) führen. Dazu tritt die Anfügung nutzbringender Erörterungen (*fa'ida*), die wiederum häufig Geschichten erzählen, die im rechtlichen Kontext als Fallbeispiele zu qualifizieren sind, die weiteres Denkmaterial liefern, an das wieder neue Kettenglieder der Reflexion gebunden werden können.

Bemerkenswert ist, dass eben nicht hierarchisiert wird, vielmehr alle semiotischen Glieder nebeneinander im Text angeordnet sind. Hin und wieder werden einzelne Meinungen als anerkannt ausgezeichnet, gleich darauf finden sich aber wiederum andere, gleichwertige Meinungen – und das als fortlaufende Kette von Texten. Sicherlich gilt dies nicht für alle Gebiete des islamischen Wissens (vgl. Bauer 2011), aber besonders eben für Werke des *fiqh*, sowohl im Bereich der Grundlagen als auch des angewandten Rechts. Wenn wir ein reales Manuskript betrachten, können wir diese Struktur auch graphisch auf der Textseite erkennen (s. Abbildung[2] rechts).

---

2 Quelle: http://www.ebay.com/itm/ISLAMIC-MANUSCRIPT-FIQH-1024-AH-1615-AD-/220857645105 (Zugriff 26. 10. 2011).

Es handelt sich um einen Text aus der schafiitischen Rechtsschule aus dem Jahr 1615. Es ist wiederum ein Kommentar zu einem früheren Text, der mit Randglossen versehen ist. All diese scheinbar getrennten Teile bilden die Mannigfaltigkeit des Gesamttextes und sind durch graphisch nicht sichtbare Linien mit den gesamten einschlägigen Stellungnahmen verbunden. Hier wird der „Urtext" mit Glossen umschrieben, die im Manuskript nicht durch durchgehende Linien getrennt sind und sich mit ihm verbinden. Wir sehen auch hier transversale Bewegungen die den Rahmen des „Urtextes" von der Glosse her überschreiten und beide verschränken. Beide sind *ein* Bild, das weiter ergänzt werden kann; sogar in unvermutete Richtungen. Wir können also auch hier potenzielle Fluchtlinien der Decodierung und der Deterritorialisierung erkennen, die über die Grenzen des Textes hinausweisen. In der Praxis sind die betreffenden Aussagen natürlich in die Texte der kanonisierten Möglichkeiten des Denkens[3] eingebunden und weisen selten darüber hinaus.

Die Vielheiten, die sich aus den Texten ergeben, unterliegen immer gewissen Regeln, die es zu finden gilt (vgl. Eco 1999: 187). Diese Regeln können aber gebrochen werden. Und sie werden gebrochen! Ein 1662 gestorbener Gelehrter aus Fes (im heutigen Marokko) behandelte in einer Abhandlung (Maiyara o. J.) die Vormundschaft des Vaters beim Abschluss des Ehevertrages für seine Tochter das Problem, ob der Vater berechtigt sei, seine Tochter auch zwangsweise zu verheiraten (Lohlker 2002: 46ff.), ein Problem, das bereits oben erwähnt wurde. Wir können die einzelnen Erwägungen hier nicht weiter verfolgen, wollen aber ein Sonderproblem beachten: ob die Zustimmung der Braut in explizit erfolgen muss oder nicht. Der Autor konstatiert zweierlei: dass eine explizite Zustimmung seitens einer bereits verheiratet gewesenen Frau erforderlich sei, üblicherweise aber die explizite Zustimmung einer noch nicht verheiratet gewesenen Frau nicht eingeholt werde. Das Schweigen dieser Frau wird als ausreichend betrachtet. Nun führt der Autor aber einen Gedanken ein, der bedenkenswerte Folgen hat. Wenn es sich um Sachverhalte handelt, die über die bloße Absichtserklärung hinausgehen, eine Ehe einzugehen, sei durchaus die Zustimmung erforderlich. Dies gelte insbesondere bei vermögensrechtlichen Geschäften, so auch im Falle der Brautgabe, die ein integraler Bestandteil der Eheschließung ist. Da es formal ein Austauschgeschäft sei, bei dem üblicherweise Münzen den Eigentümer wechseln, sei eine explizite Zustimmung der ver-

---

3   Zum Kanon s. S. 78f.

tragsschließenden Parteien, deren eine die Braut ist, erforderlich, selbst wenn sie durch einen Vormund vertreten wird. Damit wird im Rahmen der Regeln, die im Gebiet des heutigen Marokko galten, geradezu eine Wendung der Zustimmungsregelungen bei der Eheschließung erzielt – und dies im Kommentar zu einem versifizierten Rechtswerk, das einen Knoten in den Rhizomen der maghrebinischen Diskussionen bildet, von denen wiederum Kommentare, Superkommentare und Glossen mit ihren semiotischen Kettengliedern abzweigen.

Es zählt also nicht „die *jouissance* dessen, der interpretiert" (Eco 1999: 189). Der Text zählt weiterhin und verfällt nicht der Beliebigkeit. Außerhalb der reinen Fortschreibung des Bekannten können aber traditionelle Texte deterritorialisiert und weitergedacht werden, ohne dass sie zu einer bloßen Ansammlung disparater Meme[4] werden. Sie stehen in einem Kontext, aber dieser Kontext kann und muss jeweils zu einem anderen Kontext werden, denn sonst ist er keine Aussage mehr. Diese existiert gerade nur aufgrund der Möglichkeit, in einem anderen Kontext wiederholt zu werden (Bennington/Derrida 1994: 95).

„Anderenfalls wäre keine Lektüre möglich. Sobald man einen Text zu lesen vermag – und sei es auch nur auf dem elementaren Niveau seiner Entzifferung –, gehört man seinem Kontext in wie auch immer geringem Maße an. [...] Um einen Text außer Kontext lesen zu können, muss man seinem Kontext bereits angehören. Erst im Inneren dieser Zugehörigkeit können und müssen unterschiedliche Lektürekräfte voneinander abgehoben werden. Und erst in diesem Innern (das also in Wahrheit kein Inneres mehr ist) gibt es auch nur die leiseste Möglichkeit eines Widerstands gegen das Gelesene, dessen Sprache man – stets außer Kontext und stets in ihm – bis zu einem gewissen Punkt teilen muss [...], wenn man anders sich nicht um das für jede Lektüre unerlässliche Minimum an Identifikation bringen will" (Bennington/Derrida 1994: 99f.). Ein Heraustreten ist also möglich und notwendig, aber nicht ohne Zugehörigkeit, ohne sich als weitere Falte auszubilden.

Damit werden auch für uns Nachkommende, arab. gesprochen *muta'akhkhirun*, die Möglichkeiten der Interpretation verschoben. Nicht mehr die Erschließung der Wahrheit des Textes ist die zentrale Aufgabe.[5] Vielmehr ist der Eintritt in den Dialog mit dem prinzipiell unabge-

---

4   Im ursprünglichen Sinne der Melodien, Ideen und Arten, Töpfe zu machen (Dawkins 1989); nicht im Sinne der weiteren theoretischen Annahmen Dawkins'.

5   Es ist sicherlich eine weiterhin wichtige Aufgabe, die verfolgt werden muss, den Text, gerade den traditionellen Text, genau zu rekonstruieren.

schlossenen Text die Herausforderung, die traditionelle Texte am Leben erhält. Und es ist ihre Struktur, die es ermöglicht, die starren Grenzen der Logik des Territorialen gerade moderner Lektüren islamischer traditioneller Texte zu überwinden, wie ihn die Salafiyya pflegt, die diese Texte zu reinen Depots von Beweisen macht, ohne sie zu begreifen – auch aus nicht muslimischer Sicht.

Aber nicht nur moderne pietistische, lebensreformerische Strömungen wie die Salafiyya haben Schwierigkeiten mit dem Verständnis älterer Werke der *usul al-fiqh*. Auch nicht muslimische Islamwissenschaftler haben – wie eingangs angemerkt – häufig Probleme gehabt, diese Werke adäquat zu verstehen, weil sie die Texte häufig nur als isolierte Schriftstücke sehen konnten und wollten, die ein unwandelbares Wesen des *homo islamicus* zum Ausdruck bringen.

Polemik, Streitgespräch, Disputation

Wir haben es nicht nur mit Verkettungen, Faltungen, rhizomatischen Verbindungen zu tun, nicht mit einer diskursiven Welt, in der im friedlichen Nebeneinander die unterschiedlichsten Meinungen Seite an Seite koexistieren. Werke des islamischen Rechts allgemein und eben auch der Rechtsmethodik zeichnen sich durch die gerade beschriebenen Mannigfaltigkeiten aus, die aber eben nicht nur friedlich koexistieren; sie stehen in einem ständigen Gespräch, das nicht immer gemäßigt sein muss. Vielmehr kann dieses Gespräch auch heftig, verletzend und aggressiv sein – muss es andererseits jedoch nicht. Es gibt immer wieder Kritiken an Auffassungen anderer Autoren, die z. B. in Form eines Kommentars zu einem anderen Werk gefasst werden können (s. u.). Es handelt sich um das agonale Element des schariatischen Denkens, das wir nur dann verstehen können, wenn wir viele Schriften als Ausdruck von realen Gesprächen der schariatischen Gelehrten verstehen: des Gespräches des Lehrenden mit den Zuhörenden, also das Lehren (*tadris*), das ständige (Streit-)Gespräch (*munazara*) mit anderen Gelehrten und das Gespräch mit den Nichtgelehrten, in dem einem Ratsuchenden ein Rechtsrat (*fatwa*) erteilt wird. All diese Gespräche sind niemals abgeschlossen und werden niemals abschließbar sein, so die grundlegende Auffassung der älteren Diskussion. „Da keine Interpretation Gewissheit beanspruchen kann, können auch die konkurrierenden Interpretationen nicht endgültig abgetan werden und eventuell neue Interpretationen nicht von vornherein ausgeschlossen bleiben" (Bauer 2011: 175). Die große Akzeptanz von unterschiedlichen Positionen, die einen Meinungsstreit (*ikhtilaf*) als positiv ansehen kann – ohne allerdings auf das Gewinnen eines solchen Streites verzichten zu wollen –, ist ein wesentliches Charakteristikum der älteren Gelehrtenkultur, in der ein Streit oder unfaire Verhaltensweisen allerdings auch vorkamen.

Das (Streit-)Gespräch konnte auch eine besondere Funktion im Feld der intellektuellen Auseinandersetzung haben. Exzellenz in einem Wissensgebiet konnte insbesondere durch eine öffentliche Disputation bewiesen werden. Die Opponenten mussten demonstrieren, dass sie auf diesem Gebiet unschlagbar waren und alle antretenden Gegner argumentativ zum Schweigen bringen konnten (Makdisi 1974: 650, Fußnote 45; s. u.). Grundlegend für die Weiterentwicklung des schariatischen Wissens ist also diese Kunst des Streitgesprächs mit all ihrer Dialektik, der unter dem Titel '*ilm al-jadal*, Wissensdisziplin des Disputs, als Teildisziplin der *usul al-fiqh* auch eigene Werke gewidmet wurden, die genaue Regeln aufstellten.[6] In einem dieser Werke mit dem schönen Titel *Das Banner der Fröhlichkeit über die Disziplin des Disputs* vom Hanbaliten Najm al-Din al-Tufi (gest. 1316) heißt es zu diesem Thema:

„Wisse, dass [der Begriff] Säule (*rukn*) einer Sache einerseits für einen zu einem seinem Wesen zugehörigen Teil davon gebraucht wird, z. B. das Beugen und Niederwerfen beim Gebet (*salat*), manchmal aber auch für das, worauf sich seine Realisierung jener Sache stützt. Das ist allgemeiner als der erste Fall. Zu den Grundelementen[7] des Disputs (*jadal*) [zählen] in erster Linie Frage und Antwort, das Ziehen von Schlüssen, das Vorbringen von Gegenargumenten und die Art und Weise, in der man diese widerlegt. So sagen einige von ihnen [die anderen Gelehrten]. Es gibt allerdings [zwischen diesen Elementen] Überschneidungen [...]. In zweiter Linie zählt zu seinen Grundelementen der Hinweisende (*dall*), der Hinweis (*dalil*), derjenige, der Schlüsse zieht (*mustadill*), das, in dessen Hinsicht Schlüsse gezogen werden (*mustadall 'alayhi*)[8], und derjenige, für den Schlüsse gezogen werden (*mustadall lahu*)[9]. Der [Begriff

---

6   Für die Untersuchung eines Disputes zwischen zwei Gelehrten in al-Andalus, dem muslimisch beherrschten Teil der Iberischen Halbinsel, s. Turki 1974.
7   Wörtl. „Säulen".
8   Es ist „Beurteilung (*hukm*), auf die durch den Hinweis beabsichtigt ist hinzuweisen" (Tufi 1987: 20).
9   Es „wird angewandt auf den Fragesteller, demgegenüber die Argumente vorgebracht werden, weil die Argumentation [dazu dient,] ihm die Beurteilung offen zu legen, wenn er um Rechtleitung nachsucht, oder ihn mit Argumenten zum Schweigen zu bringen, wenn er denn hartnäckig opponiert" (Tufi 1987: 20). Bezeichnend ist, dass hier nicht daran gedacht wird, der Argumentierende könnte durch die Argumente des Gegners

der] Hinweisende (*dall*) wird grundsätzlich auf Gott, er ist groß und erhaben, angewandt, weil er der Ursprung der Errichtung der durch Verstand erschließbaren und überlieferten Hinweise ist und dessen, was aus beiden gebildet wird; speziell wird es auf den Gesandten angewandt, der die Beweise Gottes, er ist groß und erhaben, erklärt und erläutert, und auf jeden, der einen Hinweis vorbringt, um dadurch auf eine Sache hinzudeuten. Der Hinweis ist das intentionale Zeichen (*ma'na*), das auf das Gewünschte hinweist. Es handelt sich um eine *fa'il*-Form[10] in der Bedeutung des Partizip Aktiv (*fa'il*)[11], also *dall* [s. o.]. Seine Eigenschaft als Partizip Aktiv ist als figurativer Ausdruck (*majaz*) zu verstehen, denn er ist von einer eigentlichen Bedeutung, auf die durch ihn hingewiesen wird, denn der eigentliche Hinweisende ist der Schöpfer der Scharia (*shari'*) [d. h. Gott]" (Tufi 1987: 19).[12]

Al-Tufi bezieht sich einerseits auf praktische, überall anwendbare Regeln des Disputes, andererseits setzt er diese Regeln in einen Rahmen, in dem ohne Probleme zentrale Begriffe „grundsätzlich auf Gott" bezogen werden können. Dies mag, wenn eine theologische oder defizittheoretische Perspektive eingenommen wird, nur als Dominanz des Religiösen verstanden werden können. Wird eine andere Perspektive eingenommen, können wir dies auch als Nebeneinanderstehen einer praktischen, säkularen und einer religiösen Logik sehen. Zugleich zeigt das Werk genau die oben beschriebene rhizomatische Struktur mit ihrer Vielzahl von Verzweigungen in die gelehrte Diskussion.[13]

Wie sollten nun Disputationen ablaufen? Wie liefen Disputationen in der Praxis ab? Wir haben darüber bereits zuvor etwas gesagt. Genauer kann uns aber ein Werk des Schafiiten al-Juwayni (gest. 1085) Auskunft geben. Glaubhaft erscheint, dass er in seiner Abhandlung zur Disputierkunst „dem Schüler einschärft: ‚Die erste Pflicht des Disputierers

---

     überzeugt werden. Dies demonstriert die Zielsetzung des Werkes sehr schön.

10 Arabische Wortkonstruktionen werden in grammatischen Diskussionen aus der f - ' - l gebildet; in diesem Falle ist das *i* als langer Vokal zu lesen.
11 Hier ist das *a* lang zu lesen und das *i* kurz.
12 Die Definition lässt sich auch kürzer fassen. Ibn 'Aqil schreibt über den *jadal*: „Es ist die Frage des Fragenden. Die Definition von Frage ist das Verlangen nach der Mitteilung mittels Fragepartikeln" (Ibn 'Aqil 1999: 2). Vgl. Fakhr al-Din al-Razi (1992: 67ff.) als Aussage eines Meisters des Streites (und auch des Gespräches).
13 Makdisi weist darauf hin, dass die von muslimischen Rechtsmethodikern entwickelten Techniken aus dem 11. Jahrhundert in Europa aufgenommen wurden und Vorläufer der scholastischen Methoden sind (Ibn 'Aqil 1999; Makdisi 1974).

ist es, danach zu streben, sich Gott zu nähern und sein Wohlgefallen zu suchen, indem man seinem Befehl gehorcht und das Gute anbefiehlt und das Tadelnswerte verbietet; ferner nicht zur Lüge und zu falschen Aussagen aufzurufen und, so viel als man vermag, um die Darlegung und Aufdeckung der Wahrheit und die Auslöschung der Lüge zu ringen.' Nicht Ruhmsucht soll den Disputierer antreiben, auch nicht die schiere Freude am Triumph, ‚denn dies ist die Gewohnheit der Tiermännchen, des Widders oder des Hahns'. Zurückhaltung, ja Demut kennzeichnen den [...] Streiter. ‚Hüte dich vor den Sitzungen, die mächtige Personen veranstalten. Sie wollen sich mit dem, was sie hören, nur amüsieren, keinesfalls wollen sie Wahrheit von Lüge unterscheiden und den Rat Gottes und seines Gesandten zum Glauben und zur Erläuterung und Erkenntnis der Wahrheit suchen! Das Geringste, was dir hierbei zustoßen kann, ist das Zusammensein mit Leuten, die nicht zu frommen Gelehrten passen.' – Streng achte man das Rederecht seines Widerparts und fahre ihm nicht in die Parade, selbst wenn er – allem Anschein nach – Unsinn von sich gibt; er wird dann ohnehin nicht mehr weiter wissen [...]. Manche befürworten, dem Gegner statt mit einem triftigen Einwand mit Geschrei oder mit dem Erzählen von Anekdoten aus dem Konzept zu bringen; der feine Mann versucht dies nicht! Er verachtet alle schäbigen Tricks [...]. So mag es dem ausgekochten Streiter nützlich erscheinen, an das Publikum zu appellieren, wenn er in Bedrängnis gerät. Er hört dann seinem Gegner ganz ruhig zu und lässt ihn alle seine Argumente vortragen; sobald der Gegenspieler geendigt hat, beginnt der – augenscheinliche – Verlierer, die Worte seines Gegners zu wiederholen – allerdings in leicht abgewandelter, die Pointe verderbender Form. Der Gegner wird sich um den zum Greifen nahen Sieg betrogen fühlen und erregt den Gegner unterbrechen; der wendet sich jetzt entrüstet an das Publikum: ‚Mir wird Unrecht angetan!'" (Nagel 1988: 259).

Diese Passage mahnt uns, dass wir die Gelehrtendispute nicht als eine Art ideale Kommunikationssituation missverstehen sollten, in der Argumente rational ausgetauscht wurden. Es geht auch um Machtspiele, die sich natürlich durch die mannigfaltigen Äußerungsformen der islamischen Rechtsdiskurse ziehen.

Eine andere Form der Fortsetzung des Disputs und Gesprächs – manchmal auch des Selbstgesprächs – ist die Abfassung von Kommentaren, Superkommentaren, Glossen etc. zu anderen Werken.

Kommentare und Innovationen

In den vorhergehenden Überlegungen haben wir gesehen, dass eine Vielzahl, eine Mannigfaltigkeit von pluralistisch auf gleicher Ebene angeordneten Verkettungen ein Merkmal der Struktur von Rechtswerken ist. Wir können diese Strukturen aus noch einer anderen Perspektive betrachten.

Es gibt eine weit verbreitete Ansicht in der älteren Geschichte der Erforschung des schariatischen Denkens durch Nichtmuslime, dass Kommentare, Superkommentare, Glossen etc., die bereits oben erwähnt wurden, von einer sterilen Beschäftigung mit den Gedanken eines Originalautors zeugen, die sich bestenfalls in Haarspaltereien langweiliger Art ergeht (vgl. Hallaq 1992: 191). Diese Einschätzung der juridischen Praxis der Textproduktion wird zum Teil von muslimischen Reformern des 17. bis 20. Jahrhunderts geteilt, ein interessantes Beispiel für Konvergenzen von Auffassungen in der Moderne.

Sicherlich hat die Textgattung der Kommentare manch minderen Gelehrten dazu verführt, wenig originelle eigene Gedanken mit denen eines bereits berühmten Werkes zu verknüpfen, um so an dessen Renommee zu partizipieren. Aber ist das die einzig mögliche Sicht? Kommentatoren nehmen, folgen wir Wael B. Hallaq (1992: 191), eine eigenständige Position ein, denn das Original wird nur in ihrer Perspektive dem Publikum zugänglich. Dabei können sich die Perspektive des Kommentars und die des Originals voneinander in hohem Maße unterscheiden.

Wir können sechs Typen von Kommentaren im Gebiet der *usul al-fiqh* unterscheiden (Hallaq 1992: 191ff.).

Der erste Typ von Kommentaren ist meistens am wenigsten originell. Er beschäftigt sich mit lexikalischen Fragen, der Erklärung von Worten, die vom Autor des kommentierten Werkes verwendet wurden, oder mit den Worten, die ein vorhergehender Kommentator benutzt hat, wenn es sich um einen Superkommentar handelt. Allerdings können auch in diesem Texttyp angesichts der Komplexität der arabischen Lexik, mit der wir uns noch zu beschäftigen haben, Aspekte herausgearbeitet werden, die im zugrunde liegenden Werken nicht erkennbar waren.

Dies wird noch deutlicher im zweiten Typ von Kommentaren, der sich damit beschäftigt, im kommentierten Text noch nicht entfaltete Konzepte zu entwickeln, die in diesem knapp formulierten Gedanken – z. B. in Form eines Lehrgedichtes (s. o.) – ausführlich darzustellen oder Unklarheiten zu verdeutlichen. Zu diesem Typ zählen auch Kommentare eines Autors zu seinen eigenen, früheren Werken. Dieser Typ von

Kommentaren ist ebenfalls an den Gedanken des kommentierten Textes orientiert, er kritisiert oder verteidigt ihn z. B. nicht direkt.

Der dritte Typ wurde mit dem Ziel verfasst, das kommentierte Werk gegen Kritik zu verteidigen. Dabei wird dieses Werk auch erläutert. Dieser Typ von Kommentaren hat aber öfters implizit das Ziel, zugunsten des kommentierten Texte zu argumentieren.

Der vierte Typ von Kommentaren widmet sich konträr dem dritten Typ der Kritik am kommentierten Werk, verzichtet ebenfalls nicht auf Erläuterungen. So schreibt Shams al-din Abu al-Thana' al-Isfahani in seinem Kommentar, er wolle einen Kommentar zum kommentierten Werk verfassen, „um seine wahren Erkenntnisse darzulegen, seine Einzelheiten zu erläutern, seines sprachlichen Ausdrucks (*lafz*) Schwierigkeiten aufzubrechen, vom Gesicht der Bedeutungen und Themen (*ma'ani*) seinen Schleier emporzuheben; in angemessener Weise, nicht in zu knapper Form, die die Integrität des Textes nicht beachtet, nicht in zu großzügiger Weise ausgeführt, die zu Ermüdung des Interesses führt; in der Bemühung, seine Probleme aufzulösen, seine Schwierigkeiten aufzuschließen, seine Verzwicktheiten zu entzerren, seine Regeln niederzulegen und die Zweifel, die bei seinen Zielsetzungen aufgetreten sind, zu zerstreuen" (Isfahani 1986, 1: 6f.). Es handelt sich also bei diesem Typ des Kommentars nicht nur um eine Kritik. Vielmehr geht es, so der Kommentator, um eine Richtigstellung dessen, was unklar ist. Allerdings überwiegt hier eher die Richtigstellung oder Kritik gegenüber der Affirmation des Textes.

Der fünfte Kommentartyp hat die Synthese der Lehren unterschiedlicher Rechtsschulen zum Ziel, eine Bestrebung, die wir auch in Werken finden, die sich als Kommentar verstehen (z. B. die *Muwafaqat* von al-Shatibi).

Der sechste Typ schließlich ist ein Kommentar zu einer Zusammenfassung, die derselbe Gelehrte verfasst hat.

Wir finden also verschiedene Möglichkeiten des asignifikanten Bruches, der zu Deterritorialisierungen[14] der älteren Diskurse führen kann.

---

14 Die Begriffe Deterritorialisierung und Reterritorialisierung werden aus *Tausend Plateaus* von Deleuze/Guattari entnommen und sind durch ein komplexes Verhältnis getragen: „Man deterritorialisiert sich niemals allein, sondern mit mindestens zwei Termen, Hand-Gebrauchsgegenstand, Mund-Brust, Gesicht-Landschaft. Und jeder der beiden Terme reterritorialisiert sich auf den anderen. Allerdings darf man die Reterritorialisierung nicht mit einer Rückkehr zu einer ursprünglichen oder früheren Territorialisierung verwechseln: Sie schließt zwangsläufig einen Komplex von Kunstgriffen ein, durch die ein selber schon deterritorialisiertes Element als neue

Um die Unterschiede der verschiedenen Typen von Kommentaren zu erfassen, müssten wir z. B. all die Kommentare zu einem kommentierten Werk erfassen, um die Verschiebungen zu erfassen, die sich in den Kommentaren der unterschiedlichen Typen ergeben (vgl. Lohlker 2002). Dies geht über den Rahmen dieses Buches natürlich hinaus.

Zusammenfassungen

Al-Isfahani hat einen Kommentar zu einem zusammenfassenden Werk von Ibn al-Hajib verfasst, einem *mukhtasar*, also zu einer Verknotung in den Rhizomen der Diskurse der *usul al-fiqh*, von der aus sich weitere Verzweigungen entwickeln. Solche zusammenfassenden Werke komprimieren frühere Diskussionen der jeweiligen Rechtsschule in einem Werk, so häufiger im Bereich der *furu'*, des angewandten Rechts, oder fassen vorher verfasste umfangreichere Werke zusammen, dies häufiger im Bereich der *usul*, der Rechtsmethodik. Für den Bereich des angewandten Rechts können wir von einer Reterritorialisierung durch solche zusammenfassenden Werke sprechen, die der Bildung eines Kanons (s. S. 78f.) an Rechtsmeinungen für die einzelnen Rechtsschulen dienlich ist und dann durch Kommentare und Glossen entlang der in ihnen angelegten Fluchtlinien wieder deterritorialisiert wird. Diese Bewegungen der Re- und Deterritorialisierung finden wir ebenfalls im Bereich der *usul al-fiqh*, wenn wir feststellen, dass das oben zitierte *mukhtasar*-Werk von Ibn al-Hajib in den ersten zweihundert Jahren nach dem Tode des Autors siebzig Kommentare – hauptsächlich malikitischer Art – produziert hat. Es wird erkennbar, dass Ibn al-Hajibs Werk einen Maßstab gebildet hat, einen Kanon im ursprünglichen Sinne, an dem sich die späteren Kommentare orientierten (Lohlker 2002: 102).

Dies ist aber nicht die einzige Ebene, auf der die Zusammenfassungen im rechtsmethodischen Bereich angeordnet sind (s. Hallaq 1992: 193f.)! Im Prozess des Zusammenfassens wählten die Autoren einzelne Elemente des umfangreicheren Werkes aus, arrangierten sie neu und

---

Territorialität für die andere dient, die ihr Territorium ebenfalls verloren hat. Daher gibt es zwischen Hand und Werkzeug, Mund und Brust ein ganzes System von horizontalen und komplementären Reterritorialisierungen" (Deleuze/Guattari 1992: 239). Grundsätzlich handelt es sich um Bewegungen, die von Subjekten, Texten u. a. in Beziehung zu den sie orientierenden Ordnungen vollziehen. Es geht also um Prozesse, nicht um essenzielle Zustände.

schufen damit eigenständige Werke, nicht nur kurze Nacherzählungen älterer Texte. In der Zusammenfassung eigener Werke nahmen sie sich meist noch mehr Freiheiten bei der Bearbeitung heraus. Wenn sie dann ihre eigenen Zusammenfassungen wieder im oben genannten Sinne kommentierten, entstanden eigenständige Werke, die sich deutlich vom ursprünglich zusammengefassten Werk unterschieden. So schreibt der ägyptische malikitische Gelehrte al-Qarafi, der ein Werk des zentralasiatischen hanafitischen Gelehrten Fakhr al-Din al-Razi (gest. 1209) zusammengefasst hatte: „Ich sah es für gut an, dafür [für seine Zusammenfassung] einen Kommentar zu verfassen als Hilfe, es [seine Zusammenfassung] zu verstehen und zu studieren. Ich erläutere darin [verborgene] Ziele (*maqasid*), die außer auf meine Weise nicht verstanden werden können, da ich sie von niemand anderem übernommen habe, auch gibt es dunkle Stellen" (Qarafi 2004: 10). Bei dieser Art Zusammenfassungen rechtsmethodischer Art handelt es sich eher um eine Bildung neuer Verkettungen, um neue Falten zu verstehen, die einzelne Elemente sichtbarer machen.[15]

Eine weitere Textgattung, in der Diskussionen zusammengefasst werden, ist die der Definitionen der technischen Begriffe (*mustalah*) einer Fachdisziplin. Auch solche Zusammenfassungen und quasi lexikographischen Erklärungen entfalten eine gewisse normative Kraft in ihrer Rechtsschule, sind aber zugleich nur eine weitere Verdickung in den Rhizomen einer bestimmten Rechtsschule, von der wiederum eine Vielzahl mannigfaltiger Verzweigungen ausgehen.

Betrachten wir einen längeren Auszug aus einem Werk, das die Terminologie des einflussreichen malikitischen *usul*-Werks von Ibn al-Hajib behandelt. Es geht dabei um einen zentralen Begriff in der Beurteilung von Stellungnahmen in Übernahmen in Rechtswerken:

„Über das, was gültiger ist (*asahh*): / Im ersten Abschnitt wurde bereits der Unterschied zwischen dem, was anerkannt ist (*mashhur*)[16], und dem, was gültiger ist (*asahh*), erwähnt. Das Prinzip (*qa'ida*) des Verfassers [Ibn al-Hajibs] ist, dass er von *asahh* spricht, wenn jede einzelne von zwei Aussagen gültig (*sahih*) erscheinen und die Hinweise (*adilla*)

---

15 Dass al-Qarafi seine Zusammenfassung auch noch einmal zusammengefasst hat, deutet auf andere Verkettungsmöglichkeiten.
16 Zu diesem Anerkanntsein gibt es grundsätzlich zwei Hauptpositionen: diejenigen, die sagen, die Anerkennung beruhe darauf, dass die Hinweise auf die betreffende Beurteilung stark sind, und diejenigen, die sagen, sie beruhe auf der hohen Zahl derjenigen, die die betreffende Auffassung ebenfalls äußern (Ibn Farhun 1990: 62).

auf jede einzelne von ihnen stark (*qawiyya*) erscheinen[17], es sei denn, dass die Aussage, die gültiger ist, nach einer der Arten der Wahrscheinlichkeitsabwägung (*tardschih*)[18] höher als die andere gewichtet wird. / Ibn 'Abd al-Salam sagt im Kapitel über den Terminkauf (*salam*)[19], wobei er vielleicht wiederholt, was der Autor [...] über das Vorziehen (*tafdil*) einer von zwei Aussagen sagt: ‚und ebenso bei der besseren oder tragfähigeren auf der Basis dessen, was als gültiger angesehen wird'. Er meint damit, dass jede einzelne der beiden Aussagen für sich gesehen gültig ist, es sei denn, dass eine der beiden Aussagen stärker hinsichtlich der Gültigkeit ist.[20] Über diese Frage gibt es Streit: Wenn nun beide Aussagen widersprüchlich sind oder auf den entgegengesetzten Seiten eines widersprüchlichen Verhältnisses, ist es nicht richtig, auf eine von ihnen beiden den Begriff Gültigkeit anzuwenden, wenn man sagt, dass es nur einen *mujtahid* gibt, der trifft [s. S. 216f.]. Wenn man aber sagt, jeder *mujtahid* trifft, bedarf er eines weiteren Aspektes [für die Einschätzung der Aussagen]. Die nächstliegende Lösung [in diesem Fall] ist ebenfalls, dass die Aussage nicht gültig ist" (Ibn Farhun 1990: 91).

Worum handelt es sich beim letzten Abschnitt? Wenn beide Aussagen widersprüchlich sind und nicht klar entscheidbar ist, welche gültiger ist, kann ein Gelehrter sich nicht für *eine* entscheiden, wenn es nur eine treffende Entscheidung geben kann, er also der *mujtahid* ist, „der trifft". Gibt es mehrere *mujtahids*, „die treffen", müssen noch andere Aspekte berücksichtigt werden, die zu unterschiedlichen Resultaten des heuristischen Prozesses führen können, die alle Richtigkeit beanspruchen können. Ein schönes Beispiel für Pluralität, das uns mitten ins rechtsmethodische Repertoire leitet. Eine ganze Gruppe methodischer Ansätze gibt Hinweise für feine Unterscheidungen bei einzelnen Fällen.

Die verschiedenen methodischen Ansätze zeichnen sich durch einen hohen Grad an Überschneidungen aus, die manchmal eine klare Trennung schwierig machen. Es scheint (Heinrichs 2000: 336), dass das Genre der „Ähnlichkeiten von Fällen" (*ashbah wa-naza'ir*) sich zuerst entwickelt hat; es lässt sich (Heinrichs 2000: 336) auf das 8. Jahrhundert zurückführen. Daraus ableiten lassen sich Unterscheidungen (*furuq*), da sie sich

---

17 Dann wird zwischen beiden nach dem Grad an Gültigkeit abgewogen.
18 Dieses Abwägen geschieht in den meisten Fällen bei unterschiedlicher Wertigkeit der Hinweise oder bei widersprüchlichen Aussagen (s. S. 144).
19 In den Übersetzungen wird auf den Einzelnachweis von Personen und Büchern verzichtet, um den Text nicht zu überfrachten.
20 Aussagen werden immer gerne wieder eingeschränkt, da Einwände gegen die Aussage bestehen könnten; eine Plage, von der auch heutige Akademiker nicht frei sind.

ebenfalls mit Ähnlichkeiten befassen, und die Prinzipien (*qawa'id*), denn die Feststellung der Ähnlichkeit ist ein wesentlicher Schritt zur Formulierung von abstrakten Regeln in Form von Prinzipien (Heinrichs 2000: 337). Zu nennen sind dann noch spezifische Maximen (*dawabit*), die einen Sonderfall bilden (Kamali 2006: 82). Was aber sind *qawa'id*?

Allgemeine Prinzipien und Maximen (qawa'id)

Grundsätzlich kann mit Wolfhart Heinrichs gesagt werden, dass die *qawa'id*, genauer *al-qawa'id al-fiqhiyya*, wohl eine wichtige Rolle spielen, wenn es um das Verhältnis zwischen *usul* und *furu'* geht (Heinrichs 2002: 376).[21]

Der Begriff *qa'ida* (Pl. *qawa'id*) kann recht gut mit Rechtsprinzip übersetzt werden; wenn die Aussage kurz und knapp gefasst ist, trägt sie eher den Charakter einer Maxime.[22] Die Definition des Begriffes wirft Probleme auf. Heinrichs (2002: 367) verweist auf eine Definition von Taj al-Din al-Subki (gest. 1370), der eine *qa'ida* als allgemein gültige Regel bezeichnet, die für viele Einzelfälle gilt und aus der man die Beurteilung des jeweiligen menschlichen Aktes oder der Situation erkennen kann.[23] Nun sind aber, fährt Heinrichs treffend fort, viele *qawa'id* eher in Relation zu anderen gültiger und nicht absolut allgemein gültig; die Rechtsprinzipien werden damit eher in die Form einer doppelten Frage gefasst und nicht als kurz gefasstes Prinzip. Damit würden wichtige *qawa'id*-Werke aus dieser Textgattung ausgeschlossen.[24] Auch hier herrschte eine höhere Pluralität als moderne Autoren es gerne wollen.

Zudem hören allgemeine Fälle (*kulli*), wenn eine oder mehrere ihnen entgegenstehende partikulare Fälle (*juz'i*) auftreten, nicht auf, allgemein zu sein, denn ein überwiegender, häufig auftretender Fall wird dem Mai-

---

21 Sie spielen in heutigen rechtspraktischen Bereichen weiterhin eine Rolle, so im Islamic-Finance-Sektor (Ahmad u. a. 2010).
22 Wir weichen hier von Heinrichs (2002: 367) ab, da der Begriff Maxime von uns bei der Übersetzung von *maqasid* verwendet wird.
23 Dass moderne *usul*-Autoren mit ihrer Tendenz, die *usul* zu vereindeutigen, Gefallen an einer solch klaren Regel finden, verwundert nicht.
24 Der Begriff *qa'ida* bzw. *qawa'id* wird auch auf Werke angewandt, die auf eine ausführliche Begründung mit Hinweisen verzichten, so ein hanbalitisches Werk, das ein größeres dieses Autors zusammenfasst (Safiyy al-din al-Baghdadi 1988), oder heute Werke, die auf ein anderes rechtsmethodisches Instrument zielen (Jizani 1428h). Der Begriff wird also auch weiter gefasst und nicht nur auf Prinzipien bezogen.

likiten al-Shatibi (gest. 1388) zufolge in der Scharia als sicher allgemein ('amm qat'i) angesehen. Aus den entgegenstehenden partikularen Fällen kann kein zweiter allgemeiner Fall gebildet werden, der gegenüber dem feststehenden (thabit) allgemeinen Fall die Gegenposition bildet (Shatibi 1997, Bd. 2: 83f.). Allerdings gibt es, so scheint es, konfligierende allgemeine Prinzipien (Heinrichs 2002: 368). Was aber sind nun allgemeine Prinzipien?

Folgen wir dem Hanafiten Ibn Nujaym (gest. 1563) in seinem Werk *al-Ashbah wa 'l-naza'ir* (vgl. Heinrichs 2002: 368), finden wir eine starke Aussage: „Sie [die *qawa'id*] sind die *usul al-fiqh* in ihrem wahren Gehalt (*haqiqa*)" (Ibn Nujaym 2005: 10).[25] Es handelt sich also nicht um einen übertragenen Ausdruck. Gemeint ist tatsächlich, dass sie den Kern der Rechtsmethodik ausmachen. Ein Kommentator[26] des Werkes von Ibn Nujaym schreibt zu dieser Stelle: „D. h., sie sind *wie* die *usul al-fiqh* [...], schon gar nicht sind sie es in ihrem wahren Gehalt" (Hamawi 1985, Bd. 1: 34). Andere Autoren sehen die Verbindung zwischen *qawa'id* und *fiqh* sehr viel enger, verfassen sogar Werke, in denen sie den Inhalt von *al-Ashbah wa 'l-naza'ir* in Kapitel entsprechend den Themen des angewandten Rechtes unterteilen, „um das Auffinden für jeden, der es wünscht, zu erleichtern" (Abu al-Fath 1279h: 3). Hier sehen wir Verkettungen in unterschiedliche Richtungen innerhalb der hanafitischen Rechtsschule wirken.

Als rechtsschulenspezifisch treten Werke auf, die den Namen einer Rechtsschule im Titel tragen, so der *Idah al-masalik* von al-Wansharisi, der sich im Titel auf die *qawa'id* des *imam* Malik b. Anas bezieht, oder *al-Ashbah wa 'l-naza'ir* von al-Suyuti, der den schafiitischen *fiqh* nennt. Dies ist allerdings eher in der geringeren Zahl der bekannten Werke der Fall (vgl. Heinrichs 2002: 337ff.).

Heinrichs führt für die Bedeutung der rechtsschulspezifischen Prinzipien eine Aussage aus dem oben zitierten Kommentar zu Ibn Nujaym an. Dieser hatte geschrieben, dass der Gelehrte durch die Anwendung der Prinzipien auf die Ebene der eigenständigen Rechtsfindung (*ijtihad*) gelangen könne, und sei es nur auf dem Gebiet der Fatwa-Erteilung (Hamawi 1985, Bd. 1: 34). Im Kommentar heißt es dazu weiter, dass hier nur eine Form des *ijtihad* gemeint sei, die sich auf die Nachahmung frü-

---

25 Vgl. Heinrichs 2002: 68.
26 Ibn Nujaym hat eine Vielzahl weiterer Kommentare produziert, die als Teil eines spezifischen Subrhizoms sowohl der hanafitischen *usul*-Diskussion als auch der gesamten islamrechtlichen *usul*-Diskussion verstanden werden können.

herer Rechtsmeinungen beschränke. Es handelt sich also um einen nachahmenden Gelehrten (*muqallid*). In diesem Rahmen sagt der Kommentator dann: „Derjenige, der auf dem Gebiet der Fatwa-Erteilung *ijtihad* übt, ist derjenige, der die Beurteilungen (*ahkam*) für neue Fälle (*hawadith*), über die es keinen autoritativen Text des Imams [Abu Hanifa] und auch nicht seiner Schüler gibt, aus ihren Prinzipien und Grundregeln ableiten kann" (Hamawi 1985, Bd. 1: 34).[27] Der Kommentator versucht an dieser Stelle, die Aussage des Grundtextes zu beschränken. Er sagt, dass es sich eigentlich um keinen *ijtihad* handelt. Es sei vielmehr bloße Nachahmung. Ein Hanbalit wie Ibn Rajab (gest. 1393) schreibt ähnlich, wenn er über die *qawa'id* äußert: „sie legen für den Rechtsgelehrten die ‚Wurzeln' (*usul*) der Rechtsschule fest" (Ibn Rajab 1998, Bd. 1: 4).

Die Einordnung in eine Rechtsschule geschieht also eher innerhalb der Werke selber. Die Bezugnahme auf die Rechtsschule impliziert, dass in diesen Werken mit der Herausarbeitung der Prinzipien ihrer Rechtsformulierung die Essenz der Rechtsschule erfasst ist, die auf ihren Namensgeber zurückgeführt werden. In dieser Hinsicht dienen *qawa'id*-Werke und die damit verbundenen Textgattungen (s. u.) der Identitäts- und Kanonbildung (s. u.) der Rechtsschulen.

Entsprechend der Praxis in anderen Teilgebieten der *usul al-fiqh* finden wir allerdings auch bei den *qawa'id* Verkettungen über die Grenzen der Rechtsschulen hinaus. Diese Art von Verkettung finden ihren treffendsten Ausdruck in einem Set von Hauptprinzipien, häufig die „fünf Prinzipien" genannt.[28] Wir können mehrere Beispiele nennen. Al-Subki (gest. 1370) erwähnt (Subki 1991, Bd. 1: 13, 41, 48, 50, 54):

1) „Das Sichere wird durch den Zweifel nicht aufgehoben" (*al-yaqin la yurfa' bi 'l-shakk*).
2) „Leid wird aufgehoben" (*al-darar yuzal*).
3) „Bedrängnis bringt Erleichterung" (*al-mashaqqa tajlib al-taysir*).[29]
4) „Der Rückgriff findet auf den Rechtsbrauch statt" (*al-ruju' ila 'l-'ada*).
5) „Die Dinge sind so, wie sie aufgrund der in ihnen enthaltenen Ziele sind" (*al-umur bi-maqasidiha*).

---

27 Der Kommentator bezieht sich dann auf einen Seitenstrang der Überlieferungen von Abu Hanifa, der der sonst üblichen über dessen Hauptschüler nicht entspricht – eine interessante weitere Verkettung.
28 Gerade die moderne islamrechtliche Diskussion mit ihrer Bewegung hin zu einer Systembildung aus der älteren Diskussion zeigt sich auf dem Gebiet der *qawa'id* von diesen „fünf Prinzipien" fasziniert.
29 Mit Varianten.

Al-Subki erwähnt auch die Aufzählung von vier Prinzipien durch al-Qadi al-Husayn al-Marwarrudhi al-Shafi'i (gest. 1069)[30] ohne das bei ihm selber an fünfter Stelle genannte und sogar die Reduktion der Prinzipien auf ein einziges. Der Schafi'it 'Izz al-Din b. 'Abd al-Salam (gest. 1262) reduzierte das ganze Recht auf ein Prinzip: die Beachtung der Nutzen (*masalih*) und das Zurückweisen der verwerflichen Dinge (*mafasid*) (Subki 1991, Bd. 1: 12; vgl. 'Izz al-Din 1991).

Jalal al-Din al-Suyuti (gest. 1505) hat in seinem *al-Ashbah wa 'l-naza'ir* (Suyuti 1997, Bd. 1: 15, 13, 128, 140, 147, 148) folgende Aufzählung[31]:

1) „Die Dinge sind so, wie sie aufgrund der in ihnen enthaltenen Ziele sind" (*al-umur bi-maqasidiha*).
2) „Das Sichere wird durch den Zweifel nicht aufgehoben" (*al-yaqin la yuzal bi 'l-shakk*).
3) „Bedrängnis bringt Erleichterung" (*al-mashaqqa tajlib al-taysir*).[32]
4) „Leid wird aufgehoben" (*al-darar yuzal*).
5) „Das Bedürfnis (*haja*) nimmt den Rang der Notwendigkeit (*darura*) ein" (*al-haja tanzilu manzila al-darura*).
6) „Der Rechtsbrauch ist der Schiedsrichter" (*al-'ada muhakkama*).[33]

Gehen wir zurück zu Ibn Nujayms (gest. 1563) *al-Ashbah wa 'l-naza'ir*, finden wir folgende Liste (Ibn Nujaym 2005: 1ff.):

1) „Keine Belohnung, es sei denn aufgrund der Intention" (*la thawab illa bi'l-niyya*).

---

30 Auch in späterer Zeit finden wir Aufzählungen von vier Prinzipien. Muhammad b. 'Abd al-Wahhab hat so die vier *qawa'id*: 1) das Verbot, ohne Wissen über Gott zu reden; 2) alles, worüber der Schöpfer der Scharia schweigt, ist eine Befreiung (*'afw*); es ist niemandem erlaubt, sie für verboten, verpflichtend, empfehlenswert oder ablehnenswert zu erklären; 3) das Aufgeben eines klaren Hinweises und die Argumentation mit uneindeutigen (*mutashabih*) sprachlichen Formulierungen; 4) das Erlaubte (*halal*) ist deutlich, das Verbotene (*haram*) ist deutlich und zwischen beiden liegen die uneindeutigen Angelegenheiten (Ibn 'Abd al-Wahhab o. J.: 3f.).
31 Die Probleme mit der Zählung der Prinzipien müssen noch auf eine verlässliche Edition warten.
32 Mit Varianten.
33 As-Suyuti verweist darauf, dass die Rückgriffe auf Rechtsbrauch (*'ada*) und Gewohnheitsrecht (*'urf*) im *fiqh* ohne Zahl seien (Suyuti 1997, Bd. 1: 149). Heinrichs (2002: 370, Fußnote 20) verweist darauf, dass eine falsche Zählung vorliege, die dieses Prinzip als sechstes ausweise. Dies sei wohl auf die vorhergehende Serie von fünf Sub-*qawa'id* zurückzuführen. Nun ist in dieser Serie das fünfte Prinzip eine Variante der von 'Izz al-Din so hoch geschätzten einzigen *qa'ida* mit dem Wortlaut „Das Vertreiben der verderblichen Dinge ist besser als das Heranbringen der Nutzen" (Suyuti 1997, Bd. 1: 145). Dann folgt tatsächlich in richtiger Zählung das oben genannte fünfte Hauptprinzip.

2) „Die Dinge sind so, wie sie aufgrund der in ihnen enthaltenen Ziele sind" (al-umur bi-maqasidiha).
3) „Das Sichere verschwindet nicht durch den Zweifel" (al-yaqin la yazul bi'l-shakk).
4) „Bedrängnis bringt Erleichterung" (al-mashaqqa tajlib al-taysir).
5) „Leid wird aufgehoben" (al-darar yuzal).
6) „Der Rechtsbrauch ist der Schiedsrichter" (al-'ada muhakkama).

Auch der zwölferschiitische Gelehrte al-Shahid al-Awwal (gest. 1385) hat eine solche Liste (nach Heinrichs 2002: 370):

1) „Die Abhängigkeit der Handlung von der Intention" (taba'iyyat al-'amal li 'l-niyya).
2) „Bedrängnis bringt notwendig Erleichterung" (al-mashaqqa mujibat li 'l-yusr).
3) „Das Prinzip der Sicherheit: Das Bauen auf einer bereits gelegten Basis, ich meine: die Annahme des Fortbestehens[34] dessen, was vorher war" (qa'idat al-yaqin wa-hiya 'l-bina' 'ala 'l-asl a'ni 'istishab ma sabaq).
4) „Das verhinderte Leid" (al-darar al-manfiyy).
5) „Der Rechtsbrauch" ('ada).

Wie haben wir solche Listen von (Haupt-)Prinzipien, al-qawa'id al-fiqhiyya, zu verstehen? Auch wenn es frühere Vorläufer gibt, sind sie das Ergebnis der formativen Phase des islamischen Rechts und seiner Methodenlehre und als solcher Ausdruck einer gewissen Durchsetzung der juridischen Logik – selbst wenn in den betreffenden Werken nicht immer nur rechtliche Fragen behandelt werden. Sie sind das Ergebnis einer Verkettung hin zu einer abstrakteren Fassung des Gehalts des islamischen Rechts und insbesondere seiner Methodik, die dadurch zu einer Art Deduktionslehre wird bzw. werden könnte, für die alle Fälle aus den Prinzipien her beurteilbar werden. Diese Prinzipien sind allerdings wiederum induktiv entwickelt worden.

Die Abstraktion hin zu einer einzelnen Regel kann vielleicht als intellektuelles Spiel der Überbietung gesehen werden. Für die Praxis bedeutsamer sind sogar andere als die fünf oben aufgezählten Regeln; praktisch bedeutsam sind lange Listen von Prinzipien mittlerer Abstraktion, von denen z. B. der Hanbalit Ibn Rajab (gest. 1393) in seinem dreibändigen qawa'id-Werk 160 Prinzipien behandelt.

Auch auf diesem Gebiet gibt es Fassungen in Form von Gedichten: „Die Intention (niyya) ist eine Bedingung für alle Arten von Praxis

---

34 Zur Methode des istishab s. S. 170.

('amal). / Durch sie kommt Gutes und Verwerfliches in die Praxis.³⁵ / Der Glaube ist aufgebaut auf die positiven Dinge (*masalih*) / in Hinblick auf ihr Herbeibringen und aufs Fortreiben der verwerflichen Dinge (*mafasid*)" (Sa'di 1981: 11ff.).

Eher rein hermeneutisch auf sprachlichen Aussagen orientiert ist eine weitere Gattung von Texten, genannt *al-qawa'id al-usuliyya*, die vielleicht eher der interpretatorischen Praxis der *usul*-Gelehrten entstammen und weniger den einzelnen Fällen, so im Falle der *qawa'id fiqhiyya*. In etlichen *qawa'id* finden wir eine Mischung zwischen beiden (Heinrichs 2002: 376). Heinrichs weist noch auf die *maqasid*-Diskussionen und ihre Verbindung zu den *qawa'id* hin (Heinrichs 2002: 375f.). Wir werden auf dieses Thema weiter unten zurückkommen. Zuerst müssen wir uns aber mit einigen mit den *qawa'id* verbundenen Literaturgattungen beschäftigen.

Spezifische Prinzipien (dawabit)

Die *dawabit* beziehen sich nur auf einen der vielen Bereiche des *fiqh*, so z. B. Fragen der Reinheit oder des Unterhalts, der Kaufverträge oder der Scheidung³⁶ etc., im Gegensatz zu den *qawa'id*, die sich auf eine Vielzahl von Fällen beziehen. Ein Beispiel aus einem zeitgenössischen Text: „Wenn das Wasser zwei Fuß Höhe erreicht, transportiert es keinen Schmutz" (Kamali 2006: 82). Das Wasser ist dann also für Gebetswaschungen geeignet, da angenommen werden kann, dass Schmutz sich abgesetzt hat.

Manche Autoren – z. B. der Hanafit Shihab al-Din al-Hamawi in seinem Kommentar zu Ibn Nujayms *al-Ashbah wa 'l-naza'ir* mit Berufung auf ein weiteres Werk von Ibn Nujaym – sind der Meinung, dass *dawabit* nicht als Grundlage für die Formulierung einer Fatwa geeignet seien: „Deshalb erklärt der Verfasser [Ibn Nujaym] in *al-Fawa'id al-zayniyya*, dass es nicht zulässig ist, eine Fatwa auf der Grundlage dessen zu erstellen, was sich aus *dawabit* ergibt, weil diese sich nicht auf allgemeine Fälle (*kulliya*) beziehen, sondern [nur] überwiegend [gültig] (*aghlabiyya*) und partikular (*khusus*) sind, wobei sie nicht auf den Imam³⁷ [und seine Mei-

---

35 „Dieses Prinzip ist das nützlichste und großartigste der *qawa'id*", schreibt der Herausgeber des Lehrgedichts (Sa'di 1981: 14).
36 Als Beispiel die Zusammenstellung in al-Qahtani 1429/30.
37 Gemeint ist mit „Imam" der Namensgeber der jeweiligen Rechtsschule, hier also Abu Hanifa für die Hanafiten.

nung] gegründet sind, sondern von den Meistern[38] aus seinen Worten abgeleitet sind" (Hamawi 1985, Bd. 1: 37).

Wir können also spezifische Prinzipien nicht zur Grundlage einer Fatwa machen, für die Ausgestaltung in einem besonderen Rechtsgebiet können sie aber herangezogen werden. Andere Autoren sind in dieser Hinsicht generöser. Allen Autoren zufolge ist es nötig, die jeweiligen Fälle genau zu analysieren und den Anwendungsbereich von Prinzipien genau zu bestimmen. Dem widmen sich die folgenden Textgattungen.

Ähnlichkeiten (ashbah wa-naza'ir)

Es gibt Versuche, diese Textgattung bereits auf die Zeit des zweiten Kalifen 'Umar b. al-Khattab (gest. 644) zurückzuführen (Kamali 2006: 93). Generell besteht eine große Ähnlichkeit zu den *qawa'id*. Als *ashbah* werden, so eine Aussage (Heinrichs 2000: 336), zwei Fälle aufgefasst, deren äußere Form und deren Beurteilung gleich ist; als *naza'ir* werden zwei Rechtsprobleme bezeichnet, die in ihrer äußeren Form gleich, aber in ihrer Beurteilung verschieden sind. In späterer Zeit ist der Begriff *al-ashbah wa'l-naza'ir* häufig im Titel von Werken zu finden, bei denen es sich eigentlich um Werke über *qawa'id* handelt (Heinrichs 2002: 365). Ein Beispiel aus einem der bekannteren Werke dieser Textgattung mit dem Titel *Kitab al-ashbah wa'l-naza'ir* von Taj al-din al-Subki (gest. 1370), das auch in erster Linie nach *qawa'id* gegliedert ist, lautet so:

„Problem: Ein Mann verlässt das Haus in Richtung Markt, wobei er seine Frau im Haus zurücklässt. Er kehrt zurück und findet einen Mann bei ihr vor. Er fragt: Wer ist das? / Sie gibt zur Antwort: Das ist mein Ehemann. Und du bist mein Sklave. Ich habe dich an ihn verkauft. / Antwort: Es handelt sich um einen Sklaven, den sein Herr mit seiner Tochter verheiratet hat. Der Sklave hat Geschlechtsverkehr mit ihr. Dann stirbt der Herr [wodurch der Ehevertrag nichtig wird] und es findet eine Trennung [zwischen der Eigenschaft des Ehemannes und der des Sklaven] statt, weil sie durch Erbschaft Eigentümerin ihres Ehemannes wird. Wenn die Frau an ihrem Gatten Eigentum hat, wird der Ehevertrag nichtig [denn Eigentum und Ehepartnerschaft können nicht miteinander bestehen]. [Der Ehemann/Sklave verlässt das Haus.] / Dann [ist es außerdem noch so,] dass sie schwanger wird und

---

38 Gemeint sind die Scheichs der Rechtsschule, also auch hier der Hanafiten, die in ihr anerkannt sind.

das Kind zur Welt bringt. Dann verstreicht die Wartezeit[39] und sie heiratet darauf [den zweiten Mann]. [Dann kehrt der Sklave (und nicht mehr Ehemann) zurück und die Situation ist die anfangs genannte.] Sie verkauft jenen Ehemann, weil er ja zu ihrem Sklaven geworden war" (Subki 1991, Bd. 2: 336).

Zugegeben ein etwas ungewöhnlicher Fall, aber grundsätzlich möglich. Natürlich handelt es sich um ein theoretisches Konstrukt, um die Unterschiede zwischen äußerer Erscheinung eines Sachverhalts und Beurteilung zu verdeutlichen. Die Frau könnte ja zwei Ehemänner haben?! Hat der erste Ehemann das Haus wie ein freier Mann verlassen und ist doch ein Sklave, als er zurückkommt? Wir könnten einige weitere Fragen stellen ...

Es gibt auch in dieser Textgattung (Lehr-)Gedichte. Schauen wir in eines: „Sie [die Gelehrten] fragen: Bei der zihar-Scheidung: Hat [bei ihr] das Übergewicht / die Ähnlichkeit mit der Verstoßungsscheidung (talaq)? Oder hat das Übergewicht / die Ähnlichkeit mit dem Eid (yamin)? Darüber gibt es Meinungsstreit, bereits beschrieben wurde er. / Den Weg der Abwägung (tarjih) in dieser Frage, auch darüber gibt es Meinungsverschiedenheit" (Ahdal o. J.: 36). Hier sehen wir in sehr kurzer Form den Prozess der Abwägung, der für das Finden einer Beurteilung notwendig ist, noch einmal abgesprochen. Zugleich haben wir schon einen Vorgriff auf die Textgatttung der naza'ir, denn es handelt sich hier um eine identische Erscheinungsform mit zwei Beurteilungen (s. u.).

Worum geht es inhaltlich? Die zihar-Scheidung beinhaltet das Aussprechen der Formel „Du bist [so rechtlich nicht erlaubt] wie der Rücken meiner Mutter", zumeist verbunden mit einem entsprechenden Schwur.[40] Die rechtliche Beurteilung unterscheidet sich nun je nach dem Aspekt, der bei der Betrachtung im Vordergrund steht: Scheidung durch Verstoßung oder Eid. Wir haben es eben hier mit einem Fall von naza'ir im oben genannten Sinne zu tun.[41] Die äußere Form ist ähnlich, die Beurteilungen sind höchst unterschiedlich, je nachdem, ob wir den

---

39 Um festzustellen, ob eine erneuerte Schwangerschaft nach Auflösung einer Ehe vorliegt, die eine erneute Heirat unmöglich machen würde. Wenn keine Schwangerschaft vorliegt, kann die Frau erneut heiraten.

40 Dies wird in Korankommentaren auf eine vorislamische Scheidungsform bezogen, die die geschiedene Frau auf den Status einer Haushaltssklavin reduzierte, da sie sich trotzdem aus dem Haushalt entfernen durfte. Diese Folge sei von Muhammad aufgehoben und damit eine Trennung (Suren 33,4 und 58,1–4).

41 Es gibt auch Werke, die sich nur auf naza'ir beziehen, so für die malikitische Rechtsschule Abu 'Imran 'Ubayd al-Fasi 2001.

Sprechakt des Ehemannes als Scheidungsformel oder als Eid betrachten. Damit haben wir auch schon die Verbindungslinie zu den *furuq*, den Unterscheidungen, gefunden, eine Verkettung zwischen Textgattungen.

Unterscheidungen (Furuq)

Obwohl die *furuq* eine sehr wichtige Textgattung der älteren *usul*-Diskussion darstellen, werden sie in der Gegenwart eher am Rande behandelt. Von nicht muslimischer Seite sind insbesondere ein jüngerer Aufsatz von Wolfhart Heinrichs (2000) und ein älterer von Joseph Schacht (1926) zu nennen.

Was enthält ein *furuq*-Buch? Oder was sollte es zumindest enthalten? Der Hanbalit al-Samarri (gest. 1150) sagt, es handele sich um „rechtliche Probleme, deren äußere Strukturen sich ähneln, während sich die Beurteilungen unterscheiden" (Schacht 1926: 525). Durch die *furuq* werden die einzelnen Rechtsprobleme, die in der *furu'*-Literatur, also in der Literatur über das angewandte Recht, der einzelnen Rechtsschulen behandelt werden, durch die getroffenen Unterscheidungen strukturiert. Im großen *furuq*-Werk des Malikiten al-Qarafi (gest. 1285) heißt es:

„Unterscheidung 166 zwischen dem Grundproblem der Obligationen, denen ein vollkommener Rechtsgrund vorausgeht, und dem Grundproblem der Obligationen, die Teile der Rechtsgründe sind / Wisse, dass die Obligationen drei Unterteilungen haben: eine Unterteilung, bei der Übereinstimmung besteht, dass der vollkommene Rechtsgrund ihnen vorangeht, eine, bei der Übereinstimmung besteht, dass sie Teil des Rechtsgrundes sind, und eine, bei der es unterschiedliche Meinungen gibt: Gehört sie zur ersten oder zur zweiten Unterteilung? / Was nun die erste Unterteilung betrifft, so handelt es sich um die [Obligation], der ein vollständiger Rechtsgrund vorangeht. Es ist dem Konsens (*ijma'*) zufolge erlaubt, sie dem Rechtsgrund nachzustellen wie im Falle der Option (*khiyar*) bei Mängeln des Ehevertrages oder bei Mängeln der Ware im Falle des Kaufvertrages[42] [...]. Die zweite Unterteilung ist die, bei der sie Teil des Rechtsgrundes ist. Dabei ist eine Nachstellung nicht erlaubt wie im Falle des Angebots (*qabul*) nach der Annahme (*ijab*) beim Kaufvertrag[43] [...]. / [Im Kommentar heißt es:] Ich sagte: Das, was er gesagt hat, ist richtig; über das, was er über die Unterscheidung danach

---

42 Bei denen beiden die Option besteht, den Vertrag nachzubessern oder für nichtig zu erklären.
43 Es ist also nicht möglich, das Angebot nach der Annahme zu machen.

sagt, gibt es einen Meinungsstreit (nazar). / [In der Randglosse heißt es:] Sie [die Unterscheidung] betrifft die Obligationen: [Für] die erste [der Obligationen gilt], dass es erlaubt ist, sie nachzustellen. Es wird also nicht abgelehnt, sie nachzustellen wie im Falle der Mängel beim Ehevertrag oder der Mängel der Ware beim Kaufvertrag. / [Für] die zweite [der Obligationen gilt], dass ihre Nachstellung nicht erlaubt ist. Dabei wird also die Nachstellung abgelehnt wie im Falle des Angebots nach der Annahme im Falle des Kaufvertrags" (Qarafi 1998, Bd. 3: 318).

Wir sehen die Feinarbeit in den Unterscheidungen, die jeweils unterschiedlichen Falten im Felde der Rechtsfälle nachgeht. Der Kommentar entfaltet dazu noch das Element des Meinungsstreits. Die Glosse verbindet sich mit einer Verkettung, die al-Qarafis Beurteilung, dass etwas nicht erlaubt ist, dahingehend verknüpft, dass es wenigstens auch nicht verboten ist. Die Glosse sagt deutlich: Es wird abgelehnt und ist damit verboten!

Auch in dieser Textgattung gibt es einige recht merkwürdige Fallkonstruktionen (s. Heinrichs 2000: 339f.), die den Scharfsinn der Lernenden üben sollen. Es handelt sich bei ihr eben nicht nur um Gedankenspiele, die zeigen, wie fern die *usul al-fiqh* von der Rechtspraxis sind. Sie sind eine unverzichtbare Schulung in den notwendigen Unterscheidungen, die dann in der Praxis, sei es des Muftis oder des Kadis, angewandt werden können. Deswegen weist Heinrichs (2000: 333) mit Najm al-Tufi sehr richtig darauf hin, dass die *furuq* einer der wichtigsten Zweige des *fiqh* sind.

Verlassen wir diesen Vorgriff auf methodisches und auf Textgattungen der rechtsmethodischen Literatur. Wie sind aber nun rechtsmethodische Werke unterteilt? Welche Wissensgebiete werden erfasst? Werfen wir einen Blick in ein malikitisches *usul*-Werk, das den schönen Titel *Das Resultat* (*al-Mahsul*) trägt. Verfasst wurde es vom Malikiten Abu Bakr Ibn al-'Arabi (gest. 1148) und ist in folgende Kapitel unterteilt (Ibn al-'Arabi 1999):

1) Ein Wort über *usul al-fiqh,*
2) Die Belastung (*taklif*)
3) Prolegomena zu den Disziplinen des Wissens (enthält auch lange Passagen über sprachwissenschaftliche Fragen)
4) Unterteilungen (auch über Imperative, *awamir*)
5) Über das Verbot (*nahj*)
6) Über allgemeine Ausdrücke ('*umum*) (auch über die Ausnahme, *istihna*')
7) Über die Auslegung des Korans (*ta'wil*)
8) Über das unausgesprochen Verstandene (*mafhum*)

9) Über die Taten des Propheten (*af'al*)
10) Über die Überlieferungen (*akhbar*)
11) Über den Konsens (*ijma'*)
12) Über die Analogiebildung (*qiyas*)
13) Über die Abrogation (*naskh*)
14) Über die Wahrscheinlichkeitsabwägung (*tarjih*)
15) Über die Anstrengung zur Findung der eigenen Meinung (*ijtihad*)
16) Über die Nachahmung (*taqlid*)

Das Spektrum reicht von den allgemeinen Erwägungen über die Disziplin, um die es geht, über sprachwissenschaftliche und insbesondere semantische Fragen – zur Koranauslegung, Auslegung von Hadithen, rechtstechnische Instrumente wie Analogie und Konsens – bis hin zu eher rechtsschulspezifischen Problemstellungen. Welche Geschichte steht hinter der Abfassung solcher Rechtswerke?

Zur Geschichte des islamischen Rechts

An dieser Stelle kann nicht eine vollständige Geschichte des islamischen Rechtsdenkens geschrieben werden, die noch lange ein Wunsch bleiben wird. Einige Grundzüge müssen genügen, um die Entwicklung der Rechtsmethodik zu verstehen.

Wir müssen ausgehen von den Rahmenbedingungen der Offenbarung des Korans, von der Entstehung der frühen islamischen Gemeinschaft[1] auf der Arabischen Halbinsel (Ammann 2001; Neuwirth 2010) und den dort vorhandenen rechtlichen Denkweisen. Ohne im Detail darauf eingehen zu können, nennen wir einige wichtige Einflüsse: altarabische (Reinert 1963), altsüdarabische, jüdische, diverse christliche, altiranische, sogar neubabylonische werden genannt, verbunden mit einem interessanten Zeitsprung (Schacht 1927). Den engeren Rahmen der Entstehung des Islams bildet allerdings das arabische Heidentum: die *dschahilija*. Zum größten Teil waren die ersten Muslime Konvertiten vom Heidentum.

Erste Züge einer spezifisch muslimischen rechtlichen Praxis und Denkens sind bereits in der Zeit des Propheten Muhammad zu finden; die Systematisierung findet allerdings erst nach seinem Tode statt. Neuere Untersuchungen deuten aber darauf hin, dass sich bereits unter den Prophetengefährtinnen und -gefährten Prinzipien und Methoden der Formulierung von Beurteilungen menschlichen Handelns finden lassen (Bauer 2011a), die als eine Grundlage späterer Entwicklungen gesehen werden können. Daneben steht sicherlich die Auseinandersetzung mit

---

1 Nicht diskutieren werden wir die Thesen einer revisionistischen Strömung, die auf unzureichender Grundlage behauptet, es habe im 7. Jahrhundert noch keine islamische Gemeinschaft gegeben.

nicht islamischen Rechtsvorstellungen, die sich mit der Etablierung des muslimisch geprägten Reiches des Umayyaden- und des Abbasidenkalifats verstärkte.

Verbunden ist also die Entwicklung des islamischen Rechts mit den entstehenden Institutionen der muslimisch geprägten Reiche und Gesellschaften. Wenn der Same der muslimischen Ordnungen in der Zeit Muhammads gepflanzt wurde, war doch seine Heranreifung die Frucht der Tätigkeit der folgenden Generationen von Muslimen und Musliminnen.

Herrschaft und Gelehrtengemeinschaften

Der Aufbau eines islamischen Staatswesens war im Wesentlichen das Werk der ersten Dynastie von Kalifen, der Umayyaden, die sich als Ergebnis der Bürgerkriege, die das doch relativ kurzlebige Kalifat der ersten Nachfolger des Propheten Muhammad in Medina zum Scheitern brachte, ab 661 in Damaskus etablieren konnte. Sie sahen sich durchaus als Exekutoren der von Muhammad dargelegten Vision und nannten sich selbst „Statthalter Gottes". Sie erbten zwar die römisch-byzantinische administrative Tradition, versuchten aber schließlich, dieser einen arabischen und islamischen Charakter zu geben; auch ein Ergebnis dessen, dass Rom – Ostrom, Byzanz, Konstantinopel – weiterhin der äußere Feind war. Der Wechsel vom römisch-byzantinischen Erbe zum islamisch-arabischen wurde u. a. symbolisiert vom Wechsel zur arabischen Sprache als Verwaltungssprache und durch die Prägung genuin islamischer Münzen mit einer Devise aus dem Koran.

Im Bereich des Rechts war die große Schöpfung der Umayyaden die Etablierung eines neuen Rechtssystems. Den Richtern innerhalb dieses Systems wurde der Titel *qadi*, eingedeutscht als Kadi, verliehen, der sie als Träger der kalifalen Autorität im Bereich des Rechts auszeichnete. Im strengen Sinne waren sie Delegierte des Kalifen bzw. der Provinzgouverneure, von denen sie auch entlassen werden konnten. Für die Umayyadenzeit wie auch für die nachfolgende der Abbasiden können wir von einer bewussten Justizpolitik ausgehen, die die Kadi-Ämter ihren Herrschaftsinteressen gemäß besetzte.

Durch ihre Entscheidungen zu einzelnen Fällen legten diese frühen Kadis wichtige Grundlagen für die spätere Entwicklung des islamischen Rechts. Es gab für sie kein Recht, das man als genuin islamisch bestimmen könnte. Deshalb sahen sie sich gezwungen, ihre Entscheidungen auf ihr eigenes Rechtsverständnis und ihren Sinn für Gerechtigkeit und

Billigkeit zu stützen. Die Rechtsvorstellungen, die ihnen zur Verfügung standen, waren ein Amalgam aus römischen Provinzialrecht, den älteren lokalen Rechten, was das altarabische Recht einschloss, und älteren nahöstlichen Rechten bis hin zu sassanidischen Rechten, die es ja bereits in vorislamischer Zeit gab (s. o.). Diese Rechtsformen wurden von den Kadis angewandt, modifiziert oder auch ignoriert – wie es ihnen angemessen schien. Die Entscheidungen gewannen Autorität weniger aus der Anwendung eines spezifischen Rechts als durch ihren Status als Delegierte des Kalifen. Im Laufe der Jahre wurde so von den Kadis ein Korpus an Recht geschaffen, an Präzedenzen, die in der islamwissenschaftlichen Forschung als umayyadische Rechtspraxis bezeichnet werden.

Das islamische Recht entstand aber nicht nur aus dieser Rechtspraxis oder durch Entscheid des Herrschers (wenn es auch dazu Versuche gab), es war wesentlich geschaffen von Religionsgelehrten, die zum Teil unabhängig von der kalifalen Herrschaft waren, zum Teil aber auch Kadi-Ämter übernahmen. Wir dürfen annehmen, dass ähnlich dem bereits genannten Sahnun in späterer Zeit (s. S. 31) auch Übergänge zwischen beiden Positionen vorhanden waren.

Diese Gelehrten fingen nicht neu bei null an. Ausgangspunkt war die Rechtspraxis der Kadis, die kritisch aufgenommen und auf deren Grundlage versucht wurde, ein genuin islamisch zu nennendes Recht zu entwickeln. Auf unterschiedliche Weise eingebunden bestanden ältere lokale und regionale Rechte (s. o.) sowie Gewohnheitsrechte fort (s. S. 182).

Mit der Entwicklung solcher Gelehrtengemeinschaften sah sich das Kalifat mit einer Konkurrenz konfrontiert, die wie es selbst versuchte, dem Recht des islamischen Gemeinwesens Gestalt zu geben. Verzichten wir für den Moment auf die eigentlich notwendige differenzierte Betrachtung, können wir die Kadis als Vertreter des offiziellen kalifalen Rechts verstehen, während die Gelehrten ein außerhalb der offiziellen Sphäre anzusiedelndes Rechtsverständnis repräsentieren. Es gab allerdings – wie gesagt – vielerlei Übergänge zwischen beiden Sphären. Wir sollten vielleicht eher von einer Abgrenzung eines Teiles der frühen Rechtsgelehrten vom umayyadischen Kalifat sprechen, die dann von späteren Rechtsgelehrten noch zusätzlich betont wurde, als sie ihre Sicht der frühen Rechtsgeschichte formuliert haben. Allerdings lassen sich gewisse Gelehrte als Teil einer pro-umayyadischen „Schule" identifizieren, die auch gewisse methodische Besonderheiten aufweist. Zu nennen sind eine Betonung der Praxis der muslimischen Gemeinschaft mit einer lediglich begrenzten Anwendung prophetischer Überliefergen (s. u.) und ein gelegentlicher Rückgriff auf einfache Analogie und die persönliche Meinung (Judd 2005: 17).

Wir sollten uns allerdings diese Gelehrtengemeinschaften nicht als rein regionale „Schulen" oder als rein auf einen Gelehrten, der als Namensgeber fungiert, vorstellen! Neuere Untersuchungen deuten darauf hin, dass die Situation im 1. und 2. Jahrhundert recht fließend war, die Gelehrten wie auch ihre Schüler in hohem Maße mobil waren, sodass eine ausschließlich regionale Zuordnung problematisch ist. Betrachten wir die Schüler von Gelehrten, sehen wir zwar Präferenzen für gewisse Gelehrte, aber auch eine hohe Bereitschaft, von jedem erreichbaren renommierten Gelehrten zu hören. Die Strukturierung der frühen Geschichte des islamischen Rechts nach Rechtsschulen, die sich auf einen einzigen Namensgeber zurückführen lässt, scheint eine *ex post*-Projektion zu sein (Judd 2005). Diese Projektion ist nicht allein als retardierend zu verstehen; sie schafft einen Ankerpunkt, von dem aus die Entwicklung einer Rechtsschule vorangetrieben werden konnte. Die Gelehrten einer Rechtsschule konnten so eigenständige Verkettungen bilden, die nicht zu einem Zerfall der rechtlichen Diskurse in völlig unabhängige Entitäten führte; zumal es immer wieder zu Überschneidungen der Rechtsschulgrenzen kommt.

Die besondere Rolle der Gelehrten ergibt sich noch aus einem zweiten Prozess. Während der frühen arabisch-islamischen Eroberungen fanden sich die arabischen Muslime in jeder Region zusammen mit den nicht arabischen Konvertiten und zahlreichen Nichtmuslimen wieder und sahen sich der Herausforderung ausgesetzt, die Implikationen ihres neuen Glaubens zu durchdenken.

In der Situation einer weit ausgedehnten, kaum zu kontrollierenden territorialen Expansion konnte das Kalifat nicht hoffen, eine solche Bewegung von Gelehrten in den einzelnen Zentren (Kufa, Basra im heutigen Irak, Fustat im heutigen Ägypten, Medina im Hidschas auf der Arabischen Halbinsel, Damaskus im heutigen Syrien) zu kontrollieren. Wir haben bereits gesagt, dass die Gelehrten einen Teil der informellen Führerschaft der lokalen Gemeinschaften bildeten, unabhängig von den Aspirationen der Zentralgewalt. Es handelt sich allerdings nicht um Rechtsgelehrte im engeren Sinne; sie behandelten Fragen, die weit über Rechtsfragen im engeren Sinne herausgingen. Ihr Denken umfasste eine Totalität von Normen: legale, moralische, rituelle – eben den *fiqh* als Teil der Scharia im umfassenden Sinne.

Unvermeidlich war, dass die Religionsgelehrten der späteren Umayyadenzeit über das Recht als einen Korpus von durchsetzbaren Normen nachdachten, denn der Islam, über den sie reflektierten, war, wir hörten es schon, ein Islam, der sich im Rahmen eines expandierenden Reiches entwickelte. Die Gelehrten waren sich dessen bewusst, dass sie in einem politischen Gemeinwesen lebten, das sie in ihre Vorstellungen einbeziehen mussten. Wenn diese Gelehrten auch nicht unbedingt Teil des offiziellen Kalifats waren, so waren sie doch praktische Menschen, die sich einen Islam nicht ohne islamische Herrschaft und Recht vorstellen konnten.

In der späteren muslimischen Geschichtsschreibung werden diese frühen Gelehrten als *ahl ar-ra'y*, Vertreter einer eigenen Meinung, benannt. Wenn diese Bezeichnung im Laufe der Zeit auch manchmal einen negativen Beigeschmack bekam, hatte sie diesen jedoch grundsätzlich nicht. Diese Leute waren diejenigen, deren Meinungen in Fragen von Recht und Moral zählte, die Leute, die mit Autorität sprechen konnten. Wir müssen uns vor Augen führen, dass diese Gelehrten ihre Arbeit an der Formulierung des islamischen Rechts begannen, als die Texte des Kanons des Islams noch nicht definiert waren, insbesondere der ganze Korpus von Texten, die als Hadithe bekannt sind (s. S. 82ff.). Anders als spätere muslimische Gelehrte beschäftigten sich die frühen Gelehrten nicht hauptsächlich mit der Exegese von Texten. Äußerten sie sich über das Recht, brachten sie ihre persönliche Meinung darüber zum Ausdruck, was nach ihrem islamischem Verständnis recht und billig war, soweit es den einzelnen Fall betraf, der ihnen vorgelegt wurde. Die Autorität, mit der sie sprechen konnten, war im Wesentlichen ihre persönliche Autorität, keine vom Kalifen abgeleitete.

Obwohl die Muslime sich früher oder später dem Ideal zufolge als eine weltweite Gemeinschaft ansahen, genannt die *umma*, war doch die reale Gemeinschaft eine lokale, und jede lokale Gemeinschaft hatte ihre eigenen Gelehrten. Gemeinschaften von Muslimen existierten in allen Städten, in denen sich die arabischen Eroberer niederließen: Basra, Kufa, Damaskus, Fustat, Qayrawan usw., aber auch natürlich in Medina auf der Arabischen Halbinsel. Die islamwissenschaftliche Forschung hebt im Allgemeinen besonders Kufa im Irak und Medina als einflussreiche Zentren der Rechtsentwicklung hervor. Diese Rolle ist allerdings eher in der Rückschau erkennbar, denn die drei einflussreichsten noch bestehenden sunnitischen Rechtsschulen entstammen diesen beiden Städten. Außerdem war Kufa praktisch der Ausgangspunkt der schiitischen Rechtsentwicklung. Allerdings scheint eine ausschließlich regionale Begrenzung der Rechtsschulen nicht gegeben gewesen zu sein, denn es lässt sich eine recht hohe Mobilität der Gelehrten und ihrer Schüler beobachten. Wir sollten eher von regionalen Schwerpunkten sprechen. Bedenken müssen wir auch, dass viele Texte aus dieser Frühzeit nicht ediert sind – wenn sie überhaupt noch vorhanden sind. Wir wissen eigentlich noch nicht genug über diese Frühzeit, um ein vernünftiges Bild zu zeichnen.

In jedem lokalen Zentrum waren die Gelehrten in Detailfragen höchst unterschiedlicher Meinung; konnten die Differenzen nicht beigelegt werden, scheinen sie toleriert worden zu sein. Wenn nun ein rechtsinteressierter Laie oder ein Kadi Orientierung suchte, konnte es sein, dass er die Meinungen recht unterschiedlicher Gelehrter kombinierte. Auf dieser frühen Entwicklungsstufe des islamischen Rechts können wir noch nicht von „Schulen" im engeren Sinne sprechen, also von abgegrenzten Personengruppen, die eine spezifische Lehre vertreten, die dann auch noch geographisch genau abgrenzbar wäre. So will es die ältere Forschung. Dem aktuellen Stand unserer Kenntnisse entspricht dies nicht mehr.

Rechtsschulen

Die Gelehrten an einzelnen Orten scheinen aber schon recht früh einen gemeinsamen Bestand an Lehren entwickelt zu haben, z. B. den *'amal*, den Rechtsbrauch von Medina, der auf die spezifischen Bedingungen Medinas und die dort vertretenen Auffassungen abstellte. Wir dürfen uns dies aber nicht als absoluten, festgesetzten Bestand an Lehren vorstellen. Es handelt sich eher um gewisse Tendenzen, die nicht ausschlossen, dass etwa in Medina die Gelehrten höchst individuelle Lehren vertraten. Wenn nun in der Folgezeit Gelehrte in den einzelnen Zentren debattierten oder Gelehrte aus den verschiedenen Zentren miteinander in Kontakt kamen und sich ihrer unterschiedlichen Auffassungen bewusst wurden, entstand eine rege Diskussion, ja sogar Polemik zwischen ihnen, die die einzelnen Gelehrten zwang, ihre Argumente deutlicher auszuarbeiten.

Wir sollten uns also keine festgefügten Rechtsschulen vorstellen, eher Gruppen von gleichgesinnten Personen, die bestimmte Überzeugungen teilten. Allerdings können nicht alle frühen Rechtsgelehrten einer regionalen „Schule" zugerechnet werden (s. o.). So wird eine Gruppe von Gelehrten (Sufyan at-Thauri, al-Auza'i, al-Fazari), die an verschiedenen Orten gelebt haben, einer „umayyadischen Rechtsschule" zugerechnet, die nicht nur in Syrien vertreten war, vielmehr auch in mehreren anderen Regionen des Umayyadenreiches ihre Anhänger hatte. Die Anhänger dieser „Schule" zeichneten sich durch ihren zumindest Nichtantagonismus gegenüber der Umayyadendynastie. Konsequent gaben sie den Führern der muslimischen Gemeinschaft einen großen Spielraum für eigene Entscheidungen. Zitiert wird die Rechtspraxis früherer Kalifen – auch von Umayyadenkalifen –, auch ohne weitere Spezifikation wird auf die Praxis der Gemeinschaft referiert, rudimentär werden Analogien gebildet (s. u.). Es gibt aber auch Fälle, in denen Meinungen geäußert werden, ohne dass eine Rechtsquelle angegeben wird. Überlieferungen vom Propheten spielen eine geringe Rolle.

In dieser Situation miteinander konkurrierender Prozesse und Quellen der Rechtsbildung gewann die Frage der Rolle der Kalifen in diesem Zusammenhang an Bedeutung. Wie konnte die Autorität des Kalifen gegen konkurrierende Rechtsbegründungsansprüche, sei es aus den Gelehrtengemeinschaften (s. u.) geltend gemacht werden, sei es seitens der Verfechter des Primats der Überlieferungen vom Propheten Muhammad oder anderen. In solchen Debatten wurden die Grundzüge dessen deutlicher, was später die *usul al-fiqh* werden sollten. Bei Ibn al-Muqaffaʻ (gest. ca. 757) in seiner *Risala fi 'l-sahaba* (Ibn al-Muqaffaʻ 1989) finden wir Hinweise auf das Umgehen mit Unbestimmtheiten in autoritativen Texten, ohne auf die *sunna* und die interpretative Autorität direkten Bezug zu nehmen (Lowry 2008b).

Zwei wichtige Entwicklungen in der Art der rechtlichen Argumentation zeichneten sich in dieser Zeit ab:

Die Rechtsargumentation wurde differenzierter, weil der Zwang anwuchs, die Konsistenz des Rechts aufrecht zu erhalten – ohne dass aber die relative Offenheit des Argumentierens aufgegeben wurde. Außerdem wurde das Argumentieren durch die Ausweitung des Rechts auf neue Fälle durch die Methode der Analogiebildung (s. u.) mehr und mehr verfeinert. Mittels Analogie zu argumentieren ist eine Argumentationsmethode, die quasi natürlich zur Zusammenfassung ähnlicher Fälle und so zu allgemeineren Rechtssaussagen führt (z. B. Weizen, Weintrauben, Nahrungsmittel). Einzelfälle führen zu weiter gefassten Kategorien, die wiederum unter Oberbegriffen subsumiert werden, das Recht nimmt einen systematischeren Charakter an. Obwohl es sowohl unter Sunniten als auch Schiiten Gelehrte gab, die das Argumentieren *per analogiam* ablehnten, verankerte sich dies doch im Mainstream der sunnitischen Rechtsschulen – nicht aber der der Schiiten (s. S. 93).

Die zweite Entwicklung hat mit der Frage der Autorität in Rechtsfragen zu tun (s. detailliert Hallaq 2004: 24ff.). Die frühen Gelehrten scheinen, wie wir sagten, Aussagen über das Recht aufgrund eigener Autorität getätigt zu haben, ohne den Versuch zu machen, diese Aussagen einer früheren oder höheren Autorität zuzuschreiben. Natürlich waren sie alle Monotheisten, die prinzipiell Gott als die letzte Quelle aller Autorität anerkannten. Diese Überzeugung wurde von allen Muslimen geteilt und stand außer Frage. Göttliche Autorität war allerdings von geringem Wert, wenn sie nicht durch menschliche Instrumente ins Werk gesetzt wurde. Die Gelehrten scheinen sich selbst – und wurden auch von anderen – als diejenigen betrachtet zu haben, die die Vorstellungen Gottes in Hinblick auf das Recht und das tägliche Verhalten zum Ausdruck brachten. Die Tatsache, dass sie im Wesentlichen von ihrem eigenen Sinn für Angemessenheit und Gerechtigkeit geleitet wurden, machte ihre menschlichen Überlegungen, zumindest ihrer eigenen Meinung nach, nicht inkompatibel mit göttlicher Autorität. Die Idee, dass die göttliche Gerechtigkeit im Wesentlichen übereinstimmt mit einem unkorrumpierten menschlichen Sinn für Gerechtigkeit, eine Idee, die eine wechselhafte Rolle in der Entwicklung islamischen Denkens (und auch der Legitimation von Herrschaft) spielte, sie hatte ihre Wurzeln in dieser frühen Periode.

Betrachten wir aber weiter die Geschicke der Rechtsschulen (s. im Detail Melchert 1997[2]). In jeder lokalen Gemeinschaft bildeten sich Kreise jüngerer Schüler um die verschiedenen älteren Gelehrten: ein natürliches Ergebnis der Weitergabe des rechtlichen Wissens von einer Generation zur nächsten. Am Ende der Umayyadenzeit hatte jede Rechtsschule eine Anzahl prominenter Meister, die die Doktrin der jeweiligen Schule autoritativ zum Ausdruck bringen konnten. Nach dem Fall der Umayyaden und dem Aufstieg der neuen Kalifendynastie der Abbasiden ab dem Jahre 750 ging diese Entwicklung weiter. Eine neue Generation von Meistern wuchs heran, ersetzte die alte – und dann entstand wieder eine neue Generation. Im Laufe der Zeit wurden dann im Rückblick einzelne Meister der Vergangenheit als allein autoritativ angesehen; die Hauptelemente der Schuldoktrin wurden auf diese Meister zurückgeführt. In der frühen Phase dieses Prozesses war allerdings noch für die Schülergenerationen ein großer Spielraum für die Entwicklung eigener Positionen gegeben.

Wir haben also als Elemente der späteren Rechtsschulen die gesamten Rechtsmeinungen, die Prinzipien, die Methodik des Schulgründers, oder sagen wir besser: Namensgebers, sei es wirklich seine eigene oder die ihm zugeschriebene Schule. Dazu kommen die Lehren späterer Rechtsgelehrter, von denen angenommen wird, sie hätten ihre Lehren in Übereinstimmung mit der des Schulgründers formuliert. Dieser

---

[2] Allerdings orientiert sich Melchert weiterhin am veralteten Schacht'schen Paradigma der regionalen Schulen.

Korpus an Rechtsmeinungen bildet, sehen wir es einmal aus der Vogelperspektive, die Begrenzung dessen, was die hanafitische Rechtsschule, die malikitische, hanbalitische, schafi'itische oder irgendeine andere Rechtsschule ausmacht. Die vier von mir genannten Rechtsschulen sind die heute vorhandenen sunnitischen Hauptrechtsschulen. Von einer „Rechtsschule" als auf diese Weise abgrenzbare Einheit können wir vielleicht seit dem 3. Jahrhundert der Hidschra, also der islamischen Zeitrechnung, sprechen.

Auf der Mikroebene, wenn wir also näher hinschauen, sehen wir eine beinahe unendliche Vielfalt von Auffassungen, die auf verschiedene große Gelehrte der Schulgeschichte zurückgeführt wurden. Diese Meinungsvielfalt warf das Problem auf, wie man sie kontrollieren konnte, wie man eine gewisse Konsistenz und Bestimmtheit der Lehre einer Schule erreichen konnte. Gerade für die Vorhersagbarkeit des Rechts, wir können modern sagen: die Rechtssicherheit, erschien eine gewisse Eingrenzung der unterschiedlichen Meinungen doch wünschenswert.

„Die Beschränkung auf vier sunnitische Rechtsschulen [...] und deren Privilegierung bestimmter Rechtsmeinungen als dominierende Schulmeinung war mithin ein notwendiges Instrument, das Recht kalkulierbar und überregional anwendbar zu machen. Eine weitere Begrenzung der Rechtspluralität würde über Jahrhunderte hinweg als nicht erstrebenswert angesehen. Ganz im Gegenteil erreichte der Stolz auf diese Rechtspluralität in Form von vier sunnitischen Rechtsschulen in der Ayyubiden- und Mamlukenzeit einen Höhepunkt, der sich auch in der Architektur niederschlug, nämlich in der Form der Moschee bzw. Madrasa mit vier Iwanen, in der jeder der vier Rechtsschulen ein Iwan zugewiesen wird. [...] Zu dieser Zeit wurden selbst in kleineren Städten vier Oberqāḍīs – von jeder Schule einer – ernannt. Zu allen wichtigen Anlässen versammelte der Kairener Sultan oder sein Damaszener Stellvertreter alle vier Oberqāḍīs um sich" (Bauer 2011: 179).

Diese – relativen – Mannigfaltigkeiten brachte auch eine Literatur über die Meinungsverschiedenheit (*ikhtilaf*) hervor, die als positive Erscheinung gewertet wurde und Ausgangspunkt vielfältiger Verkettungen war. Allerdings sollte dies nicht der einzige beachtete Aspekt sein. Rechtsschulen konnten auch sehr restriktiv sein. Es werden Fälle überliefert, in denen die Abweichung von der dominanten Lehrmeinung Kadis etc. das Amt gekostet hat.

Meinungsstreit (ikhtilaf)

Im üblichen modernen Verständnis gilt das Bestehen verschiedener Wahrheiten als problematisch. Wir haben bereits darauf hingewiesen, dass für Rechtsgelehrte dieser Zustand nicht als nachteilig galt, wenn sie auch gewiss der Meinung waren, dass ihre Auffassung die treffende war. Dieser Zustand wurde als völlig normal angesehen, sodass schon recht früh Werke über den Meinungsstreit der Gelehrten verfasst wurden. Ein bekanntes Beispiel ist das *Buch über den Meinungsstreit der Rechtsgelehrten* von Muhammad b. Jarir al-Tabari (gest. 932), dem Historiker und Koranexegeten, der auch eine eigene Rechtsschule begründete, die untergegangen ist (Tabari o. J.). Er wurde nicht nur als normal angesehen, es galt sogar als ein Segen. Dafür wird eine Überlieferung vom Propheten in mehreren Varianten herangezogen, die besagt, dieser Meinungsstreit (*ikhtilaf*) sei ein Segen für die muslimische Gemeinde. Dass dieser Hadith nicht gerade zu den am besten belegten gehört, hat ihm viel Kritik eingetragen, war aber seiner Beliebtheit über die Jahrhunderte nicht abträglich.

Der führende sunnitische ägyptische Gelehrte des 16. Jahrhunderts, 'Abd al-Wahhab al-Sha'rani (gest. 1565), schrieb nach seinem Lehrer in einem *ikhtilaf*-Werk, in dem er sufische und Rechtsgedanken integrierte (Pagani 2004), zu diesem Thema: „Niemals stimmen zwei Personen im geistigen Schmecken (*dhawq*) und in der geistigen Rangstufe (*maqam*)[3] überein wegen der Weite der Rede des Überbringers der Scharia (*shari'*)[4], Gott segne ihn und spende ihm Heil, und dessen, was sich davon an Ableitungen (*istinbat*) der *mujtahid*s und derjenigen, die ihn gegenüber den *taqlid* üben, verzweigt. [...] Wer darum weiß, ist nie sicher in dem, was er versteht.[5] Derjenige, der es versteht[6], sagt vielmehr: Dies ist die Rede soundso. Wenn sie treffend ist, ist sie von Gott, wenn sie fehlt, ist sie von mir" (Sha'rani o. J., Bd. 1: 38).

Das ist ein klares Bekenntnis zur Unterschiedlichkeit der Positionen und zur Fehlbarkeit der Menschen, die einerseits die Pluralität bestärkt, aber andererseits den Weg bereitet für einen Absolutheitsanspruch, wenn denn der Absolutheitsanspruch, das getroffen zu haben, was Gott will, die Demut des Bewusstseins der Fehlbarkeit dominiert. Gerade

---

3 Beide Begriffe sind sufische Fachtermini.
4 Hier liegt ein abweichender Gebrauch des Begriffes vor, der sonst zumeist auf Gott bezogen wird.
5 Wir können es verstehen als: Was er zu verstehen meint.
6 Im Text liegt hier offenkundig ein Druckfehler vor.

Letzteres zu erreichen können wir als eines der Ziele der islamischen Reformbewegungen seit dem 17. Jahrhundert sehen.

Thomas Bauer führt in *Die Kultur der Ambiguität* als Kronzeugen für die oben beschriebene Sicht des Meinungsstreits als positives Element einen etwas früheren, unverdächtigen Gelehrten an, Jalal al-Din al-Suyuti (gest. 1505), einen ziemlich rechthaberischen Vielschreiber. Al-Suyuti argumentiert, so Bauer, „dass die früheren Propheten ihren jeweiligen Gemeinden ein einziges, sehr enges Gesetz gebracht hätten, das den Menschen keine Wahlmöglichkeiten gelassen und sich deshalb, so kann man folgern, überlebt habe. Die göttliche Ordnung [...] des Islams sei aber ‚leicht und großzügig', was man [...] vor allem an der positiven Bewertung des *ikhtilāf* erkenne: ‚Dadurch verhält es sich mit den Schulen in ihrer Verschiedenheit so, als wären es mehrere 'sharī'as', die alle in dieser einen *sharī'a* vorgeschrieben sind, und diese eine *sharī'a* ist wie eine Anzahl verschiedener *sharī'as*, mit denen allesamt der Prophet gesandt wurde'" (Bauer 2011: 186). Dieses sehr offenkundige Bekenntnis zur Positivität der Pluralität können wir aufnehmen, wenn wir die Diskurse, die wir behandeln, wirklich als produktive Mannigfaltigkeiten verstehen und nicht versuchen, *einen* Geist des islamischen Rechts zu identifizieren – und wenn wir es nicht auf die Banalität beschränken, ein *islamisches* Recht zu sein.

Es ging in der weiteren Entwicklung der Rechtsschulen aber auch um Fragen wie diese: Welche Rechtsmeinung ist in Bezug auf einen bestimmten Fall gültig, welche ist gültiger als andere – oder welche ist überhaupt nicht anwendbar? Letztendlich ging es darum: Welche Rechtsmeinung hat die höchste Autorität (vgl. detailliert Hallaq 2004: 57ff.)?

Eine Rechtsschule, ein *madhhab*, besteht also aus einem bestimmten Korpus an Rechtslehren, daneben gab es die individuellen Rechtsgelehrten, die diese Lehren erarbeiteten. Und erst diese beiden zusammen machen eigentlich eine Rechtsschule im späteren Sinne aus. Ihr Hauptziel ist es, eine gewisse Stabilität im höchst individuellen Rechtsdenken von Gelehrten zu erreichen, das bis in das 19. Jahrhundert[7] fortwirkte, und damit auch Rechtssicherheit zu produzieren. Nicht berücksichtigen können wir in unserer Betrachtung die Vielzahl früher Rechtsschulen, die in der Durchsetzung des Modells der auf einen Namensgeber zurückgeführten Rechtsschule untergegangen sind.

---

7 S. das Beispiel von Ibn 'Abidin (S. 98).'

Ist diese Kanonbildung nun als Indiz für eine rein literarische Aktivität von Gelehrten zu verstehen, die innerhalb einer Beschränkung der hermeneutischen Aktivität agieren (Calder 1995: 57) und somit keine Fortbildung der Rechtsformulierung mehr betreiben – *l'art pour l'art* eben? Wir können die Kanonbildung eher als eine notwendige Stabilisierung des rechtlichen Wissens verstehen, von der ausgehend Institutionen wie die Rechtsschulen, die Ausbildungsanstalten mit ihren Curricula in späterer Zeit (Lohlker 2008: 174ff.) oder auch die Rechtspraxis auf Dauer gestellt werden konnten.

Welche Funktion hat aber die Kanonbildung innerhalb der Rechtsschulen genau? Wir können hierfür an Überlegungen zur hanafitischen Rechtsschule anschließen: „Die ‚Kanonisierung' von Schriften des islamischen Rechts und damit die Zuschreibung von Autorität, die auch der Legitimation der Autorität derer dient, die diese Autorisierung vollziehen, ist in vielen Bereichen der Rechtsliteratur anzutreffen. Wheeler hat diesen Prozess am Beispiel der hanafitischen Rechtsschule beschrieben. Er zeigt, in welcher Weise die hanafitischen Rechtsgelehrten des 5. Jahrhunderts der Hedschra einen bestimmten Korpus von Rechtsmeinungen benutzten, um die Formen des logischen Denkens zu illustrieren, um die praktische Bedeutung der Offenbarung zu verstehen. Die klassische hanafitische Rechtsgelehrsamkeit weitete so den Begriff des Kanons aus, um alle den jeweiligen Sachverhalt betreffenden Rechtsmeinungen einzuschließen. Ausgewählte Meinungen wurden exemplarisch verwendet, um zu zeigen, wie die Offenbarung zu interpretieren sei, um praktischen Zwecken zu dienen. Auf diese Weise wurden im 5. Jahrhundert d. H. die methodischen und erkenntnistheoretischen Grundlagen der hanafitischen Rechtsgelehrsamkeit geschaffen" (Lohlker 2002: 103f.).

Im späten 6. Jahrhundert d. H. und danach ging diese Entwicklung weiter. Während die Gelehrten des 5. Jahrhunderts an die im 4. Jahrhundert erfolgte Einbeziehung der Sunna des Propheten in Verbindung mit den koranischen Referenzen anknüpften, findet im 6. die Verknüpfung mit der Gründergeneration der Rechtsschule im 2. Jahrhundert d. H. statt, deren *sunna* zum Referenzpunkt der Autorität in der Rechtsschule wird und damit die interpretatorischen Grundlagen für deren Tätigkeit liefert (Wheeler 1996; Lohlker 2002: 104).

„Auf diese Weise verliehen die hanafitischen Rechtsgelehrten der vorhergehenden Generation von Gelehrten dadurch kanonische Autorität, dass sie demonstrierten, dass die fortdauernde Autorität der Rechtsschule darauf beruhte, dass spätere Generationen auf den Lehren der frühen Generationen aufbauten" (Lohlker 2002: 104). Diese Verkettungen, häufig als Beschränkung missverstanden, produzieren erst eine Reterritorialisierung des Denkens, von der aus produktive Schemata Fluchtlinien schaffen, die sich wieder in überschießende Diskurse verknüpfen, die seit dem 17. Jahrhundert kritisch gegenüber den Rechtsschulen werden können.

Kanonisierung bedeutet aber auch, dass sich die Entwicklung von Recht in ihrem Selbstverständnis von historischen Kontexten virtuell abkoppelt[8] und damit in neuen Kontexten anschlussfähig wird, neue Falten ausbilden kann.

Kommen wir aber zuerst zur Entwicklung der Rechtsschulen zurück. Drei der vier Hauptschulen des sunnitischen Islams entstanden so aus früheren Schulen: die hanafitische aus der Schule von Kufa, die malikitische und schafiitische aus der von Medina bzw. aus der späteren Entwicklung des Namensgebers der schafiitischen Rechtsschule. Die Namensgeber dieser Schulen waren Abu Hanifa (gest. 767), Malik b. Anas (gest. 795) und al-Shafi'i (gest. 820). Die vierte Schule, die sich, wie wir sehen werden, unter anderen Umständen entwickelte, war die der Hanbaliten mit dem Namensgeber Ahmad b. Hanbal (gest. 855). Die schiitische, also zwölferschiitische Rechtslehre wurde in bestimmter Weise mit einer Autorität verbunden, die zur Zeit Abu Hanifas lebte: mit Ja'far al-Sadiq (gest. 765), einem der zwölf Imame.

Diese Berufung auf die Namensgeber der verschiedenen Schulen wird in späteren Jahrhunderten durch eine sich enorm ausweitende Produktion von Werken über die Vorzüglichkeit der einzelnen Personen verstärkt, durch die *madhhab*-Identitäten weiter bestärkt wurden – ein weiterer Versuch der Reterritorialisierung des Rechtsdenkens, der auch (Rechts-)Sicherheit für die Anhänger einer Schule produziert.

Rechtsschulen durchlaufen verschiedene Perioden, die noch nicht adäquat untersucht worden sind. Aber die schafiitische Rechtsschule mag uns als Beispiel dienen (nach Lucas 2009: 240):
1) Legung der Grundlagen (195–270/810–883),
2) Formierung der schafiitischen Rechtsschule (270–505/883–1111),
3) erste Revision durch al-Rafi'i und al-Nawawi (505–676/1111 bis 1277),
4) zweite Revision durch al-Haytami und al-Ramli (676–1004/1277 bis 1595),

---

8 Die murji'itische theologische Hermeneutik verzichtete nicht auf die Frage nach der Absicht des Sprechers, um den Wortlaut eines Textes zu deuten.

5) Werke zur Unterstützung der zweiten Revision (1004–1335/1595 bis 1916),
6) Rückgang der Anhängerschaft zur schafiitischen Schule (1335/1916 bis heute).

Wir können solche Entwicklungen gattungsgeschichtlich an unterschiedlichen Texten verfolgen. Rechtsschulen werden auch durch die verschiedenen Textgattungen produziert:

a) Texte, die die Lehre(n) der jeweiligen Rechtsschule darstellen (Handbücher und deren Kommentare etc., Abhandlungen, Fatwas usw.) und durch ihre Kanonbildung(en) die Autorität der Rechtsschulen stärken. In der Anfangsphase der Rechtsschulen geschieht dies durch die Orientierung an den Namensgebern. Zur Not wird dies auch nicht an Namensgebern orientierten Strömungen auferlegt (s. o.).
b) Texte, die die Lehre(n) versuchen zu systematisieren (*usul al-fiqh*, *qawa'id*, *maqasid/masalih*).
c) Und Texte, die der Abgrenzung von anderen Rechtsschulen dienen. Dabei kann es sich um Polemiken handeln, aber auch um die oben erwähnten Schriften über den besonderen Rang der Namensgeber (gegenüber den anderen Namensgebern).

Diese Fixierung auf die großen Meister diente intern, innerhalb der Rechtsschule, dem Zweck, die schulspezifische Lehre zu konsolidieren – wir hörten davon schon. Sie diente nicht der Debatte zwischen den einzelnen Rechtsschulen. Hier greifen die polemischen Texte ein, die ihre Aussagen auf Vertreter aus der Frühzeit des Islams zurückbeziehen, die von allen Schulen anerkannt wurden, also insbesondere die Prophetengefährten und den Propheten selbst. Gerade in der Polemik gegen andere Gelehrte finden wir schon recht früh einen Rückgriff auf Berichte über Taten und Aussagen des Propheten selbst und nicht mehr in erster Linie nur auf Aussagen der Prophetengefährten und der Folgegeneration der Gefährten (*tabi'un*) (Lucas 2010).

Hier können wir zweifelsohne die Ursprünge einer Entwicklung sehen, die zur Herausbildung einer spezifischen Gruppe von Gelehrten führte, die als *ahl al-hadith* bekannt sind. Wie können wir uns die Herausbildung einer rechtlichen Argumentation vorstellen, die sich auf Überlieferungen, Hadithen vom und über den Propheten Muhammad stützt? Juynboll (1992) hat ein interessantes Szenario entwickelt, das hier etwas modifiziert wiedergegeben sei.

Irgendwann gegen Ende des 1. Jahrhunderts islamischer Zeitrechnung, also im 7. Jahrhundert, wurden Gelehrte immer wieder gefragt, auf wessen Autorität sie denn ihre Rechtsauffassungen stützten, wenn eine solche denn vorhanden war. Die naheliegende Antwort war, dass es eine Auffassung sei, die auf den Propheten zurückgeführt werden könne, wenn nicht überhaupt nur auf die allgemein geübte Praxis verwiesen wurde. Dies konnte z. B. die Rechtspraxis in Medina sein (s. u.), eine Praxis, die später gerade für die malikitische Rechtsschule von Bedeutung war. Wurde der Prophet als Autorität angeführt, war dies eine eigentlich unmögliche Behauptung, denn die Gelehrten jener Zeit waren ihm ja nicht begegnet, da sie erst Jahrzehnte nach seinem Tode geboren wurden. Mit dieser Unmöglichkeit konfrontiert, griffen sie darauf zurück, dass sie Namen von Personen nannten, die tatsächlich dem Propheten begegnet waren, wodurch eine erste, einfache Überlieferungskette zum Propheten gestiftet wurde. Auf diesen Prozess nahmen in den folgenden Jahrhunderten immer mehr die reinen Hadithspezialisten Einfluss, die sich seit dem 2. Jahrhundert islamischer Zeitrechnung auch mit Rechtsthemen beschäftigten. Durch diese Verbindungslinien wurde zunehmend eine Art islamischen Rechtsdenkens erkennbar, die sich von anderen Formen des Rechtsdenkens unterschied und bestehenden Rechtsinstituten eine islamische Form gab, sie gewissermaßen „islamisierte". Für den Bereich der Rechtsmethodik ist für die Einbeziehung von Hadithen die überragende Symbolfigur Muhammad Idris al-Shafi'i (gest. 820), der Namensgeber der schafiitischen Rechtsschule, mit seiner *Risala*, seinem *Sendschreiben* (Lowry 2007). Neben al-Shafi'i können wir in seiner Zeit auch andere Autoren finden, die in eine ähnliche Richtung gearbeitet haben, so z. B. Ibn Qutayba (gest. 889), der von manchen als näher an der Entwicklung der *usul al-fiqh* beschrieben wird (Lowry 2004).

Entgegen der üblichen Erzählung hat die *Risala*, die in die spätere Periode al-Shafi'is fällt, keine unmittelbaren Reaktionen hervorgerufen. Das Bild, das die Rechtsmethodik direkt aus al-Shafi'is Denken entstanden sei, hat sich in neuerer Zeit als irrig erwiesen; dieses Bild ist erst in späterer Zeit gezeichnet worden (Hallaq 1993), bis hin zur Behauptung, al-Shafi'i sei für die Rechtsmethodik, was Aristoteles für die Logik sei (Hallaq 1997: 34). Bis zum Ende des 3. Jahrhunderts islamischer Zeitrechnung finden wir keine Kommentare, Widerlegungen oder ähnliche Schriften.[9] Erst im 4. Jahrhundert bemerken wir solche Schriften, die eine eigene Disziplin der *usul al-fiqh* erkennen lassen.

Die fehlende sofortige Resonanz mag sich daraus erklären, dass die *Risala* kein rechtsmethodisches Werk im eigentlichen Sinne war. Es beschäftigt sich sehr mit Hadithen. Daneben gibt es nur einige grund-

---

9 Ich schließe hier an Hallaq (1997: 30ff.) an.

legende Prinzipien: 1) Recht muss allein aus der geoffenbarten Schrift abgeleitet werden, 2) die prophetische Sunna, die Summe der Hadithe, ist eine verbindliche Rechtsquelle, 3) es gibt keinen Widerspruch zwischen Koran und Sunna, auch nicht innerhalb dieser beiden Quellen, 4) die beiden Hauptquellen ergänzen sich hermeneutisch, 5) Beurteilungen, die aus diesen beiden Quellen, im Falle des Hadith aus unzweifelhaften Überlieferungen, abgeleitet werden, sind sicher und geben Meinungsverschiedenheit keinen Raum, aus anderen Quellen abgeleitete Beurteilungen jedoch schon, und 6) die eigenständige Rechtsfindung (*ijtihad*), die Analogiebildung (*qiyas*) und der Konsensus (*ijma'*) sind durch die Hauptquellen von Koran und Sunna vorgeschriebene weitere Quellen. Hier fehlen sicherlich etliche Themen, die in späteren rechtsmethodischen Werken behandelt werden.

Ein weiterer Grund für die fehlende Resonanz mag auch die Positionierung al-Shafi'is gewesen sein. Unter den oben genannten Punkten wenden sich die ersten vier sicherlich gegen die überwiegenden Ansichten der Vertreter des *ra'y*, der sechste Punkt sicherlich gegen die ausschließlichen Verfechter des Hadith. Dazu war im Mainstream des islamischen Rechtsdenkens eher zu erkennen, dass Hadithe zwar eine wichtige Rolle spielten, aber beileibe nicht die Exklusivität hatten, die al-Shafi'i betonte. Ein weiteres Element wurde in jüngerer Zeit von Dutton genannt: der *'amal*, die (insbesondere in Medina) gepflegte Rechtspraxis. Diese Rechtspraxis diente als erstes Übermittlungsmedium der Sunna, des vorbildlichen Handelns, des Propheten, die dann durch die Übermittlung der Hadithe abgelöst wurde (Dutton 1996: 40).[10]

Auf einige weitere Momente, durch die sich al-Shafi'is Projekt entfaltet, kommen wir gleich zurück. Zuerst wollen wir aber uns einem seiner wichtigsten Ziele zuwenden: der Fundierung des Rechts in der Sunna, dem Beispiel des Propheten, das in den Hadithen überliefert wird.

Exkurs: Hadithe

Was sind nun aber Hadithe? Es sind Berichte, in denen über Handlungen des Propheten und seine Aussagen berichtet wird. Diese Berichte werden von Überlieferern und Überlieferinnen tradiert, die den Propheten gekannt haben. Diese Überlieferungen wurden später gesammelt und

---

10 Ob man Duttons normative Setzung des *'amal* von Medina als *die* Quelle für das Handeln des Propheten teilt, ist eine andere Frage.

bildeten und bilden einen wichtigen Gegenstand der islamischen religiösen Studien. Auch von Prophetengefährtinnen und -gefährten werden Berichte tradiert, die sich nicht direkt auf den Propheten beziehen und mit einem anderen Begriff als mit dem des Hadith bezeichnet werden. Allerdings wird diese terminologische Trennung immer wieder verwischt.

Die imamitischen (Zwölfer-)Schiiten kennen drei Formen von Hadithen: 1) Berichte, die auf den Propheten zurückgeführt werden und von einem Imam, also einem der spirituellen Führer der Schiiten, der vom Propheten abstammt, überliefert werden; 2) Berichte von einem der Imame, die von einem späteren Imam überliefert werden; und 3) Berichte von einem Imam, die von seinen Gefährten über einen *isnad* überliefert werden. Daneben gibt es noch wenige Überlieferungen von Prophetengefährten, die aber zumeist zu polemischen Zwecken benutzt werden.

Ein Hadith (Brown 2010) besteht nun aus zwei Teilen: der Überliefererkette (*isnad*) und dem Text (*matn*). Bedenken müssen wir, dass der *matn* nicht der eigentliche Inhalt einer Überlieferung und die Überliefererkette zu vernachlässigen ist. Erst beide Elemente machen einen Hadith aus. Erst spät, z. B. im Marokko des 18. Jahrhunderts, wurde explizit auf den *isnad* verzichtet und der *matn* in den Vordergrund gestellt.

Die korrekte Überlieferung eines Hadithes hatte nun ein Rechtsgelehrter genau zu prüfen, wollte er seine Rechtsmeinung auf diesen Hadith stützen. Dass Gelehrte sich auch auf zweifelhafte Hadithe gestützt haben, ist eine andere Sache. Um die Aufgabe der Rechtsgelehrten zu erleichtern, machten sich einige Hadithspezialisten im 9./10. Jahrhundert daran, die Hadithe in schriftlichen Sammlungen zusammenzufassen. So entstanden eine Reihe quasi kanonischer Hadithsammlungen, die zum Teil nach den einzelnen Kapiteln der Rechtshandbücher geordnet waren, sodass ein Rechtsgelehrter, der z. B. etwas über die Vormundschaft über Waisenkinder in Fragen der Eheschließung wissen wollte, nur in das Kapitel über den Ehevertrag in einer solchen Sammlung schauen brauchte und dort einen relevanten Hadith finden konnte.

Neben diesen letztlich von Menschen überlieferten Hadithen gibt eine Kategorie von Überlieferungen, in denen Gottes Rede eine Rolle spielt (Graham 1977): den „heiligen Hadith" (*hadith qudsi*). Diese Hadithe sind vom Koran zu unterscheiden, denn sie enthalten nicht das Wort Gottes, nur ihr Inhalt ist von Gott, der Wortlaut stammt vom Propheten. Dieser habe sie während seiner Himmelsreise, im Traum oder durch Inspiration erhalten. Mit dieser Materie beschäftigten sich die Hadithspezialisten.

Der Begriff der *ahl al-hadith*, den wir als „Hadithspezialisten" übersetzt haben, bezeichnet Gelehrte, deren Arbeit schon in der Umayyadenzeit begann und die sich lange Zeit ohne Kontakt mit den Vertretern der frühen Rechtsschulen entwickelten, so die übliche Erzählung. Inzwischen können wir angesichts von Editionen früher Werke davon ausgehen, dass auch die Hadithspezialisten rechtsspezifisches Material gesammelt haben. Die frühen Werke wie der *Musannaf* von Ibn Abi Shayba (gest. 849) zeigen ein Ungleichgewicht in der Bezugnahme in eher ritualrechtlichen Abschnitten wie dem über die Reinigungsabgabe (*zakat*); dort finden wir eine häufige Rückführung der Hadithe auf den Propheten. In den Teilen, die z. B. Fragen des Vertragsrechts betreffen, werden viel häufiger Prophetengefährten und deren direkte Nachfolgegeneration als Bezugspunkte der Überlieferungen genannt (Lucas 2010). Wichtig ist, dass rechtliche oder schariatische Themen bereits um 800 eine wichtige Rolle für die Hadithspezialisten spielen. Wir haben also einen zweiten Strang schariatischen Denkens neben dem der Rechtsgelehrten. Dabei gibt es Überkreuzungen zwischen dem rechtlichen Bereich und dem des Hadith. Der gerade genannte Ibn Abi Shayba war Sohn und Enkel eines Kadis, ein biographischer Umstand, der das besondere Interesse für rechtliche Fragen erklären mag und uns die vielfältigen Verkettungen in den Disziplinen des islamischen Wissens demonstriert.

Die Hadithspezialisten versuchten ebenfalls, wie oben erwähnt, Normen zu entwickeln, die das tägliche Leben der Muslime und Musliminnen regeln sollten, lehnten es aber ab, dem menschlichen Urteil eine entscheidende Rolle in der Entwicklung dieser Normen zuzumessen. Sie sahen es als ihre Aufgabe an, die Berichte über die Worte und Taten des Propheten Muhammad zu sammeln, zu ordnen und im Gedächtnis zu bewahren. Diese Berichte werden häufig unter dem Begriff der *sunna* zusammengefasst. Dazu kommen Berichte, die auf Prophetengefährten und deren Nachfolgegeneration zurückgehen. Die Hadithe sind aber nicht nur Berichte, sie sind, um an Jonathan C. Brown (2010: 4) anzuschließen, für die muslimische gelehrte Schicht ein Weg zurück in die Welt des Propheten, ein Zurückführen der Genealogie des eigenen Wissens auf den Propheten mittels der Überliefererkette. Und dies gilt auch heute.

Der Hauptunterschied zwischen den Hadithspezialisten und den frühen Rechtsschulen war die Beurteilung der Überlieferung dieser *sunna*, nicht die Frage, ob sie überhaupt einen Wert habe oder nicht. Während der Umayyadenzeit hatten die frühen Rechtsschulen die Auffassung entwickelt, dass ihre Schuldoktrin in authentischer Weise die *sunna* repräsentiere. Die Hadithspezialisten sahen dagegen das narrative Material, das sie sammelten, die Hadithe, als einzig authentische Repräsentation der *sunna* an. Im Laufe der Rechtsentwicklung konnte sich der Gedanke, dass die Hadithe eine wichtige Grundlage der Rechtsfindung seien, immer mehr durchsetzen, und seit der frühen Abbasidenzeit, also seit Ende des 8. Jahrhunderts, finden wir auch in Rechtstexten immer öfter Bezugnahmen auf Hadithe zur Begründung von Rechtsauffassungen. Allerdings geschieht dies nicht in allen Literaturgattungen des islamischen Rechts. Standard ist der Bezug auf Hadithe und Koranverse in Scharia-Handbüchern, die z. B. für die Ausbildung verwendet wurden; in den Handbüchern der gelehrten Diskussion ist häufig der Kanon der gelehrten Meinungen einer Rechtsschule (s. u.) der Bezugspunkt. Hadithe und Koranverse bilden den Hintergrund.

Hadithe konnten aber gefälscht werden – und sie wurden es auch. Die nicht muslimische Islamwissenschaft hat große Zweifel an der Authentizität der Mehrzahl von Hadithen geäußert. Und sie hat das Anwachsen der Zahl der Hadithe auf die sich entwickelnde politische, rechtliche und theologische Diskussion zurückgeführt, in der die miteinander konkurrierenden Auffassungen ihre Argumente in Umlauf brachten, indem sie sie in die Form von Hadithen hüllten. Diese Fabrikation von Hadithen wurde auch von muslimischen Gelehrten früh erkannt. Aus diesem Grunde entwickelte die muslimische Hadithkunde einen Apparat von kritischen Methoden, mit der sie bestimmte Hadithe als erfunden bzw. Irrtümer erkennen konnten. Sie konzentrierten sich dabei auf die Überlieferer des Hadith. Wenn es z. B. hieß, X habe einen Hadith von Y gehört, und Y ist nun bereits 20 Jahre vor der Geburt von X gestorben, lässt dies gewisse Zweifel an der Authentizität des Hadith aufkommen. Wenn Z immer in Alexandria gelebt hat und A nie aus dem östlichen Iran herausgekommen ist, gibt es auch Probleme, wenn es heißt, A hat von Z *gehört ...*

Die Untersuchung von Hadithen hat im Laufe mehrerer Jahrhunderte eine Vielzahl von Fachdisziplinen und -termini hervorgebracht, die beherrscht werden mussten, um in diesen Feldern des religiösen Wissens akzeptiert zu werden. Dies ist aber nicht nur eine trockene Ansammlung akademischen Räsonierens, auch literarische Form konnte dies annehmen; über Lehrgedichte hatten wir bereits gesprochen. Als Beispiel mag ein Auszug aus einem Gedicht dienen, in dem die Fachausdrücke der hadithbezogenen Disziplinen in der Form eines Liebesgedichts aufgeführt werden (die jeweiligen Fachbegriffe sind kursiv geschrieben): „Meine Liebessehnsucht ist *echt*, aber meine auf dich gesetzte Hoffnung *sehr schwer zu erfüllen*, meine Betrübnis *unaufhörlich*, mein Tränenerguss *ununterbrochen*. / Mein Vermögen, die Trennung von dir zu ertragen, ist – mein Verstand bezeugt es – *schwach* und *nicht in Betracht kommend*, aber meine Unterwürfigkeit (unter deinen Willen) ist ganz, wie es sich geziemt. / Nichts ist (für mich) *schön*, als deinen *Ausspruch aus deinem eigenen Mund* wie ein *Diktat* zu vernehmen und dann weiter zu verbreiten" (adaptiert nach Fleischer in Risch 1885: 3).

Um es noch komplizierter machen (Brown 2011): Wichtige Strömungen der sunnitischen Gelehrtenwelt haben es bis in die Gegenwart auch für legitim gehalten, auf Hadithe zurückzugreifen, deren Überlieferung etwas zweifelhaft erschien. Dies ist für sie möglich, wenn es andere Quellen gibt, die ähnliche Meinungen belegen.

Wir können sagen, dass lange Jahrhunderte auch in Fortsetzung der hellenistischen Tradition (Brown 2009) die islamischen Religionsgelehrten bereit waren zu akzeptieren, dass es eine absolute Gewissheit nicht geben konnte, eine Meinung, die auch Voltaire teilte, als er über historische Wahrheiten sprach. Beginnend mit dem 12. Jahrhundert hat sich eine Strömung in der sunnitischen Gelehrtenwelt herausgebildet, die nur ganz sicher authentische Hadithe anerkennen will. Die Debatte dauert bis in die Gegenwart an. Es existiert inzwischen auch die Meinung, dass allein der Koran als Quelle für die Gläubigen bedeutsam sein soll. In der Türkei wird zudem an einer kritischen Analyse des *matn*, des Textes der Überlieferungen, gearbeitet, nicht nur an der Untersuchung der Überliefererkette.

Die vierte der großen sunnitischen Rechtsschulen, die der Hanbaliten, entstand aus den Reihen der Hadithgelehrten und hatte mit Ahmad b. Hanbal einen äußerst fleißigen Hadithsammler zu ihrem Gründungsvater erklärt. Diese Rechtsschule entwickelte sich interessanterweise genau in umgekehrter Richtung wie die anderen sunnitischen Hauptrechtsschulen. Zuerst war sie in hohem Maße darauf ausgerichtet, Hadithe als ursprüngliche Rechtsquellen zu nehmen, dann allerdings fingen die Hanbaliten mehr und mehr an, auch andere Methoden juristischen Denkens zu übernehmen, die andere Rechtsschulen benutzten. Auf diese Methoden kommen wir später zurück.

Schiitisches Denken über die Hadithe und die Rolle der Hadithe im Rechtsdenken nahmen einen anderen Verlauf. In gewisser Hinsicht ähnelte das schiitische dem sunnitischen Denken. Die Schiiten sahen ebenfalls die Hadithe als Verkörperung der *sunna* an. Allerdings schlossen die Schiiten nicht nur die Worte und Taten des Propheten Muhammad in ihre Sammlungen ein, auch die der Imame fanden Eingang in diese Sammlungen. Für den Moment mag uns genügen, dass die Schiiten die Imame – Abkömmlinge des Propheten und seine Nachfolger als politische und spirituelle Führer der muslimischen (schiitischen) Gemeinschaft – wie den Propheten als unfehlbar ansahen. Für die Sunniten endet diese Unfehlbarkeit mit dem Tode des Propheten, für die Schiiten (die Zwölferschiiten) endete sie erst mit dem Verschwinden des zwölften Imams zweieinhalb Jahrhunderte später.

Im 4. und 5. Jahrhundert islamischer Zeitrechnung, also im 10. und 11. Jahrhundert christlicher Zeitrechnung, wurden die vier wichtigsten zwölferschiitischen Hadithsammlungen zusammengestellt (Stewart 1998). Die Prozesse, in denen diese Sammlungen erzeugt wurden, waren stark durch das sich entwickelnde zwölferschiitische Rechtsdenken geprägt. In dem sich entfaltenden Bestreben, die Scharia aus zwölferschiitischer Sicht zu ergründen, wurden entsprechende Formen der Präsentation und Organisation von den Hadithsammlern ersonnen. Die Hadithsammlungen wurden so zum Material, auf das sich die schiitischen Gelehrten in ihren Rechtsdiskussionen beziehen konnten. Die Grenzen zwischen Rechts- und Hadithdisziplinen war höchst porös (Gleave 2001). Die wichtigste Sammlung zwölferschiitischer Hadithe entstand mit dem vielbändigen (110!), treffend *Ozeane des Lichts* (*Bihar al-anwar*) genannten Werk von Mohammad Baqer Majlesi (gest. 1699/1700).

Stiftungen (waqf)

Eines der wichtigsten Rechtsinstitute für muslimische Gesellschaften dürfte durch die Jahrhunderte die Stiftung gewesen sein, meist *waqf* (Pl. *auqaf*) genannt, manchmal auch *hubs* (Pl. *ahbas*). Wir haben bereits recht früh einen Hadith, in dem eine solche Stiftung vom Prophetengefährten Shurayh b. Harith (bis 697–717) (Hennigan 2004: XVIII) als unvereinbar mit dem koranischen Pflichtteilerbrecht (*fara'id*) (Cilardo 1993; Cilardo 1994) klassifiziert wird: „Es gibt keine Stiftung (*hubs*) am Pflichtteilerbrecht (*fara'id*) Gottes vorbei" (Hilal ar-Ra'y s. d.: 2).

Wir können hier einen Gedanken sehen, der schon recht früh auf die Differenz zweier Logiken verweist: die juridische, die mit eine wichtige soziale Institution (Leeuwen 1999) produziert, und die ethisch-religiöse, die sich auf die Offenbarungsschrift bezieht. Diese Spannung wird aufgelöst durch das, was Hennigan in Anlehnung an Calder hermeneutische Legitimation nennt (Hennigan 2004: 108ff.). Einerseits wird von verschiedenen Autoren Bezug genommen auf die Praxis von Stiftungen seitens Prophetengefährten und -gefährtinnen wie 'Umar b. al-Khattab, 'Uthman b. 'Affan, 'Ali b. abi Talib und Hafsa bint 'Umar, eine der Ehefrau des Propheten Muhammad. Damit wird die Stiftung in der frühen islamischen Gemeinde verankert. Andererseits wird auf Aussagen des Propheten Muhammad zurückgriffen, die auf eine Befürwortung von Stiftungen auch von seiner Seite deuten (Hennigan 2004: 110f.). Dass die Gegenmeinung auch die Form eines Diktums eines Prophetengefährten annimmt (s. o.), verwundert nicht.

Für uns interessant ist auch, dass die Legitimationsstrategien eine Akzeptanz von mannigfaltigen Verkettungen auch in historischer Perspektive offenbaren, die aus der pluralen Gegenwart Verkettungen in die Vergangenheit schafft, die Legitimation stiften. Zugleich wird mit der so legitimierten und regional immer wieder spezifischen Institutionalisierung muslimischer Gesellschaften eine Reterritorialisierung produziert, aus der seit dem 17. Jahrhundert mehr und mehr Fluchtlinien hervortreten, die ihren deutlichsten Ausdruck in den – wir könnten beinahe sagen: globalen – islamischen Reformbewegungen bis ins 19. Jahrhundert finden.

Mit dem 3. Jahrhundert war eine zuerst vom islamischen rechtlichen Diskurs nicht so recht erfasste gesellschaftliche Praxis islamisch rekontextualisiert worden, die für die nächsten tausend Jahre zentral für muslimische Gesellschaften sein sollte (Hennigan 2004: 186). Zugleich wird eine mit sehr heterogenen Begriffen bezeichnete gesellschaftliche Praxis auch terminologisch normiert. Dies verbindet sich mit dem *unbewussten Entlehnen*, so Hennigans (2004: 67) schöne Begriffsprägung, von Konzepten des Stiftungsrechts aus nicht muslimischen Rechtskulturen des Nahen und Mittleren Ostens, seien sie byzantinisch, römisch-provinzialrechtlich, jüdisch, iranisch oder andere mehr – und deren Islamisierung. Dazu, auch hier wieder Hennigan (2004: 67) folgend, können wir ein *Einsickern* nicht muslimischer Praxis und deren Islamisierung im Zuge der Verwaltungs- und Rechtspraxis im neu entstandenen islamischen Reich annehmen. Fügen wir den ständigen praktischen Dialog der muslimischen Administratoren mit den weiterhin tätigen nicht muslimischen Verwaltungsbeamten hinzu, entsteht das Bild einer in fortdauernder Auseinandersetzung (und auch Konflikten) entstehenden spezifisch islamischen Rechtsordnung, die bereit ist, aus unterschiedlichen Quellen zu lernen.

Kommen wir aber jetzt zurück zur Geschichte der *usul al-fiqh*. Wir können nur einige Grundzüge skizzieren, denn – wie oben erwähnt – eine wirkliche Geschichte der *usul al-fiqh* zu schreiben, würde den Rahmen dieses Buches sprengen und ist auch nicht sein Ziel.[11] Entscheidend scheinen für die Geschichte der *usul al-fiqh* die mit dem Namen al-Shafi'i bezeichneten Kanonisierungsprozesse gewesen zu sein. Sie gehen einher mit „einer allmählich zunehmenden Verengung des Rechts auf den reinen Text, Ausdruck eines Formwandels, einer Verlagerung der Normativität. Ein Recht, das anfänglich auf Präzedenzfällen beruht, entwickelt sich hin zu einem gewissermaßen kodifizierten Recht, das sich durch einen als maßgeblich anerkannten Textbestand legitimiert" (Tillschneider 2006: 187).

Wir sollten hier allerdings nicht von einer „Verengung" sprechen. Vielmehr scheint es sinnvoll, diese Kanonisierungsprozesse als eine Verdichtung, eine Reterritorialisierung zu verstehen, von der Fluchtlinien ausgehen, die schließlich die Textgattung und Praxis der *usul al-fiqh* produzierten. Mit vorläufig stabilisierter Reterritorialisierung kann die zu Beginn eher ohne Textbezug[12] sich vollziehende Argumentation nur noch mit exegetischer Orientierung auf den Kanon Gültigkeit beanspruchen; in der Frühphase der Entwicklung verwandte Methoden müssen neu begründet werden. Die exegetische Phase geht dann über in eine systematische Argumentation, die an bestimmte Prinzipien gebunden ist, die durchaus rechtsschulspezifisch sein können, aber auch diskursiv rechtsschulübergreifend produziert werden. Kehren wir aber noch einmal zu al-Shafi'i zurück.

Ein wichtiger Impuls für sein Wirken war sicherlich die Krise des 9. Jahrhunderts mit dem Verlust an islamischer Legitimität des Kalifats und den politischen Problemen, die u. a. zu einer Konfrontation eines Teiles der Gelehrten mit den herrschenden Abbasiden führte, die auch Versuche hervortrieb, um „den rechtlichen Diskurs vor der Einflussnahme der politischen Mächtigen zu bewahren" (Oberauer 2004: 324).[13]

Ein weiterer Impuls wird wenig bedacht. Es handelt sich um den Einfluss der nicht arabischen Muslime, die im Zuge der Eroberungsbewegung in das neue arabisch-islamische Reich integriert wurden. Dies führte zu vielerlei inneren Verwerfungen, eben auch auf dem Gebiet des Rechts: „Während bis zum Jahre 80 d. H. keine (!) Nicht-Araber unter den Juristen anzutreffen sind, beträgt der Anteil nicht arabischer Juristen in der Zeit von 81–160 schon 40 %. Von 161–240, also genau jenem Zeitraum, in dessen zweite Hälfte der islamische Kanon festgeschrieben wird, steigt der Anteil der Nicht-Araber unter den Juristen auf 58 %.

---

11 Die Darstellung in Hallaq (1997) ist bei vertiefter Analyse nicht überzeugend.
12 Ich schließe hier mit Modifikationen an Tillschneider (2006: 196ff.) an.
13 Vgl. zum Verhältnis von Gelehrten und Herrschaft S. 28ff.

Sie stellten fortan eine deutliche Mehrheit" (Tillschneider 2006: 202). Dieses Hinzukommen einer neuen Mehrheit, die mit ganz anderen diskursiven Traditionen verkettet war, produzierte eine arabische Antwort, deren einer Ausdruck al-Shafi'i ist.[14] Sollten denn die Araber, „die ursprünglichen Muslime, sich die Ausgestaltung des islamischen Rechts von geschwätzigen Neumuslimen abnehmen lassen, die Arabisch nur mit fremdartigem Akzent sprachen?" (Tillschneider 2006: 202f.).

Wenn durch die Kanonisierung von Koran und Hadithen nun die Beherrschung der arabischen Sprache unabdingbar für die exegetische Arbeit wird, können wir darin sicherlich teilweise einen Reflex dieser Entwicklungen sehen. Und al-Shafi'i hat in seiner *Risala* so auch emphatisch von den Ausdrucksmöglichkeiten des Arabischen gesprochen. Dass dieser proarabische Reflex auch weiter gewirkt hat, merken wir, wenn noch Jahrhunderte später Gelehrte laut über die mangelnde Arabischkompetenz ihrer Kollegen klagen. Methodisch dürfte al-Shafi'is sprachlicher Nativismus darin begründet sein, dass er befürchtete, die Gelehrten, die nicht Arabisch als Muttersprache hatten, könnten falsche Vorannahmen über arabische Ausdrücke in Koran und Sunna hegen, die von Muttersprachlern nicht geteilt und zu Interpretationen führen würden, die der Intention Gottes (s. u.) widersprechen.

Sicherlich noch bedeutsamer ist aber die Krise, die aus der Auseinandersetzung mit der Mu'tazila erwuchs, jener theologischen Schule, die sich zum Teil mit dem Abbasidenkalifat verbündete, und die die Rolle der Vernunft in der Auseinandersetzung um das Verständnis der Offenbarungswahrheiten betont. Diese Entwicklung hat bei manchen den Eindruck erzeugt, das Verständnis der Offenbarung sei dem Spiel der Vernunft und damit einer Art Relativismus überlassen. Dies findet seinen rechtlichen Ausdruck in der Formel *kull mujtahid musib*, dass derjenige, der Rechtssätze formuliert, auf jeden Fall Recht hat (s. S. 216). Hier wird das Funktionieren des Rechts gefährdet, das auf allgemeine Anerkennung angewiesen ist. Eine Zusammenführung in eine exegetische, auf den Kanon von Koran und Sunna ausgerichtete Methodik konnte dem entgegenwirken.

„Die [...] Methoden der Mu'tazila verloren vorerst bedeutend an Wert. Ihre Übertragung auf das Recht wird dadurch erschwert, dass Argumentationswerte wie Konsistenz, Sachangemessenheit, ‚Vernunft'

---

14 Deren moderne Gegenreaktion auch Aussagen produziert, die das arabisch inspirierte Erbrecht für Indonesien ablehnen, da es den Verhältnissen nicht entspreche. Eine Falte, die eine arabische Gegenfalte neu entfaltet, zurück in die arabische Falte des koranischen Universalismus ...

im weitesten Sinn ohne solide Textgrundlage kaum mehr Akzeptanz genießen. Alles sieht nach einem Triumph der ‚Traditionalisten' aus. Die Methode der ‚Rationalisten' hat jedoch nicht ausgedient. Sie muss sich nur wandeln, muss zu einer exegetischen Vernunft werden, deren Aufgabe darin besteht, den juristischen Sinn der Offenbarung zu vernehmen und vernehmbar zu machen. Wenn allgemein anerkannt ist, dass eine jede rechtliche Regelung letztlich auf dem Bestand des Korans und der Sunna[15] gründet, dann führt eine jede juristische Meinung notwendigerweise die Überzeugung mit, die richtige oder zumindest die bestmögliche Interpretation zu liefern" (Tillschneider 2006: 206).

Ob eine Interpretation die bestmögliche ist, lässt sich letztlich nur mit Vernunft gestützten, durch methodische Verfahren geleiteten Argumenten nachweisen. Nur so kann die Autorität des Kanons gewahrt werden. Also ist die Kanonisierung die Ursache für die Unentbehrlichkeit von vernunftgestützten Methoden. Eine z. B. rein auf behauptete Sprachkennerschaft gegründete Autorität reicht nicht aus. Als Reaktion auf al-Shafi'is Initiative bildet sich ein juridischer Empirismus (s. S. 120), der sich auf eine Art sprachlichen Formalismus stützte, um jegliche extratextuellen Vorannahmen – seien es solche von Arabern oder von Nichtarabern – zu minimieren. Rechtliche Argumente sollten nur noch danach bewertet werden, ob sie treu zu den Texten und den heuristischen Methoden konstruiert waren. Und diese Argumentationsweise stand allen offen, ob sie ihren Stammbaum auf die arabische Halbinsel zurückführen konnten oder nicht (Jackson 2006: 1473).

„Der Textkanon fordert einen zweiten Kanon, einen Kanon der Exegese, der selbst kein Textkanon mehr ist, sondern ein Prinzipienkanon, ein Kanon der Vernunft" (Tillschneider 2006: 207). Für diesen Kanon können wir mit Tillschneider (2006) als repräsentativen Fall al-Jassas (gest. 980) nehmen, einen hanafitischen Gelehrten mit mu'tazilitischen Neigungen (s. auch Bernand 1985). Bei ihm steht in der Exegese der offensichtliche Sinn eines Ausdrucks im Vordergrund, der durch die Vernunft in Recht umzuwandeln ist. Ein Allgemeinbegriff als Summe von Einzeldingen kann sicheres Wissen erzeugen, sodass ein Sprecher tatsächlich alle Elemente gemeint hat, wenn er den Allgemeinbegriff äußert. Wir können dies als den Kern der Methodik von al-Jassas bestimmen. Dadurch werden die Hanafiten auch in eine gewisse Nähe zu den Zahiriten gerückt. Al-Jassas „markiert einen Höhepunkt des

---

15 Für die Zwölferschiiten ist die Konfiguration naturgemäß etwas anders.

kanonischen Status von Koran und Sunna" (Tillschneider 2006: 209). Ein Beispiel für seine Argumentationsweise:

„Abu Bakr [al-Jassas] hat gesagt: In dem, was voranging, haben wir bereits die Eigenschaft der mehrdeutigen Aussage (*mujmal*) dargelegt. Jetzt werden wir, mit Gottes Hilfe, ihre Beurteilung[16] und das, was dabei notwendig ist, darlegen. Wir sagen also, dass die mehrdeutige Aussage in zwei Kategorien unterteilt werden kann: / Die erste von ihnen ist die, von der man den Sinn (*ma'na*) nicht aus ihrem sprachlichen Ausdruck (*lafz*) erkennen kann und von der man nichts benutzen kann für die Formulierung einer Beurteilung (*hukm*), z. B. sein [Gottes], er ist erhaben, Wort: ‚Und gebt am Tag der Ernte [, was] sein Anspruch ist' (Sure 6, *al-an'am*, 141), oder das Wort des Propheten, Gott segne ihn und spende ihm Heil, zu Mu'adh[17]: ‚Lehre sie, dass Gott, er ist erhaben, ihnen einen Anspruch auf ihre Güter auferlegt hat'[18], und sein, Gott segne ihn und spende ihm Heil, Wort: ‚Ich habe befohlen, gegen die Leute zu kämpfen, bis sie sagen: Es gibt keinen Gott außer Gott. Wenn sie [das Glaubensbekenntnis] ausgesprochen haben, sind ihr Blut und ihre Güter mir nicht zugänglich – außer wenn ein Anspruch (*haqq*) besteht', und andere sprachliche Ausdrücke wie diese, die nicht den damit gemeinten Sinn enthüllen. Somit ist die Beurteilung, was die Eigenschaft der Aussage ist [, auf die man die Beurteilung stützen kann,] abhängig von der Darlegung [, was denn genau gemeint ist]. / Die andere Kategorie ist, dass [die Feststellung, dass] die Mehrzahl der Fälle über der geringeren Zahl [steht,] abhängig ist von der Darlegung [, was denn genau gemeint ist,] und dann die Darlegung eine größere Menge [an Fällen] anführt, als der sprachliche Ausdruck notwendigerweise erfordert, mit der Erklärung, dass jene [größere Menge] mit dem erstgenannten sprachlichen Ausdruck gemeint sei, ist es so, wie wenn man den sprachlichen Ausdruck eines Befehls benutzen würde, ohne zu sagen, was befohlen wird, z. B. seine Aussage Betet! Fastet! Pilgert! und ähnliche Aussagen. / Man weiß nun zuvor schon, was mit Gebet, Fasten und Pilgerfahrt gemeint ist. Das Geringste nun, was mit der Formulierung des Befehls zur Pflicht gemacht wird, ist *ein* Gebet, *ein* Fasten und *eine* Pilgerfahrt, und wir können nicht mehr verbindlich machen, weil die höhere Anzahl keine Grenze hat und kein bekanntes Maß, das Gott, er ist erhaben, dargelegt hätte. Deshalb bedarf es also der Darlegung [durch den Menschen]" (Jassas 1994: 327f.).

---

16 Die Beurteilung, die sich aus der mehrdeutigen Aussage ergibt.
17 Mu'adh b. Jabal wurde als Statthalter in den Jemen entsandt und erhielt vom Propheten Anweisungen, die häufig im rechtlichen Rahmen zitiert werden.
18 Es werden ausführlichere Versionen der Aussage überliefert.

Wir sehen eine starke Betonung dessen, dass ein offensichtlich klarer sprachlicher Ausdruck mit allgemeinem Bedeutungsgehalt vorliegen muss. Ist dem nicht so, greift die nach Vernunftprinzipien strukturierte Auslegungstätigkeit ein, die hier ohne Probleme tätig werden kann, da keine widersprüchlichen Aussagen vorliegen.

Von diesem Punkt aus, den al-Jassas markiert, entwickeln sich aber Fluchtlinien, die durch die Lähmung der hermeneutischen Aktivität und durch Widersprüche in den Texten überfordert werden und hypertrophieren. An diesem Punkt setzt sich eine abgeschwächte Version der Hermeneutik al-Shafi'is durch, die aufgrund der Auseinandersetzung mit der hanafitisch-mu'tazilitischen Methodik eine feinere, fortentwickelte Version ihrer hermeneutischen Prinzipien hervorbringt. Diese neue Version ist einerseits durch einen Formalismus geprägt, der sich technischer Auslegungsregeln bedient, die ein Finden von adäquaten Beurteilungen ermöglichen, andererseits durch ein Bewusstsein, dass die exegetische Auseinandersetzung immer in Gefahr ist, den Sinn der Texte nicht zu treffen – und deshalb kontrolliert werden muss. „Diese beiden Elemente, die sprachepistemologische Sensibilität und die Vorstellung mit Hilfe eines exegetischen Prinzipienbündels juristische Normen aus einem ahistorischen Zeichenkontinuum kanonischer Texte ableiten zu können, sind dann, was die *usul al-fiqh* bis heute ausmachen" (Tillschneider 2006: 210). Diese Kanonisierungen ermöglichen eine Vielzahl neuer Verkettungen, die die Geschichte der sunnitischen *usul al-fiqh* ausmachen und die in ihrer detaillierten Verbindungswelt hier auch nicht nur annähernd darzustellen ist.

Wenden wir uns jetzt aber kurz den schiitischen *usul al-fiqh*-Werken zu, insbesondere denen der Zwölferschia.[19]

Zwölferschiitische usul al-fiqh

Als einer der ersten zwölferschiitischen Gelehrten, die *usul*-Kategorien formulierten, wird Ibn Abi 'Aqil genannt, ein Zeitgenosse des Hadithsammlers al-Kulayni (gest. ca. 941).[20] Dies kann als Ausdruck der Notwendigkeit gesehen werden, nach dem Ende der öffentlichen Präsenz der Imame das Rechtsmaterial neu zu durchdenken. Gefolgt wurde Ibn

---

19 Für einen kurzen Überblick über die ismailitische Rechtsgeschichte auch in Hinsicht der *usul* s. Poonawala 1996.
20 Ich folge hier hauptsächlich den Überblicken in Löschner (1971: 32ff.) und Modaressi (1984).

Abi 'Aqil von Ibn Junayd al-Iskafi (gest. 991), der vielleicht dadurch hervorsticht, dass er den sonst von Zwölferschiiten verpönten *qiyas* für ein akzeptables methodisches Mittel hielt. Kritisiert wurde er dafür u. a. von einem seiner herausragenden Schüler dem Shaykh Mufid (gest. 1022), der auf dem Gebiet der *usul al-fiqh* als bekanntes Werk *al-Tadhkira bi-usul al-fiqh* verfasste. Dessen Schüler al-Sharif al-Murtada (gest. 1044) trug wiederum ein umfangreicheres Werk mit dem Titel *adh-Dhari'a fi 'ilm al-usul al-shari'a* zur rechtsmethodischen Literatur bei. Ungleich erscheint in der Geschichte der frühen zwölferschiitischen *usul*-Literatur die *'Uddat al-usul* des Shaykh al-Ta'ifa Muhammad b. Hasan al-Tusi (gest. 1067). Mit ihm gelangen wir zu einer gewissen Stabilisierung des zwölferschiitischen rechtsmethodischen Wissens. Charakteristisch für die Frühzeit der Entwicklung[21] ist eine Verwerfung der sunnitischen Befürwortung des *ijtihad* und des *qiyas*.

Im 12. Jahrhundert wurde der *ijtihad* auch in zwölferschiitischen Diskussionen wieder belebt. Besonders zu nennen sind al-Muhaqqiq al-Hilli (gest. 1277), der allerdings eher für seine Werke zum angewandten Recht bekannt ist, und al-'Allama al-Hilli (gest. 1325), der eine voll entwickelte Theorie ausarbeitete, die der „räsonierenden Vernunft (*'aql*) des Juristen gültige Erkenntnis [...] zutraut" (Halm 1988: 85). Diese Werke sind Knotenpunkte, von denen sich die Verbindungen durch zahlreiche Kommentare und Glossen erstrecken. Al-Shahid al-Awwal (gest. 1385) fasste einige dieser Kommentare in einem eigenen Werk zusammen. Ein später häufig als Ausgangspunkt genutztes Werk ist der systematisch angelegte und knappe *Ma'alim al-din*, der eine Vielzahl von Kommentaren und Glossen produzierte. Verfasste wurde er von Hasan b. Zayn al-Din al-'Amili (gest. 1602). Im 18. Jahrhundert wurde die Schule der Akhbaris dominant, die den *usul al-fiqh* eher negativ gegenüberstanden. Allerdings gab es in dieser Schule herausragende *fiqh*-Gelehrte wie Yusuf b. Ahmad al-Bahrani (gest. 1772), die auch zu Themen der Rechtsmethodik schrieben. Der wichtigste Vertreter der Gegenpartei der Usulis war Muhammad Baqir Akmal al-Bihbihani al-Wahid (gest. 1791/92) (Gleave 2000). Im 19. Jahrhundert seien al-Muhaqqiq al-Qummi (gest. 1816) und insbesondere Murtada al-Ansari (gest. 1864) genannt, der grundlegende Werke auf dem Gebiet der Rechtsmethodik verfasste. Ins 20. Jahrhundert reicht bereits der Verfasser der *Kifayat al-usul*, Muhammad Kazim al-Khurasani (gest. 1911).

---

21 Mit dem Vorbehalt, dass noch sehr viel Forschung auf diesem Gebiet zu leisten ist.

Wir sollten aber die Rhizome zwölferschiitischen Denkens und Handeln in den *usul al-fiqh* nicht isolieren. In vielerlei Hinsicht reagieren sie auf sie auf Entwicklungen sunnitischer Theoriebildungen (Stewart 1998: 61ff.), dabei ist die historische Beziehung zur schafiitischen Rechtsschule besonders eng. Es heißt so von zwölferschiitischer Seite, dass 'Allama al-Hilli eines seiner Hauptwerke aus dem *Mukhtasar* von Ibn al-Hajib (gest. 1248) abgeleitet habe, der sich wiederum über eine Zwischenstufe aus dem *Ihkam* von al-Amidi (gest. 1233) bezieht, der wiederum auf den *Mahsul* von Fakhr al-Din al-Razi (gest. 1209) und dieser auf den *Mu'tamad* von Abu 'l-Husayn al-Basri (gest. 1044), der sich noch weiter zurückverfolgen ließe (Stewart 2010: 236). Wir sehen hier Rhizome, die über die Sunna-Schia-Spaltung hinwegreichen. Allerdings ist dies kein Phänomen, das sich in diesen Bereichen der Ebene der *usul al-fiqh* alleine findet. Ähnliche ineinander übergehende Falten bemerken wir, sehen wir den *Idah al-mahsul* des Malikiten al-Mazari (gest. 1141) als Kommentar zum *Burhan* des dezidierten Schafiiten al-Juwayni (gest. 1085) oder den *Daruri* des Malikiten Ibn Rushd (gest. 1198), eine Zusammenfassung des *Mustasfa* des Schafiiten Abu Hamid al-Ghazali (gest. 1111). Die Beispiele ließen sich vermehren.[22]

Hier konstituiert sich ein System von Deterritorialisierungen aus den engeren Rechtsschulgrenzen hinaus, das genauer zu untersuchen wäre. Gehen wir aber über die formative Phase des islamischen Rechts hinaus. Gerade die Periode der drei großen muslimischen Imperien – des Osmanischen Reiches auf dem Balkan, im Nahen Osten und Nordafrika, des Saafwidenreiches im Iran und des Mogulreiches in Südasien – bietet zahlreiches Material zur Geschichte des islamischen Rechts, das wir kaum adäquat darstellen können; im Bereich der *usul al-fiqh* haben wir gerade einige Hinweise gegeben. Deshalb sei hier nur ein kurzer Blick auf osmanische Entwicklungen geworfen.

Osmanisches Reich

Für den Nahen und Mittleren Osten bildeten Wandlungen des Rechtssystems im Osmanischen Reich einen wichtigen Einschnitt in bestehende Rhizome islamrechtlichen Denkens und Handelns.[23] Ende des 16. Jahrhunderts wurden die administrative und die juridische Macht im Amt

---

22 Eine Art nicht modernes „inter-madhhab surfing" (Yilmaz 2005).
23 Die folgenden Überlegungen stützen sich auf Hallaq 2009: 74ff.

des Kadi vereinigt. Er wurde zur einzigen Instanz, die Fälle anhören und entscheiden durfte. Neben der Kontrolle der öffentlichen Beamten bis hin zum Rang des Gouverneurs, der Übernahme der Aufgaben anderer Ämter wie der des *muhtasib*, des Marktvogtes, dessen Hauptaufgabe in der Überwachung der Märkte, des richtigen Abwiegens etc. war, können wir die neue Rolle des Kadi als zweigeteilt verstehen.

Er hatte also einmal eine administrative Aufgabe, die ihn über die Hierarchie des Korps der *ilmiye* (Klein 2007) mit dem obersten Gelehrten, dem *Scheich ül-islam*, der auch für autoritative Fatwas zuständig war, verband und damit mit dem osmanischen Sultan. Somit ist eine Verbindung geschaffen zwischen dem schariatischen Denken der Gelehrten, die letztlich die Grundlage des rechtlichen Wissens der Kadis bildete, der praktischen richterlichen Tätigkeit und der obersten Gewalt der Sultane.

Das schariatische Wissen, die von den Gelehrten formulierten Regeln des *fiqh* und die von gelehrt ausgebildeten Kadis formulierten Urteile bilden den Rahmen, in dem für die Untertanen des Osmanischen Reiches eine gewisse Rechtssicherheit erreicht werden konnte (Gerber 1999). Zugleich begrenzt dieser Rahmen – in gewissem Maße – die Absolutheit der sultanischen Herrschaft, etwas, das von übelwollenden europäischen Reisenden durchaus zugestanden werden musste (Strawson 1995).

Dieser Rahmen, der die für das Funktionieren eines Rechtssystems wichtige Rechtssicherheit einschließt, umschreibt aber auch die legitimatorische Funktion einer scharia-basierten Rechtsprechung und Verwaltung. Dies bedeutet, dass zusammen mit der juridischen Logik eine Logik der religiösen Legitimation von Herrschaft wirkt. Hierin dürfte ein Anknüpfungspunkt für eine gewisse Auflösung alter Ambiguitäten liegen, die dann in Reform- und Protestbewegungen wie der Strömung der Kadizadeli im 17. Jahrhundert (Zilfi 1986) mündeten, ein Produkt gesellschaftlicher Wandlungen des Osmanischen Reiches, die Kritiker der neu entstandenen gelehrten Hierarchie auf den Plan riefen. Sie waren Vertreter einer neuen Verkettung, die an eine Tradition anschließt, die wir als traditionalistisch, rein auf die Sunna des Propheten bezogen, beschreiben können, ein Bezug, der mit dem realen Zustand der osmanischen Gesellschaft konfligierte. Diese neue Verkettung ermöglicht eine pietistische Neubegründung von Herrschaft und stellt eine der Fluchtlinien dar, die über die allgemeinen Reformbewegungen in der muslimischen Welt vom 17. bis zum 19. Jahrhundert zum modernen islamischen Denken und Handeln führt.

Auch im hoch institutionalisierten osmanischen Kontext können wir die Schwankung zwischen pragmatischem, der juridischen Logik verpflichtetem Argumentieren und einer ethisch-religiösen Logik erkennen, die sich auch in sozialen Gruppen konstituiert: der gelehrten Hierarchie und der Reformbewegung der Kadizadeli.

Einen interessanten Hybrid stellt in dieser Hinsicht auch das Phänomen der osmanischen *qanun*s dar, die Sammlungen der Edikte und Dekrete der Sultane. In vielen Fällen gibt es Übereinstimmungen zwischen schariatisch legitimiertem Recht und den *qanun*s. Allerdings gab es auch Überschreitungen der Regeln des *fiqh*. Diese betrafen insbesondere den Bereich der öffentlichen Ordnung, also den Kernbereich von Herrschaft neben den auswärtigen Beziehungen. Betroffen waren etwa Straßenraub, Diebstahl, außereheliche Beziehungen etc., die eigentlich in den Bereich des *fiqh* fallen, genauer in den der *hudud*-Strafen, aber auch Wucher, Steuern, Landrecht u. Ä. Hier wurde beispielsweise Folter vorgeschrieben, um hauptsächlich von Dieben Geständnisse zu erlangen, Straßenraub wurde durch sultanische Gewalt bestraft usw. Der schariatische Anteil der *qanun*-Gesetze kann als Ausdruck der ethisch-religiösen, legitimatorischen Logik verstanden werden, der praktisch-rechtliche Teil wiederum als Ausdruck der juridischen.

Die Rechtsgelehrten hatten zwar Einwände gegen diese Art von herrscherlicher Rechtssetzung und -exekution, sahen diese aber auch als Teil der herrscherlichen Prärogative und gingen darüber hinweg. Auch dies können wir als Ausdruck der von uns konstatierten religiösen Säkularität verstehen.

Die Geschichte des rechtsmethodischen Denkens unter den Osmanen (wie auch etwa den Mogul oder den Safawiden) bleibt noch zu schreiben. Die Annahme, es habe eine Erstarrung oder einen Niedergang gegeben, bleibt erst zu beweisen. Bis in das 19. Jahrhundert hinein blieb das islamische Denken vital, auch für die *usul al-fiqh* wichtige Disziplinen blieben bis in diese Zeit lebendig (El-Rouayheb 2010). Nennen wir deshalb ein letztes Beispiel für die weiterhin bestehende hohe Leistungsfähigkeit schariatischen Denkens, das sich auch neuen Herausforderungen stellen konnte.

Unser Beispiel ist die Auseinandersetzung mit der Idee der Versicherung. Wirtschaftsgeschichtliche Untersuchungen haben gezeigt, dass in der Zeit vor dem tieferen[24] wirtschaftlichen und militärischen Eindringen europäischer Mächte in muslimischen Gesellschaften begin-

---

24 Die kolonialen Formen der Imperien, die sich auf Handelsstützpunkte etc. stützten, haben keinen Zwang zur Reflexion über bisher in muslimischen Ländern nicht gepflegte wirtschaftliche Institutionen ausgelöst, da sie als äußerliche Erscheinungen begriffen werden konnten.

nend mit dem 18. Jahrhundert funktionierende Absicherungen gegen die Risiken des Handels bestanden haben. Zu nennen sind die freundschaftliche, informelle Kooperation über Handelsnetzwerke (Goitein 1967: 164ff.), die natürlich über vertragsrechtliche Konstruktionen auch abgesichert wurden, die Kreditverträge u. Ä. beinhalten konnten (Udovitch 1975).

In der ersten Hälfte des 19. Jahrhunderts finden wir die erste detaillierte Auseinandersetzung mit dem Phänomen der Versicherung, die von einem muslimischen Gelehrten verfasst wurde. Der syrische hanafitische Gelehrte Muhammad Ibn 'Abidin beschäftigte sich in seinem großen *furū'*-Werk *Radd al-muhtar* zuerst genauer vom Gesichtspunkt des *fiqh* aus mit der Versicherung, für die er den italienischstämmigen Begriff *saukara* prägte. Grundsätzlich geht er nach detaillierter Diskussion davon aus, dass ein Abschließen von Versicherungen in nicht muslimischen Weltregionen für Muslime möglich ist; im *dar al-islam*, im „Haus des Islam", ist die Lage eine andere (Lohlker 1996: 53ff.). Also auch in der Frühphase des sich entfaltenden Hochkolonialismus in der arabisch-osmanischen Welt sehen wir eine Fähigkeit, sich mit veränderten Umständen auseinanderzusetzen.

Schariatische Beurteilungen

Aber zurück zu den Sunniten! Trotz der vielen Differenzen innerhalb und zwischen den verschiedenen Rechtsschulen teilten die vier großen sunnitischen Schulen, nachdem sie sich voll entwickelt hatten, gewisse gemeinsame Positionen hinsichtlich des Rechts, seiner Quellen und der anzuwendenden Methoden; Positionen, die auch in den zwölferschiitischen und zaiditischen Bereich hineinrezipiert wurden.

Beginnen wir mit dem übergreifenden Konzept der Scharia: Die Scharia umfasst zweifelsohne weit mehr als das, was im europäischen Sinne unter Recht verstanden wird. Wir hatten darüber gesprochen. Scharia und (islamisches) Recht gleichzusetzen ist deshalb verfehlt.[1] Auf jeden Fall enthält die Scharia im weitesten Sinne – d. h.: der durch menschliche Anstrengung entschlüsselte Teil der Scharia – Regeln und Vorkehrungen zu deren Anwendung durch „staatliche" Sanktionsmittel, die wir zweifelsohne als Recht ansehen können. Wir sagten bereits, dass die frühen Rechtsgelehrten ihre Vorstellungen mit Hinblick auf die Rechtspraxis und das Vorgehen der Herrscher entwickelten, denen sie ja häufig dienten. Wenn sie auch nicht unbedingt wollten, dass das herrschende Regime (Kalifat oder später anders geheißen) das Recht formte, so formten doch die Gelehrten es mit diesem Regime immer im Hinterkopf, immer daran denkend, dass das jeweilige Herrschaftsregime die Zwangsmittel zur Verfügung stellen würde, um das Recht anzuwenden.

---

1 In der Gegenwart wird Scharia so auch häufig aus nicht gelehrter oder nicht ideologisierter muslimischer Sicht schlicht als „Regeln für gutes Verhalten" verstanden.

Im Koran kommt nun der Begriff Scharia im Sinne von Gesetz oder im ähnlichen Sinne überhaupt nicht vor. Nur an einer Stelle taucht dort das Wort auf: [Nach dem Zeitalter der israelischen Prophetie] „haben wir dich [...] auf einen Weg (*scharia*) [zur Errettung] festgelegt", wird dem Propheten in Sure 45,18 versichert. Hier scheint die ursprüngliche Bedeutung des Wortes wieder auf, nämlich die nie versiegende Wasserstelle im ausgedörrten Land bzw. der Weg, der zu ihr hinführt. Das Heil, zu dessen Erwerb Gott die Gelegenheit bietet, gleicht einer Tränke in der Wüste.

Erst im Laufe der Entwicklung der Hadithliteratur und des Rechts nimmt der Begriff *scharia* eine juridische Färbung an. Dieser Begriff wird trotz seines häufigen Vorkommens selten richtiggehend definiert in der klassischen islamischen Rechtsliteratur, was bei anderen Begriffen ja durchaus geschieht. Wir haben etliche Beispiele gesehen. Eines sei hier noch genannt. Wir nehmen dafür ein Beispiel aus einem weniger bekannten Werk, um einen diskursiven Durchschnitt zu zeigen: das *usul*-Werk des zentralasiatischen Hanafiten al-Lamishi (12./13. Jahrhundert): „Die Scharia (*shar'*) nun ist die Erklärung und Darlegung, entnommen ihrer [der Gelehrten] Aussage: Die Scharia (*shar'*) Gottes ist so, d. h., er hat ihn zu einem Weg und zu einem gut sichtbaren Pfad gemacht. [...] Mit der Scharia im genannten Sinne ist in der Sprache der *fiqh*-Gelehrten der Schöpfer der schariatischen Beurteilungen (*al-ahkam ash-shar'iyya*) gemeint" (Lamishi 1995: 53).

Eine Definition von Scharia können wir von al-Lamishis gerade verwendeten Begriff ableiten, der auch sonst immer wieder in der Literatur auftritt: *al-ahkam ash-shar'iyya*, die schariatischen Beurteilungen. Was sind nun diese *ahkam* (Sing. *hukm*)? Wir können den Begriff vielleicht für unseren Zusammenhang mit „göttliche Beurteilungen" übersetzen, wenn wir Scharia als ein letztlich nur Gott zugängliches Wissen verstehen. Es besteht in dieser Hinsicht eine enge Beziehung zu theologischen Problematisierungen (vgl. Moosa 1998): „Eine solche göttliche Beurteilung heißt *hukm* (Pl. *ahkam*). Dieser Begriff, der für das islamische Recht zentral ist, wird oft missverständlich als ‚gesetzliche Vorschrift' oder ‚gerichtsverbindliche Rechtsbestimmung' übersetzt. Aber das ist er nicht oder doch nur sekundär. Primär ist ein *hukm* nach der klassischen Definition[2] nichts anderes als der ‚Text' (*khitab*) oder die ‚göttliche Rede' (*kalam*), die mit den menschlichen Handlungen verknüpft ist beziehungsweise an ihnen ‚hängt'" (Bauer 2011: 158).

---

2   S. Razi 1999, Bd. 1: 18, oder Ibn Rushd 1994: 41.

Jede menschliche Handlung wird von Gott in irgendeiner Weise beurteilt, nämlich entweder als Pflicht oder als verboten, als wünschenswert oder als besser zu unterlassen oder aber als uneingeschränkt toleriert. Genau eine solche Beurteilung ist ein *hukm*. Mit den Worten des Malikiten Ibn al-Hajib: „Es gibt keine Beurteilung (*hukm*) ohne die Beurteilung (*hukm*) durch Gott. Der Verstand erklärt nicht für gut oder schlecht. D. h., er teilt nicht die Beurteilung gut oder schlecht aus sich selbst zu" (Ibn al-Hajib 1326h: 20).

Dies ist der Aspekt des Begriffes *hukm*, der im Rahmen der religiösen Logik zu verstehen ist. Zugleich können wir aber mit Ibn al-Hajib auch die menschliche Annäherung an die göttlichen Beurteilungen als „Beurteilung" verstehen. Der Aspekt, der im Rahmen der juridischen Logik allein zu verstehen ist, kann mit der oben genannten sekundären Bedeutung der gerichtsverbindlichen Rechtsbestimmung gefasst werden bzw. schlicht als Urteil.

Uns interessieren hier in erster Linie die schariatischen Beurteilungen, deren Objekt eben die menschlichen Handlungen sind und die von den Rechtsgelehrten ergründet werden. Abu Hamid al-Ghazali hat die oben gegebene Definition von Fakhr al-Din al-Razi noch weiter ausdifferenziert. Er sagt: „Die Beurteilungen der Taten sind keine wesenhaften Eigenschaften [dieser Taten]. Vielmehr ist ihre Bedeutung: die Verbundenheit des ‚Textes' (*khitab*) des Schöpfers der Scharia mit ihnen, sei es verbietend oder befehlend, anreizend oder einschränkend" (Ghazali o. J.: 7). Wir haben also eine deutliche Trennung zwischen der Tat und ihrer Beurteilung vorzunehmen. Wir können jetzt sogar eine Definition von Scharia versuchen: Die Scharia ist die Gesamtheit der göttlichen Beurteilungen menschlicher Handlungen.

Es gibt natürlich programmatische Beschreibungen, was Scharia sein soll, aber diese gelangen nicht zu einer technischen Definition. Eine bekannte Beschreibung dieser Art des Hanbaliten Ibn Qayyim al-Jawziyya (gest. 1347) lautet: „[Für] die Scharia [gilt:] Ihre Basis und ihre Grundlagen sind gegründet auf Weisheit und den Nutzen der Gottesknechte in diesem Leben und in dem, das kommen wird. Alles über alles ist die Gerechtigkeit, Barmherzigkeit, Nutzen und Weisheit. Jeder Fall, der Gerechtigkeit durch Ungerechtigkeit, Barmherzigkeit durch ihr Gegenteil, Nutzen durch Verderbnis oder Weisheit durch Unfug ersetzt, zählt nicht zur Scharia" (Ibn Qayyim al-Jawziyya 1996, Bd. 3: 6f.).

Ein Sonderfall sind die Formen der Scharia, die vor der vom Propheten Muhammad überbrachten gültig waren. Auch dies wird – kontrovers – in *usul al-fiqh*-Werken diskutiert.

Scharia vor der Scharia

„Die Gelehrten treffen unterschiedliche Aussagen zu diesem Thema. Einige sagen: Was es an Scharia für einen Propheten gegeben hat, dauert ewig fort – bis es den Hinweis auf ihre Aufhebung gibt. Jeder, der [auf Erden] kommt, muss danach handeln unter der Voraussetzung, dass es die Scharia jenes Propheten, Heil sei über ihm, ist – solange nicht derjenige auftritt, der sie aufhebt. Einige sagen: Die Scharia eines Propheten endet mit der Sendung eines Propheten nach ihm, sodass man nicht mehr nach ihr handelt, es sei denn, dass es den Hinweis auf ihr Fortdauern gibt. Dies geschieht durch Darlegung des Propheten, der nach ihm gesandt wurde. Einige sagen: Wir sind verpflichtet, nach den Scharias[3] vor uns zu handeln, unter der Voraussetzung, dass jene eine Scharia für unseren Propheten, Heil sei über ihm, in den Fällen ist, für die kein Hinweis auf die Aufhebung aufgetreten ist [...]. Die bessere der Aussagen ist nach unserer Auffassung, dass es uns obliegt, nach dem, was durch das Buch Gottes oder durch eine Erklärung des Gottesgesandten, Gott segne ihn und spende ihm Heil, sicher konstatiert wird, dass es eine Scharia vor unserer ist, zu handeln" (Sarakhsi 1993, Bd. 2: 99).

Ein schönes Beispiel für einen Meinungsstreit, der durch eine Abwägung dessen, was gültiger erscheint, entschieden wird. Zugleich sehen wir einen Hinweis, was denn Scharia heißen könnte: ein Set von handlungsleitenden Grundsätzen, die eben nur aus der Beurteilung von anderen Handlungen gewonnen werden können. In letzter Instanz sind die gerade genannten Beurteilungen allerdings wohl nicht einmal mit hoher Gewissheit von Menschen erkennbar.

Was sind nun solche Beurteilungen? Zwei Gruppen solcher Beurteilungen sollen uns hier interessieren. Die erste Gruppe umfasst folgende fünf Kategorien:

1) obligatorisch bzw. verpflichtend (*wajib, fard*),
2) empfehlenswert (*mandub, mustahabb*),
3) neutral, indifferent (*mubah*),
4) ablehnenswert (*makruh*) und
5) verboten (*haram, muharram, mahzur*).

Zentral ist für diese Kategorisierung die Wahl, eine Handlung zu vollziehen oder sie zu unterlassen. Zwei der Kategorien können wir ganz zwanglos unter dem Oberbegriff „Recht" zusammenfassen: obligato-

---

3 Der merkwürdige Plural sei der Übersetzung halber erlaubt, auch wenn er ungewöhnlich klingt.

risch und verboten. Denn die Funktion des Rechts ist es, etwas vorzuschreiben, obligatorisch zu machen und: etwas zu verbieten. Recht ist ein Korpus von Regeln, und eine Regel ist im Wesentlichen die Kategorisierung von Akten als obligatorisch oder verboten. Im älteren *usul al-fiqh*-Diskurs gibt es, so die überwiegende Meinung, zwei Kriterien, anhand derer menschliche Handlungen als obligatorisch oder verboten zu qualifizieren sind – im Unterschied zu den anderen Kategorien. Es handelt sich um den Tadel/die Missbilligung (*dhamm* oder *lawm*) und die Bestrafung (*'iqab*). Der Tadel ist im Rechtsdiskurs die Ursache, dass ein Mensch gerechtfertigt bestraft werden kann; wessen Handlungen einen Tadel verdienen, der/die verdient es auch, bestraft zu werden. Im Folgenden wird besonders der Aspekt der Bestrafung ins Auge gefasst.

Betrachten wir unter diesem Blickwinkel die obligatorischen Handlungen, so hat das Unterlassen dieser Handlungen eine Bestrafung zur Folge; im Falle der verbotenen Handlungen gilt, dass ihr Begehen eine Bestrafung nach sich zieht. Gerade dieses Kriterium der Bestrafung zeigt uns, dass wir es tatsächlich mit Regeln zu tun haben, denn eine Regel verlangt, dass man sie beachtet – wenn nicht, dann folgt eine Strafe. Ein Drittes gibt es nicht. Wir haben es also eindeutig mit Recht zu tun – wenn Taten betroffen sind, die von weltlicher Seite bestraft werden.

Im Gegensatz dazu hat im klassischen muslimischen Denken die Kategorisierung von Handlungen als empfehlens- oder ablehnenswert keine Sanktion irgendwelcher Art zur Folge. Diese Kategorien lassen also die Option offen, dass diese Handlung nicht begangen wird; gleichzeitig wird die handelnde Person nicht bestraft. Die einzige negative Folge, wenn man eine solche Handlung nicht begeht, ist, dass man eine Gelegenheit verpasst, seine eigene Frömmigkeit zu steigern – also ein Mangel an positiven Effekten, aber keine negative Sanktion. Im Falle der ablehnenswerten Handlungen gilt das Ganze umgekehrt.

Diese Kategorisierungen sind somit eindeutig keine Regeln und damit auch nicht dem Recht zuzurechnen. Wir haben mit diesen Kategorien einen wichtigen Bestandteil des *fiqh* umrissen, der aus guten Gründen nicht als Recht bezeichnet werden kann, aber, genauso wie die rechtlich relevanten Kategorien, integraler Bestandteil des *fiqh* ist. Wir haben also, behalten wir es immer im Gedächtnis, rechtlich relevante *und* rechtlich nicht relevante Bestandteile des *fiqh*, die alle methodisch mit dem Handwerkszeug der *usul al-fiqh* erschlossen werden.

Bleibt die mittlere Kategorie: die der indifferenten/neutralen (*mubah*) Handlungen. Auch dies ist keine rechtlich relevante Kategorie, denn das Recht hat kein Interesse an einer Kategorie, die genau zwischen zwei wiederum nicht rechtlich relevanten Kategorien liegt. *Mubah* ist aber nicht für alle eine Schublade, in der die Reste verstaut werden, die in keine der anderen Kategorien einzuordnen sind. Die so kategorisierten Handlungen sind durchaus genau definiert und in das System der mit auf die Offenbarung beurteilbaren Handlungen einzuordnen. Allerdings sind etliche Gelehrte der Auffassung, dass hier die Handlungen eingeordnet werden, bei denen es einerlei ist, ob sie verrichtet oder unterlassen werden; andere versuchen eine solche Unbestimmtheit zu vermeiden (s. u.).

Wie werden solche Handlungen nun im Original behandelt? Betrachten wir den Kommentar des Malikiten al-Mazari (gest. 1141) zum *Burhan* des Schafiiten al-Juwayni (gest. 1085) und zuerst die Kategorie „obligatorisch/verpflichtend": Al-Mazari unterscheidet zwei Arten der Erläuterung dieser Kategorie, die lexikalische und die technische, also juridische; wir beschränken uns hier auf die technische Bedeutung: „Jene [besagt,] dass Gott, gepriesen sei er, wenn er den ,Belasteten' (*mukallaf*)[4] zu einer Handlung verpflichtet hat, wird diese Handlung durch seine [Gottes], gepriesen sei er, Verpflichtung unausweichlich – wie es kein Entrinnen vor dem Fallen[5] gibt. Dies wird in der Scharia (*shar'*) und in der Lexikographie (*lugha*) mit sechs Begriffen ausgedrückt. Man sagt also: *wajib, lazim, mafrud, mahtum, maktub* und *mustahaqq*[6]" (Mazari 2001: 236).

Al-Mazari stellt noch verschiedene Auffassungen zum Begriff des *wajib* vor, kommt dann aber zum Verfasser des kommentierten Werkes, also al-Juwayni: „Abu al-Ma'ali [al-Juwayni] hat die Definition derjenigen [der oben behandelten Gelehrten] deswegen verworfen, da der ,Belastete' nicht notwendigerweise eine Bestrafung (*'iqab*) auf sich zieht, wenn er sie [die Handlung, zu der er verpflichtet ist] unterlässt. Die Asch'ariten[7] nun erlegen Gott, gepriesen sei er, nicht auf, mit einer Strafe eine böse Tat zu vergelten – und auch nicht mit einer Belohnung eine gute Tat – entsprechend dem, was man von ihren Grundsätzen weiß, dass Gott, er sei gepriesen, den Gehorsamen strafen und den

---

4 Gemeint sind die Gläubigen, denen Handlungs- bzw. Unterlassungspflichten auferlegt sind (zu al-Juwaynis Konzept s. Nagel 1988).
5 Dies ist die hier wichtige lexikalische Bedeutung von *wajaba* (nach Sure 22, *al-hajj*, 36). Wir sehen eine Verkettung von *usul al-fiqh*, Lexikographie und Koranexegese.
6 Wir haben für unsere Aufzählung nur die gängigsten Ausdrücke gewählt. Es ließen sich aus der *usul*-Literatur etliche Synonyma beibringen. Al-Mazari bringt dann einige Koranverse mit den entsprechenden Ausdrücken aus seiner Aufzählung als Hinweis.
7 Zu denen al-Juwayni gehört!

Widersetzlichen bestrafen kann [...]. Ich aber [bin der Meinung, dass] dies, was Abu al-Ma'ali unseren Imamen vorwirft, nicht vorwerfenswert ist.[8] Jenes [gilt, da es so ist,] dass es in dieser Definition sogar einen Widerspruch zu dem gibt, was an Grundsätzen der Scharia feststeht [...]. Gott, gepriesen sei er, bedroht aber denjenigen, der die Grundpflichten unterlässt, mit Strafe!" (Mazari 2001: 238).

Bei aller scharfen Polemik sollten hier aber keine Absolutheitsansprüche unterstellt werden. Das (Streit-)Gespräch zwischen dem Malikiten al-Mazari und dem Schafiiten al-Juwayni findet auf einer gemeinsamen Grundlage statt, die hier von al-Mazari eingeklagt wird.

Kommen wir noch zu al-Mazaris Sicht der Kategorie „neutral/indifferent" (*mubah*): „Die Grundbedeutung dieses sprachlichen Ausdrucks ist abgeleitet aus *tawassu'a*,[9] daher ihr Ausdruck ‚Hof (*bah*) des Hauses', gemeint ist dessen Mitte und ein weit offener Raum darin. In seiner Definition muss es einen Gegensatz zum Tun und Unterlassen geben [...]. Manche Leute sagen: Es zu tun oder zu unterlassen, ist gleich. Dies wird durch die Handlungen Gottes, er sei gepriesen, damit widerlegt, gleich ob er, er ist erhaben, es macht oder unterlässt, dass er jenen [Handlungen] den [entsprechenden] Befehl zuweist [, sie zu vollziehen oder zu unterlassen]. Vielleicht ist jenes im Nutzen gleich bei denjenigen, die als Voraussetzung annehmen, dass in seinen [Gottes], er ist erhaben, Taten der Nutzen [für seine Geschöpfe liegt]. Dies wird auch durch die Handlungen der Tiere widerlegt, sind doch ihr Tun und Unterlassen gleich [in der Bewertung]. [...] Einige sagen: *Mubah* ist, was nicht notwendig Lob (*madh*) auf sich zieht, wenn man es tut, aber auch nicht Tadel (*dhamm*), wenn man es unterlässt. [...] Einige sagen: Der ‚Belastete' weiß nicht, dass die Tat ihm keinen Nutzen bringt, und nicht, dass sie zu unterlassen ihm Schaden bringt [...]. Wir aber wollen die Aussage dessen vorbringen, der sagt: Ja, *mubah* ist etwas, das anempfohlen (*ma'mur*) ist [von Gott]" (Mazari 2001: 246f.).

Auch hier sehen wir eine entschiedene Auseinandersetzung um eine Beurteilungskategorie, in die al-Mazari die von ihm bevorzugte Auffassung als abschließende Stellungnahme einführt und mit ihr das letzte Wort in diesem Gespräch hat.

Mubah ist hier bewusst nicht mit „erlaubt" übersetzt worden. Als „erlaubt" sei übersetzt, was arabisch *halal* oder *ja'iz* heißt. Dies sind zwei Kategorien, die im muslimischen Rechtsdenken deutlich unterschieden

---

8   Ein schönes Beispiel für Inter-*madhhab*-Polemik.
9   Hier mit „weiter Raum" zu übersetzen.

werden von der Kategorie *mubah* (indifferent, neutral). Die Kategorie „erlaubt" fasst Handlungen zusammen, die schlicht als „nicht verboten" definiert werden. Der Gegensatz ist also hier *halal* (*ja'iz*) und *haram*, erlaubt und verboten – ein Gegensatz, der ohne Zweifel rechtlich relevant ist. Die als erlaubt kategorisierten Handlungen schließen die als obligatorisch bezeichneten Handlungen ein, nur sind die muslimischen Rechtsgelehrten nicht geneigt, obligatorische Handlungen, also Pflichten, als erlaubt zu bezeichnen. Insofern nimmt die Kategorie „erlaubt" eine Zwischenstellung ein zwischen „verboten" (*haram*) und „obligatorisch" (*fard/wajib*).

Die Regeln der Scharia, also die Kategorisierungen verboten, obligatorisch, erlaubt, funktionieren in der Praxis allerdings nicht immer wie Rechtsregeln im europäischen Sinne. In der älteren Rechtsliteratur finden wir an vielen Stellen die Beschäftigung mit Pflichten, mit Verboten, die Sachverhalte betreffen, die nicht von einer Bestrafung durch irdische Mächte bedroht sind. Natürlich ist dies insbesondere der Fall bei den Pflichten, die die Verehrung Gottes betreffen, also u. a. das Gebet. Das Denken der *usulis* ist grundsätzlich zuerst einmal beschäftigt mit den Pflichten, die die Menschen Gott gegenüber haben, und den Sanktionen (und Belohnungen), die sie im Jenseits zu erwarten haben, nicht im Diesseits. Die Bestimmungen der Scharia sind zunächst dazu da, Gehorsam gegenüber Gott hervorzubringen, nicht gegenüber irdischen Autoritäten, wenn diese auch immer einbezogen sind. Wir können also deshalb nicht die Regeln der Scharia mit Recht gleichsetzen. Wir benötigen weitere Kriterien, um rechtliche Regeln aus den Regeln der Scharia herauszuarbeiten.

Dazu können wir die rechtliche Anwendbarkeit und Durchsetzbarkeit einer Regel nehmen und als Rechtsregeln diejenigen Regeln der Scharia definieren, die durch weltliche Autorität und ihre Repräsentanten angewandt und durchgesetzt werden können.

Es gibt noch einen zweiten Set von Kategorisierungen, der die Kategorien „rechtsgültig" (*sahih*) und „nicht rechtsgültig" (*batil, fasid*) umfasst. Der Begriff der Rechtsgültigkeit bezieht sich auf die korrekte Durchführung als Kriterium, ob eine Pflicht erfüllt, eine Transaktion vollzogen worden ist, sodass die Transaktion z. B. abgeschlossen ist. Jedes der fünf täglichen Gebete ist ja ein Akt der Verehrung Gottes, der viele Elemente einschließt: Verbeugen, Niederknien, Niederwerfen, das Aussprechen bestimmter Sätze. Wird das Gebet nicht korrekt durchgeführt, wird es als ungültig betrachtet und eine grundlegende religiöse Pflicht ist nicht erfüllt worden. Man hat eigentlich nicht wirklich gebetet. Wenn ein Kaufgeschäft nicht die grundlegenden Erfordernisse eines Kaufvertrages erfüllt (Bestimmtheit der Sache), hat dieses Kaufgeschäft nicht die beabsichtigte Folge, dass das Eigentum übertragen wird. Wenn eine Frau und ein Mann eine Ehe eingehen, ohne dass diese den grundlegenden Bestimmungen eines rechtsgültigen Ehevertrages entspricht, kann das Paar nicht als wirklich verheiratet angesehen werden. Geschlechtsverkehr zwischen ihnen wäre also unzulässig.

Wie auch bei der zuerst genannten Gruppe von Kategorien hat auch diese zweite Gruppe eine rechtliche und eine moralische Dimension. Im Falle der Ehe ist es eindeutig. Wenn es darum geht, ob ein Ehevertrag gültig oder ungültig ist, haben wir es ohne Zweifel mit einer Rechtsfrage zu tun, die Fälle betrifft, etwa den, ob ein Ehegatte einen anderen beerben kann aufgrund eines gültigen Ehevertrages oder nicht. Die moralische Dimension ist aber nicht zu vernachlässigen: Wenn ein Ehevertrag nicht richtig abgeschlossen wurde und damit ungültig ist, wird jeder folgende Geschlechtsverkehr als Ungehorsam gegenüber den göttlichen Regeln beurteilt und damit zur Sünde. Ein gültiger Ehevertrag wiederum macht Geschlechtsverkehr akzeptabel, in den Augen Gottes sogar lobenswert. Die Gültigkeit oder Ungültigkeit menschlicher Transaktionen hat also Einfluss darauf, wie der Mensch vor Gott dasteht.

Wir sehen also auch hier, dass wir ein zusätzliches Kriterium, zusätzlich zu den genannten Beurteilungen, brauchen, damit wir überhaupt von Recht sprechen können. Auch hier sind es die Regeln bezüglich des Verfahrens, die Anwendbarkeit und Durchsetzbarkeit der Regeln, die uns weiterhelfen.

Dieses Recht nun, so die Grundannahme der muslimischen Rechtsgelehrten, ist den Menschen von Gott nicht als fertiger Kodex offenbart worden. Es ist vielmehr etwas, das die menschlichen Juristen aus den textuellen Quellen herausarbeiten müssen. Wir haben bereits darauf hingewiesen.

An erster Stelle stehen, wie schon gesagt, der Koran und die Hadithe – für die Schiiten auch die Überlieferungen der Imame, ihrer spirituell-politischen Führer –, die mit ihren angelagerten Wissensdisziplinen die kanonisierte Basis für die systematisierte exegetische Aktivität bilden. Dazu kommen die Kanones der *fiqh*-Gelehrsamkeit, die mit ihren Netzwerken die Ebene der Tätigkeit der Gelehrten durchziehen, als Hauptfaltungen, denen sich andere Falten zuordnen. Um nun überhaupt tätig sein zu können, muss der Gelehrte zuerst, soweit es möglich ist, die Bedeutung des, besser: der Texte erfassen, um die Regeln und Beurteilungen zu erschließen, die in ihnen enthalten sind. Hierzu muss er alle Register sprachlichen Wissens ziehen – u. a. in arabischer Lexikographie, Morphologie, Syntax und Rhetorik – und Gewandtheit zeigen.

Der Sinn eines Textes erschließt sich für ihn dabei nicht nur auf der offensichtlichen, der wörtlichen Ebene. Auch metaphorische Bedeutungen und impliziter Sinn sind zu erkennen. Hat er die Texte vollkommen ausgeschöpft, alle enthaltenen Regeln erfasst, kann er, jedenfalls nach sunnitischer Vorstellung, weitere Regeln auf dem Weg der Analogie (*qiyas*) erschließen, jeweils in Analogie zu bereits genau festgelegten Regeln. Hierbei handelt es sich weniger um eine Quelle, aus der man schöpft, eher um eine Methode, mit der man Regeln auf der Grundlage schon festgelegter Regeln formulieren kann. Die schiitischen Juristen lehnen den Gebrauch der Analogie ab und betrachten stattdessen die rationale Intuition (*'aql*) als vierte Quelle des Rechts. Wir gehen später darauf ein. Wir müssen uns aber zuerst mit einigen theologischen Fragen beschäftigen.

Theologie und Recht

Die klassische Rechtsgelehrsamkeit ist tief verankert in der monotheistischen Weltsicht; die Rechtsmethodik steht in Verbindung mit anderen Wissensdisziplinen, auch religiösen wie der Theologie (*kalam*). Ein muslimischer Rechtsgelehrter kann eigentlich überhaupt erst dann beginnen über Recht nachzudenken, wenn er annimmt, dass Gott existiert. Existiert Gott, folgt daraus unausweichlich in monotheistischer Logik, dass die Menschen sich zuerst Gott als Quelle des Rechts zuwenden müssen. Er allein ist der letzte Souverän, der Inhaber aller ursprünglichen Rechte. Die rechtliche Souveränität Gottes leitet sich daraus ab, dass er der Schöpfer aller Dinge ist. Und dieses Schöpfertum ist die einzige Rechtfertigung für die ihm eigene Souveränität, die es braucht. Die ultimative Macht im Universum ist die Kraft zur Schöpfung – diese Macht besitzt allein Gott. Vor dem Schöpfer ist der Mensch machtlos; sowohl in dieser Welt als auch im Jenseits ist er in Gottes Hand; notwendigerweise ist der Mensch deshalb in einer Gott untergeordneten Position.

Die arabischen Begriffe, die im Allgemeinen in der älteren islamischen Literatur verwendet werden, um die Beziehung zwischen Schöpfer und Geschaffenem zu bezeichnen, sind so auch *rabb* und *'abd*, „Herr" und „Knecht", ja sogar „Sklave" können wir sagen. Das Wort „Herr" bezieht sich nicht nur auf die Souveränität Gottes, es bezeichnet auch die Eigentümerschaft Gottes. Der Schöpfer ist der ursprüngliche Eigentümer all dessen, was er geschaffen hat. Er hat alle Eigentumsrechte an seinen Geschöpfen. Aus diesem Grunde kann man vielleicht den Begriff *'abd* mit „Sklave" oder „Knecht" übersetzen, ohne zu versuchen, den Begriff für moderne Ohren angenehmer klingen zu lassen. Denn: Ein Sklave, ein Leibeigener, ist im Eigentum eines anderen, und genau darum geht es. Er ist der „Knechtung" (ta'abbud) unterworfen, so der Fachbegriff. Dies sollte allerdings nicht als grausame Unterdrückung missverstanden werden. Dem Menschen sind Räume des Handelns gegeben, die wir als säkular beschrieben haben, sie sind aber religiös gebunden.

Es ist nämlich nicht so, dass Gott unbedingt ein harter Herr ist und der Mensch ein Sklave in elenden Umständen. Im Gegenteil: Gott, dessen Beinamen sich auch auf die Liebe und Barmherzigkeit beziehen, trifft Vorkehrungen für das Wohlergehen der Menschen; die ganze Welt der Natur existiert zum Nutzen der Menschen. Im Jenseits gibt es das Paradies mit seinen Belohnungen für die Gläubigen. Das Recht existiert zum Wohl der Menschen. Und die Menschen können sicher sein, dass die Anforderungen des Rechts nicht schwerer sind als die Fähigkeit des Menschen, ihnen zu entsprechen.

Ein Grundsatz, der für unser Thema interessant ist, wird „Keine Belastung mit dem, was nicht tragbar ist" (la taklif ma la yutaq) genannt. Darunter fällt z. B., dass eine Handlung, die gleichzeitig an zwei unterschiedlichen Orten ausgeführt werden muss, nicht Gegenstand einer auferlegten Pflicht sein kann. Der Schafiit al-Juwayni (gest. 1085) sagt sogar, dass jemand, der behauptet, es gebe eine „Belastung" ohne Grundlage in einem Koranvers, ein Lügner sei. Eine solche Behauptung führe eben zur „Belastung mit dem, was nicht tragbar ist" (Juwayni 1997, Bd. 1: 360).

Nichtsdestotrotz bleibt die Souveränität, die Eigentümerschaft Gottes, die grundlegende Voraussetzung für das Nachdenken über Gott als Ursprung des Rechts.

Theologische Fragen

Wie wissen wir aber, dass Gott existiert? Diese grundlegende Frage wurde von Muslimen angesprochen im Rahmen der Theologie, nicht im Rahmen des Rechtes im engeren Sinne. Jedes monotheistische Recht muss sich aber dieser Frage stellen, denn wenn es kein göttliches Wesen gibt, das der Ursprung aller Dinge ist, gibt es auch kein von diesem göttlichen Wesen abgeleitetes Recht. Aus diesem Grunde wurde die Theologie (kalam) zu einer wichtigen Stütze der muslimischen Jurisprudenz. Für die Ebene der *usul al-fiqh* können wir zudem immer wieder Verbindungen zwischen theologischen und juridischen Theoretisierungen festellen, so im Falle von al-Jassas (Tillschneider 2006), al-Juwayni (Nagel 1988) oder al-Mazaris (Mazari 2001).

Nicht alle Rechtsgelehrten sahen die Theologie in einem positiven Licht. Einige wandten sich vehement gegen sie. So schrieb der hanbalitische Rechtsgelehrte Muwaffaq al-Din Ibn Qudama al-Maqdisi (gest. 1223) eine Abhandlung gegen die Theologie (Ibn Qudama 1990), in der er die Beschäftigung mit der Theologie als etwas ablehnt, das zu verbotenen Neuerungen (*bid'a*) führt. Besonderes Ziel seiner Kritik war der hanbalitische *usul*-Gelehrte Ibn 'Aqil (gest. 1119). Diese Gegner des *kalam*, der spekulativen Theologie, waren allerdings selber auch nicht frei von theologischer Reflexion. Was sie insbesondere ablehnten, war die Ausdehnung der theologischen Untersuchung auf den Bereich der göttlichen Attribute, also ob Gott sehend, hörend usw. ist (Ibn Qudama 1990: 36ff.).

Die Existenz Gottes jedoch war eine andere Sache. Diese Existenz konnte man erkennen. Darin waren sich alle muslimischen Religionsgelehrten, was immer auch ihre Positionen zur Theologie waren, einig. Und wenn sie es nun unternahmen, darüber zu reflektieren, wie Gottes Existenz erkannt werden konnte, war dies ohne Zweifel ein genuin theologisches Unterfangen.

Diese theologische Reflexion war durch den Koran selber inspiriert, der sich wiederholt auf die Wunderzeichen Gottes, die *ayat allah*, bezieht und die Menschen auffordert, darüber nachzudenken. Diese Zeichen sind keine statischen Objekte; es handelt sich um Prozesse: das Fallen des Regens, das Wachsen der Pflanzen, die Bewegung der Himmelskörper und insbesondere auch das Heranwachsen des Menschen im Mutterleibe (22,5; 23,14). Das ältere muslimische Denken geht davon aus, dass wir, denken wir mit offenem, empfangsbereitem Geist über diese Prozesse nach, in uns das Wissen sich entfalten fühlen werden, dass all dies das Werk eines unsichtbaren, aber ganz und gar realen Handwerkers ist.

„Mit offenem, empfangsbereitem Geist" verweist uns auf eine wichtige Vorbedingung, die erfüllt werden muss, will der Mensch die Zeichen Gottes wirklich erkennen. Wenn einige menschliche Wesen nicht überzeugt sind, dass Gott wirklich existiert, kann dies nur heißen, dass ihr Nachdenken über die Zeichen Gottes durch Vorurteile, falsche Erziehung u. Ä. behindert wurde. Das ältere muslimische Denken ist einhellig in seiner Auffassung, dass die Fähigkeit, die Existenz Gottes zu erkennen, anzuerkennen, dem menschlichen Geist von Natur aus gegeben ist. Sie ist Teil dessen, was arabisch *fitra* genannt wird: die natürliche, von Gott anerschaffene Neigung, gläubig zu sein. Diese *fitra* ist aber sehr zerbrechlich, leicht zu korrumpieren. Wenn die Zeichen Gottes nun ihre volle Auswirkung auf den menschlichen Geist haben sollen, muss die *fitra* wiederhergestellt werden. Und diese Wiederherstellung kann nur stattfinden, wenn der Mensch sich der korrumpierenden Einflüsse bewusst wird, die auf ihn gewirkt haben – und sich von ihnen abwendet.

Ist die *fitra* wiederhergestellt, entsteht, das ist noch einmal zu betonen, ein vertrauensvolles, unerschütterliches Wissen, dass Gott existiert. Es geht hier also nicht um ein Wissen, das auf Glauben gründet, weil überzeugende rationale Gründe nicht gegeben sind. Dies ist dem älteren muslimischen Denken fremd. Es gibt ein sicheres Wissen, das auf den von Gott gegebenen Zeichen beruht.

In Kreisen, die Theologie trieben, entwickelte sich der Beweis der Existenz Gottes hin zu komplexeren Formen, die sich auf die logischen Argumentationsformen stützten, die das muslimische Denken aus dem griechischen Denken übernommen hatte (Weiss 2006; vgl. Berger 2010). Über die natürlichen Prozesse, die Zeichen Gottes, von denen wir sprachen, zu reflektieren, hieß dann, Methoden der formalen Logik, des syllogistischen Denkens, der Argumentation in Prämissen und Konklusionen anzuwenden. Die Naturprozesse selber wurden als eine Art Rohmaterial angesehen, das der diskursive Verstand verarbeitete. Das Zeichen, der Beweis der Existenz Gottes war nun etwas, das im menschlichen Verstand existierte, im Gegensatz zu den koranischen Zeichen, die in der natürlichen Welt außerhalb des menschlichen Intellekts vorhanden sind. Beweise für die Existenz Gottes wurden zu einem internen Produkt der Reflektion des Intellekts über externe natürliche Phänomene.

Da die Argumente, um die es hier geht, alle von der Welt hin zu Gott ausgehen, können wir sie als kosmologisch qualifizieren. Das am häufigsten gebrauchte Argument können wir wie folgt beschreiben: Es wird begonnen mit etwas, das man durch direkte Erfahrung über die Welt erfahren kann („es regnet"), also mit der Tatsache, dass die Dinge aus etwas bestehen, das in die Existenz eingetreten ist, nachdem sie zuvor nicht existiert haben („Tropfen").

Zuerst werden wir uns durch direkte Erfahrung, durch unsere Sinne bewusst, dass bestimmte Dinge in die Existenz eintreten, die zuvor nicht existent waren; durch Induktion werden wir uns dann bewusst, dass dies wahr ist für alle Dinge, derer wir uns bewusst werden. Es gibt nichts in unserer Welt, das keinen Anfang hat. Nehmen wir das unwiderlegbare Wissen um diesen Sachverhalt als Ausgangspunkt, können wir uns unseren Weg zu Gott erschließen.

Solch Argumentieren, das die Vertreter des *kalam* entwickelten, nahm die Form eines Syllogismus, einer Reihe von Syllogismen an. Der erste ist ein disjunktiver Syllogismus (entweder x oder y ist wahr; x ist nicht wahr; deshalb ist y wahr) und verläuft wie folgt: 1) Alle Dinge, die in unserer Welt existieren, existieren entweder, weil es in ihrer Natur liegt zu existieren, oder etwas sie zum Existieren gebracht hat. 2) Jedes Ding kann aber nicht aus dem ersten Grund existieren, weil, wenn dem so wäre, könnte es keinen Zeitpunkt geben, an dem es nicht existiert hätte, und dies widerspricht unserer Erfahrung, dass Dinge in die Existenz eintreten, nachdem sie zuvor nicht existiert haben. Es liegt also *nicht* in ihrer Natur zu existieren. 3) Deshalb existiert jedes Ding, weil ihm etwas anderes Existenz verliehen hat.

Sind wir so zu dem Schluss gelangt, dass alle Dinge in der Welt existieren, weil sie etwas anderem ihre Existenz verdanken, können wir zum nächsten Schritt der Argumentation übergehen: Das, was die Ursache der Existenz eines Dinges ist, existiert, weil es seine Natur ist zu existieren oder weil etwas anderes ihm Existenz verliehen hat. Und wiederum greift der gerade genannte Syllogismus: A verdankt seine Existenz B, B verdankt seine Existenz C, C verdankt seine Existenz D usw.

Dieser infinite Regress ist aber unmöglich. Früher oder später wird das erste Element des disjunktiven Syllogismus wahr – und wir sehen uns einem ewigen, notwendigen Wesen gegenüber, das verschieden ist von der Welt der zeitlichen Dinge, die wir direkt erfahren können. Die Unmöglichkeit eines unendlichen Regresses wird so zum wichtigsten Teil des Argumentes für die Existenz Gottes.

Dieses Argument nimmt die Form eines hypothetischen Syllogismus an: 1) Gebe es eine unendliche, d. h. anfangslose Reihe zeitlich existierender Dinge – also eine Reihe von Dingen, die von ihrem Vorgänger zur Existenz gebracht wurden –, dann würde die Welt zum gegenwärtigen Moment nicht existieren. 2) Die Welt existiert zum gegenwärtigen Zeitpunkt. 3) Also ist eine unendliche Reihe von Dingen unmöglich.

Die hypothetische Annahme, also die erste Prämisse, geht auf ein von Aristoteles ererbtes Prinzip zurück: Wenn eine Reihe zeitlich existierender Dinge keinen Anfang hat, dann hat die Progression von einem Ding zum anderen keinen Anfangspunkt. So könnte die Progression den jetzigen Zeitpunkt gar nicht erreichen. Und somit kann die Welt zum jetzigen Zeitpunkt nicht existieren.

All diese Überlegungen sind eine Abstraktion von den tatsächlich vorfindbaren Argumentationen im *kalam*, die sehr unterschiedliche Formen annehmen können. Diese Abstraktion kann uns aber die Art und Weise zeigen, in der argumentiert wurde. Obwohl die Opposition dem *kalam* gegenüber zeitweise sehr heftig war, setzte er sich letztendlich doch durch. Repräsentanten einer anti-*kalam*-Haltung wurden immer weniger, wenn sie auch nicht ganz verschwanden. Die meisten späteren Rechtsgelehrten akzeptierten den *kalam* als eine Art Hilfswissenschaft des Rechts, einige schlossen in ihre rechtsmethodischen Schriften Kapitel über die „theologischen Prinzipien" des Rechts ein. Schließlich wurde der *kalam* auch in das Curriculum der höheren islamischen Lehranstalten, der *madrasas*, aufgenommen.

Der Wert des *kalam* war nun nicht nur, so zumindest die Meinung einiger Religionsgelehrter, auf den Bereich des gelehrten Diskurses beschränkt. Auch Menschen außerhalb der gelehrten Zirkel konnten davon profitieren. Darum ist ein Werk des schafiitischen Gelehrten al-Bajuri (gest. 1860) auch betitelt mit *Eine genügende Zusammenfassung für das gemeine Volk von dem, was man über die Wissenschaft des kalam wissen muss* (Bajuri 2007). Es geht also darum, dass es für alle Gläubigen verpflichtend ist, etwas über den *kalam* zu wissen; es ist nicht mehr verboten, so ja Ibn Qudama sechs Jahrhunderte früher. Denn: Gehorsam Gottes Gesetz gegenüber gründet in dem sicheren Wissen um Gott – nicht nur für Gelehrte.

Die Reflexion der Menschen führt sie aber nicht nur zu einem sicheren Wissen um Gott. Wichtiger noch: Es führt sie dazu, einen Bund mit Gott einzugehen. Das muslimische Denken sah sich veranlasst, über einen göttlich-menschlichen Bund nachzudenken, weil der Koran selber an einer ganzen Anzahl von Stellen darauf verweist. Besonders fruchtbar war folgende Passage (7,172): „Einstmals nahm Gott aus der Lende der Söhne Adams ihre Nachkommenschaft und ließ sie gegen sich selbst bezeugen: ‚Bin ich nicht euer Herr?', und sie gaben zur Antwort: ‚Ja, wir bezeugen es!' Denn am Tage der Auferstehung sollt ihr nicht sagen: ‚Wir haben von all dem nichts gewusst!'" Die Koranexegeten sind eigentlich einmütig der Auffassung, dieser Vers beziehe sich auf den Bund mit Gott.

Eher literalistisch orientierte Exegeten verstanden diesen Vers so, dass Gott alle Abkömmlinge Adams in einem einzigen vorzeitlichen, präexistenten Moment vor sich versammelte, sie dann in diesem Moment mit diesen Worten ansprach und sie auch mit diesen Worten antworteten. Bei *kalam*-Gelehrten wurde dieser Vers metaphorisch interpretiert: Gott benutzt die Verstandeskraft, die er jedem Menschen anerschaffen hat, um die Menschen sich ihm zuwenden zu lassen. Er spricht die Menschen nicht in Worten an: „Bin ich nicht euer Herr?", er prägt diese Frage aber ihrem Geiste ein. Dies macht er, wenn sie ihre volle Mündigkeit erreichen. Wenn sie nun sich dieser Frage bewusst werden, steigt in ihnen ganz von selbst die Antwort auf: „Ja, wahrhaftig." Das Ganze ist also eine sokratische Frage, die helfen soll, den Menschen schnell etwas begreifen zu lassen, dessen Wahrheit, wird darüber nachgedacht, nicht verneint werden kann.

Oder: Nachdem Gott die Menschen seiner Gegenwart bewusst gemacht hat mithilfe der Verstandeskräfte, die er selber in ihnen erschaffen hat, prägt er seine Souveränität ihrem Bewusstsein ein und lässt ihnen damit keine andere Möglichkeit, als seine Souveränität anzuerkennen.

Es gibt also zwei Momente in dieser Frühphase der Entwicklung religiösen Bewusstseins: ein Moment, in dem bewusst wird, dass der Schöpfer als lebendige Präsenz existiert, vor dem die gesamte Menschheit steht, und ein Moment, in dem bewusst wird, dass der Schöpfer allein der Souverän ist und die Menschen seine Untergebenen.

Das Zusammentreffen von Gott und Menschen, ob wir es nun als ein bestimmtes, vorzeitliches Ereignis verstehen oder als ein Moment der Entwicklung der menschlichen Psyche, hat den Charakter eines Vertragsschlusses, denn es sind zwei Parteien beteiligt: eine überlegene, die die Regeln für beider Beziehung festlegt, und eine unterlegene, die diese Regeln akzeptiert. Darum sprechen die Korankommentatoren auch von dem „Vertrag über Souveränität und Knechtschaft". Es gibt natürlich Ähnlichkeiten zwischen dem Alten und dem Neuen Bund zwischen Gott und den Menschen in der Bibel; es gibt allerdings auch gravierende Unterschiede. Wir können jetzt nicht darauf eingehen. Ungleich Verträgen zwischen Menschen ist dies ein Abkommen zwischen ungleichen Parteien. Wichtig ist der Gehorsam, den die Menschen Gott schulden; aus diesem Verhältnis ist alles andere abzuleiten, auch rechtliche Bestimmungen.

Die Reflexion über den Bund zwischen Gott und seinen menschlichen Geschöpfen impliziert die Vorstellung, dass Gott, wie bereits gesagt, die Quelle des Rechts ist, dass das Recht Ausdruck des Willens Gottes ist, vermittelt durch seinen Propheten. Eine Hauptströmung muslimischen Denkens erweiterte diese Vorstellung, bis sie einen extremen Voluntarismus vertrat, der das Recht in höchstem Maße abhängig machte vom souveränen und in keiner Weise gebundenen göttlichen Willen und keinerlei rationales Element im Recht akzeptierte, das der menschliche Verstand aus eigener Kraft – ohne Hilfe einer Offenbarung – zu verstehen in der Lage wäre. Exemplarisch wird dies vertreten von den älteren asch'aritischen Theologen, einer theologischen Strömung, die eine Zeit lang *die* sunnitische Haupttendenz in der Theologie wurde. Diese Rechtsgelehrten setzten „gut" mit „von Gott befohlen" gleich. Gott befahl keine Handlungen, weil sie „gut" waren; sie waren „gut", weil Gott sie befahl. Die hermeneutischen Probleme blieben aber für sie die gleichen wie für alle anderen Rechtsgelehrten. Da die Handlungen von Gott befohlen wurden, waren sie natürlich auch von ihm widerrufbar.

Allerdings: Schiiten, Hanafiten und andere theologische Strömungen hatten eine positivere Auffassung von der Rolle der menschlichen Vernunft; die Zwölferschiiten sahen sogar den Verstand statt der Analogiebildung als vierte Quelle des Rechts an (s. S. 118). Und das Asch'aritentum entwickelte sich bis zu Positionen, wie sie von al-Juwayni (1985) vertreten wurden, der ja auch auf dem Gebiet der *usul al-fiqh* eine wichtige Rolle spielte. Allerdings kann nicht davon die Rede sein, dass von ihnen der menschliche Verstand als ursprüngliche Quelle des Rechts angesehen wurde. Ihr Verständnis der Rolle des Verstandes ist rein instrumental. Da Gott, soweit wir das sagen können, auch Rationalität zu seinen Eigenschaften zählt und seine menschlichen Geschöpfe mit Rationalität begabt hat, kann die menschliche Vernunft als Verbindung zwischen göttlichem Willen und menschlichem Geist fungieren. Durch den Verstand haben die Menschen bis zu einem gewissen Grad einen Zugang zum göttlichen Recht. Eine zwölferschiitische Prämisse lautet so auch: „Was die Vernunft gebietet, gebietet das Gesetz" (Löschner 1971: 175).

Aber auch andere Diskurse als der theologische waren für die Rechtsdiskussion bedeutsam. Gibt es also nicht theologische Diskurse, die die Rechtsgelehrten interessierten oder die gar von ihnen gepflegt wurden?

Juridische und naturwissenschaftliche Diskurse

Ein interessantes Beispiel ist das naturwissenschaftliche Denken (Stearns 2011). Meistens wird dies heutzutage in Gegensätze von Vernunft und Offenbarung oder empirische Erkenntnisse und Schriftgläubigkeit gefasst. Schauen wir allerdings in Rechtswerke, ist auch dieses Mal der Befund ein anderer. Wir stellen fest, dass die Rechtsgelehrten häufig zwar die Art und Weise bestreiten, in der die empirischen Erkenntnisse interpretiert werden, welche Erkenntnis für den gegebenen Fall bedeutsam ist, aber nicht den Wert empirischer Erkenntnis an sich. Eine Untersuchung einschlägiger Fatwas (Stearns 2011) zeigt, dass die Rechtsgelehrten bereit waren, naturwissenschaftlichen Erkenntnissen Autorität zuzugestehen, ohne dass dies natürlich einen frommen Lebenswandel beeinträchtigen sollte.

Empirische Interessen zeigen sich aber nicht nur in diesem Zusammenhang. In einer vielleicht kurios klingenden Abhandlung geht es um

Käse. Verfasst wurde das betreffende Sendschreiben von dem ägyptischen Malikiten Abu Bakr al-Tartushi (gest. 1126):

„Der Käse, den die Byzantiner mit Schiffen nach Alexandria und den angrenzenden Gebieten transportieren, und die Umstände dessen, was uns von mehr als einem Muslim erzählt wurde / Danach habe ich großes Interesse gehabt und nach seiner Sachlage geforscht. Während ich am selben Tag darüber mit meinen Gefährten sprach, da trat zu uns ein Mann ein, Ibn Iskandar genannt, und sagte: ‚Fragt niemanden danach außer mir! Ich war der erste Mann, der die Schiffe der Byzantiner betrat, als sie an der Küste landeten, und ich bringe Nachrichten von den Byzantinern zum Emir. Ich fand, dass auf dem Schiff Käse und Schweinefleisch geladen waren, eins über dem anderen. Dazu zählt auch, dass Käse auf Käse gestapelt war und dann Schweinefleisch auf ihn gelegt wurde. / Dann befragte ich eine Gruppe der Übersetzer, die sich unter sie [die Byzantiner)] mischten und ihre Schiffe betraten. Alle berichteten mir ähnliche Dinge. / Es berichtete mir ein verständiger und gläubiger Mann, beschlagen in den Dingen [der Welt]. Er sagte zu mir: Das Meer warf ein Schiff, das den Byzantinern gehörte, an das Ufer. Ich war der erste Mann, der es betrat. Ich fand es unbeschädigt und fand Käse und Schweinefleisch, eines über das andere geladen, vom Boden des Schiffes bis zum Deck" (Tartushi 1997: 128f.).

Es folgen noch weitere Berichte über die Byzantiner und ihren Käse. Deutlich wird, dass der Käse wohl auf jeden Fall in nicht akzeptabler Weise mit Schweinefleisch in Kontakt gekommen war, sodass es, so der Konsens aller Befragten, nicht möglich war, von den Bynzantinern Käse zu kaufen. Deutlich wird auch ein starkes Interesse von al-Tartushi an empirischen Informationen. In der ganzen Passage, die sich über mehrere Seiten erstreckt, finden sich keine Zitate anderer Gelehrte. Es wird also ein empirischer Diskurs gepflegt.

Kehren wir aber jetzt zu den Texten zurück!

Texte, Absichten und Techniken

Wir hatten bereits im Zusammenhang mit Kanonisierungsprozessen davon gesprochen, dass sich grundlegende Texte, *nass* genannt, herausgebildet haben, auf die sich die Gelehrten zu beziehen hatten, wollten sie denn ernst genommen werden. Damit sind zuallererst der Koran und die Sunna des Propheten (und für die Schiiten die Überlieferungen der Imame) gemeint. Dies sind aber nicht die einzigen Texte, in denen das islamische Recht gefunden werden kann. Und ein Text ist nicht nur etwas, das niedergeschrieben ist, wenn wir dem Malikiten al-Tilimsani und seinem beinahe semiotischen Text-Begriff folgen: „Wisse, dass die Klarheit des Hinweises sich je nach der Unterschiedlichkeit des Textes (*matn*) unterscheidet. Der Text ist entweder eine Aussage (*qawl*), eine Handlung (*fi'l*) oder ein Bericht (*taqrir*). Das sind also drei Teile" (Tilimsani 1996: 26).

Wenn der Wille Gottes allein durch rationales Denken nicht zugänglich ist, sind die Texte der einzige Punkt, an dem die Menschen und der göttliche Gesetzgeber miteinander in Kontakt kommen und die Vernunft mit ihrer Arbeit ansetzen kann. Für Rechtsgelehrte sind die Worte des Textes der wichtigste Ort, an dem der göttliche Wille erkannt werden kann. Wenn auch der göttliche Gesetzgeber seinen Willen teilweise durch ein bedeutsames nicht verbales Medium übermittelt, die Handlungen des Propheten Muhammad, so müssen diese Handlungen doch in Worten von Generation zu Generation übermittelt werden, sie werden zu Berichten und damit zu Texten. Texte sind also *das* Medium für all die Dinge, die Gott von seinem Willen kundtun will. Kern der Arbeit der Gelehrten ist demnach die Arbeit mit einem Kanon von Texten auf der Basis von Methoden, die wiederum in einem Sekundärkanon gefasst werden.

Vernunft

Dass der göttliche Wille in gewisser Hinsicht durch die menschliche Vernunft erschlossen werden kann, schließt für sie nicht aus, dass die grundlegenden Texte eine zentrale Rolle bei der Formulierung von Rechtssätzen spielen. Wenn es Gott so gewollt hätte, hätte er die Menschen allein auf ihren Verstand vertrauen lassen können, um das Recht zu erkennen. Dies war aber nicht Gottes Wille. Er hat beschlossen, das Recht durch seinen Propheten offenbaren zu lassen (für die Schiiten gilt: auch durch die Imame). Da dies der Fall ist, ist die wichtigste Aufgabe eines Rechtsgelehrten, der eine Beurteilung formulieren will, soweit es ihm möglich ist, die grundlegenden Texte zu erforschen. In dieser Hinsicht spielt die menschliche Vernunft eine Rolle – aber eine untergeordnete. Sie ist zuerst einmal, so Shaykh Mufid (gest. 1022), „ein Weg zur Erkenntnis der normativen Kraft des Korans und der normativen Hinweise der Traditionen" (Löschner 1971: 156). Auch für al-Tusi (gest. 1067) ist die Vernunft weiterhin nur ein Mittel zur Betrachtung der eigentlichen Rechtsquellen, sie hat keinen unabhängigen Status (Löschner 1971: 159).

Eine Ausdifferenzierung des Vernunftbegriffes finden wir bei Muhaqqiq al-Hilli (gest. 1277), der zwei Arten des rationalen Hinweises (*dalil 'aqliyy*) unterscheidet: die Normerweiterung und die „alleinstehende Vernunft" (*infirad al-'aql*). Die Normerweiterung beruht auf dem Diskurs, wie er sich in den autoritativen Texten zeigt, und wird von ihm dreigeteilt: 1) *lahn al-khitab* („Melodie des Diskurses"): Gemeint ist der implizite Sinn eines Ausdrucks, der im expliziten Sinn nicht explizit enthalten ist; letztlich geht es um ein *a fortiori*-Argument. Dabei ist nicht immer klar, ob der Muhaqqiq einen Schluss *a minore ad maius* meint. Es scheint zumindest so. 2) *fahwa al-khitab* („Sinn des Diskurses"): Gemeint ist der mit dem expliziten übereinstimmende implizite Sinn eines Ausdrucks; auch hier ist ein *argumentum a fortiori* angesprochen in seiner Gestalt als *a maiore ad minus*-Schluss. 3) *dalil al-khitab* („Hinweis des Diskurses"): Gemeint ist der implizite Sinn, der dem expliziten Sinn entgegengesetzt ist. Dies gilt eher als schwaches methodisches Verfahren, das nur beschränkt zugelassen wird (Löschner 1971: 165ff.).

Der Sinn dieser methodischen Verfahren ist bei Muhaqqiq al-Hilli eben die Beurteilungen, die sich in den autoritativen Texten finden lassen, durch verschiedene Schlussverfahren flexibler und weiteren Verkettungen gegenüber anschlussfähig zu machen. Neu erscheint die „alleinstehende Vernunft", die sich nicht an Hinweise aus den Texten anlehnt, sondern vielmehr unabhängig nach Gut und Böse etc. unterscheidet. Allerdings wird dies beim Muhaqqiq nicht genau beschrieben. Eine Erweiterung dieses Begriffes finden wir beim Shahid al-Awwal (gest. 1385), der u. a. das grundsätzliche Freisein (bara'a) und das Prinzip der Fortgeltung (istishab) darunter fasst, also zwei der Handlungsprinzipien, die gleichfalls neue Rhizome produzieren, die sich zwischen Beurteilung und menschlicher Handlung bilden.

Das zwölferschiitische Denken betont die Rolle der Beziehungen bei den Operationen des menschlichen Verstandes.[1] Der Verstand operiert zuerst einmal völlig im Kontext der Offenbarung. Stellt er eine Beziehung fest zwischen dem Recht, das in den grundlegenden Texten zu finden ist, und den Vorstellungen und richtig und falsch, die unter rational denkenden Personen gegeben sind, kann er diese Vorstellungen als wertvoll bestimmen und sie bei der Formulierung von Rechtssätzen benutzen, wenn es denn notwendig ist.

Al-Bahrani (gest. 1772) gibt ein Beispiel für den Vorrang des 'aql. Al-Sayyid al-Murtada (gest. 1044) habe gesagt, dass man jegliche reine Flüssigkeit nehmen könne, um Unreinheit vor dem Gebet zu beseitigen. Dies sei der schiitische Konsens (ijma'). Muhaqqiq al-Hilli (gest. 1277) schreibt in seinem Kommentar zu dieser Stelle, Murtada habe dies behauptet, weil eine auf einen Hinweis aufgrund des Verstandes gestützte Handlung zu den schiitischen Prinzipien zähle, solange es keinen gegenteiligen überlieferten Hinweis gebe. Vernunft ('aql) kann hier also herangezogen werden, weil es ein Schweigen der autoritativen Texte und einen Konsens gibt, dass es in diesem Falle möglich ist, mit der Vernunft zu argumentieren. Die Vernunft steht auch hier nicht allein. Murtada sagt, dass aus der Vernunft gefolgert kann, dass jede reine Flüssigkeit geeignet ist, z. B. Essig, den er sogar vielleicht für besser geeignet als Wasser hält. Da widerspricht ihm allerdings der Muhaqqiq, der der Auffassung ist, dass der 'aql zwischen Wasser und Essig unterscheidet, und natürlich sei Ersteres das besser geeignete Mittel (Gleave 2000: 190f.). Kommen wir aber zurück zu den Texten!

---

1 Interessant unter dem Gesichtspunkt der Verkettungen über Grenzen hinweg ist, dass in manchen schiitischen Diskussionen zur Vernunft auch ein sunnitischer Autor wie Fakhr al-Din al-Razi Argumente liefert (Gleave 2000: 191ff.).

Empirismus

Wir greifen hier einen Begriff auf, den Sherman Jackson (2006) in die Diskussion über die Rechtsmethodik eingeführt hat: den juridischen Empirismus. Analog dem gängigen Empirizismus misstrauen die muslimischen Vertreter des juridischen Empirismus allen *a priori* gefällten Urteilen, die behaupten, sich jenseits der Texte dem Sinn der Scharia nähern zu können.

Aber ist das nicht Literalismus? Die Linie zwischen Empirismus und Literalismus erscheint dünn. Beide betonen den Primat der Texte und teilen das Misstrauen gegen extratextuelle Quellen und Vorannahmen. Aber auf der Basis des Literalismus, des Beim-Buchstaben-Nehmens des autoritativen Textes, können wir auch juridische induktive Schlüsse aufbauen. Juridische Induktion bedeutet, dass das Aggregat aller wörtlich genommen Texte den Sinn jedes einzelnen Textes, für sich genommen, transzendiert: ein emergenter Prozess *par excellence*.

Nehmen wir ein von Jackson (2006: 1471) gebrachtes Beispiel. Es gibt eine Reihe von Befehlen: Öffne das Fenster! Hole einen Ventilator! Drehe das Licht ab! Lasse ein Glas Wasser ein! Diese kann man jetzt einzeln betrachten und nicht darüber hinausgehen. Oder man interpretiert sie literalistisch, woraus der Schluss entstehen kann: Es ist heiß! Das heißt wiederum, alle Arten, diesem Zustand entgegenzuwirken (z.B. eine Klimaanlage zu kaufen), sind legitim; alle Arten, die den Zustand verstärken (z. B. den Heizstrahler aufzudrehen), sind illegitim. Es gibt keinen expliziten Befehl dazu (oder ein Verbot) und auch keinen übertragenen Gebrauch eines Teiles der Aussage. Eine juridisch-empirische Position muss einen Hinweis auf einen Text erwarten, der einen relevanten Befehl oder ein Verbot enthält.

Der juridische Empirismus ist eine Reaktion auf den von al-Shafiʻi entwickelten Ansatz einer nativistischen Bezugnahme auf die arabische Sprachkompetenz, die den Arabisch-Muttersprachlern einen Vorrang einräumte (s. S. 89f.). Auch das häufig als literalistisch verschriene Zahiritentum, eine untergegangene sunnitische Rechtsschule, ist besser als vielleicht konsequenteste Form des juridischen Empirismus zu verstehen. Ihre Verwerfung aller *a priori* getätigten Annahmen, auch derer, die der Analogiebildung (*qiyas*) zugrunde liegen, und des Konsensus der Gelehrten wie auch der von Einzelüberlieferungen (*khabar al-wahid*) deuten klar darauf hin. Geben wir dem vielleicht bekanntesten Vertreter dieser Rechtsschule das Wort, Ibn Hazm (gest. 1064):

„Wenn sie² sagen: Wodurch wisst ihr, was von einer Aussage (*kalam*) von ihrem offensichtlichen Sinn (*zahir*) abweicht? Man sagt zu ihnen – und bei Gott, er ist erhaben, liegt der Erfolg: Wir wissen dies durch einen anderen offenkundigen Text (*zahir*), der uns Kunde darüber gibt, oder über einen sicheren Konsens, der nach dem Propheten, Gott segne ihn und spende ihm Heil, überliefert wird, darüber, dass er von seinem offensichtlichen Sinn abweicht – und nicht mehr" (Ibn Hazm 1983, Bd. 3: 41).

Ein schönes Beispiel für eine Anweisung für ein Streitgespräch, dass ein textempirischer Zugang dominant ist. Aber nicht nur das! Ibn Hazm kann es durchaus akzeptieren, dass z. B. koranisch-metaphorischer Sprachgebrauch belegt ist (Jackson 2006: 1474f.). Und er ist auch kein Verfechter dessen, dass es nur einen Sinn in einer Aussage geben kann: „Es gibt darin keinen Hinweis (*dalil*) – dem entsprechend, was ich erwähnt habe –, aber es gibt einen klaren Hinweis darauf, dass eine der beiden Gruppen [das Richtige] trifft und mit doppeltem Lohn [im Jenseits] belohnt wird, und die andere übt den *ijtihad*, belohnt mit einfachem Lohn. Sie ist für ihren Fehler entschuldigt durch [die Anstrengung des] *ijtihad*, weil sie vorsätzlich keine Widersetzlichkeit [gegen Gott] begangen hat" (Ibn Hazm 1983, Bd. 3: 29). Kurzum: Ibn Hazm, der literalistische Abweichler, bewegt sich also durchaus im Rahmen des empiristischen Mainstreams.

Was dieser Empirismus aber in der Praxis bedeutet, ist etwas, worüber die muslimischen Rechtsgelehrten unterschiedlicher Auffassung waren. Unter den Sunniten waren einige frühe Gelehrte der Meinung, dass empiristische Methoden nicht vereinbar seien mit dem Gebrauch der Analogiebildung³ bei der Formulierung von Beurteilungen. Diejenigen, die den Analogieschluss verteidigten, mussten deshalb so argumentieren, dass bei aller Verteidigung der Analogiebildung die Prinzipien des Empirismus unangetastet blieben.

Die Gegner des Analogieschlusses vertraten einen rigiden Empirismus, der darauf bestand, dass die Regeln des Rechts in den autoritativen Texten und deren Bedeutungen zu finden seien; sie bewegten sich damit hart an der Grenze zum Literalismus. Verteidiger der Analogiebildung, die schließlich unter den Sunniten die Oberhand gewinnen soll-

---

2 Diejenigen, gegen die sich Ibn Hazm abgrenzt.
3 Wir verzichten hier auf die eingeführte Übersetzung von *qiyas* als „Analogieschluss", da dies leicht zu Kurzschlüssen über den Charakter dieser Methode führt, die für die europäische Konzeptionen der Analogie ursächlich sind.

ten, erkannten zwar an, dass die Regeln, die sie durch diese Methode gewinnen konnten, nicht die direkt erkennbare Bedeutung des Textes darstellten, bestanden aber darauf, dass diese Regeln auf Überlegungen gründeten, die fest in den grundlegenden Texten verankert waren; sie sind also klare Verfechter eines textuellen Empirismus. Letztlich bleibt nur al-Zarkashi zuzustimmen, wenn er zu Beginn seines *Buches des qiyas* sagt: „Die Auseinandersetzung darüber ist ausgedehnter als über ein anderes der Themen der *usul*" (Zarkashi 1992, Bd. 5: 5).

Worauf es ankommt: Die Verteidiger der Analogiebildung sahen in ihr keine Methode, um Recht unabhängig von den autoritativen Texten zu formulieren; sie sahen in ihr eine Methode, um Beurteilung auf der Grundlage dieser Texte herauszuarbeiten. Anders formuliert: Sie teilten mit ihren Gegnern die Überzeugung, die allen juridisch-empirischen Auffassungen zugrunde liegt, nämlich dass kein Recht, das unabhängig von diesen autoritativen Texten formuliert worden ist, Gottes Gesetz sein kann. Wichtig ist es natürlich, zuerst einmal festzustellen, welches diese Texte sind. Diese sind, wir wissen es schon, der Koran und die *sunna*. Und die Werke der *usul al-fiqh* widmen der Beschäftigung mit ihnen breiten Raum.

Authentizität

Es geht nicht nur darum, die autoritativen Texte zu identifizieren und ständig auf sie Bezug zu nehmen – und zwar im Rahmen der hermeneutischen Methoden des methodischen Kanons. Alle Texte dieser Art müssen durch die Zeiten überliefert werden und sind während dieser Überlieferung naturgemäß der Gefahr ausgesetzt, dass sie korrumpiert werden, verändert werden. Der muslimische Rechtsgelehrte muss aber in der Lage sein, mit Texten zu arbeiten, die ohne jeden Zweifel authentisch sind; in einigen Fällen kann es auch ausreichend sein, dass mit großer Wahrscheinlichkeit davon ausgegangen werden kann, dass der Text authentisch ist. Aber wenigstens müssen dem Rechtsgelehrten einige Texte zur Verfügung stehen, mit denen er arbeiten kann und deren Authentizität nicht fragwürdig ist.

Diese Forderung nach Authentizität hat systematische Gründe. Wenn ein Text, dessen Authentizität nur wahrscheinlich ist, für einen Gelehrten brauchbar sein soll, muss dessen Autorität in einem Text oder einem Textkorpus begründet sein, dessen Authentizität mit absoluter Gewissheit sicher ist. Für einen Rechtsgelehrten ist ein Recht nicht akzeptabel, das auf Texten gründet, die nur möglicherweise oder wahrscheinlich authentisch sind. Was für das Recht wahrscheinlich ist, erhält Wert nur, insofern es auf einer Gewissheit gründet. Mehr noch, wenn auch die Einzelheiten des Rechts auf solch Grundlagen von begründeter Wahrscheinlichkeit ruhen mögen, so ist dies bei der Basis des Rechts nicht möglich. Absolute Gewissheit ist dafür unabdingbar. So das implizite Credo des juridischen Empirismus.

Wir werden sehen, dass die Rechtsgelehrten unterschiedliche Auffassungen hatten, wo denn die Linie zu ziehen ist zwischen sicherem und wahrscheinlichem Text, sicherem und wahrscheinlichem Recht. Jetzt wollen wir uns nur mit der allen empiristischen Gelehrten (und nicht nur diesen, s. u.) gemeinsamen Auffassung beschäftigen, dass zumindest ein gewichtiger Teil der grundlegenden Texte in den Bereich dessen gehört, das sicher gewusst werden kann.

Wir können dies noch enger fassen. Alle Gelehrten stimmen darin überein, dass der Koran zu den sicher authentischen Texten zählt. Ein Dissens besteht nur mit Bezug auf die Hadithliteratur. Die Gewissheit über die Authentizität des Korans macht die gesamte muslimische Gemeinschaft sicher, dass es möglich ist, über die Generationen hinweg mit dem Wort Gottes in Kontakt zu treten. Für die Rechtsgelehrten bedeutet dies, dass sie aufgrund der sicheren Authentizität des Korans darauf vertrauen können, dass dieser die Grundlagen des Rechts enthält, die damit fundamental wahr sind.

Die Authentizität eines Textes muss aber auch in irgendeiner Form demonstriert werden. Für eine solche Demonstration von Authentizität hat das muslimische Denken im Laufe seiner Geschichte zwei Prinzipien entwickelt. Eines dieser Prinzipien wurde schließlich allgemein akzeptiert, das andere ist aber Gegenstand fortdauernder Streitigkeiten. Das erste, allgemein akzeptierte Prinzip ist das des *tawatur*, eine Übersetzung ist kaum möglich (Weiss 2006). Das andere – umstrittene – Prinzip ist das des „vertrauenswürdigen Überlieferers". Für den Moment wollen wir uns auf das Prinzip des *tawatur* konzentrieren, das einer der wichtigsten Bausteine für den juridischen Empirismus bildet; das andere Prinzip wird uns später interessieren.

In modernen Zeiten ist unser Denken über Texte konditioniert durch die Existenz der Druckerpresse und anderer Reproduktionstechniken. Wir denken den Text als etwas, das mit vollkommener Präzision vom Original reproduziert werden kann – so oft wir es wollen. Für die Gelehrten der muslimischen Welten, die uns hier beschäftigen, konnte ein Text auf zwei Wegen reproduziert werden: durch Niederschreiben oder durch mündliche Rezitation. Sie bevorzugten die mündliche Rezitation als die verlässlichere Methode. Obwohl es zahlreiche schriftliche Texte in der vormodernen muslimischen Welt gab und in jeder Stadt zahlreiche Schreiber existierten, wurde der rezitierte Text bevorzugt. Ein rezitierter Text wurde im Gedächtnis des Rezitators bewahrt. Obwohl ein Rezitator gewiss vergesslich sein konnte, wurde der auswendig gelernte Text doch als sicher gegen mögliche Veränderung angesehen. Hörte man einem rezitierten Text zu, gab es immer einen lebendigen Rezitator, dessen Reputation einen hoffen lassen konnte: dass er den Text korrekt vortrug. Geschriebene Texte trugen zwar den Namen der Schreiber, der Kopisten, aber ein Kopist war kaum einmal lebendig für einen Leser präsent.

Eine schriftliche Kopie konnte – wie die mündliche Rezitation – natürlich auf dem Gedächtnis beruhen, aber darauf konnte man nicht bauen. Zumindest war das Kopieren von Texten eine langwierige und mühevolle Aufgabe, bei der es wahrscheinlicher war, dass ein Fehler passierte als bei der mündlichen Rezitation; ein Fehler, der auf einem Ausrutschen der Feder, des Schreibrohrs, auf Unachtsamkeit des Schreibers oder einem schadhaften Schreibrohr beruhen mochte.

Die Präferenz für rezitierte Texte kann zudem dadurch erklärt werden, dass die grundlegenden Texte (der Koran und die Hadithe) ursprünglich mündlich vorgetragene Texte mit eventuell liturgischer Funktion (Neuwirth 2010) waren und erst später schriftlich niedergelegt wurden. Der Koran selber ist ja ein durch und durch oraler Text. Nicht umsonst beginnt der häufig als erste Offenbarung angesehene Vers mit den Worten „Trag vor!" oder „Rezitiere!" (96,1). Auch „Koran" (*qur'an*) können wir ja mit „Rezitation" übersetzen. Und durch das Rezitieren zahlloser Rezitatoren durch die Jahrhunderte hat der Koran seinen oralen Charakter behalten. Im Falle der *sunna*, der Hadithliteratur, verging eine viel längere Zeit mündlicher Überlieferung, bis es zur Niederschrift kam, was nicht grundsätzlich gegen deren Authentizität spricht. Trotz der Präferenz für den mündlichen Vortrag hatten die schriftlichen Korantexte eine hohe symbolische und zeremonielle Wichtigkeit, die keiner der Hadithsammlungen zukam.

Wir müssen außerdem bedenken, dass die Schrift, die während der Frühzeit der schriftlichen Niederlegung der grundlegenden Texte des Korans und der *sunna* benutzt wurde, defektiv war. Es gab keine diakritischen Zeichen, mit denen man die Vokale voneinander unterscheiden konnte; es gab auch keine Vokalzeichen. Ohne Vokalzeichen konnte eine Verbform beispielsweise passiv oder aktiv sein. Angesichts dieser Probleme wird es einsichtiger, dass ein geschriebener Text nicht unbedingt als zuverlässiges Mittel der Textüberlieferung angesehen wurde. Als die Schriftlichkeit verbessert wurde, wurde der Vorrang des rezitierten

Textes zwar aufrechterhalten, war aber nicht mehr so dringlich. Gründe waren jetzt eher die möglichen Fehler, die sich im Laufe des Kopierens, des Abschreibens von Texten ergeben mochten. Solch bimediale Kommunikationssysteme sind historisch keine Seltenheit – und teilweise bewegen wir uns wieder in Richtung Bimedialität.

Kommen wir aber zum ersten Prinzip zurück! *Tawatur* bezeichnet im technischen Sinne in der Rechtsgelehrsamkeit die immer wieder wiederholte Rezitation eines Textes, die schließlich dazu führt, dass man *weiß*: Dieser Text ist authentisch. Die Theorie, die hinter diesem Verständnis des Begriffes *tawatur* steht, ist die, dass wir, sind wir immer wieder der Rezitation eines Textes ausgesetzt, schließlich in uns selber „entdecken", dass dieser Text authentisch ist. Solch ein Denken macht überhaupt nur Sinn, wenn wir uns in einer Kultur bewegen, die großes Gewicht auf das Auswendiglernen von Texten legt. Wir müssen dabei bedenken, dass das Auswendiglernen des gesamten Korans und zumindest wichtiger Werke der Hadithliteratur zu den grundlegenden Bestandteilen der Ausbildung muslimischer Gelehrter gehörte. In der gelehrten Literatur ist es üblich, dass ein Autor, wenn er sich auf einen Koranvers bezieht, nur die ersten Worte des Verses zitiert und es dem – gelehrten – Leser überlässt, den Rest des Verses aus dem Gedächtnis zu ergänzen, auch wenn der Punkt, auf den es ankommt, erst in diesem nicht zitierten Rest enthalten ist. Das *tawatur*-Prinzip geht also von einer Welt aus, in der zumindest der Koran von einem Ende zum anderen von einer Vielzahl von Rezitatoren vorgetragen wird.

Der Malikit al-Mazari (gest. 1141) sagt betreffs der „Vielzahl [der Wiederholungen], durch die es üblicherweise nicht möglich ist, dass daraus Lüge entsteht, der alle absichtlich zustimmen, oder dass eine Gruppe von ihnen darin aufgrund einer Nachlässigkeit oder eines Fehlers übereinstimmt [...], so weisen die Qualifizierungen darauf hin, dass es sich um Zusätze im allgemeinen Sinne handelt. Somit siehst du, wie die Vielzahl einer der Gesamtzeit [der Kategorie] des Zusatzes wird, der zum Wissen führt, wenn man einer vielfach tradierten Überlieferung (*khabar mutawatir*) zuhört" (Mazari 2001: 424f.).

Für einen modernen europäischen Menschen ist es schwierig, sich eine solche Welt vorzustellen. Wir finden einige Beispiele auch heutzutage: Popsongs, Passagen aus der Bibel (immer noch und vielfach unbewusst), Zitate von Fernsehcharakteren, Weihnachtslieder etc. – all dies hat in gewissem Maße diesen Charakter von Oralität und Überlieferung durch wiederholte Rezitation.

Die Theorie des *tawatur* sagt uns, dass die weit verbreitete Rezitation eines Textes, wenn sie erst einmal sich unter den ersten Empfängern des Textes etabliert hatte und weitergegeben wurde durch alle folgenden Generationen von Überlieferern, sicherstellt, dass der Text fehlerfrei weitergegeben wurde. Sie stellt sicher, dass der Text, der in der gegenwärtigen Generation rezitiert wird, auf Punkt und Komma genau der Text ist, der in der Zeit seines ersten Auftretens rezitiert wurde. Wenn wir eben die Worte des Korans immer wieder und wieder rezitiert hören, so die Theorie des *tawatur*, erfahren wir immer mehr, dass dies die Worte sind, die vom Propheten Muhammad rezitiert worden sind, von seinen Zeitgenossen vor Jahrhunderten gehört worden sind, bis wir schließlich an den Punkt gelangen, an dem dies zu einem unerschütterlichen Wissen wird. Haben wir diesen Punkt erreicht, steht die Authentizität des Textes außerhalb jedes Zweifels.

Dass nun der Koran nach sieben verschiedenen Varianten (es werden auch einige mehr gezählt) rezitiert wird und es noch sehr viele mehr gibt, macht das *tawatur*-Prinzip nicht ungültig, da von all diesen Varianten angenommen wird, dass sie so häufig rezitiert worden sind, dass Vertrauen in ihre Authentizität bestehen kann. Gerade die Pluralität der Vortragsweisen ermöglicht es, dass der Koran als *ein* Text *vielen* Lebensrealitäten entsprechen konnte. So zumindest die Meinung der älteren Gelehrten.

Welche Probleme auch immer bei der Verteidigung des Prinzips des *tawatur* auftreten mögen, seine Anwendung auf den Koran war für alle Rechtsgelehrten anerkannt. Mit den Worten von Fakhr al-Din al-Razi (gest. 1209): „Die meisten Gelehrten stimmen darin überein, dass solche Berichte sicheres Wissen mit sich bringen, gleich ob es sich um Berichte über neue Dinge in unserer Zeit wie die Berichte über ferne Länder handelt oder um vergangene Dinge wie die Berichte über das Dasein der Propheten und der Könige, die es in früheren Zeiten gab" (Razi 1992, Bd. 3: 902).

Eine recht säkulare Sicht des Problems, die wir gerne hier anführen: In welche Form wird dieser Gedanke gefasst? Der Malikit al-Baji (gest. 1081) zitiert andere Gelehrte: „Sie argumentieren, dass der Koran insgesamt wahr (*haqq*) und es unmöglich sei, dass etwas wahr ist, das nicht [wahr] im eigentlichen Sinne (*haqiqa*) ist. Die Antwort ist, dass *haqiqa* in keiner Weise mit *haqq* zusammenhängt, denn *haqq* ist das Gegenteil von nichtig (*batil*) und *haqiqa* das Gegenteil zum über seine ursprüngliche Bedeutungssphäre hinausgehenden Wort (*majaz*)" (Baji 1995, Bd. 1: 194).

Wir müssen den Verästelungen der sehr präzisen Begriffsbestimmungen nicht folgen und können uns damit bescheiden, dass al-Baji nicht meint, der Koran sei unwahr – nur: Seine Kollegen haben die falsche Formulierung gewählt. Es ist kein kleinliches Herausgreifen von Marginalien, was al-Baji betreibt. Wenn er eine Seite zuvor formuliert, dass der Koran ja in der Sprache der Araber herabgesandt sei und „das über seine ursprüngliche Bedeutungssphäre hinausgehenden Wort (*majaz*) die häufigste Figur in ihrer Sprache, die offenbarste der Schönheiten ihres Diskurses und sie mit ihm ihre Rede ausschmückten" (Baji 1995, Bd. 2: 193), dann ist ein genaues Verständnis der rhetorischen Figuren keine Banalität.

In welcher Weise und wie weit das *tawatur*-Prinzip auf die Hadithliteratur angewandt werden konnte, war eine offene Frage, wenn auch die große Mehrheit der Rechtsgelehrten der Meinung war, dass es mittels *tawatur* möglich war, zumindest die Authentizität eines Teiles der Hadithliteratur festzustellen. Es gibt allerdings keine Übereinstimmung, welche Hadithe dies nun genau sind. Einige Gelehrte bekannten sogar offen, es sei unmöglich festzustellen, Hadithpassagen zu identifizieren, für die das *tawatur*-Prinzip gelte. Für diese Gelehrten waren alle Hadithtexte unter praktischem Gesichtspunkt wahrscheinliche und nicht sichere Texte. Ein wahrscheinlicher Text dieser Art konnte zudem, darauf werden wir noch zurückkommen, unter Umständen entscheidend in einer Rechtsfrage sein.

Die wahrscheinliche Wahrheit eines Hadithtextes bedeutete aber nicht, dass die Bedeutung des Textes gleichermaßen wahrscheinlich war. Die Gelehrten unterschieden genau zwischen dem Text als einer spezifischen Folge von Worten und seiner Bedeutung. Eine Gruppe von Texten, deren Wortlaut unterschiedlich war, konnte durchaus eine gemeinsame Bedeutung haben. Konnte nun eine gemeinsame Bedeutung sicher sein, selbst wenn der genaue Wortlaut jedes einzelnen Textes es nicht sicher war? Konnte nicht mit Bezug auf die Bedeutung auch das *tawatur*-Prinzip gelten, also die möglichst weite Verbreitung der Wiedergabe? Warum sollte dieses Prinzip nur beim Wortlaut funktionieren und nicht bei den Bedeutungen? Die Rechtsgelehrten waren tatsächlich der Meinung, dass dies möglich sei und entwickelten eine Variante des *tawatur*-Prinzips, das die Bedeutung des Textes betraf und nicht den Wortlaut. Die Anwendung dieser Variante war natürlich besonders nützlich im Falle der Hadithliteratur, denn es war damit möglich, wichtige Teile der *sunna* aus dem Bereich des Wahrscheinlichen in den des Sicheren zu heben. Die Authentizität der Bedeutung zählte hier schließlich viel mehr als die Authentizität des Wortlautes.

Göttliche Intention

Warum ist dies nun so wichtig? Wenn wir uns der Authentizität der Teile des primären Kanons vergewissern, dann tun wir dies, falls wir Rechtsgelehrte sind, weil wir versuchen wollen, den göttlichen Beurteilungen nahe zu kommen. Dafür müssen wir ernsthaft versuchen zu erkennen, was uns Gott mit seiner Offenbarung und mittels des von ihm gesandten Propheten vermittelt.

Der Autor der grundlegenden Texte des islamischen Rechts ist, natürlich, Gott, der einzig wahre Gesetzgeber (*shari'*). Wichtiger Mittler ist bei den Sunniten der Prophet; für die Schiiten sind zusätzlich die Imame zu nennen. Was sie übermitteln, hat Autorität aber nur, weil sie in vollkommener Form den Willen Gottes übermitteln. Durch ihre Aussagen spricht Gott; der Sinngehalt der Worte, die sie formulieren, ist der Sinngehalt, den er, Gott, im Sinne hat. Diesen Sinngehalt in rechtlicher Hinsicht zu erschließen, das ist Aufgabe der systematisierten exegetischen Aktivität der *usul al-fiqh*. Dass dies grundsätzlich möglich war, war die feste Überzeugung der Gelehrten, sie sahen dies aber nicht als gegeben an. Sie wussten, dass dieses Unterfangen verschiedene Probleme mit sich brachte und von unterschiedlichsten Argumenten gestützt werden musste. Die muslimischen Gelehrten hatten ein hoch entwickeltes Verständnis für den Mechanismus der Sprache als Kommunikationsmittel und die Hindernisse für eine effektive Kommunikation, die die Sprache selber aufrichten konnte. Diese bewusste Anstrengung, mit der die Rechtsgelehrten sich darum bemühten zu zeigen, dass es möglich war, die Absicht des göttlichen Autors aufzudecken, ihr Bewusstsein für die Probleme, die dies mit sich brachte, und ihre ständige Auseinandersetzung mit diesen Problemen lassen es gerechtfertigt erscheinen und machen den Kern der Tätigkeit der Gelehrten aus. Dies als bloße geistige Gymnastik, als Spiel abzutun, verkennt den Charakter dieser Tätigkeit.

Die Tatsache, dass Gott sich in Bereichen bewegt, die dem Menschen unzugänglich sind, dass es dem Menschen nicht möglich ist, mit ihm zusammenzutreffen, unterminiert nicht das Bestreben der Gelehrten. Die göttliche Absicht ist für sie nicht weniger erkennbar als die Absicht eines menschlichen Autors oder Redners. Bei Gott wie auch bei den Menschen ist das, was zuerst zugänglich war, durch das Medium der Sprache zugänglich, denn auch die Gedanken der Mitmenschen sind nicht unmittelbar zugänglich.

Usul al-fiqh und Sprache

Aus diesem Grunde ist es notwendig – wenn wir verstehen wollen, worum es den *usul*-Gelehrten geht, wenn sie meinen, die göttliche Absicht könne man aufdecken –, dass wir ihr Verständnis von Sprache und deren Mechanismen berücksichtigen. Wohl in keiner anderen vormodernen Zivilisation sind die Natur und das Arbeiten der Sprache in solcher Tiefe und mit solcher Genauigkeit untersucht worden wie im Falle der muslimischen Zivilisation und der arabischen Sprache. Der hohe Grad der Entwicklung der arabischen Sprachwissenschaften bei den Muslimen, also Lexikographie, Syntax, Morphologie, Phonologie, Etymologie, ganz zu schweigen von den rhetorischen Wissensformen, ist ein oft erwähntes Merkmal dieser Zivilisation. Diesen Themen sind viele Seiten in den Werken der *usul*-Gelehrten gewidmet.

Dem sprachlichen Nativismus eines al-Shafi'i gegenüber, der auf das „angeborene" kontextuelle Verständnis der Muttersprachler vertraute, steht die empiristische Reaktion, die darauf vertraut, das durch eine genaue Kenntnis der Verknüpfungen der arabischen Sprache, die Erschließung des Sinns allen offensteht – nicht nur Muttersprachlern.

Es ist bezeichnend, dass Syntax, Morphologie, Phonologie, Etymologie und Rhetorik alle eine eigene Bezeichnung erhalten haben, die Lexikographie dagegen als „die Wissenschaft von der Sprache" (*'ilm al-lugha*) genannt wurde. Dies gibt uns einen Hinweis auf die Art und Weise, in der die klassischen muslimischen Autoren die Sprache betrachteten: Sprache stand vor allem anderen. Es gibt gute Gründe, um das arabische Wort *lugha*, das normalerweise mit „Sprache" übersetzt wird, mit „lexikalischer Code" zu übersetzen. Sprache wurde in erster Linie als ein System von Zeichen angesehen, dass der Sprecher benutzt, um mit anderen zu kommunizieren. Die Dichotomie von *signifier* und *signified*, die zentral für die moderne Semiotik und Literaturtheorie geworden ist, hat ihre genaue Parallele in den von den älteren arabischen Autoren benutzten Begriffen *dalil* und *madlul*, Zeichen und Bezeichnetes, die uns in der Arbeit an der Findung der „Hinweise" (*dalil*) wieder begegnen.

Die Zeichen, welche die Sprache ausmachen, sind die strukturierten Laute, welche die Sprecher ausstoßen. Im Arabischen werden diese strukturierten Laute mit einem Begriff bezeichnet, den wir mit „sprachlicher Ausdruck" (*lafz*) übersetzen. Ausdrücke sind alle bedeutungstragenden Elemente der Sprache: Worte, die nicht weiter in einzelne bedeutungstragende Komponenten zerlegt werden können, bedeutungstragende Komponenten von Worten, syntaktische Strukturen. Jeder Ausdruck bezeichnet einen Sinngehalt oder deren mehrere aufgrund einer feststehenden Beziehung zwischen Ausdruck und Sinngehalt.

So geben die *usuli*s der Betrachtung von Partikeln viel Raum: „Was das Partikel *fa'* betrifft, so ist der Sinn, wenn es auftritt, die Koordination und Konjunktion in gereihter Form, ohne dass etwas hinterherhinkt, wie deine Aussage: Zayd kam zu mir und dann 'Amr.[4] / Es tritt auch auf zum Zwecke der Bezeichnung von Verursachung und des Abhängigseins wie der Entgeltung [...]. Die Verursachung wird hier Reihung genannt, z. B. deine Aussage: Du warst freundlich zu mir, so danke ich dir. Dieses *fa'* gehört zum Bereich der Entgeltung, die Freundlichkeit [tritt auf] als Grund des Dankes und der Dank ist abhängig vom Freundlichsein. [...] / Ebenso verhält es sich auch mit der Argumentation dessen, der argumentiert, dass das Nacheinanderhandeln aufgrund seines Wortes, er ist erhaben, ‚Wenn ihr euch zum Gebet begebt, dann vollzieht die Waschung', notwendig ist und die Meinung vertritt, dass das *fa'* hier eine Aufeinanderfolge bezeichnet" (Mazari 2001: 173f.).

Diese Beziehung zwischen Ausdruck und Sinngehalt gibt der Sprache den Charakter eines Codes. Sprecher kommunizieren Bedeutung mittels Ausdruck-Sinn-Beziehungen, die schon existieren, bevor sie in Form von Worten gefasst werden. Sie weisen Ausdrücken keinen Sinn zu, wenn sie sprechen, vielmehr benutzen sie Ausdrücke, denen bereits ein Sinn verliehen wurde. Die Sprecher eignen sich die bereits existierenden Sinngehalte an und verwandeln sie in Sinngehalte, die sie als Sprecher zum Ausdruck bringen wollen.

Die Aneignung von Sinngehalten ist ein grundlegendes Konzept des muslimischen Verständnisses. Genau genommen produzieren individuelle Sprecher keinen vollkommen neuen Sinn. Vielleicht kann man sagen, dass sie Ideen oder spezielle Anordnungen von Sinngehalten produzieren, aber sie produzieren keinen Sinn der Form, sodass ein neuer Sinngehalt geschaffen wird, der von spezifischen Ausdrücken bezeichnet wird. Solche Sinngehalte existieren unabhängig von den Bestrebungen der Sprecher. Sie sind Elemente, die den Code konstituieren – und damit gehören sie in den Bereich des Öffentlichen. Sie sind allen Sprechern und all denen, zu denen sie sprechen, zugänglich. Sinn als Sinn, der von einem Sprecher intendiert wird, ist bereits existierender öffentlicher Sinn, der von einem Sprecher angeeignet wird, um mit anderen zu kommunizieren.

---

4 Zayd und 'Amr sind die üblichen Platzhalternamen in grammatischen Diskussionen.

Es stellt sich natürlich die Frage, wer der Urheber dieser Sinngebung war. Wer war der Schöpfer der Sprache, der Erste, der den lexikalischen Sinn gesetzt hat (al-*wadi' al-awwal*)? Darüber entspann sich eine große Diskussion (Weiss 1974), die schließlich mit einem „agnostizistischen Kompromiss" gelöst wurde: „Das Modell, Gott habe die Sprache erschaffen [...], ist ebenso denkbar wie das Modell, sie sei das Ergebnis der Konvention, der kollektiven Leistung der Menschen" (Haarmann 1971: 154).

Die Beschäftigung mit der „Setzung" der Sprache (*wad'*) produziert Verkettungen, die über die Ausdifferenzierung von eigenen Kapiteln in den Werken der *usul al-fiqh* zu sprachlichen Prolegomena (z. B. Amidi 1404h, Bd. 1: 31ff.) hin zu einer eigenen Wissensdisziplin führen, die sich seit dem 14. Jahrhundert zum System einer subtilen Semantik entfaltet.

Dieser in der Diskussion öffentliche, angeeignete Charakter von Sinn bildet für die Gelehrten den Kern ihres Argumentes dafür, dass man die ursprüngliche Absicht des Autors jener Texte, auf denen das Recht beruht, aufdecken kann. Indem er sich einen öffentlichen Sinn aneignet, bringt ein Sprecher/Autor zum Ausdruck, was er in seinem Geiste bewegt. Seine Absicht tritt in den öffentlichen Raum ein, wo sie allen zugänglich ist, die den Code beherrschen, die *lugha*. Solange der Text dessen, was er gesagt hat, intakt bleibt und authentisch ist, ist seine Absicht für alle erkennbar. Dies könnten wir ein weiteres empiristisches Credo nennen.

Was gilt nun für menschliche Sprecher? Wie können Rechtsgelehrte deren Sprechakte und Handlungen verstehen? Der Malikit Ibn Juzaiyy (gest. 1340) hat ein Kommunikationsmodell aufgestellt, das besagt, „dass man die Bedeutung eines Ausdrucks aus drei verschiedenen Perspektiven betrachten muss. Zum einen kann man nach der lexikalischen Bedeutung fragen [...], sodann nach der Bedeutung, in der der *Sprecher* das Wort *verwendet* [...], und schließlich nach der Bedeutung, die der *Hörer* dem Ausdruck zuschreibt [...], und zwar, ich zitiere, ‚unabhängig davon, ob der Hörer das Gemeinte erkennt oder verfehlt'. Ibn Juzaiyy[5] sieht also explizit die Möglichkeit des Missverständnisses vor und liefert damit ein Modell zur Beschreibung eines sehr wichtigen Wesensmerkmals des islamischen Rechts" (Bauer 2011: 163ff.).

---

5 Die Transkription ist adaptiert.

Exkurs: Menschliche Intentionen

Ein berühmter Hadith, der sich in verschiedenen angesehenen sunnitischen Hadithsammlungen findet, lautet: „Fürwahr, die Handlungen werden nach den Absichten beurteilt" (*innama al-a'mal bi'l-niyyat*). Der Begriff der Absicht oder allgemein der der Intention ist für verschiedene Gebiete der Scharia von Bedeutung und von islamischen Gelehrten intensiv diskutiert worden. Damit verdient er eine nähere Betrachtung.[6]

Die *niyya* ist zuerst im Bereich der rituellen Pflichten (*'ibadat*) zu finden (Powers 2006: 25ff.). Dort ist die Absicht eng verbunden mit den rituellen Handlungen, z. B. dem Gebet. Das Gebet besteht für die Gelehrten aus Elementen aus drei Bereichen: den körperlichen Handlungen, den verbalen Äußerungen und eben der Absicht. Dabei wird die *niyya* ebenso als Handlung begriffen wie die Sprechakte und die anderen körperlichen Akte. Und all diese Akte müssen vorhanden sein, um ein Gebet gültig zu machen. Ohne die richtigen körperlichen Verrichtungen ist das Gebet ungültig, ohne die geistige Handlung der Absichtsformulierung ist es ebenfalls ungültig.

Die Gelehrten beziehen sich also nicht auf einen inneren Willen, der sich hinter den Bewegungen des Körpers verbirgt, denn dieser ist zuerst einmal nicht zugänglich. Lediglich die Akte, die der menschlichen Betrachtung zugänglich sind, können entsprechend juridischer Logik beurteilt werden. Allerdings gibt es einige Autoren, die in der Intention so etwas wie eine spirituelle Seite des Gebets sehen. Wir finden dies bei sufischen Autoren oder in der Frömmigkeitsliteratur. Die islamischen Reformbewegungen des 17. bis 19. Jahrhunderts (Lohlker 2008: 173ff.) konnten dann zu einer Verinnerlichung von Normen führen (Hofheinz 2009), die eine Verankerung der Intention ermöglichen.

Im eher vertragsrechtlichen Bereich (Powers 2006: 97ff.) wird ebenfalls von *niyya* gesprochen, wenn von Intentionen die Rede ist, andere Begriffe kommen aber ebenfalls vor (*irada*, *qasd*). Die Gelehrten konzentrieren sich in diesem Bereich auf die feststellbaren Sprechakte. Diese werden unterteilt in 1) deutliche, explizite und eindeutige Äußerungen, 2) metaphorische oder Anspielungen enthaltene Äußerungen, die in ihrer Bedeutung klar sind, und 3) Äußerungen, die uneindeutig bis hin zur Unklarheit sind (Powers 2006: 120).

---

6 In diesem Abschnitt stütze ich mich auf die Ergebnisse von Powers 2006, die mit eigenen Ergebnissen ergänzt werden.

Während Äußerungen der ersten Kategorie ungeachtet ihrer Intention gültig sind und die der dritten ungeachtet ihrer Intention ungültig, sind die Äußerungen der zweiten Kategorie durch die mit ihnen verbundenen Intentionen definiert. Sie können – abhängig von der Intention des Sprechers – rechtlich verbindliche performative Akte sein oder nicht. Und auch diese Intention wiederum ist an den jeweiligen Sprechakten erkennbar. Dadurch wird es aber den einen Vertrag schließenden Parteien möglich, unter Berufung auf subjektive Positionen variabel im vertragsrechtlichen Rahmen zu agieren.

Vertragsrechtlich ist also die Intention, die *niyya* etc., keine Grundlage für eine Willensäußerung. Dies lässt sich weiter an einer Kategorie verdeutlichen, die allgemein kaum behandelt wird. Es handelt sich um die Kategorie des *rida*, sonst übersetzt als „Zustimmung" (auch Lohlker 1999a: 51), aber vielleicht besser zu fassen als „Sicherheit" (Chehata 1968: 87) im Sinne eines Unbeinträchtigtseins des Erklärenden während des Vertragsabschlusses.

Worum handelt es sich? *Rida* ist eines der notwendigen Elemente des Vertrags (Chehata 1968), zumindest in hanafitischer Sicht. Mängel, die dieses Element betreffen, finden aber kaum detaillierte Behandlung, den Fall der Gewaltausübung bei Vertragsabschluss ausgenommen. Wird eine Person mit Gewalt zur Abgabe einer Erklärung gezwungen, kommt darin sicherlich in den meisten Fällen die Absicht zum Ausdruck, diese Erklärung abzugeben. Dies unterscheidet sie von einer nicht ernsthaft geäußerten Erklärung. Wenn alle anderen Bedingungen des Vertragsabschlusses gegeben sind (s. Lohlker 1999a: 48ff.), ist er erfolgreich abgeschlossen. Allerdings fehlt es am Element des *rida*: der Zufriedenheit des Erklärenden. Es ist kein Willenszustand des Erklärenden vor oder während der Abgabe der Erklärung gemeint – und damit kein zu erschließender vorgängiger Wille. Es werden lediglich die im Sprechakt erkennbaren Umstände der Erklärung berücksichtigt.

Wille, Absicht, Intention ist also auch hier in der verbindlichen Äußerung vorhanden und damit erkennbar. Es ist die in und mit der Handlung und dem jeweiligen Sprechakt erkennbare und unterstellbare Intention, die zu beachten ist, nicht der Wille der jeweiligen Person. Dies mag formalistisch erscheinen, wenn nicht gar legalistisch, ermöglicht es aber den *fiqh*-Gelehrten, höchst flexibel und effektiv zu operieren (s. u.).

In personenstandsrechtlichen Fragen finden wir zum Teil eine ähnliche Behandlungsweise der Intentionen wie in anderen vertragsrechtlichen Fragen (Powers 2006: 123ff.). Dies ist nicht verwunderlich, ist der Ehevertrag doch grundsätzlich ein Vertrag wie jeder andere. Bei der Scheidung kommt es aber zu einigen Differenzierungen. Wird die

Scheidung mit einer klaren und eindeutigen Formulierung ausgesprochen, so wird die Intention nicht berücksichtigt, da sie bereits in diesem performativen Sprechakt offenbar wird. Bei Ausdrücken, die eine Scheidung implizieren, aber nicht den gebräuchlichen Terminus für z. B. Verstoßungsscheidung (*talaq*) enthalten, entscheidet wiederum die Intention, ob mit dem verwendeten Ausdruck eine Scheidung gewollt war oder nicht. Auch hier gilt aber, dass es sich um eine Residualkategorie handelt, denn die meisten Uneindeutigkeiten können durch eine sorgfältige sprachliche Analyse geklärt werden.[7]

Im Erbrecht allerdings werden die Intentionen des Erblassers überhaupt nicht berücksichtigt, wenn es um etwaige Versuche geht, die strikte Aufteilung der Hinterlassenschaft in zwei Drittel, die in einem festen Verhältnis aufgeteilt werden, und einem Drittel, über das der Erblasser verfügt, zu umgehen. Ein Mittel, um diese Aufteilung zu verändern, waren Schenkungen und Veräußerungen von Eigentum, wenn der Eigentümer so schwer erkrankt war, dass er mit ziemlicher Sicherheit in absehbarer Zeit den Tod erwarten konnte: die „Krankheit zum Tode" (*marad al-mawt*). Wenn es auch genau definierte Regeln gab, die die Fähigkeit beschränkten, in diesem Zustand Transaktionen durchzuführen, insbesondere wenn die Interesse der zukünftigen Erben berührt waren, dann wurden diese Regeln von den Gelehrten so formuliert, dass sie in den meisten Fällen nicht angewandt werden mussten.

Generell gibt es gewisse Unterschiede entlang der Unterscheidungen zwischen den einzelnen sunnitischen Rechtsschulen in der Behandlung der Intentionen. Aber auch diese sind nicht absolut. Sie überschneiden sich des Öfteren. Überschneidungen gibt es ebenfalls mit anderen Begriffen. Oben wurde dies bereits angedeutet. Es handelt sich dabei um eine Flexibilisierung des Denkens und der dafür zur Verfügung stehenden Begrifflichkeit, die einer „Kultur der Ambiguität" (Bauer 2011) höchst angemessen und leistungsfähig ist; jegliche Defizitdiagnose wäre auch hier verfehlt.

Spezialwerke über die *niyya* beschäftigen sich deshalb detailliert – und nicht immer erfolgreich – mit Definitionen von Begriffen wie „Absicht" (*irada*), „Entschlossenheit" (*'azm*), „Bestreben" (*hamm*), „Begehren" (*shahwa*), „Zielsetzung" (*qasd*), „Präferenz" (*ikhtiyar*), „Beschluss" (*qada'*), „Bestimmtheit" (*qadar*), „Bekümmertsein" (*'inaya*), „Wunsch (*mashi'a*)" oder eben *niyya*, alles in Verbindung mit Handlungen (Qarafi 1988: 117).

---

7   S. den Abschnitt über den lexikalischen Code (S. 129ff.).

Wie wird nun die *niyya* definiert? „Die *niyya* nun ist eine Absicht (*irada*), die damit verbunden ist, dass eine Handlung in eine Richtung geneigt wird, die jemand akzeptabel erscheint, nicht mit der Handlung als solcher. Es wird so unterschieden zwischen unser Zielsetzung (*qasd*), das Gebet zu vollziehen, und unser Zielsetzung, dass jene Handlung eine Annäherung an Gott ist, eine Pflichthandlung, eine zusätzliche Handlung, instrumentell oder beschlossen, um zu etwas anderem als jenem zu führen, das hinsichtlich der Handlung erlaubt ist.[8] [...] In Hinblick darauf, dass diese Absicht die Handlung in eine Richtung neigen lässt, die schariatrechtlich als erlaubt betrachtet wird, nennt man sie in dieser Hinsicht *niyya* [...]. Die Unterscheidung zwischen *niyya* und Absicht (*irada*) ist, dass die *niyya* nur verbunden ist mit der Handlung dessen, der die Intention hat, und die Absicht mit der Handlung eines anderen, wie wir ja als Absicht haben, die Hilfe Gottes und seine Wohltat zu erlangen, diese aber nicht zu unseren Handlungen zählen" (Qarafi 1988: 119ff.). Wir sehen hier die enge Verbindung zwischen Handlung und Intention, zugleich aber eine analytische Trennung. Die Absicht (*irada*) ist ein Oberbegriff, der u. a. in den Bereich der Frömmigkeit hin ausgeweitet wird.

Im strafrechtlichen Sinne wird ein anderer Begriff benutzt, den wir als hier als „Vorsatz" (*'amd*) übersetzen wollen (Powers 2006: 169ff.). Vorsatz ist im Gegensatz zur *niyya* als die Intention zu verstehen, böses zu tun, hat also eine negative Konnotation. Die Gelehrten sind sich allerdings auch in diesem Fall dessen bewusst, dass die menschliche Beurteilung nicht zu dieser Art Intention vordringen kann. Menschen können lediglich versuchen, den Vorsatz zu erfassen. Letztlich sind sie aber auch hier auf Wahrscheinlichkeiten angewiesen, die sich auf äußere Hinweise stützen müssen, die sich aus den Handlungen der Menschen ergeben. Wirkliche Kenntnis über die Intentionen kommt nur Gott zu. Es verschränken sich also religiös-ethische und juridische Logiken, wobei die juridische Logik im Rahmen eines dezidierten Probabilismus operiert, der es trotzdem ermöglicht, Beurteilungen von Handlungen zu formulieren, die zu Urteilen führen, um soziale Dysfunktionen ins Lot zu bringen.

Wichtig ist noch zu bedenken, dass das hier vorgestellte Modell der Unterteilung von Intentionen eine Tendenzbeschreibung ist und Abweichungen davon gefunden werden können. Festhalten wollen wir,

---

8 Das Gebet kann verrichtet werden allein mit der Absicht, sich Gott zu nähern, als Erfüllung der Gebetspflicht, als zusätzliches Gebet über die Pflichtgebete hinaus, um die eigene Frömmigkeit zu demonstrieren, oder zu Zwecken, die noch nicht einmal als erlaubt beurteilt werden.

dass Intentionen je nach Rechtsgebiet höchst differenziert betrachtet und eingesetzt werden und für nicht moderne Verhältnisse nicht mit einem europäischen Willensbegriff unterlegt werden dürfen, der im engen Zusammenhang mit dem wichtigsten der abendländischen Hauptrituale steht, „von denen man sich die Produktion der Wahrheit verspricht: Regelung des Bußsakraments durch das Laterankonzil von 1215, die darauf folgende Entwicklung der Beichttechniken, in der Strafjustiz Rückgang der Strafverfahren, Verschwinden der Schuldbeweise (Eid, Duell, Gottesurteil) und Entwicklung von Vernehmungs- und Entwicklungsmethoden [...] all das hat dazu beigetragen, dem Geständnis eine zentrale Rolle in der Ordnung der zivilen und religiösen Mächte zuzuweisen. [...] vom Geständnis als Garantie von Stand, Identität und Wert, die jemandem von einem anderen beigemessen werden, ist man zum Geständnis als Anerkennen bestimmter Handlungen und Gedanken als der eigenen übergegangen" (Foucault 1983: 75f.). Und damit ist die Erforschung des wahren Willens zentral geworden, während im islamischen Kontext diese Kenntnis häufig dem *forum internum* des Handelnden und Erklärenden zugeordnet wird und nur in der aktuellen Handlung erkennbar wird.

Mehrdeutigkeit

Trotz ihres festen Glaubens, dass es möglich ist, die göttliche Absicht aufzudecken, und trotz der ausgearbeiteten Argumente, mit denen sie diese Auffassung stützten, waren die muslimischen Rechtsgelehrten realistisch genug anzuerkennen, dass noch so viele Argumente zugunsten dieses Prinzips nicht garantieren konnten, dass die Anstrengungen, den göttlichen Willen, das Recht in unserem Falle, aufzudecken, immer erfolgreich sein würden – geschweige denn leicht. Der Code enthielt schließlich mehrdeutige Ausdrücke. Ein Sprecher konnte immer, selbst wenn er einen relativ eindeutigen Ausdruck benutzte, eine metaphorische Bedeutung meinen oder eine seltene Nebenbedeutung benutzen, die der Aufmerksamkeit des Gelehrten entgangen sein mochte ...

Man muss sich also klar sein, was für einen Ausdruck man vor sich hat. Der Malikit Ibn Rushd (gest. 1198) sagt dazu: „Die Gewohnheit, die bei ihnen [den Gelehrten] in dieser Kunst gepflegt wird, ist, dass sie die sprachlichen Ausdrücke und Aussagen unterteilen in mehrdeutige (*mujmal*), kontextuelle (*nass*), offenkundige (*zahir*) und Audrücke, bei denen die sekundäre [Bedeutung] vor die primäre gereiht wird (*mu'awwal*). [...] Was das Mehrdeutige (*mujmal*) betrifft, so kann es durch Konsens nicht klargestellt und keine Beurteilung (*hukm*) dadurch fixiert werden" (Ibn Rushd 1994: 101ff.).

Das Feld dieser Ausdrücke wird vom Hanafiten al-Sarakhsi (gest. 1096) folgendermaßen gegliedert: „Der offenkundige Ausdruck (*zahir*) ist der, aus dem das Gewollte durch das Hören selbst verstanden wird – ohne weiteres Nachdenken. [...] / Der kontextuelle Ausdruck (*nass*) ist das, was an Klarheit durch einen Zusatz (*qarina*) gewinnt, der mit dem sprachlichen Ausdruck (*lafz*) des Sprechers verbunden ist. Im sprachlichen Ausdruck gibt es nichts, was jenen [kontextuellen Sinn] offenkundig notwendig macht, ohne dass dieser Zusatz hinzutritt. Einige Rechtsgelehrte behaupten, dass die Bezeichnung *nass* nur auf spezifizierte Ausdrücke zutrifft. Dem ist aber nicht so. [...] / Der erläuterte Ausdruck (*mufassar*) ist eine Formulierung für das, was aufgedeckt ist (*makshuf*), von dem das, was gemeint ist, in einer Weise weiß, dass es dabei unmöglich ist, es weiter auszulegen. Er steht somit über dem *zahir*- und dem *nass*-Ausdruck, weil in den beiden die Möglichkeit einer weiteren Auslegung vorhanden ist; beim *mufassar*-Ausdruck ist sie ausgeschlossen. [...] Das Beispiel dafür ist sein, er ist erhaben, Wort: ‚Da warfen sich die Engel alle zusammen nieder' (15, *al-hajar*, 30). Das Nomen ‚die Engel' ist allgemein ('*amm*); in ihm liegt die Möglichkeit des Spezifischen. Durch sein Wort ‚alle' wird diese Möglichkeit abgeschnitten. Es bleibt die Möglichkeit der Vereinigung oder der Trennung [zwischen den Engeln]. Durch sein Wort ‚zusammen' wird die Möglichkeit der weiteren Auslegung [in Richtung] der Trennung abgeschnitten. Es wird deutlich, dass die Beurteilung von *mufassar* höher als die von *zahir* und *nass* ist. [...] / Der feststehende Ausdruck (*muhkam*) ist in der Hinsicht noch höherrangiger als das, was wir gesagt haben, dass es keine Möglichkeit der Abrogation oder Abänderung gibt. [...] / Der verborgene Ausdruck (*khafiyy*) ist eine Formulierung für das, dessen Sinn unklar und der mit ihm gemeinte Sachverhalt verborgen ist [...]. / Der mehrdeutige Ausdruck (*mujmal*) ist das Gegenteil des *mufassar*-Ausdrucks [...]. Es ist ein sprachlicher Ausdruck, von dem man das, was gemeint ist, nur versteht, wenn man nach einer Auslegung des Mehrdeutigen sucht" (Sarakhsi 1993, Bd. 1: 163ff.).

Al-Sarakhsi geht bei der Definition von *mujmal* noch weiter und sagt, dass es nur möglich ist, solche Ausdrücke zu verstehen, wenn man weitere Hinweise durch den Sprecher erhält (Ramić 2003: 119). Die Analyse sprachlicher Ausdrücke hinsichtlich ihres exegetischen Potenzials kann noch weiter getrieben werden. So gibt es Beschreibungen von Ausdrücken als komplex (*mushkil*), die durch einen Zusatz verstanden werden können (Ramić 2003: 112). Ein Sprecher/Autor, auch der göttliche, würde eben immer, so wurde es erwartet, kontextuelle Faktoren einbeziehen, wenn es darum ging, z. B. den Sinn mehrdeutiger Ausdrücke mitzuteilen. Der Interpret musste sich dann natürlich ebenfalls auf kontextuelle Faktoren beziehen, um den Text zu interpretieren und die Absicht Gottes zu erfassen. Das Arbeiten des Codes hing immer davon ab, dass Wort und Kontext zusammen gesehen wurden. Hier spielen die gerade genannten Zusätze (*qara'in*) eine große Rolle: Ausdrücke, die es ermöglichen, eine mehrdeutige Situation aufzulösen (im Detail Hallaq 1988).

Viel wichtiger ist noch ein weiteres methodisches Problem. Wie können wir aus allgemeinen Ausdrücken Hinweise für spezielle Fälle gewinnen?

Khass und 'amm

„Das Herzstück der juristischen Hermeneutik im engeren Sinn ist die Exegese mit Hilfe der Begriffe *'amm*[9] und *khass*. Diese Exegesetechnik ermittelt, wie weit die Begriffe in den juristisch verwertbaren Textstücken des Koran und der Sunna ausgreifen. Wenn der Koran fordert: ‚Der Unzuchttäter und die Unzuchttäterin, verabreicht jedem von ihnen hundert Peitschenhiebe!' (24,2), so ist damit nicht gesagt, ob die Regelung schlechthin für alle Unzuchttäter gilt oder nicht. Der Exeget, der antritt, solche Sätze in geltendes Recht zu verwandeln, steht zuallererst vor der Frage, ob die aus Sure 24,2 abzuleitende juristische Beurteilung für alle Unzuchttäter gilt (*'amm*) oder nur für einen Teil (*khass*). Ist die Regelung voll in Kraft oder existieren Einschränkungen und Sonderregeln? Wie sind Abweichungen vom allgemeinen Sinn zu begründen? / Indem die *'amm/khass*-Exegese auf derartige Fragen antwortet, steckt sie nicht nur den Geltungsbereich juristisch relevanter Begriffe ab, sondern gibt ihnen überhaupt erst juristische Geltung. [...] / Da die Hierarchie der Rechtsquellen fordert, dass die Analogie nur angewendet wird, wenn ein bestimmter Fall nicht von einer Regelung aufgrund von Koran oder Sunna erfasst wird, entscheidet die *'amm/khass*-Exegese auch darüber, ob eine Analogie überhaupt berechtigt ist. Die *'amm/khass*-Exegese legt den Umfang der primär gewonnenen juristischen Beurteilungen fest und bestimmt auf diese Weise, was noch mit Hilfe der Texte und was schon mit Hilfe der Analogie zu begründen ist. Erst dadurch wird die Grenze zwischen dem Rechtsbestand gezogen, der aus den Primär-

---

9 Die Transkription ist der in diesem Band üblichen angeglichen.

quellen abzuleiten ist, und dem Rechtsbestand, der aus den Sekundärquellen abzuleiten ist" (Tillschneider 2006: 4f.).

Die Rechtsgelehrten waren auf jeden Fall der festen Überzeugung, dass es im Prinzip möglich war, die Beurteilungen Gottes in der Scharia aufzudecken, selbst wenn sie in Wirklichkeit *nicht* aufgedeckt wurden. Nichtaufdeckung machte den Begriff der Aufdeckbarkeit nicht ungültig; sie bleibt immer möglich, nur die Wahrscheinlichkeit steht immer unter einem Fragezeichen.

Dass der Koran und die Hadithe grundlegende, autoritative Texte waren, die einen verlässlichen primären Kanon bildeten, wurde zum Symbol der muslimischen Rechtsgelehrsamkeit. Allgemein benutzte man jetzt das *tawatur*-Prinzip, um die Authentizität der autoritativen Texte zu demonstrieren; das Verständnis von Sprache, das die Grundlage dieser Interpretation war, war ebenfalls allgemein anerkannt. Es schien aber notwendig, über den Versuch hinauszugehen, die Hinweise auf die Texte zu entschlüsseln. Durch die empiristische Erschließung der Texte wurde es möglich, über sie in gewissem Sinne hinauszugehen.

Analogiebildung (qiyas)

Jetzt wollen wir uns einem Thema zuwenden, bei dem keine Übereinstimmung bestand, wenn auch eine vorherrschende Meinung sich herausbildete. Worum es geht, ist der Gebrauch der Analogie als Mittel, um neue Rechtsregeln zu formulieren. In dichterischer Form können wir dies so lesen: „Der *qiyas* ist vielmehr das Zurückführen / eines Zweiges (*far'*) auf eine Wurzel (*asl*)[10] durch, was gezählt wird / als eine *ratio legis* (*'illa*), vereinend die beiden in einer Beurteilung (*hukm*), / nicht autoritativer Text (*nass*) und nicht als Konsens (*ijma'*) der Gelehrten" (Shinqiti 2001: 107). Hier wird die Analogie in Form des *qiyas* als eigenständiges Medium gesehen, das unabhängig von anderen Methoden durch einen verbindenden Rechtsgrund wirkt. Den Widerspruch können wir genauso in einem Vers finden: „Die Analogie bringt herbei eine Form, bisher unbekannt, / eine Beurteilung für eine andere durch eine schariatische Bestimmung, bereits bekannt" (Mulay 2006: 148). Es wird deutlich, dass im empiristischen Sinne die Analogie textuell fundiert ist.

Einige Rechtsgelehrte standen dem Gebrauch des Analogieschlusses sehr kritisch gegenüber. Einer von ihnen war der Zahirit Ibn Hazm, der

---

10 Gespielt wird hier mit dem Bezug auf die *furu'* und die *usul al-fiqh*.

recht entschieden dagegen schrieb – wie auch gegen andere Methoden, die dem empiristischen Grundverständnis widersprachen, etwa dem *istihsan* (s. S. 163ff.) (Ibn Hazm 1969). Von zwölferschiitischer Seite tritt der Gebrauch der Vernunft ein, um Exzesse des analogistischen Denkens zu vermeiden (Gleave 2001). Diejenigen, die den Gebrauch dieses Verfahrens befürworteten, mussten zeigen, dass dies nicht der Fall war. Ich möchte die Befürworter des Analogieschlusses im Folgenden Analogisten nennen.

Ein prominenter Analogist wie Fakhr al-Din al-Razi (gest. 1209) schreibt dazu[11]: „Das Treffendste, das zu diesem Thema gesagt wurde, hat, kurz gesagt, zwei Aspekte: / Der erste: Das, was der Kadi Abu Bakr [b. al-'Arabi, gest. 1148] erwähnt hat und die Mehrzahl der die Wahrheit Suchenden unter uns gewählt haben, ist, dass es das Beziehen eines bekannten Sachverhalts (*ma'lum*) auf einen anderen bekannten Sachverhalt bezüglich dessen ist, dass für beide eine Beurteilung für feststehend erklärt oder verneint wird. [Dies geschieht] mittels einer Sache, die eine Verbindung zwischen ihnen beiden herstellt bezüglich dessen, dass eine Beurteilung oder eine Eigenschaft für feststehend erklärt wird oder beides für diese beide verneint wird. / Wir benutzen den sprachlichen Ausdruck ‚bekannt' (*ma'lum*), um das Vorhandenseiende (*maujud*) oder Nichtvorhandenseiende (*ma'dum*) zu bezeichnen.[12] Die Analogiebildung findet zwischen allen beiden statt. Würden wir die [vorhandene, ursprüngliche] Sache erwähnen, würde sie entsprechend unserer Schule durch das Vorhandenseiende spezifiziert, würden wir die abgeleitete Regel (*far'*) erwähnen, würden wir die Spezifizierung durch das Vorhandenseiende implizieren. / Außerdem: Der zweite bekannte Sachverhalt muss eine ‚Wurzel' sein. Der *qiyas* ist nun ein Ausdruck für den Ausgleich (*taswiya*), und dieser kann nur zwischen zwei Sachen stattfinden, weil, wäre dem nicht so, wäre es die Festlegung der Scharia durch die Zuweisung eines Urteils.[13] / Außerdem: Die Beurteilung kann sowohl eine Verneinung als auch eine Bestätigung [der Analogie] sein. / Außerdem: Das verbindende Glied (*jami'*) kann eine real existierende Sache und eine schariagemäße Beurteilung sein. Beide können sowohl eine Verneinung als auch eine Bestätigung [der Analogie] sein. / Dies ist die Erläuterung dieser Defi-

---

11 Es gibt eine Vielzahl weiterer Definitionen, denen hier nicht im Detail nachgegangen werden kann.
12 Damit weicht Fakhr al-Din vom üblichen Sprachgebrauch seiner Schule ab.
13 Der Schwanz würde sozusagen mit dem Hund wedeln, denn die Scharia ist (s. o.) letztlich die Summe der göttlichen Beurteilungen und kann nicht durch eine einzelne (menschliche!) Beurteilung definiert werden.

nition. / Der Einwand dagegen nimmt [einige] Formen an: / Eine davon ist, dass wir sagen: Wenn du mit dem Beziehen eines von zwei bekannten Sachverhalten auf den anderen zum Ausdruck bringen willst, dass die Beurteilung der einen von ihnen beiden feststehend für die andere zu erklären ist, dann ist deine Aussage nach ‚dass für beide eine Beurteilung für feststehend erklärt oder verneint wird' eine Wiederholung jener selben Aussage. Dann ist eine Wiederholung ohne jeglichen Nutzen. Wenn es sich um eine andere Sache handelt, muss es erklärt werden" (Razi 1999, Bd. 3: 1071ff.). Die Diskussion der Einwände gegen die von Fakhr al-Din gegebene Definition setzt sich über etliche Seiten fort, sodass wir sie hier nicht weiter verfolgen können.

Die Grundannahme der Analogisten war jedenfalls, dass das Recht, das man in den grundlegenden Texten finden konnte, nur die Situationen betraf, die während der Periode der Offenbarung aufgetreten waren. Die Situationen, auf die sich die Offenbarung bezog, mochten noch so zahlreich und allgemeingültig sein – es war doch nicht zu erwarten, dass in diesen Texten ein Korpus von Regeln zu finden war, der für alle Zeiten ausreichend wäre und alle zukünftigen Situationen abdecken würde. Um nun das Recht zu befähigen, den Fluss neuer Ereignisse zu bewältigen, mussten die Rechtsgelehrten über die grundlegenden Texte hinausgehen, ohne den Kontakt zu verlieren. Wenn der Text keine Regel für einen gegebenen Fall bereithielt, musste der Rechtsgelehrte eine solche Regel zur Verfügung stellen. Außertextliche Regeln mussten eine feste Grundlegung in den Texten haben. Dafür schien nun die Analogie das angemessene Argument zu sein.

Das klassische Beispiel für den Gebrauch der Analogie hat mit dem Verbot des Konsums zweier Getränke zu tun: *khamr* (Wein) und *nabidh* (fermentierter Dattelsaft). Der Koran erklärt explizit *khamr* für verboten (2, *al-baqara*, 219; 5, *al-ma'ida*, 90), sagt aber nichts über den *nabidh*. Unter der Annahme, dass es keinen Text aus der Hadithliteratur gibt, der eindeutig den *nabidh* verbietet[14], stehen wir vor einem rechtlichen Problem: Wie können wir den rechtlichen Status des *nabidh* bestimmen? Die Analogisten bieten uns eine Lösung an unter Berücksichtigung der „Ursache" (*'illa*) des Verbotes des *khamr*: *khamr* ist verboten, weil er betrunken macht. Da nun *nabidh* auch betrunken macht, ist er ebenfalls verboten. So wird, ausgehend von einer Regel, die in den grundlegenden Texten zu finden ist – die Regel betreffend den *khamr* –, eine neue, eine

---

14 Es gibt einige Hadithe, die den *nabidh* nicht explizit verbieten, aber ihn zu den berauschenden Getränken zählen und ihn dann analog zu den anderen verbieten. Ein Analogieschluss in Form eines Hadith.

außertextliche Regel formuliert. Diese Bewegung von Regel zu Regel basiert auf einem Vergleich der Fälle in dem Aspekt, in dem sie sich ähneln. In unserem Falle ist dies die Fähigkeit des Getränkes, betrunken zu machen.

Das Beispiel zeigt uns, dass vier Faktoren für eine erfolgreiche Analogiebildung vorhanden sein müssen, die „Säulen der Analogie": ein ursprünglicher Fall (*khamr* wird getrunken), eine ursprüngliche Regel (*khamr* zu trinken, ist verboten), ein neuer Fall (*nabidh* wird getrunken) und ein Element, das beiden Fällen gemeinsam ist (*jami'*) und dadurch, dass es die „Ursache" der ursprünglichen Regel ist, als Ursprung der neuen Regel betrachtet werden kann. Die neue Regel wird dann als Ergebnis, als „Zweig" (*far'*) bezeichnet, der aus der ursprünglichen „Wurzel" (*asl*) erwächst. Wir haben es bei Fakhr al-Din al-Razi gesehen.

„Ursache" ist hier nicht in einem strikten Sinne als notwendige, determinierende Ursache zu versehen. Die Eigenschaft des Weines, dass er betrunken macht, bewirkt nicht an sich notwendigerweise ein Verbot. Es ist vielmehr der Wille Gottes, der das Verbot notwendig macht; er ist der wirklich bestimmende Faktor dieser Regel.

Die Qualität des *khamr* als berauschendes Getränk ist nur insoweit die Ursache des Verbotes, als wir sagen können, dass *khamr* verboten ist, *weil* er betrunken macht, nicht weil es Wein ist. Zu sagen, dass Wein verboten ist, weil er betrunken macht, impliziert, dass er nicht verboten wäre, wenn er nicht betrunken machte. Das Verbot ist also in gewisser Weise mit dem Betrunkenmachen verbunden und das Wort „Ursache" bezeichnet diesen Zusammenhang.

Der Gebrauch der Analogie kann, wie bereits erwähnt, zur Formulierung allgemeinerer Regeln und Kategorien führen. Wir können beispielsweise, wenn wir erst einmal bestimmt haben, dass *khamr* wegen seiner berauschenden Wirkung verboten ist, die allgemeine Regel formulieren: Alle berauschenden Getränke, ja sogar Stoffe sind verboten. Ist diese allgemeine Regel einmal gegeben, könnten wir auf dem Wege der Subsumtion fortfahren und den jeweiligen Einzelfall unter diese allgemeine Regel fassen. Wir brauchten dann keine Analogie mehr. Die älteren Analogisten waren jedoch vorsichtig, nicht in diese Richtung zu gehen. Sobald man eine außertextliche Regel formuliert hatte, ging man so vorsichtig wie möglich weiter vor. Die außertextlichen Regeln wurden auf der Ebene des Einzelfalls gehalten – wie die in den grundlegenden Texten enthaltenen Regeln, auf die man sich analog bezogen hatte. Allgemeine Regeln, die in den grundlegenden Texten zu finden waren, waren eine Sache; allgemeine Regeln, die außertextlich formuliert wurden, waren eine ganz andere Sache, ein Ausdruck menschlicher

Initiative, der im Rahmen des juridischen Empirismus schwer zu rechtfertigen war und sich mehr in Richtung einer juristischen Induktion bewegte. Dazu gleich mehr.

Analogisches Argumentieren hat eine lange Geschichte in der muslimischen Welt bis zurück an den Beginn des muslimischen Rechtsdenkens. Wir erwähnen es. Der frühe Gebrauch der Analogie führte zu Verallgemeinerungen und war Teil des Prozesses der Systematisierung des Rechts.

Ein Beispiel: Wenn eine Regel vorhanden war, dass Wasser, von dem ein Hund getrunken hatte, für die rituelle Reinigung (vor dem Gebet) benutzt werden konnte, dann gab es einen Hinweis, mit dem man arbeiten konnte, um den rechtlichen Status von Wasser zu bestimmen, aus dem andere Tiere getrunken hatten. Wie sollte man z. B. Wasser betrachten, von dem Esel, Maultiere, Katzen, Raubvögel oder wilde Tiere getrunken hatten? Natürlicherweise suchte man nach übergreifenden Kategorien. Wenn ein Hund als Haustier von diesem Wasser trinken konnte und dieses geeignet blieb, um die rituelle Reinigung vorzunehmen, dann sollte es rituell unbedenklich sein, wenn ein Maultier, ein Esel oder eine Katze aus diesem Wasser trinkt; handelt es sich um Raubvögel oder wilde Tiere, wäre dies bedenklich. Wenn nun das Trinken eines Raubvogels oder irgendeines anderen Raubtieres aufgrund ihrer Eigenschaft als *Raubtier* das Wasser unrein macht, dann muss das Trinken des Hundes auch in anderer Weise betrachtet werden, denn auch Hunde können durchaus als Jagd- und damit als Raubtiere angesehen werden. Vielleicht geht es aber auch um Aasfresser, die das Wasser unrein machen, in welchem Falle das Trinken von Hunden wiederum unbedenklich wäre.

Spekulationen dieser Art können zu verwandten Fragen führen: Welche Auswirkung hat es, wenn die genannten Tiere Milch trinken? Darf Milch, von der sie getrunken haben, von Menschen getrunken werden? Gibt es irgendeine Beziehung zwischen den Auswirkungen, die dies auf Wasser hat, das zur Waschung benutzt werden soll, und den Auswirkungen auf Milch, die getrunken werden soll? Zu diesem Zwecke sind die Hinweise ganz wichtig, von denen wir bereits gesprochen haben. Was ist aber genau darunter zu verstehen?

Hinweis (dalil)

Ein *dalil* ist ein Hinweis, der unsere Aufmerksamkeit auf etwas lenkt und uns damit zur Ergründung einer Beurteilung (*hukm*) einer menschlichen Handlung oder eines Sachverhaltes führt, die idealerweise der göttlichen oder schariatischen so nahe wie möglich kommt. Al-San'ani (gest. 1772/73) schreibt dazu: „Der *dalil* ist in der Lexikographie (*lugha*) der Leitende; er ist ein richtig leitendes Zeichen, ein darauf hinweisendes, ein es erwähnendes"; technisch sei es die Verbindung zwischen dem hinweisenden Zeichen und dem, worauf hingewiesen wird (San'ani 1988: 52f.).

Nun kann es natürlich sein, dass zwei Hinweise sich widersprechen. Was ist in diesem Falle zu tun? „Wenn zwei Hinweise sich widersprechen und nicht / es möglich ist, sie zu vereinen (*jam'*) oder [einer den anderen] aufzuheben, / kehrt man zur Wahrscheinlichkeitsabwägung (*tarjih*) zurück bei dem, der darauf trifft, / einige daran zu hindern, das gefällt nicht. / Ist die Abwägung unmöglich, fällt sie weg für ihn, / kehrt man zurück zu einem *taqlid* oder setzt die Beurteilung aus (*tawaqquf*)" (Muhissi 2007: 816).

Die Wahrscheinlichkeitsabwägung zählt zu den Herzstücken der Arbeit der rechtsmethodisch arbeitenden Gelehrten und wird vielfach durchdacht: „Am Ende steht schließlich die Frage, wie zu verfahren ist, wenn zwei Hinweise einander widersprechen. Bei dieser ‚Wahrscheinlichkeitsabwägung' [...] muss ein Jurist entscheiden, ob ein *dalīl* ausreichend gut überliefert und eindeutig ist, um zu sicherem Wissen zu führen, und wie, falls dies nicht der Fall ist, bei widersprüchlichen Hinweisen zu verfahren ist. Er muss dann entscheiden, ob sich die Widersprüche versöhnen lassen (etwa indem beide Hinweise angewendet werden können, wenn einer davon als spezifiziert verstanden wird [...]), ob eine Textstelle als abrogiert gelten muss oder ob ein Hinweis, eine seiner Interpretationen oder etwa ein Analogieschluss als weniger wahrscheinlich zu verwerfen ist. Am Ende steht dann die Beurteilung des Sachverhalts durch den *mudjtahid*, die idealerweise mit dem göttlichen *ḥukm* übereinstimmt, der aber in den allermeisten Fällen konkurrierende Beurteilungen anderer Juristen entgegenstehen" (Bauer 2011: 183).

Der schließlich triumphierende Empirismus adaptierte das analogistische Programm. Dies konnte geschehen, weil der Gebrauch der Analogie in solcher Weise modifiziert wurde, dass er die Grundlagen des Empirismus nicht bedrohte. Zu diesem Ziele werden die Probleme der Analogiebildung intensiv diskutiert.

Das so modifizierte analogistische Argumentieren begann allein mit Regeln, die in den grundlegenden Texten gefunden werden konnten, was zuvor nicht immer der Fall war. Außerdem vermied dieses modifizierte analogistische Denken die Verallgemeinerung von Regeln, die zu sehr der juridischen Logik folgen bzw. einer induktiven Methodik nähern würde. Die analoge Regel muss sich auf derselben höchst spezifizierten Ebene bewegen wie die ursprüngliche Regel. Das Ziel des analogistischen Argumentierens war es, neue Fälle zu entscheiden und neue Regeln zu formulieren, die *diese* Fälle betrafen. Es ging nicht darum, die Rechtsregeln auf eine höhere Ebene zu heben als die der handfesten Einzelfälle.

Dies heißt nicht, dass die Analogisten nicht versuchen würden, allgemeine Prinzipien zu entwickeln; eine gewisse induktive Tendenz ist immer festzustellen. Es geht darum, dass diese Prinzipien dem Gelehrten helfen, eine Regel zu formulieren, aber nicht selber eigene Regeln darstellen. Eine Regel war konkret. Jede Regel begann als die verbindliche rechtliche Regelung eines bestimmten Falles. Allgemeine Prinzipien lagen außerhalb des Bereiches der Regeln an sich. Dadurch, dass sie solche allgemeinen Prinzipien benutzten, waren die Analogisten verwundbar durch die Kritik ihrer Gegner.

Obwohl analogistisches Argumentieren schließlich als Methode, um Rechtsregeln zu formulieren, innerhalb aller vier sunnitischen Hauptrechtsschulen akzeptiert wurde, gab es doch weiterhin in gewissen Kreisen eine starke Opposition, u. a. unter den Schiiten, aber auch in anderen Strömungen. Das am häufigsten verwendete Argument *zugunsten* der analogistischen Methode stützte sich auf den Konsensus der frühesten Generation der Muslime (s. S. 222ff.). Viele von ihnen, so wurde gesagt, hätten sich der Analogie bedient, um Regeln zu formulieren, und die anderen hatten stillschweigend ihre Zustimmung zu dieser Praxis bekundet, weil sie nicht widersprochen hatten. Solch ein Konsens konnte nur bedeuten, dass dieses Vorgehen akzeptabel war, denn die frühen Muslime hätten nicht in der Verfolgung dieser Praxis Übereinstimmung gezeigt, wenn diese Praxis ungültig oder irrig gewesen wäre. Ein anderes Argument bezieht sich auf einen textuellen Beweis, wenn auch einen etwas indirekten. Im Koran finden wir erwähnt, man müsse seinen Verstand benutzen, um Gott zu erkennen (16, *al-nahl*, 68). Als stärkster Beweis aus der Sunna wurde angesehen, dass der Prophet einem frühen Richter namens Mu'adh Zustimmung signalisiert habe, der sagte, als er vom Propheten befragt wurde, dass er seine eigene Verstandesanstrengung nutzen würde, wenn er für einen Fall, der vor ihn gebracht wurde, keine Lösung im Koran oder in der Sunna finden könne.

Keines dieser Argumente überzeugte die Gegner. Dass die ersten Muslime die Analogie benutzt hätten, war nicht sonderlich sicher, denn die Belege konnten höchst unterschiedlich interpretiert werden. Außerdem war die Abwesenheit eines Widerspruchs kein Beweis für eine Übereinstimmung. Was nun die koranische Ermahnung betrifft, der Mensch möge seinen Verstand benutzen, so sei dies kaum eine Sanktionierung des spezifischen Verstandesgebrauchs in Form der Analogie. Die Geschichte von Mu'adh war zudem von höchst zweifelhafter Authentizität; es gab darin keinen direkten Hinweis auf die Analogie. Selbst die meisten Analogisten sahen sich gezwungen zuzugeben, dass dieses Argument in letzter Analyse nicht gerade schlüssig war. Wenigstens würden diese Argumente aber, so wurde gedacht, irgendeine Grundlage bilden für die Auffassung, dass das analogistische Argumentieren durch textuelle Argumente sanktioniert war. Wenn diese Sanktionierung nicht *sicher* war, so war sie doch *möglich*.

Hier erreichen wir den Kern des Disputes zwischen den Analogisten und ihren Gegnern. Es handelt sich um das Aufeinandertreffen eines rigorosen Empirismus, der vollkommene Sicherheit über den Wert des analogistischen Argumentieren verlangte (darunter würde er es nicht machen), und eines liberalen Empirismus, der gewillt war, wie gewohnt fortzufahren mit dem analogistischen Denken auf der Basis eines bloß möglichen Wertes. Das Wahrscheinlichkeitsdenken traf auf diese Spannung zwischen sicheren und möglichen Erkenntnissen.

Wir können den Unterschied dieser beiden Standpunkte noch anders formulieren. Wie schon erwähnt, waren die Analogisten der Überzeugung, dass die autoritativen Texte nicht alle Fälle abdeckten, mit denen sich das Recht im Laufe der Zeit zu beschäftigen haben würde, und dass neue Regeln formuliert werden müssten, um mit diesen Fällen umzugehen. Der einzige Weg, um dies zu erreichen, schien ihnen die Analogie zu sein. Die Gegner der Analogie waren gleichermaßen überzeugt, dass die grundlegenden Texte für alle Zeiten ausreichen würden. Die Texte würden potenziell alle Fälle abdecken, die für die muslimische Gemeinschaft bis zum Tage des Jüngsten Gerichts von Bedeutung sein würden. Deshalb machten auch die Beurteilungen, die man den Texten entnehmen konnte, das gesamte Recht aus. Das heißt jedoch nicht, dass das Recht sich nicht Schritt für Schritt im Bewusstsein der Gelehrten entfalten könnte, die mit den Texten arbeiteten. Es gab in den Texten mehr als auf den ersten Blick ersichtlich war.

Betrachten wir nun genauer, wie die Analogisten die Analogie als Instrument für die Formulierung von Recht einsetzten und wie sie die Vereinbarkeit mit dem empiristischen Denken begründeten! Es gibt zwei Fragen, in denen sie nicht übereinstimmten. Es handelt sich um Unterschiede, die eines der interessantesten Kapitel der muslimischen Rechtsdebatte bilden:

1) Wie ist das Konzept der „Ursache für eine Rechtsregel" zu verstehen? Was war die Natur und die Funktion einer solchen Ursache?
2) Wenn man einen Fall betrachtete, auf denen eine Regel bekanntermaßen angewendet werden konnte, wie konnte man das Element des Falles identifizieren, das die Ursache für die Regel konstituierte?

Wir wissen beispielsweise, dass der Schöpfer der Scharia, also Gott, das Trinken von *khamr* verboten hat, denn dies ist deutlich im Koran formuliert. Was hat nun der Wein an sich, das ihn dieser Regel unterwirft? Der Wein hat eine Vielzahl von Eigenschaften: Er ist rot, flüssig, hat einen bestimmten Geschmack, einen bestimmten Geruch. Welche dieser Eigenschaften erklärt nun, warum *khamr* (und vielleicht auch *nabidh*) verboten ist? Welche Methode haben wir, um diese Methode zu identifizieren (Weiss 2006)?

Motiv-Modell und Reines-Zeichen-Modell

Mit Bezug auf die erste Frage können wir zwei miteinander konkurrierende Modelle in der älteren Literatur finden: das Modell des „reinen Zeichens" und das Modell des „Motivs" (Weiss 2006). Die Formulierung „*reines* Zeichen" ist notwendig, weil die Ursache immer in gewissem Sinne ein Zeichen für eine Regel ist. Man kann z. B. immer sagen, dass, wenn *khamr* verboten ist, weil er berauscht (und es nicht wäre, wäre er nicht berauschend), dass dann die Fähigkeit zu berauschen als Zeichen für das Verbot fungiert, wo immer wir es finden. Deshalb wissen wir, wenn dieses Zeichen bei einem anderen Getränk wie dem *nabidh* vorhanden ist, dass dieses dann ebenfalls verboten ist. Wir wissen natürlich aus den Worten des Korans ohne jegliches weiteres Wissen über irgendwelche Ursachen, dass der *khamr* verboten ist. Wenn wir aber nun von der Ursache Kenntnis erhalten, gewinnt unser Wissen um das Verbot des *khamr* weiter an Tiefe. Wir wissen nun von dem Zeichen für das Verbot – und somit wissen wir, dass diese Sache verboten ist, selbst wenn wir nicht die Worte des Korans hätten, die dies sagen. Das Zeichen ist somit ein potenzielles Mittel, um Regeln zu erkennen.

Die Anhänger des Modells des reinen Zeichens vertraten den Standpunkt, dass ausschließlich die Zeichenfunktion der Ursache das Element war, durch das die Ursache definiert wurde.

Wie sieht nun ein *usul*-Gelehrter diese Ursache? „Sie ist eine Bedingung für die Gültigkeit des *qiyas*, denn durch sie wird die Verbindung zwischen ursprünglichem (*asl*) und neuem (*far'*) Fall hergestellt. Ibn

Furak (gest. 1015) sagt: Es gibt Leute, die sie auf die Ähnlichkeit (*shabah*) beschränken und es verhindern, dass über die *'illa* gesprochen wird. Ibn al-Sam'ani (gest. 1221) hat gesagt: Einige Anhänger der Analogiebildung unter den Hanafiten und anderen gehen vertreten die Gültigkeit des *qiyas* ohne Vorliegen der *'illa*, wenn eine Ähnlichkeit (*shabah*) auftritt. Die Mehrheit der Rechtsgelehrten und der Theologen vertritt die Auffassung, dass es eine *'illa* bei der Analogiebildung geben muss. Sie ist die Säule des *qiyas*. Ohne sie gibt es keinen *qiyas*. / Lexikographisch wird über die *'illa* gesagt: Es ist ein Begriff, durch den die Beurteilung einer Sache sich ändert, wenn er erreicht wird, abgeleitet von der *'illa*, die die Krankheit ist, weil ihr Einfluss auf die Beurteilung wie die Wirkung der Krankheit auf das Wesen des Kranken ist. Es wird gesagt: Jemand wird krank, wenn er sich von der Gesundheit zur Krankheit bewegt. [...] / Technisch gibt es aber fünf unterschiedliche Aussagen: / Die erste von ihnen ist: Sie ist das, was Kenntnis von der Beurteilung vermittelt, d. h., sie verschafft Wissen über die Beurteilung. Wenn der Wortsinn [der *'illa*] vorliegt, gibt es die Beurteilung [...]. [Sie ist das,] was auf die Existenz der Beurteilung hinweist. Sie ruft sie aber nicht hervor, denn derjenige, der etwas bewirkt, ist Gott. Weil die Beurteilung vorangeht, wirkt auf sie kein neues Ereignis. [...] / Die zweite ist, dass sie [die *'illa*] die Beurteilung notwendig macht, in dem Sinne, dass der Schöpfer der Scharia sie ihrem Wesen nach zur notwendigen Ursache macht [...] Die *'illa* für das Verbotensein des *nabidh* ist die Stärke des Berauschendmachens, die vorhanden war, bevor die Beurteilung mit ihm verbunden wurde, sie ist also eine *'illa*, die vom Schöpfer der Scharia geschaffen wurde. / Die dritte ist, dass sie die notwendige Ursache aus sich selbst heraus ist, nicht durch einen Akt Gottes. Dies ist die Aussage der Mu'tazila [...]. Die *'illa* ist also ein essenzielles Attribut, unabhängig von der Handlung eines Handelnden [...]. / Die vierte ist, dass sie die notwendige Ursache aufgrund der Gewohnheit (*'ada*) ist. Diese [Aussage] hat der Imam Fakhr al-Din al-Razi [...] gewählt. Sie ist eine andere als die zweite. / Die fünfte ist, dass [die *'illa*] das Motiv für die Festsetzung der schariatischen Beurteilungen ist, in dem Sinne, dass die Eigenschaft einen positiven Nutzen (*maslaha*) umfassen muss, dass sie eine Zielsetzung für den Schöpfer der Scharia sein muss, in der schariatischen Festsetzung der Beurteilung" (Zarkashi 1988, Bd. 5: 111ff.).

Der Schafiit al-Zarkashi (gest. 1391) erwähnt noch weitere Aussagen: „Die *'illa* ist bei uns [den Malikiten] der innere Sinn, um dessen willen die Beurteilung so ist, wie sie ist; es handelt sich um das Ziel und den inneren Sinn, der zur Beurteilung hinzieht. [...] Die *'illa* ist das, was die Beurteilung herbeibringt" (Zarkashi 1988, Bd. 5: 113).

Neben das Reine-Zeichen-Modell tritt in den zitierten Passagen das Modell des Motivs. Dieses Modell fordert eine weitere Funktion, die der Definition der *'illa* hinzugefügt wird: das Motiv, ohne das die Ursache für eine Regel nicht wirklich eine Ursache wäre. Für das Reine-Zeichen-Modell der Ursache war ein spezifisches Element des Falles – beim *khamr* die Eigenschaft, dass dieser berauschend war – hinreichend, um als Ursache für eine Regel zu dienen. Für das Motiv-Modell war dieses spezielle Element nicht hinreichend. Es musste vielmehr mit einem höheren Zweck verbunden werden, der im Geiste des Gesetzgebers verankert war. Die berauschende Eigenschaft des *khamr* war unter diesem Gesichtspunkt nur dann die Ursache für das Verbot, wenn sie mit einem höheren Zweck verbunden werden konnte: der Bewahrung der menschlichen Vernunft. Alleine betrachtet, ohne jeglichen Bezug auf einen höheren Zweck, könnte diese Eigenschaft keine Ursache darstellen.

Motiv- bzw. Zeichenmodell und die damit verbundenen Methoden

Eng verbunden mit diesen zwei Modellen sind zwei unterschiedliche Methoden, mit denen das Element eines Falles identifiziert wurde, der die Ursache einer Regel bildete. Übernahm man das Motiv-Modell, schaute man nach dem Element, das mit dem höheren Zweck des Rechts in Verbindung gebracht werden konnte. Im Falle des *khamr* wusste man, dass Elemente wie die rötliche Färbung, Flüssigkeit, Geschmack und Geruch keinerlei Verbindung mit dem bekannten höheren Zweck hatten. Wenn nun aber jemand, der mit den höheren Zwecken des Rechts vertraut war, die berauschende Kraft des *khamr* betrachtete, würde er schnell feststellen, dass diese Eigenschaft des *khamr* einen Zusammenhang mit einem der höheren Zwecke des Rechts hat: die Bewahrung der Funktionsfähigkeit des menschlichen Verstandes. Durch das Verbot des *khamr* bewirkte der höchste Gesetzgeber diesen höheren Zweck. Es handelt sich also um das Motiv in Form eines Elementes des Falles, das die Ursache für die Regelung konstituiert. Durch die Berücksichtigung dieses Motivs kann man erkennen, dass die berauschende Kraft in der Tat die Ursache für das Verbot des *khamr* ist. Hier wird die Verbindung zu den *maqasid* gestiftet und damit zur juridischen Induktion.

Schloss man sich allerdings dem Reine-Zeichen-Modell an, war es wahrscheinlich, dass man einen völlig verschiedenen Ansatz verfolgte, um das Element festzustellen, das man als die Ursache identifizieren konnte. Anstatt die verschiedenen Elemente des *khamr* unter dem Gesichtspunkt zu untersuchen, welches denn in Beziehung zu den höheren Zwecken des Rechts steht, würde man sie im Lichte der Dinge betrachten, die man über die Ursachen von Regeln wusste, soweit man sie aus den grundlegenden Texten ableiten oder ihnen entnehmen konnte.

An diesem Punkt kommen die in den Texten erwähnten Ursachen ins Spiel. Die Ursache für die Regel, um die es uns hier geht – das Verbot des *khamr* –, wird uns nicht von einem grundlegenden Text gegeben. Wenn man nun aber nach der Ursache des *khamr* sucht, bestimmen will, welches Element des *khamr* als Ursache anzusehen ist, kann man einiges von den bereits bekannten Ursachen für andere Regeln lernen, von Ursachen also, die tatsächlich in den Texten enthalten sind. Untersucht man diese Ursachen, kann man in der Tat ein Gefühl für die Dinge entwickeln, die im Verständnis des göttlichen Gesetzgebers Ursachen konstituieren. Man kann also ein Gefühl für die Typologie von Ursachen entwickeln. Und mit Hilfe dieser Typologie kann man, wenn man die Elemente des *khamr* betrachtet, Ausschau halten nach einem Element, das unter einen dieser Typen von Ursachen subsumiert werden kann. Wonach man also suchte, war, dass ein Kandidat, den man als gültige Ursache anerkennen konnte, von selbem Typ war, dem schon andere gültige Ursachen zugerechnet wurden.

Damit sind wir zurück in dem Bereich rechtlichen Denkens, den schon die frühen Rechtsgelehrten gepflegt hatten. Das Motiv-Modell ist eine spätere Entwicklung. Die frühen Rechtsgelehrten benutzten das, was man später Kategorien oder Typen nannte, als Mittel, um mit unbekannten Fällen umzugehen. Sie versuchten nicht das Verständnis des göttlichen Gesetzgebers auszuloten. Sie waren zufrieden damit, die Gegebenheiten der bereits entwickelten Rechtslösungen zu untersuchen. Diese Lösungen waren öffentlich zugänglich und unterlagen damit nicht subjektiven Kriterien, die immer kritisierbar blieben. Ein solider juridischer Empirismus war also völlig ausreichend.

Wenn man über die Ursachen von Regeln nachdachte, die den rituellen Gebrauch von Wasser erlaubten, von dem Esel, Maultiere oder Hunde getrunken hatten, konnte man so eine Ursache[15] ableiten, die für eine größere Anzahl von Fällen anwendbar war. Es handelt sich dabei natürlich um eine Aufgabe, die sich erst stellte, nachdem der Kanon der grundlegenden Texte bereits festgelegt worden war.

---

15 Beim Wasser insbesondere die Domestizierung der Tiere, die davon getrunken hatten.

Diese Aufgabe hat damit zu tun, dass sich Regelungen in den Texten finden, für die die grundlegenden Texte keine Ursache angeben. Der Koran verbietet explizit den *khamr*, nennt uns aber keine Ursache. Die von uns betrachtete Methode beinhaltet die Untersuchung von Ursachen, die von den Texten für andere Regeln angegeben werden, mit dem Ziel, aus diesen textuell verifizierbaren Ursachen eine Typologie abzuleiten, die es ermöglicht, die Ursache für das Verbot des *khamr* zu bestimmen. Ist das geschehen, ist es auch möglich, zu anderen, nicht in den Texten erfassten Fällen überzugehen, z. B. zum für unseren Zusammenhang interessanten Fall des Konsums von *nabidh*.

Die Argumentation dieses analogistischen Ansatzes arbeitet allerdings allein empiristisch mit den textlichen Gegebenheiten. Sie betrachtet die Zahl der Ursachen, die hinter dem göttlichen Gesetz stehen, als endlich aufgrund der Typologie, die man aus ihnen ableiten kann, aber als ausreichend für alle zukünftigen Fälle. Wenn man sich mit Fällen beschäftigt, die nicht in den grundlegenden Texten enthalten sind, versucht man nicht, bis dahin unbekannte Ursachen aufzudecken, sondern arbeitet mit den bereits bekannten Ursachen. Diese Ursachen beziehen sich nicht auf die Zwecke des Rechts; sie gehören nicht zum Bereich der Motive, zum subjektiv erfassbaren göttlichen Willen. Es handelt sich um das bloße Textmaterial, das öffentlich zugänglich und damit empirisch erfassbar ist.

Das Insistieren darauf, dass alle Analogien auf in den grundlegenden Texten angegebene Ursachen basieren müssen, erforderte unterschiedliche Strategien. Zwei Typen von Ursachen, die in Texten angegeben sind, wurden postuliert: explizit erwähnte Ursachen und implizite.

Drei Arten des qiyas

Neben der bereits zuvor genannten Analogiebildung aufgrund einer vorliegenden *'illa*, technisch *qiyas al-'illa* genannt, der die stärkste Form der Analogie darstellt, gibt es noch die Analogiebildung aufgrund der Zuschreibung eines bestimmten Hinweises (*qiyas al-munasaba*), der mit dem Nutzen (*maslaha*) verkettet werden kann (Jokisch 1996: 166ff.) und auch mit dem Prinzip der Artverwandtheit.

„Wie dargelegt, besteht der Standardtypus der Analogie in der Subsumtion des Zielfalles unter die mit Hilfe des Rechtsgrundes unter die mit Hilfe des Rechtsgrundes gebildete abstrakte Regelung. [...] Anders verhält es sich, wenn die Merkmale des Zielfalles nur artverwandt sind und sich nicht mehr unter die abstrakte Regelung subsumieren lassen.

In diesem Falle wird durch eine weitere, durch das Prinzip der Artverwandtheit gestützte Abstrahierung des Ausgangsfalles eine für den Ausgangs- und Zielfall gemeinsame Subsumtionsbasis geschaffen. So entfällt in einem dafür angeführten Beispiel die Pflicht zur Prosternation, wenn der Betreffende sich auf einer Reise befindet, wobei der Dispens die Bestimmung[16] und die Reise den Rechtsgrund bildet. Analog dazu wird die Menstruation als Grund für den Wegfall der Gebetspflicht gesehen, obwohl das Merkmal ‚Menstruation' nicht unter das Merkmal ‚Reise' subsumiert werden kann. Gemeinsames Element der beiden Merkmale bildet vielmehr die Belastung, die der menstruierenden Frau oder dem Reisenden (mit Rücksicht auf die Gesundheit) nicht zugemutet werden kann" (Jokisch 1996: 168).

Die Belastung ist also der Hinweis auf die Artverwandtheit der beiden Fälle. Der *qiyas al-munasaba* gilt allgemein als schwächer als der *qiyas al-'illa*. Genauso können wir im Falle des *khamr* und des *nabidh* das Berauschendmachen als artverwandtes Element identifizieren.

Die dritte Form der Analogiebildung, die wir nennen müssen, ist die „Analogie der Ähnlichkeit" (*qiyas al-shabah*), die als die schwächste Form der Analogien gilt: „Der von der Mehrheit der Juristen prinzipiell anerkannte *qiyas al-shabah* bildet durch das Fehlen eines Rechtsgrundes einen vom *qiyas al-'illa* grundlegend verschiedenen Analogietypus. Statt den Rechtsgrund eines bestimmten Ausgangsfalles zu ermitteln, um den Zielfall unter die mit Hilfe des Rechtsgrundes gebildete abstrakte Regelung zu subsumieren, wird der Bezug zu mehreren ähnlichen Ausgangsfällen mit unterschiedlichen Bestimmungen geschaffen. Die Zuordnung erfolgt dann zu demjenigen Ausgangsfall, der in bestimmten, von den Juristen unterschiedlich definierten Aspekten mit dem Zielfall übereinstimmt" (Jokisch 1996: 169).

Wir können diese Unterscheidung auch kürzer fassen, wenn wir in ein Lehrgedicht des schafiitischen Imam al-Haramayn al-Juwayni (gest. 1085) schauen: „dann der *qiyas* – so scheinend – kennt eine Teilung / in drei Teile: / den *qiyas* einer *'illa*, einen *qiyas*, der zwei Verbindungen verstellt: / zu einem Hinweis und zu einer Ähnlichkeit, die ihn beide begleiten" (Shinqiti 2001: 108).

Kein ernst zu nehmender Rechtsgelehrter erwartete nun Stellungnahmen zu finden wie „Die Ursache für die Regel, die den *khamr* verbietet, ist die berauschende Kraft des *khamr*". Dies war nicht zu erwarten; man musste nach anderen Indikatoren suchen. Explizit erwähnte Ursa-

---

16 Gemeint ist die Beurteilung.

chen wurden häufig eingeleitet mit verschiedenen arabischen Ausdrücken, die Bedeutungen hatten wie „weil" oder „aus dem Grunde, dass". In der älteren Rechtsliteratur finden wir ganze Listen solcher Ausdrücke. Aber auch andere Partikel werden detailliert diskutiert:

„Die Partikel *ba'* / Die Leute sind darüber verschiedener Meinung. Al-Shafi'i sieht es als [Ausdruck] der Unterteilung. Deshalb hat er das Streichen über den ganzen Kopf bei der Gebetswaschung nicht zur Pflicht gemacht, sondern die Trennung, erreicht durch das Streichen über einen Teil davon, als gut angesehen gemäß seinem, er ist erhaben, Wort: ‚Streicht über eure Köpfe (*bi-ru'usikum*)' (5, *al-ma'ida*, 6). Hier meinte das *ba'* die Unterteilung. / Unsere Gefährten [die Malikiten] meinen jedoch, das Berühren des ganzen Kopfes sei verpflichtend. Von ihnen wird das auf die Ablehnung der Aussage gestützt, das *ba'* meine die Unterteilung. Das, was unsere Gefährten über die Ablehnung dessen sagen, dass das *ba'* die Unterteilung meine, ist das, worin die führenden Grammatiker übereinstimmen. / Ibn Jinni[17] hat ein Buch [...] verfasst, in dem er auch über die übrigen Partikel und ihre Bestimmungen spricht sowie über das, was mit ihnen von der Kunst der Grammatik zusammenhängt. Er lehnte es ab, dass das *ba'* der Unterteilung zugeordnet sei; vielmehr sei das *ba'* der Verbindung und Verknüpfung zugeordnet" (Mazari 2001: 167).

So wichtig die genannten Ausdrücke waren, um in den grundlegenden Texten enthaltene Ursachen aufzudecken, verließen sich die Analogisten doch nicht absolut auf sie. Sie konnten, wenn es notwendig war, Ursachen aus dem größeren Zusammenhang einer Passage ableiten. In diesem Falle wurde die Ursache als implizit angesehen. Wenn der Prophet z. B., als er einen durch *khamr* betrunkenen Mann sah, gesagt hätte: „Dieses Getränk ist verboten", dann könnte darauf basierend mit Recht angenommen werden, dass die Trunkenheit die Ursache für die in dieser Aussage formulierte Regel war.

Die Gegner der Analogie waren sich vollkommen bewusst, dass die grundlegenden Texte Bezugnahmen auf die Ursachen bestimmter Regeln enthielten, waren aber trotzdem nicht willens, die analogisierenden Methoden zu akzeptieren, von denen wir gerade gehört haben. Ihrer Ansicht nach belegte die Tatsache, dass es in den Texten gegebene Ursachen gab, in keiner Weise, dass die Typologienbildung bei dieser Methode der Identifizierung von Ursachen akzeptabel war. Die Texte

---

17 Gest. 1002, einer der originellsten und erfindungsreichsten arabischen Grammatiker, der allerdings vom Mainstream nicht immer akzeptiert wurde.

bezogen sich ja lediglich auf spezifische Ursachen von Einzelfällen und nicht auf Typen von Ursachen. Wenn man Typologien postulierte, dann war dies ein Vorgehen, das sich nicht direkt auf den Text bezog, ein Vorgehen, das allein vom menschlichen Verstand gestützt wurde, und damit ein Eindringen menschlicher Unvollkommenheit in die Selbstoffenbarung des Rechts und eine Abweichung vom empiristischen *common sense*. Selbst wenn man darauf verzichtete, Typologien zu bilden, sich nur auf eine Analogie zu einer spezifischen Ursache stützte (nicht auf den Typus, den diese repräsentiert), selbst dann baute man noch – nach Meinung zahlreicher Gegner der Analogie – das Recht auf Sand und nicht auf solide Fundamente.

Fände man tatsächlich einen Text, der explizit feststellte, *khamr* sei verboten, weil er berauschend wirke, so würde dies rechtfertigen, dass man die Rauscherzeugung als Ursache des Verbotes anderer Getränke ansehe. Hätte der göttliche Gesetzgeber alle berauschenden Getränke verbieten wollen, hätte er dies in klaren Worten gesagt, die keinerlei Zweifel zuließen. Ohne eine solch explizite Aussage lautet die Frage: Wer sind wir, dass wir annehmen, dass der göttliche Gesetzgeber nicht das eine Mal den Rausch verbieten wollte und das andere Mal nicht?

Letztendlich ist der Disput zwischen den Analogisten, die die in den Texten gegebenen Ursachen zur alleinigen Grundlage ihrer Analogiebildung machten, und ihren Gegnern ein Disput darüber, in welcher Weise die Bezugnahmen auf Ursachen in den Texten interpretiert werden sollten. Was für die eine Partei ein unzulässiges Eindringen menschlichen Urteils war, war für die andere Partei eine vernünftige Vergewisserung über die Intention des göttlichen Gesetzgebers. Wieso sollte der Schöpfer der Scharia eine Ursache erwähnen, wenn er nicht beabsichtigte, dass sie für alle Fälle Anwendung finden sollte, für die (oder für deren Typus) sie zutrifft? Wäre ohne eine solche Absicht dann nicht die Erwähnung einer Ursache eine Verschwendung von Worten? Das kann nicht sein, war die Antwort. Der göttliche Schöpfer der Scharia mag einen Grund für die Erwähnung einer Ursache gehabt haben, den wir einfach nicht erfassen können.

Für Anhänger des Motiv-Modells fehlt es der Methode zur Bestimmung von Ursachen, die wir gerade betrachtet haben, an einem wichtigen Element: der Rationalität. Ihrer Meinung nach sollte eine Ursache Sinn machen, weil ja der Gesetzgeber einen bestimmten Zweck verfolgte, als er eine Regel festgelegt hatte. Der richtige Weg, um die Ursache einer Regel zu bestimmen, wäre dann, die verschiedenen Elemente einer Situation oder einer Sache zu untersuchen, für die sie gilt, mit der Absicht, ein Element zu identifizieren, dass mit einem

Zweck des Rechts oder einer Zielsetzung in Verbindung gebracht werden konnte. Von den verschiedenen Elementen, die dem *khamr* eigen sind, konnte die berauschende Kraft mit einem bestimmten Zweck in Verbindung gebracht werden: der Bewahrung der menschlichen Verstandeskraft. Es war also vernünftig zu sagen, dass der *khamr* verboten wurde, weil er potenziell berauschend war; es war unsinnig zu sagen, er sei verboten, weil er rot oder flüssig ist, ein Produkt der Weinrebe, einen bestimmten Geschmack hat, denn keine der Zielsetzungen des Rechts könnte mit irgendeinem dieser Elemente in Verbindung gebracht werden.

Haben die Gelehrten so Gewissheit über die Zwecke des Rechts erlangt, müssen wir noch andere Aspekte des Rechts betrachten. Verbunden mit dieser induktiv erlangten Gewissheit, dass das Recht vitalen menschlichen Interessen dient, waren formale Argumente, die ebenfalls fest in den grundlegenden Texten verankert waren. Gott selber beschreibt sich im Koran als *hakim*, als weise (27, *al-namal*, 6). Die Handlungen eines weisen Wesens sind kontrolliert. Es bezieht die Auswirkungen in allem ein, was es tut. Die Auswirkungen, die Gott berücksichtigt, sind entweder Übles oder Gutes. Da Gott nun jenseits von Üblem und Gutem ist, kann es sich nur um Übles oder Gutes handeln, das seinen Geschöpfen widerfährt. Dass es sich meistens um gute Dinge handelt, können wir aus den Texten erfahren, nicht nur durch das induktive Verfahren, das wir gerade kennen gelernt haben, sondern auch durch explizite Aussagen wie 21, *al-anbiya'*, 107 („Und wir haben dich nur deshalb gesandt, um den Menschen in aller Welt Barmherzigkeit zu erweisen."), 7, *al-a'raf*, 156 („Aber meine Barmherzigkeit kennt keine Grenzen."), 5, *al-ma'ida*, 6 („Gott will euch nichts auferlegen, was bedrückt."), 10, *yunus*, 58 („Sag: Über die Huld Gottes und über seine Barmherzigkeit sollen sie sich freuen.") und durch die Maxime (s. S. 56ff.) „Keinen Schaden und keine Schädigung" (*la darar wa-la dirar*).

Man kann kaum davon sprechen, dass Gott von Leiden befreit, wenn die Regeln, die er seinen Geschöpfen auferlegt, nicht irgendeine Art von Zweck beinhalteten, der sich auf ihr Wohlergehen richtet (s. S. 175ff.). Wäre dem nicht so, wären sie ja eine Last für die Geschöpfe und keine Gnade. Sich konform zu Regeln zu verhalten, die nicht zum Wohlergehen führen, würde die Zufügung von Leiden bedeuten, also etwas, das nicht zur Religion Gottes gehöre.

Kommen wir wieder direkt zur Diskussion um den Analogieschluss zurück! Die Forderung nach Konstanz, Objektivität und Präzision bezeugt eine Sensibilität für die Kritik an dieser Methode. Sie bezeugt auch den Wunsch, erfolgreich zu zeigen, dass die Bildung von Analogien keine unanständige Methode ist, Recht zu formulieren – wie es sich die Kritiker vorstellten. Indem man auf Konstanz bestand, hoffte man, die menschliche Subjektivität aus dem Prozess der Analogiebildung auszuschalten und die Kritiker zu überzeugen, dass diese Methode der Formulierung von Recht strikte Kontrollen beinhaltete.

Die primäre und substanzielle Rolle der menschlichen Vernunft bei der Formulierung von Recht mittels Analogien bestand in der Herstellung einer Verbindung zwischen Ursache und Zweck. Dies wurde immer wieder von Gelehrten betont. Fakhr al-Din al-Razi (gest. 1209) erwähnt so auch zwei Gegner seiner Position in der Frage der Findung von Hinweisen mittels Vernunft: „Zu ihnen zählen diejenigen, die gestützt auf die Vernunft (*'aql*) die primäre Bedeutung hinter die sekundäre reihen, und zu ihnen zählen diejenigen, die gestützt auf die Überlieferung (*naql*) die primäre Bedeutung hinter die sekundäre reihen" (Razi 1999, Bd. 3: 1016).

Es gibt also beide Parteien. Könnte aber der Gebrauch der Vernunft nicht die empiristischen Grundüberzeugungen kompromittieren? Konnte ein Gelehrter sich nicht irren hinsichtlich dieser Verbindungen? War solch eine Art menschlichen Urteils nicht ein zu sehr außertextliches und damit kein systematisch exegetisches Vorgehen? Wie konnte ein Rechtsgelehrter sicher sein, dass ein gegebener Zweck des Rechts bei der gerade betrachteten Ursache tatsächlich wirksam war? War Gott als souveräner Herr letztlich nicht frei, welches menschliche Interesse auch immer zu ignorieren oder gar völlig auszuschließen? Wie konnte man wissen, ob ein bestimmtes Interesse nicht in einem gegebenen Fall völlig ignoriert wurde? Und wenn in diesem Falle das menschliche Interesse ignoriert wurde, wie könnte dann ein Element des Falles als Ursache angesehen werden? Müsste man nicht notwendigerweise sagen, dass Gott dieses Element genauso ignoriert hatte?

Auf all diese Fragen hatten die Rechtsgelehrten eine Antwort: Man befürwortete, dass die Ursachen von Regeln durch die Herstellung einer Verbindung mit den vitalen menschlichen Interessen, den *maqasid* (s. S. 175ff.), identifiziert werden konnten. Die ursprüngliche Regel in einer Analogie musste immer eine Regel sein, die in den grundlegenden Texten zu finden war. Beispielsweise ist die Regel für das Verbot des *khamr* eindeutig im Koran formuliert. Damit ist es ohne Zweifel eine Regel, die der göttliche Gesetzgeber festgelegt hat. Nehmen wir an, dass der Gesetzgeber ein weises Wesen ist, können wir annehmen, dass er diese Regel nicht aus reinem Mutwillen festgelegt hat, vielmehr irgendeine Zwecksetzung beabsichtigt ist. Es gibt keinen bekannten Zweck des Rechts, der in diesem Falle besser passt als die Wahrung der menschlichen Verstandeskraft, und kein Element des *khamr*, das eine engere Verbindung zu diesem Zweck hätte und damit als Ursache für das Verbot dienen könnte als die berauschende Kraft. Deshalb kann man guten Gewissens argumentieren, dass der Gesetzgeber sowohl ein menschliches Interesse als auch ein spezifisches Element des *khamr* bei der Festlegung der Regel berücksichtigt hat. Und diese Argumentation hat solide, empirisch festellbare textuelle Grundlagen.

Trotz aller Opposition konnte dieser empiristisch geprägte Ansatz bei der Formulierung des Rechts schließlich die Unterstützung der Mehrheit der muslimischen Gelehrten gewinnen und wurde zur offiziellen Methode der vier sunnitischen Hauptrechtsschulen. In der Auffassung der Mehrheit war es notwendig, Regeln auch jenseits der engen Grenzen der Texte zu formulieren. Dieses Hinausgehen über die Texte konnte aber nur Legitimität gewinnen, wenn es sich auf textuelle Vorgaben stützte. Das Endergebnis der Verwendung von Analogien, die Regeln, die mittels dieser Analogien formuliert werden konnten, mochte zwar jenseits der Texte liegen, das Mittel der Formulierung war es aber nicht, denn die ursprüngliche Regel und die Kriterien für die Formulierung ihrer Ursache wurden von den Texten bereitgestellt.

Die Rechtsmethodik, die in allen vier sunnitischen Hauptrechtsschulen schließlich vorherrschte, zählte neben Koran und Sunna den Analogieschluss zu den Quellen des Rechts (die vierte Quelle, den Konsens, behandeln wir später). Die Opposition zum Analogieschluss verschwand praktisch unter den Sunniten, nur die Schiiten hielten an ihr fest. So finden wir denn auch in schiitischen Rechtswerken bis heute Argumente der früheren Gegner der Analogie wieder.

Unter Sunniten wurde der Gebrauch der Analogie akzeptiert, weil gezeigt werden konnte, dass er nicht mit der Überzeugung konfligierte, dass Recht nicht getrennt von den grundlegenden Texten formuliert werden konnte. Also behielt der Empirismus die Oberhoheit in der sunnitischen Rechtsmethodik. Dies zeigt sich in den großen Anstrengungen, die die Rechtsgelehrten unternahmen, um jeden Eindruck zu vermeiden, sie formulierten Recht unabhängig von den Texten. Verdächtig waren insbesondere die Rechtskniffe.

Rechtskniffe (hila)

Die Rechtskniffe (*hila*, Pl. *hiyal*) sind sehr umstrittene Methoden, die häufig im Vermögensrecht praktiziert wurden (und werden). Wir können bei einigen dieser Rechtskniffe ohne Zweifel ziemlich unverfrorene

Tricks zur Umgehung rechtlicher Regelungen am Werke sehen.[18] An diesem Punkt werden Rechtskniffe tatsächlich zu Umgehungsgeschäften. Grundsätzlich, so etliche usul-Gelehrte, handelt es sich allerdings um einen gewissen Rechtsformalismus, der auf der Berücksichtigung der Formen der einzelnen Rechtsgeschäfte beruht. Es wird gewissermaßen der Buchstabe des Gesetzes gewahrt, während der Geist nach Meinung anderer usul-Gelehrter Schaden erleidet. Bei den Rechtskniffen wird die erkennbare Intention des Handelnden in Rechnung gestellt, da nur in bzw. mit der Handlung die Intention für den menschlichen Gelehrten erkennbar ist. Es geht wiederum nicht um einen von den Handlungen unabhängigen Willensakt. Haben wir einen deutlich erkennbaren Unterschied zwischen Handlung und Willensakt bzw. Intention, führt dies zu Problemen, die in irdischen Sphären nicht aufgelöst werden können.

Denken wir an den Fall, dass jemand Grapefruitsaft trinkt und denkt, er trinkt Wein.[19] Es handelt sich natürlich um keinen Rechtskniff, zeigt uns aber die Problematik von äußerer Erscheinung und – in diesem Falle: missglückter – Intention, die wir bei den *hiyal* vorliegen haben. Denn der Handelnde befolgt ja die menschlich formulierten Regeln, aber die Intention zielt gegen grundlegende schariatische Regeln. Damit wird er zum Sünder, der Gottes Strafe zu erwarten hätte, eine irdische nicht. Wir können dies allerdings auch als Auseinanderlaufen der ethisch-religiösen und der juridischen Logik sehen. Juridisch akzeptable Handlungsweisen sind zugleich etwas bedenklich in ethisch-religiöser Hinsicht.

Rechtskniffe können aber nicht nur unter dem formalen Gesichtspunkt betrachtet werden, dass sie den äußeren Anschein wahren. Sie lassen sich auch als Mittel zur Anpassung an veränderte Lebensumstände verstehen, die schwierige Umstände erleichtern (s. u.). Andererseits sehen manche Gelehrte auch die Möglichkeit, auf *hiyal* zu verzichten, indem man einfach das islamische Recht adäquat und geschickt anwendet. Wir finden Literatur zu den *hiyal* in Texten der hanafitischen, aber auch der hanbalitischen Rechtsschule; die Malikiten haben ähnliche Fälle, benennen sie aber nicht so, und Schafiiten behandeln das Thema ebenfalls. Die Geschichte der *hiyal* geht bis in die Frühzeit des islamischen Rechts zurück. Aber auch die Kritik an den Rechtskniffen finden wir recht früh formuliert, wobei von den Kritikern offenkun-

---

18 Rechtsmissbrauch ist auch ein muslimisches Problem, vielleicht sogar ein universelles.
19 Er muss offensichtlich schlimme Dinge über den Geschmack von Wein gehört haben …

dig gerne *hiyal* erfunden wurden, um ihre Kritik zu unterstützen (s. im Detail Horii 2001; vgl. Horii 2002).

Für die hanafitische Rechtsschule lässt sich eine Linie erkennen. *Hiyal* werden als Auswege verstanden, die es den Gläubigen ermöglichen, sich aus einer Notlage zu befreien, aus der es auf anderem Wege sonst keinen Ausweg geben würde. Die Hanafiten verstanden die *hiyal* als integralen Bestandteil des Rechtes in einer gewissermaßen utilitaristischen Perspektive, die das Wohlergehen der Menschen als Fluchtpunkt hatte (Horii 2002: 357). Nicht gedacht sind sie für diejenigen, die die Schädigung anderer Personen im Sinne haben.

Es geht nicht nur um Handlungen, die im Ergebnis mit einer verbotenen Handlung zusammenfallen, sondern auch um solche, „die kausal für die Realisierung eines zeitlich nachfolgenden Verbotstatbestandes sind. Die Vermietung eines Hauses an eine Sängerin oder der Verkauf einer Weinpresse stellen für sich keine unerlaubten Handlungen dar, können aber in Verbindung mit der Absicht des Singens bzw. des Weintrinkens zu verbotenen Handlungen werden. Der Versuch, das Einkommen unterhalb einer Mindestgrenze zu halten, um der *zakāt*-Pflicht zu entgehen, wird als Beispiel für die Umgehung einer bevorstehenden Pflichthandlung genannt" (Jokisch 1996: 202).

Werfen wir einen Blick auch auf andere Rechtsschulen! Der sehr produktive hanbalitische Gelehrte Ibn Qayyim al-Jawziyya hat in seinem *usul*-Werk den *hiyal* zahlreiche Seiten gewidmet. Nehmen wir ein Beispiel[20]: „Der Gebrauch *hiyal* bei der Vererbung und der Freilassung von Sklaven (*'itq*) / Zu den nichtigen und verbotenen Rechtskniffen zählt, wenn er [der Erblasser] seine Frau am Erben hindern will oder seine gesamte Hinterlassenschaft aus einem Sklaven oder einer Sklavin besteht und er dann ihren Ausschluss aus dem [zu vererbenden] Kapital verfügen will. [Es kann dann sein,] dass er – erster Fall – sagt: Wenn ich an dieser meiner Krankheit sterbe, dann bist du dreimal[21] von mir verstoßen, und zwar eine Stunde vor [dem Beginn] meiner Krankheit! Oder er sagt – zweiter Fall: Wenn ich an dieser meiner Krankheit sterbe, dann seid ihr eine Stunde vor [dem Beginn] meiner Krankheit Freigelassene! Denn dann finden die Verstoßungsscheidung und die Freilassung statt,

---

20 Vgl. die Argumentation bei al-Shafi'i (1973, Bd. 4: 95f.) zu diesem Thema.
21 Das dreimalige Aussprechen der Verstoßungsformel bzw. eben die Feststellung, dies sei geschehen, macht die Verstoßungsscheidung unwiderruflich.

während [der Todkranke sich noch] der Gesundheit [erfreut].²² Dies ist eine nichtige *hila*" (Ibn Qayyim 1996, Bd. 3: 258). Der Gelehrte führt dann einige formale Gründe für die Nichtigkeit an, die besonders auf die Problemtik zielen, dass eine auf der Gesundheit beruhende Bedingung im Zustand der zum Tode führenden Krankheit aufgestellt wird. Es handelt sich um ein eher rechtstechnisches Argument.

Nehmen wir noch ein zweites besonders apartes Beispiel: „Die *hila*, um das Blutgeld zu vermeiden / Ebenso verhält es sich, wenn jemand einen Mann verletzt und dann fürchtet, dass dieser an der Verletzung stirbt. Daraufhin gibt er [derjenige, der die Verletzung hervorgerufen hat] ihm [dem Verletzten] eine vergiftete Arznei und tötet ihn.²³ / Die Befürworter der *hiyal* sagen: Für ihn entfällt das Blutgeld! / Das ist ein schwerwiegender Irrtum! Er muss das Blutgeld aufgrund der Tötung durch das Gift leisten, genauso wie er es aufgrund der Tötung durch das Schwert leisten muss. Wenn der Gesetzgeber [(Gott) den Vorwurf] der Tötung für den fallen ließe, der mittels Gift tötet, dann würde man jemanden, der eine Tötung begeht, nicht davon abhalten, den zu töten, er beabsichtigt, [und zwar] in Sicherheit [vor Bestrafung], denn er weiß, dass er verpflichtend keine Vergeltung zu erwarten hat. Das zählt zur Verderbnis der Erde, die die Scharia nicht bringen will"²⁴ (Ibn Qayyim 1996, Bd. 3: 219). Dieses Mal geht Ibn Qayyims Gegenargument den Weg der ethisch-religiösen, kombiniert mit einer Beachtung des allgemeinen Nutzens. Hier ist insbesondere das notwendige Interesse am Erhalt des Lebens angesprochen (s. S. 175).

Es gibt für Ibn Qayyim auch *hiyal*, deren Beurteilung indifferent (*mubah*) ist. Darunter versteht er die Rechtskniffe, für die gilt, „dass der Weg der Umsetzung schariagemäß ist und das wohin dieser führt, schariagemäß ist" (Ibn Qayyim 1996, Bd. 3: 289). Auch dafür sei ein Zitat gegeben: „Es ist nicht rechtsgültig, ein Lasttier²⁵ gegen sein Futter zu mieten, denn dieses ist unbekannt.²⁶ Die *hila*, um es erlaubt zu machen, besteht darin, dass man das, von dem man weiß, dass es an

---

22 Bei einer zum Tode führenden Krankheit gibt es bestimmte Beschränkungen in der Verfügungsfähigkeit des Todkranken.
23 Diese Vorgehensweise beruht darauf, dass, wenn das Opfer das Gift selbst zu sich nimmt, kein Blutgeld zu leisten ist (vgl. S. 167).
24 In hanbalitischer Sicht ist die Vergiftung des Ehegatten keine rechtlich akzeptable Lösung. Das Argument geht gegen die hanafitische Auffassung (s. S. 166ff.).
25 Also ein Maultier oder einen Esel, eventuell auch ein Pferd.
26 Vertragsrechtlich müssen alle Vertragsbestandteile bekannt sein; das Futter, das ein Tier frisst, ist naturgemäß zuerst einmal unbestimmt.

Futter benötigt[27], benennt und es dann zum Lohn [, die der Eigentümer erhält,] macht. Dann macht man ihn [den Eigentümer des Tieres] zum Agenten [des Mieters] für die Verfütterung jenes Futters an das Tier. Diese *hila* ist für uns grundsätzlich nicht erforderlich. Wir erklären es für erlaubt, eine Amme gegen ihr Essen und ihre Kleidung zu mieten, einen Mietdiener gegen sein Essen und seine Kleidung. Dies gilt auch für die Miete eines Lasttieres gegen sein Futter und sein Tränken" (Ibn Qayyim 1996, Bd. 3: 289).

Ibn Qayyim führt dann noch abweichende Meinungen aus anderen Rechtsschulen an. Es handelt sich um eine grundsätzlich als indifferent zu beurteilende *hila*, denn alle Elemente entsprechen den Regeln des *fiqh*: Das Tier wird nicht gegen sein Futter gemietet, das es zur Existenz benötigt; das wäre rechtswidrig, denn bei Nichtleistung könnte ihm ja das Futter verweigert werden. Mit dem Eigentümer des Tieres kann man gegen einen genau bestimmten Gegenwert einen Dienstvertrag abschließen. Und man kann ihn zum Agenten des eigentlichen Mieters einsetzen, der wiederum die Existenz des Tieres durch Fütterung sichert. Die Indienstnahme des Tieres ist sicherlich schariagemäß, die dahin führenden Wege auch. Es wird kein schutzwürdiges Interesse berührt. Allerdings: Ibn Qayyim sagt, dies sei in der hanbalitischen Rechtsschule nicht notwendig[28], da sich *per analogiam* eine rechtswirksame Lösung finden lasse. Auch die folgenden Bemerkungen zeigen die Verkettungen mit anderen Rechtsschulen und deren Diskussionen.

Ibn Qayyim kennt also verschiedene Arten von Rechtskniffen. Es gibt nichtige *hiyal*, die er verschieden kategorisiert (Ibn Qayyim 1996, Bd. 3: 287f.). Es gibt *hiyal*, deren Beurteilung indifferent (*mubah*) ist, zu denen auch Auswege (*makhraj*) zählen, mit denen sich die Gläubigen aus Zwangslagen befreien können, in die sie das Benutzen von Rechtskniffen bringen kann (Ibn Qayyim 1996, Bd. 4: 41ff.). Einige wenige *hiyal* sind auch erlaubt.[29]

Ein Autor wie der Malikit al-Shatibi kritisiert die Rechtskniffe und die Gelehrten, die neben sonstiger übermäßiger Großzügigkeit in Rechtsdingen[30] diese Rechtskniffe ersinnen, da ihr Hauptzweck die Umgehung einer Rechtsregel oder deren Abänderung sei, um ein Ergeb-

---

27 Gemeint ist das Futter, das das Tier im Normalfall frisst.
28 Es handelt sich um eine hanafitische *hila*.
29 Hier weiche ich von der Aufteilung bei Krawietz (2002: 265) ab, die aus einer Sekundärquelle zitiert.
30 Dabei hat er insbesondere sehr freizügige Sufis im Sinn, auf die er des Öfteren zielt (s. Lohlker 1999b).

nis zu erreichen, das eigentlich nicht mit der Regel beabsichtigt war. Al-Shatibi sieht solche *hiyal* als unrechtmäßig an. Allerdings gibt es für ihn erlaubte *hiyal*. Sie sind erlaubt, wenn sie anerkannten Rechtsprinzipien oder dem allgemeinen Interesse (*maslaha*) nicht widersprechen. Er zitiert dazu den Fall der Heirat mit dem *muhallil*. Eine Frau muss, so das ältere Eherecht, bevor sie ihren ersten Mann, von dem sie geschieden wurde, wieder heiraten kann, zuerst einen anderen Mann, den *muhallil*, heiraten. Erst dann kann sie wieder ihren ersten Ehemann ehelichen. Dieses Institut wird auf einen Hadith zurückgeführt und interpretiert als Mittel, den ersten Ehemann von einer voreiligen Scheidung abzuhalten. Es gibt also einen autoritativen Text, den Hadith, und eine anerkannte Zielsetzung, die zudem in der malikitischen Rechtsschule gut akzeptiert ist, sodass für al-Shatibi ein solcher Rechtskniff in vollem Umfang akzeptabel ist (Hallaq 1997: 186f.).[31]

Auch prozessrechtlich können Rechtskniffe bedeutsam sein: „Das islamische Prozesssystem wird durch die wechselnden Rollen beider Parteien charakterisiert, die mit ihrer Behauptung eines neuen Elementes einen Nebenprozess einleiten können, in dem sie als Kläger gelten. In diesem Zusammenhang kann der Beklagte die Initiative ergreifen und von dem Richter fordern, dem Kläger eine Suggestivfrage zu stellen. Diese Technik ist auch eine *hila*[32], insbesondere für den Angeklagten, der unter Druck steht" (Horii 2001: 172).

Eine angemessene Prozessleitung[33] fordert vom Richter, seinerseits dem Betroffenen unter Umständen eine *hila* vorzuschlagen. Dies zeigt sich auch im folgenden Beispiel: „Wenn die Frau den Ehemann vor den Richter bringt und die Ehe behauptet, während der Mann die Ehe abstreitet und der Richter nach der Ansicht derjenigen, die es vertreten[34], ihn das Abstreiten bei Gott schwören lässt, ist das keine Scheidung. Wenn sie aber dann ihm entkommen will, besteht die *hila* dafür darin, dass der Richter nach der Vereidigung des Mannes erklärt: ‚Ich scheide euch.' [...] Eine andere *hila* wäre es, dass der Richter zu ihm sagt: ‚Wenn sie deine Frau gewesen wäre, dann ist sie bereits geschieden!', worauf der Mann mit ‚Ja!' antwortet. Wenn er so sagt, kann sie ihm entkommen" (Horii 2001: 172f.).

---

31 Auch Ibn Qayyim verweist darauf.
32 Schreibung angeglichen (auch für die anderen Stellen im Zitat).
33 Der Richter ist gehalten, beide Parteien in gleicher Weise zu behandeln.
34 Es handelt sich um die Ansicht der Mehrheit der hanafitischen Gelehrten, die einen Eid bei der Ehe für erlaubt erklären, während der Namensgeber ihrer Rechtsschule, Abu Hanifa, die Eidauferlegung ablehnt.

Im ersten Fall können wir annehmen, dass der Richter überzeugt ist, dass eine der Parteien lügt. „Der Fall an sich deutet auf die Lüge des Mannes hin, da es um die Rettung der Frau geht; insofern sie weiß, dass sie in der Tat seine Frau ist und dass er lügt, darf sie im *forum internum* keinen anderen heiraten. In einem Zweifelsfall wie diesem sollte der Richter das Recht nicht nur in *forum externum*, sondern auch in *forum internum* sprechen, sodass der Rechtsstreit für die Betroffenen in jeder Hinsicht geregelt ist" (Horii 2001: 173). In diesem Falle dient also die *hila* als Instrument, um eine Entscheidung zu treffen und Rechtsklarheit wieder herzustellen. Das Beispiel zeigt wiederum, dass das Verständnis von *hiyal* als bloße Umgehungsgeschäfte viel zu kurz greift. Wir könnten die englische Übersetzung *legal strategems* heranziehen, um den zielführenden Charakter solcher Rechtskniffe zu betonen, *Rechtskniffe*, um die methodische Stellung zu beschreiben.

Es gibt einige weitere Methoden, die eine gewisse Nähe zu den *hiyal* aufweisen (s. Horii 2001: 145ff.). Betrachten wir zuerst den *istihsan*!

Gutdünken (istihsan)

Das Gutdünken ist, so die Befürworter, nicht als völlig ungebundenes Räsonieren zu verstehen. Es unterliegt durchaus bestimmten Bedingungen, die Grenzen definieren, innerhalb derer etwas für gut befunden werden kann. Kritiker dieser Methode sahen sie allerdings durchaus als eine Beurteilung nach dem, was einem passt (s. u.). Grundsätzlich handelt es sich um die Einschätzung einer Handlung als gut und angemessen, sodass es in diesem Falle zu Abweichungen von der Beurteilung auf der Grundlage einer Analogiebildung kommen kann.[35] Das methodische Problem des *istihsan* war, dass er zuerst nicht durch autoritative Texte aus dem Koran oder der Hadithliteratur gestützt wurde, dies änderte sich mit der Entfaltung der *usul al-fiqh*, in deren Verlauf *istihsan* und *qiyas* sich nahe kamen, aber nicht anglichen.

Eine einflussreiche Definition des bereits zitierten hanafitischen Gelehrten al-Sarakhsi besagt, dass *istihsan* der Gegenbegriff zur Analogiebildung (*qiyas*) sei (Horii 2001: 131). Er nennt es die „Aufgabe der Analogie und Beachtung dessen, was für die Menschen angemessener ist" (Sarakhsi 1986, Bd. 10: 145). Sie unterscheidet sich von der Analogie hauptsächlich dadurch, dass aufgrund einer Präferenz ein rechtliches

---

35 S. Hallaq (1997: 107ff.) und im Detail Hamawi (1992).

Argument geführt wird. „Den Ḥanafiten wurde eine derart ‚willkürliche' Argumentation vorgeworfen, die in den engeren Sinne des *ra'y* fallen soll. Daher versuchte die spätere ḥanafitische Rechtstheorie [...,] es in eine systematische Form auf Grundlage der Sunna, des *iǧmāʿ* und der Notwendigkeit (*ḍarūra*) zu bringen, sogar als eine ‚unsichtbare' Analogie [...] im Gegensatz zur ‚sichtbaren' [...], wie Sarakhsi[36] auch beides formuliert. Nach ihm ist die kausale Effektivität des Rechtsgrundes [...] bei der ‚unsichtbaren' stärker als bei der ‚sichtbaren'. Man spricht von *istiṣlāḥ*, als einem Argument auf der Basis des allgemeinen Wohls (*maṣlaḥa*) der Malikiten[37] wie von *istiḥsān* der Ḥanafiten. Ursprünglich fasst beides die nicht analogen Argumentationen zusammen und wird somit ohne wesentliche Unterschiede wechselseitig verwendet" (Horii 2001: 131f.).

Der *istihsan* konnte nützlich sein, um sonst im Rahmen der Analogiebildung nicht berücksichtigbare textuelle Hinweise für die Formulierung von Beurteilungen zu nutzen oder durch allgemein gepflegten Konsensus und rechtfertigende Notwendigkeit (*darura*) legitimierte Handlungen für positiv zu erklären (Hallaq 1997: 108f.).

Recht deutlich ist der andalusische Zahirit Ibn Hazm (gest. 1062) in seiner Stellung zum *istihsan*, ein Rechtsinstitut, das sich für ihn deutlich jenseits des empiristischen Grundkonsenses bewegt:

„Über das Gutdünken, die freie Ableitung (*istinbat*) und das gelehrte Räsonnieren (*ra'y*) und die Nichtigkeit von all diesem / Abu Muhammad [Ibn Hazm] sagt: Ich habe all dieses in einem einzigen Kapitel zusammengefasst, weil dies alles sprachliche Ausdrücke sind, die auf eine einzige Bedeutung angewandt werden. Es gibt keinen Unterschied zwischen irgendeiner der damit gemeinten Dinge, selbst wenn sich diese sprachlichen Ausdrücke unterscheiden, so ist [damit gemeint] die Beurteilung, die derjenige, der die Beurteilung formuliert, als am angemessensten ansieht entsprechend dem Resultat und den Umständen" (Ibn Hazm 1979, Bd. 6: 16).[38]

Drastisch hat Ibn Hazm auch an anderer Stelle seine Kritik formuliert: „Dann trat der *istihsan* im 3. Jahrhundert [d. H.] auf. Es ist die Fatwa eines Muftis allein aufgrund dessen, was er als gut (*hasan*) ansieht. Dies ist nichtig, weil es sich um das bloße Befolgen der [persönlichen] Neigungen handelt, eine Aussage ohne Beweis (*burhan*). Die [persönlichen] Neigungen unterscheiden sich in dem, was man für gut befindet" (Ibn

---

36 Schreibung angeglichen.
37 Schreibung angeglichen.
38 Das gemeinsame Element ist also das Erreichen eines bestimmten gewünschten Ergebnisses.

Hazm 1969: 5). Solch Verfolgen eigener Präokkupationen ist für Ibn Hazm keine Grundlage, von der aus man die göttlichen Beurteilungen ergründen könnte.

Für die malikitische Rechtsschule ist postuliert worden, dass das Gutdünken (*istihsan*) eine sehr vitale Methode war, die es malikitischen Gelehrten erlaubte, die empirische Analyse der gegebenen Umstände für ihr Verständnis der grundlegenden Texte fruchtbar zu machen, und zwar im Gefolge des oben zitierten Gedankens des Namensgebers ihrer Schule, Malik b. Anas, dass der *istihsan* neun Zehntel des rechtlichen Wissens ausmache (Fadel 2002: 176).

Mit den Worten Ibn Farhuns (gest. 1396): „Was den *istihsan* angeht, so erwähnt ihn der Autor [Ibn al-Hajib] am Ende des Kapitels über die Blutgeldzahlungen in seiner Aussage: ‚Es handelt sich wahrlich um eine Sache, die wir für gut befinden. Ich habe darüber nichts gehört.' / Al-Matiti[39] sagt im Kapitel über das Pfand: Der *istihsan* ist im Wissen [über das Recht] häufiger als die Analogiebildung (*qiyas*). Malik [b. Anas], Gott erbarme sich seiner, hat gesagt: Neun Zehntel des Wissens sind der *istihsan*. Ibn Khuwayz b. Mindad[40] in *al-Jami' li-usul al-fiqh*: Malik stützte sich auf die Aussagen aufgrund des *istihsan*. Er baute darauf Themen und Fälle seiner Rechtsschule auf. Der Sinn von *istihsan* ist bei uns [den Malikiten] das Treffen der Aussage aufgrund des stärkeren von zwei Hinweisen. Jenes [geht darauf zurück,] dass das [zu beurteilende] Ereignis zwischen zwei Hinweisen (*asl*) hin und her schwankt, wobei einer der beiden Hinweise stärker ist im Grad der Ähnlichkeit (*shabah*)[41] und näher [am Einzelfall]. Der andere Hinweis ist ferner davon,[42] außer [er steht in Verbindung] mit einer ‚sichtbaren' Analogiebildung (*qiyas*), einem üblichen Rechtsbrauch (*'urf*), einer Art der Erwägung des Nutzens (*maslaha*), der Furcht vor Verderbnis (*mafsada*) oder einer Art des Schadens (*darar*) und der Entschuldigung [, um diesen abzuwenden]. Dann wendet man sich von der Analogiebildung auf der Grundlage des nahen Hinweises ab hin zu der Analogiebildung auf der Grundlage jenes fernen Hinweises. Dies fällt in die Kategorie der Arten der Abwägung. Mit *istihsan* ist aber nicht das Verfolgen der Neigungen der Triebseelen gemeint oder das Gutdünken ohne irgendeinen Hinweis (*dalil*). Es ist vielmehr, was in der Scharia

---

39 Gest. 1085 oder 1104, malikitischer Rechtsgelehrter.
40 Gest. 987, verfasste u. a. ein Buch über *usul al-fiqh* und die Beurteilungen im Koran.
41 *Shabah* bezeichnet die Verbindung von Hinweis oder Wurzel eines (Einzel-)Falles, die es ermöglicht, zu einer Beurteilung zu kommen.
42 Und damit nicht zu berücksichtigen.

für gut befunden wird und ihr nicht zuwider ist. Der Hinweis darauf, das es richtig ist, so zu argumentieren, ist die Aussage [des Propheten], Gott segne ihn und spende ihm Heil: Was die Muslime für gut befinden, das ist bei Gott gut.[43] / Der Kadi Iyas b. Mu'awiyya (gest. 740)[44] sagte: Urteilt nach dem, was den Menschen Nutzen bringt (*salaha*). Wenn sie schlecht handelt, beurteilt sie nach dem Guten. Dieser Iyas ist der Kadi von 'Umar b. 'Abd al-'Aziz. / Einige Schafiiten lehnen die Argumentation mit dem Gutdünken ab und schmähen diejenigen, die damit argumentieren. Sie sagen: Gott hat verboten, den Begierden zu folgen[45], und dass wir darüber sagen, was wir nicht wissen[46]. Sie sagen auch: Der *istihsan* ist überhaupt nicht davor gefeit, dass es gegen ihn einen Hinweis gibt oder dass er ganz ohne Hinweis ist. Das ist untersagt. / Die Antwort ist, dass dieser, der so etwas sagt, dass der *istihsan* [Ausdruck der] Neigungen des Triebseelen ist oder ein Gutdünken ohne Hinweis (*dalil*) ist. Dem ist nicht so. Sein Sinn ist das, was wir zuvor erwähnt haben" (Ibn Farhun 1990: 125ff.).

Wir können zwei Dinge beobachten. Es gibt einige andere methodische Instrumente, die sich zum Teil nur durch Abweichungen eines Elementes vom *istihsan* unterscheiden, neue Verknüpfungen; das Übergehen in andere Falten ist relativ einfach. Der *qiyas* wird in gewisser Hinsicht als etwas nachrangig angesehen. Der Einwand, der gegen den *istihsan* hauptsächlich vorgebracht wird, ist für die Malikiten leicht zu entkräften, da sie das Gutdünken als methodisch kontrolliertes Instrument sehen und damit doch noch in den Rahmen des Empirismus einbinden. Ibn Farhun sprach von *sichtbarer* Analogiebildung. Wie verhält es sich mit den *unsichtbaren*?

Unsichtbare Analogien und istihsan

Ein Beispiel für den *istihsan* als „unsichtbare" Analogie aus dem strafrechtlichen Bereich zeigt uns die Wirksamkeit solch impliziter Analogien und die unerwarteten Folgen, die sich aus solcher Analogiebildung ergeben können. Die Verabreichung von Gift ist ein in der hanafitischen Rechtsschule in osmanischer Zeit häufiger diskutierter Fall. Die Grundre-

---

43 Hadithe werden nicht einzeln nachgewiesen.
44 Gest. 740, war u. a. Kadi unter dem Kalifat von 'Umar b. 'Abd al-'Aziz (717 bis 720).
45 Dies bezieht sich auf Sure 4, *al-nisa'*, 134.
46 Dies bezieht sich auf Sure 7, *al-a'raf*, 21.

gel ist, dass der Giftmischer nicht für die Entrichtung der *diya*[47] haftbar gemacht werden kann, wenn das Opfer das Gift freiwillig mit eigener Hand zu sich nimmt (Imber 1994: 214). Der Giftmischer wird in diesem Fall, ohne dass es die hanafitischen Gelehrten explizit sagten, einem Mann analog gesetzt, der den Befehl gibt, eine Person zu ermorden. Das Vergiftungsopfer wird dem beauftragten Mörder gleichgesetzt. Letzterer könnte die Ausführung des erhaltenen Befehls verweigern; auch das Vergiftungsopfer hat die Möglichkeit, die Einnahme des Giftes zu verweigern. Der Auftraggeber des Mörders *und* der Giftmischer können nur für die *diya* haftbar gemacht werden, wenn sie den Mörder bzw. das Vergiftungsopfer zu ihren Handlungen zwingen. Für den Auftraggeber des Mörders sehen einige Gelehrte eine *ta'zir*-Strafe vor, für den Giftmischer sehen dies die meisten vor.

Diese Grundregel veranlasst nun führende osmanische Muftis des 16. und 17. Jahrhunderts zu verblüffenden Empfehlungen: „*Frage*: Zeyd sagt: ‚Wenn ich dies tue, ist meine Frau dreimal von mir geschieden.' Dann macht er dies. Seine Frau weiß davon, kann es aber nicht beweisen. Ist Zeyds Gattin eine Sünderin, weil Zey mit ihr intim wird? / *Antwort*: Es handelt sich um einen illegitimen sexuellen Akt (*zina*). Es ist unabdingbar, dass sie sich nicht freiwillig dem Ansinnen von Zeyd unterwirft. Sie muss das hingeben, was sie besitzt, und dann muss es eine Loskaufscheidung (*chul'*) geben. Wenn er mit ihr den Beischlaf vollziehen will und es keine andere Ausweichmöglichkeit gibt, ist es der Scharia zufolge erlaubt, seinem Essen Gift beizumischen. Sie würde keine Sünde begehen und keine *diya* würde fällig werden" (Imber 1994: 214).

Worum handelt es sich hier? Es geht um einen Fall von Schwurscheidung (*li'an*). In hanafitischer Sicht ist die Aussage „Wenn ich die Handlung X begehe, ist meine Frau von mir geschieden" ein gültiger Schwur. Wenn der Mann dies tut, ist die Frau von ihm geschieden und jeder sexuelle Akt ist illegitim und unterliegt eigentlich schwerster Bestrafung. Deshalb muss die Frau sich dagegen wehren. Wir werden gleich sehen, in welcher Form dieses Wehren stattfinden konnte. Mit dem dreifachen Aussprechen der Scheidungsformel, die in diesem Schwur enthalten ist, ist in unserem Falle die Scheidung endgültig vollzogen. Unter Umständen kann sie bei geringerer Häufigkeit des Aussprechens der Formel nämlich widerrufen werden.

---

47 Peters 2005: 7f. und passim: die finanzielle Kompensation für Tötung und Verletzung, Blutgeld.

Welche Lösungen schlägt nun der Mufti vor? Zuerst einmal Loskaufsscheidung, nach hanafitischer Ansicht die einzige Möglichkeit, mit der eine Frau eine Scheidung initiieren kann. Sie erbringt eine bestimmte (Geld-)Leistung und erhält dafür vom Mann die Scheidung. Dies ist offenkundig eine im höchstem Maße für die Frau unfair erscheinender Vorschlag, denn sie wird ja zu einer Leistung gezwungen, obwohl ihr Mann verantwortlich ist. Und dies, um eine zweite Scheidung zu erreichen, obwohl eine Scheidung bereits vollzogen wurde.

Der zweite Vorschlag ist, dem Ehemann Gift zu verabreichen. Solange die (Ehe-)Frau dies dem Mann nicht mit Gewalt einflößt, muss sie kein Blutgeld (*diya*) zahlen und unterliegt keiner *ta'dhir*-Strafe. Denn sie verteidigt sich selbst und vereitelt einen Angriff gegen von Gott festgesetzte Grenzen (*hudud*). Mit *hudud* sind bestimmte im Koran zu findende Strafen gemeint, zu denen eben auch die Körperstrafen für illegitime, nicht durch Ehevertrag sanktionierte sexuelle Beziehungen (*zina*) zählen. Damit ist die Frau straffrei und auch keine Sünderin gegen Gott. Dies zeigt wiederum, dass wir Rechtsgelehrte mit zwei Sets von Logiken arbeiten sehen: der ethischen, religiös begründeten Logik und der juridischen Logik.

Ein anderer führender osmanischer Mufti formuliert die gerade behandelte Regel etwas kürzer: „*Frage:* Während Zeyd von einer verbotenen Substanz berauscht ist, scheidet er sich von seiner Frau Hind mit einer dreifachen Scheidung. Nach Tagesanbruch bestreitet er dies, und seine Frau kann es nicht beweisen. Was ist der Weg für Hind, um einen illegitimen sexuelle Akt zu vermeiden? / *Antwort:* Wenn kein anderer Ausweg möglich ist, ist es erlaubt, Gift in Zeyds Essen zu mischen" (Imber 1994: 215). Damit erreicht die Frau ebenfalls, dass sie davor bewahrt wird, im Zustand der Scheidung einen illegitimen sexuellen Akt zu begehen.

Wir wissen aus anderen Quellen zur osmanischen Zeit (Tucker 1998), dass Scheidungen „im Affekt" öfter vorkommen und Richter und Muftis sich immer wieder mit ihnen zu beschäftigen hatten. Dabei zeigt sich als Grundtendenz, dass Richter und Muftis häufig versuchten, eine zivilisierte patriarchalische Ehegemeinschaft zu erreichen.

Kommen wir zum zuerst zitierten Mufti zurück. In einem anderen Falle, bei dem es um eine Frau ging, die die Gefahr einer illegitimen sexuellen Handlung dadurch abwehrte, dass sie ihren (Ehe-)Mann mit einer Axt erschlug, befand dieser Mufti, sie sei in keiner Weise haftbar, denn sie habe einen Akt des Glaubenskampfes vollbracht (*ghaza*). Abgesehen von diesem unangenehmen Einblick ins osmanische Eheleben, sehen wir im letzteren Falle ein Bespiel für ein gewisses Überwiegen der ethisch-religiösen Logik. Zugleich sind die genannten Fälle mit ihren unterschiedlichen Logiken profunde Beispiele für Ambiguität: Das Patriarchat wird um den Preis des Todes des Familienpatriarchen bewahrt, ethisch-religiöse und juridische Logiken koexistieren mit unterschiedlicher Gewichtung, aber auch der Verantwortliche kann nicht direkt zur Verantwortung gezogen werden, indirekt kann dies aber erfolgen ...

Wir haben bereits auf die Nähe des *istihsan* zur *rukhsa* hingewiesen. Als nächstes sei also die *rukhsa* betrachtet.

Erleichternde Regelung (rukhsa)

Es geht bei der *rukhsa* um die Erleichterung einer bestimmten originalen Regel (*'asima*) unter bestimmten Umständen. Ein häufig genanntes Beispiel für eine solche Regelung fällt in den Bereich der rituellen Handlungen. Es handelt sich um die Möglichkeit, vor dem Gebet eine trockene Waschung zu vollziehen, wenn es an reinem Wasser mangelt (4, *al-nisa'*, 43; 5, *al-ma'ida*, 6).

In der älteren hanafitischen Rechtsliteratur als *ruchsa* sehr bekannt ist der *'ariyya*-Vertrag, demzufolge eine bestimmte Menge getrockneter Datteln gegen eine in etwa gleiche Menge frischer Datteln, die sich auf der Palme befinden, getauscht werden kann. Im Hintergrund steht die Notwendigkeit, dass ein Bedürftiger sich sonst keine frischen Datteln leisten könnte – also ein sozialer Ausgleich innerhalb der Gemeinschaft. Es muss sich allerdings um eine unbillige Härte handeln, ein bloßes Bedürfnis reicht nicht aus (Hallaq 1997: 179ff.).

Es handelt sich dabei um eine Ausnahme von der originalen generellen Regel, dass bestimmte Güter nur in gleicher Menge und Qualität gegeneinander getauscht werden dürfen.[48] Diskutiert wird, ob die Originalregel den Vorrang gegenüber der erleichternden Regel hat. Der malikitische *usul*-Gelehrte al-Shatibi argumentiert sogar deutlich für eine Gleichrangigkeit (Hallaq 1997: 179). Von etlichen Gelehrten wird die *ruchsa* genauso wie die *hiyal* verworfen. Auch hier finden wir also eine deutliche Pluralität vor, die eher in Richtung einer induktiven Formulierung von Beurteilungen geht.

---

48 Malikitisch wird dieser Vertrag anders konstruiert, aber ebenfalls mit einer wohltätigen Zielsetzung (Lohlker 1991: 51f.).

Blockieren dessen, was mit oder ohne Absicht zum Bösen führen kann (sadd al-dhara'i')

Bei diesem Prinzip, das besonders mit der hanbalitischen und malikitischen Rechtsschule verbunden wird, handelt es sich wörtlich übersetzt um das „Versperren der Wege" (*sadd adh-dhara'i'*). Es geht um rechtliche Wege, die an sich erlaubt sind, aber – unbeabsichtigt oder nicht – zum Bösen führen können. Die mögliche schädliche Folge übertrifft dabei den Nutzen, überwiegt der Nutzen allerdings den Schaden, sind sie nach dem Maßstab des betroffenen Interesses erlaubt oder sogar empfohlen, so der Hanbalit Ibn Qayyim al-Jawziyya (1996, Bd. 3: 119). Inhaltlich können wir dies als Gegenbegriff zu den *hiyal* verstehen, aber auch als prinzipiell gegen *istihsan* gerichtet.

Trotz dieses so absolut gegen sie formulierten Prinzips bestehen beide Methoden aber weiter. Wir sehen also auch hier eine mannigfaltige Verzweigung, die kein absolutes Prinzip wie das des *sadd adh-dhara'i'* blockieren kann, wenn dieses auch heute unter dem Einfluss der hanbalitischen geprägten salafistischen Wahhabiyya zu größerer Bedeutung gelangt ist. Auch dies ist unter dem modernen Bestreben nach Eindeutigkeit zu denken, das die Salafiyya generell kennzeichnet.

Wird *sadd adh-dhara'i'* als eigenständige Rechtsquelle gesehen? Dies kann mit dem Verweis auf den mangelnden Bezug auf einen autoritativen Text bestritten (Horii 2001: 149) oder eher allgemein der *sadd* als bloße Grundlage (Krawietz 2002: 277) bezeichnet werden.[49]

Annahme der Fortgeltung (istishab)

Die vollständige arabische Formulierung dieses Konzeptes lautet *istishab al-hal*, also die Annahme, dass ein früherer Zustand bzw. dessen Beurteilung (*hukm*) bis in die jeweilige Gegenwart fortdauert. *Istishab* ist „die Präsumtion der Fortdauer eines früheren Zustandes, solange kein Beweis für das Aufhören dieses Zustandes vorliegt" (Goldziher 1887: 185). Es gibt einige Unterteilungen des Konzeptes des *istishab*, auf die wir im gegebenen Rahmen eingehen können.[50] Es gibt im Wesentlichen

---

49 Für zeitgenössische Überlegungen interessant ist, dass im heutigen Südostasien diskutiert wird, ob die Anwendung dieses Prinzips zu Problemen in multiethnischen und -religiösen Gesellschaften führt (Hassan 2005).
50 Einen Überblick über moderne Stellungnahmen zum *istishab* gibt Krawietz 2002: 279ff.

drei Haltungen zur Annahme der Fortgeltung: 1) Sie wird grundsätzlich anerkannt, 2) sie wird grundsätzlich abgelehnt oder ist 3) eine relativierende Anerkennung, die sie nur in gewissem Rahmen akzeptiert. Die letzte Position akzeptiert die Annahme zumeist nur, wenn es um die Fortgeltung alter Rechte geht, nicht wenn die Formulierung neuer Rechte gemeint ist. Betrachten wir zwei Positionen.

Der zahiritische Autor Ibn Hazm (gest. 1062) schreibt dazu recht deutlich: „Über den *istishab al-hal* und über die Nichtigkeit aller Verträge, Vereinbarungen und [sonstigen] Bedingungen außer, wenn etwas davon der Koran oder eine sichere Überlieferung nach dem Gottesgesandten, Gott segne ihn und spende ihm Heil, für verpflichtend erklärt / Abu Muhammad [Ibn Hazm] sagt: Wenn es einen autoritativen Text (*nass*) aus dem Koran oder der sicheren Sunna in irgendeiner Angelegenheit hinsichtlich irgendeiner Beurteilung gibt und dann jemand behauptet, dass jene Beurteilung [auf einen anderen Fall] übertragen oder für nichtig[51] erklärt werden könne, weil er jenen beurteilten Sachverhalt hinsichtlich einiger seiner Umstände [in andere Umstände] übertragen hat – entweder wegen des Wandels der Zeit oder des Ortes –, dann obliegt es demjenigen, der diese Übertragung aus diesen Gründen behauptet, einen (Text-)Beweis (*burhan*) beizubringen – aus dem autoritativen Text (*nass*) aus dem Koran oder der sicheren Sunna des Gottesgesandten, Gott segne ihn und spende ihm Heil – in der Hinsicht, dass das Übertragen jener Beurteilung oder dessen Nichtigerklärung möglich ist. Wenn er ihn beibringt, ist seine Aussage rechtsgültig, wenn nicht, dann hat er über das, was er in jener Hinsicht behauptet hat, nichtig gesprochen" (Ibn Hazm 1979, Bd. 2: 2).

Ibn Hazm ist, das wird schon aus der zitierten Überschrift des Abschnittes deutlich, zu einer binären Beurteilung geneigt. Ist ein autoritativer Text aus Koran und Sunna vorhanden, ist der *istishab al-hal* erlaubt, wenn nicht, ist sein Gebrauch nichtig. Bei Ibn Hazm wirkt sich die spezifische Verkettung aus, die ihn zu einer besonderen Betonung der koranischen und Traditionsbelege bringt. Nun ist Ibn Hazm, wenn auch bis in die Gegenwart gerne zitiert, sicherlich kein repräsentativer Vertreter der sunnitischen *usul*-Studien.

Schauen wir deshalb noch, was ein weiterer Autor zu dieser Frage schreibt, der Schafiit Abu Hamid al-Ghazali (gest. 1111): „Wisse, dass die durch Tradition begründeten Beurteilungen nicht durch den Verstand erreicht werden. Aber der Verstand deutet auf die Freiheit von jeglicher

---

51 Wenn die Argumentation in Richtung eines Verbotenseins der Handlung geht.

Verpflichtung[52] und das Entfallen von Bedrängnis für die Geschöpfe, sei es in Bewegung oder in der Ruhe [...]. Die Abwesenheit von Beurteilungen vor dem Auftreten der Überlieferung[53] ist durch rational begründeten Hinweis bekannt, und wir halten uns an die Fortgeltung (*istishab*) jenes Zustandes, bis die Überlieferung auftritt. Denn da trat ein Prophet auf und machte fünf Gebete verpflichtend, das sechste Gebet aber verblieb nicht verpflichtend, nicht durch ausdrückliche Aussage des Propheten hinsichtlich seiner Ablehnung, vielmehr war es verpflichtend verworfen, denn es gab ja keine sichere Aussage[54] über die Verpflichtung [das sechste Gebet zu verrichten]. [...] Der *istishab* ist ein Ausdruck für das Festhalten an einem rational oder schariagemäßen Hinweis" (Ghazali 1995, Bd. 1: 237f.).

Die Verkettung bei al-Ghazali ist eine andere als bei Ibn Hazm. Er zielt auf einen Anschluss an rationales Argumentieren bzw. rationales schariabezogenes Argumentieren. Damit fließen zwar ebenfalls Bezugnahmen auf autoritative Texte ein, die aber durch den Bezug auf den Verstand anders gefasst werden als bei Ibn Hazm. Wir sehen eine weitere Falte aufsteigen in diesem speziellen Bereich der Ebene der *usul al-fiqh*. Für al-Ghazali ist also der *istishab hal al-'aql* (des Verstandes) bedeutsam. Auch bei Fakhr al-Din al-Razi finden wir den Bezug auf die Vernunft. Er sagt, dass, wenn keine schariatische Beurteilung (*hukm shar'i*) vorliegt, der *istishab* nach der Beurteilung durch die Vernunft (*bi- hukm al-'aql*) angewandt wird (Razi 1992: 129).

Es gibt noch weitere Fälle des *istishab*: den *istishab hal al-ijma'*, die Annahme der Fortgeltung im Rahmen des Konsenses der Gelehrten. Wenn der Konsens der Fortgeltung entgegensteht, ist diese z. B. für al-Ghazali nicht gültig (Ghazali 1995, Bd. 1: 238ff.). Dann noch den *istishab hukm al-dalala*, eine Unterkategorie des gerade genannten *istishab*. Es handelt sich um die Fortgeltung der Beurteilung einer Handlung, selbst wenn ein gegenteiliger Hinweis erkennbar wird. Darunter fasst Fakhr al-Din al-Razi Fälle wie den, dass ein Gläubiger für ein Gebet eine Waschung mit einer Ersatzsubstanz (z. B. Sand) für Wasser vorgenommen hat, da dieses nicht zur Verfügung stand. Während des Gebetes bemerkt der Gläubige nun doch Wasser. Sein Gebet bleibt trotzdem

---

52 Es handelt sich um die Annahme, dass die Menschen frei von jeglichen Verpflichtungen geboren werden, eine Freiheit, die so lange gilt, bis das Gegenteil eintritt, also ein Verbot oder Gebot – von göttlicher Seite besonders – bekannt wird. Diese Annahme ist auch als *istishab al-bara'a* bekannt (s. u.).
53 Der göttlichen Offenbarung.
54 Wer für eine Verpflichtung des Verrichtens von sechs Gebeten argumentieren möchte, müsste einen entsprechenden – rationalen – Beweis vorbringen.

gültig, da in dieser Hinsicht ein Konsens bestehe. Dabei zähle der Zeitpunkt, an dem das Gebet begonnen wurde, und die dann vorhandenen, nicht später aufgetretenen Hinweise (Razi 1992: 130).

Istishab bei den Zwölferschiiten

Von zwölferschiitische Seite wird der *istishab* zu den Handelsprinzipien (*usul 'amaliyya*) gezählt, die eintreten, wenn seitens des Gelehrten keine hinreichende Sicherheit in der Beurteilung erreicht werden kann (Löschner 1971: 197). Sie werden meist in den Bereich der unabhängigen Vernunft (s. S. 118f.) eingeordnet. Mit Muhaqqiq al-Qummi (gest. 1816) kann der *istishab* als das Weiterbestehen einer Beurteilung (*hukm*) oder einer Eigenschaft verstanden werden, die in der Vergangenheit sicher galt, in der Gegenwart aber bezweifelt wird. Auch wenn diese Definition von Ansari (gest. 1864) als ungenau verworfen wird, können wir aus der gegebenen Definition eine Zielsetzung des *istishab* ablesen: Trotz eines bestehenden Zweifels kann der Gläubige frei von Gewissensskrupeln handeln. Dabei besteht immer die Möglichkeit, dass ein Irrtum vorliegt; wenn dieser aber nicht im Diesseits aufgeklärt wird, hat der Gläubige auch im Jenseits keine Strafe zu erwarten (Löschner 1971: 199f.). Ein schönes Beispiel der Verschränkung von juridischer, die Ermöglichung rechtsgemäßen Handelns, und ethisch-religiöser Logik, die die Perspektive auf das Jenseits einnimmt. Wir können den „subtilen Begriffsspaltungen" (Löschner 1971: 200) der Diskussion über den *istishab* hier nicht weiter folgen (s. Löschner 1971: 200ff.).

Seitens der Akhbaris wurde gegen den *istishab* eingewandt, dass bei diesem methodischen Instrument Unsicherheit vorliege (Gleave 2000: 127). Führende Gelehrte der Usulis akzeptieren dagegen, dass ein gewisser Grad des Einflusses der jeweiligen Meinung (*zann*) der Gelehrten auftritt, sehen jedoch sowohl Argumente aus der Vernunft als auch aus der Tradition, die für das Prinzip sprechen. Als Vernunftargument wird angeführt, dass ein bestehender Sachverhalt keine neue Wirkursache (*mu'aththir*) braucht, um bestehen zu bleiben (Gleave 2000: 129), dass also auch die entsprechende Beurteilung fortdauert, denn eine neue, umgekehrte Beurteilung würde einen neuen Hinweis erfordern.

Aus der Tradition wird folgendes Beispiel gegeben: „Ein Mann fragte den Imam Sadiq[55]: Ich habe einem *dhimmi* mein Gewand gegeben und

---

55 Gest. 765, sechster schiitischer Imam.

weiß, dass er Wein trinkt [(...) Kann ich in ihm beten?]. Der Imam Sadiq antwortete: Bete in ihm und wasche es nicht deswegen. Als du es ihm gegeben hast, war es rein, und du bist nicht sicher, ob es verschmutzt worden ist. Es besteht kein Übel darin, dass du in ihm betest, es sei denn, du bist sicher, dass es beschmutzt worden ist" (Gleave 2000: 129). Wir können hier zwei Hauptrhizome der späteren zwölferschiitischen *usul*-Diskussion sehen, die Fluchtlinien unterschiedlicher Art produzieren, die neben ihren Deterritorialisierungsprozessen auch Reterritorialisierungen im jeweils anderen Rhizom hervorbringen.

Weitere zwölferschiitische Handlungsprinzipien

Neben dem *istishab* gibt es vier weitere Handlungsprinzipien. Zwei können wir aus Platzgründen nicht weiter Behandeln: das Prinzip der Vorsicht (*ihtiyat*), das eintritt, wenn ein Zweifel über eine Beurteilung einer Handlung vorliegt, ja sogar Hinweise vorliegen, dass ein Verhalten im Jenseits bestraft wird, und das Prinzip der Auswahl (*ihktiyar*), das eintritt, wenn das Prinzip nicht angewandt werden kann. Näher betrachten wollen wir das Prinzip des Freiseins (*bara'a*), das kein allein von den Zwölferschiiten benutztes methodisches Prinzip ist (z. B. Qarafi 1994, Bd. 1: 149).

Das Prinzip der *bara'a* „greift ein, um den Gläubigen im Zweifel von seiner Verpflichtung [...] freizumachen" (Löschner 1971: 215). Dabei ist nicht jeder Zweifel relevant. Der Zweifel (*shakk*) kann ein „,abstrakter Normzweifel' sein, d. h. bei Kenntnis aller Tatbestandsmerkmale ist die Rechtsfolge[56] zweifelhaft, oder er kann ,Tatbestandsmerkmalszweifel' sein, d. h. die Rechtsfolge ist bekannt, nur einige Tatbestandsmerkmale sind zweifelhaft, und zwar entweder in Beziehung auf ihre Verwirklichung, Erfüllung, in der Welt der realen Dinge oder in Bezug auf ihre Zugehörigkeit zum gesetzlichen Tatbestand" (Löschner 1971: 215f.). Auch in diesem Falle geht es darum, den Gläubigen ein Handeln zu ermöglichen – eine durchaus juridischer Logik verpflichtetes Verfahren, das aber nicht aus dem religiösen Rahmen entlassen wird, da sowohl ritualrechtliche Fragen behandelt werden als auch Probleme des Heils im Jenseits berührt sind.

Kommen wir aber zurück zu sunnitischen Ein- und Entfaltungen! Eine Gegenbewegung gegen den juridischen Empirismus können wir auch in anderen Falten der Ebene der *usul al-fiqh* bemerken.

---

56 Gemeint ist hier die Beurteilung.

Ziele (maqasid)[57]

Unter *maqasid* verstehen wir zuerst einmal die Ziele, die durch die gelehrte Arbeit aus den autoritativen Texten erschlossen werden können. Die Diskussionen über diese Ziele können bis in das 9./10. Jahrhundert christlicher Zeitrechnung zurückgeführt werden (Auda 2008: 15f.), als erste Versuche unternommen wurden, die Ziele der Regeln des *fiqh* zu ergründen. Auch von zwölferschiitischer Seite wurde in dieser Zeit ein Werk zu diesem Thema verfasst: die *'Ilal al-shara'i'* von Ibn Baboye al-Qummi al-Saduq (gest. 991). Diesen frühen Verkettungen der rechtsmethodischen Literaturproduktion ist noch nachzugehen.

Ab dem 11. Jahrhundert wurde die Ergründung der Ziele der Scharia zu Theorien ausgebaut. Zu nennen sind al-Juwayni (gest. 1085), Abu Hamid al-Ghazali (gest. 1111), al-'Izz b. 'Abd al-Salam (gest. 1209), al-Qarafi (gest. 1285), Ibn Qayyim al-Jawziyya (gest. 1349) und Abu Ishaq al-Shatibi (gest. 1388) als Vertreter wichtiger Positionen in diesen Diskursen. Der Letztgenannte, Abu Ishaq al-Shatibi, benennt auch die Beziehung der *maqasid* zur Scharia: „Die ‚Belastungen'[58] der Scharia gehen zurück auf die Bewahrung ihrer Ziele in der Schöpfung" (Shatibi 1997, Bd. 2: 17).

Auf dieser Ebene folgen wir also wieder der ethisch-religiösen Logik, die den Rahmen der Tätigkeit der Rechtsgelehrten bestimmt. Grundsätzlich werden fünf grundlegende Rechtsgüter genannt: Religion (*din*), Leben (*nafs*), Vernunft (*'aql*), Abstammung (*nasl*) und Vermögen (*mal*). Diese Rechtsgüter müssen aus Notwendigkeit (*darura*) geschützt werden, deshalb werden sie auch *daruriyyat* genannt. Die Reihenfolge dieser Rechtsgüter ist umstritten. Einige Rechtsmethodiker wie al-Qarafi fügen noch andere Rechtsgüter wie die Ehre (*'ird*) hinzu.

Die zweite Gruppe wird von den Interessen gebildet, die ein Bedürfnis (*haja*) decken, deswegen *hajiyyat* genannt. Gemeint sind Dinge, die Menschen benötigen, um schwierige Situationen zu bewältigen.[59]

---

57 Das Thema wird in der modernen Diskussion zum islamischen Recht intensiv behandelt.
58 „Belastung" (*taklif*) ist ein Begriff aus der theologischen Fachdiskussion, der die durch Gott auferlegten Verpflichtungen bezeichnet. Er wird auch in *usul al-fiqh*-Werken diskutiert. Ein besonderes, intensiv diskutiertes Problem ist die Frage, ob Gott etwas auferlegt, was seine Geschöpfe nicht leisten können (*al-taklif ma la yutaq*) (z. B. Mazari 2001: 63ff.).
59 An dieser Stelle greifen z. B. auch die erleichternden Regeln (*rukhas*) ein (s. u.).

Die dritte Gruppe wird von den Interessen gebildet, die auf eine Verbesserung (*tahsin*) des Lebens gerichtet sind: die *tahsiniyyat*. Im Gegensatz zu den beiden anderen Gruppen von Interessen führt der Verzicht darauf weder zu einer grundsätzlichen Erschütterung der Ordnung, wenn die grundlegenden Rechtsgüter nicht geschützt sind, noch zur Mühsal, wenn die *hadschijjat* unbeachtet bleiben. Es handelt sich um das Interesse an einen Zuwachs an Wohlergehen, das durchaus göttlich in gewissem Rahmen positiv sanktioniert wird.

Al-Shatibi schreibt u. a. zu diesem Thema, dass auch die Absichten und Intentionen zu berücksichtigen sind: „‚Die Handlungen werden ja nach den Absichten beurteilt' (*inna al-a'mal bi'l-niyyat*), die Ziele (*maqasid*) werden berücksichtigt bei den einseitigen Akten (*tasarrufat*) unter den rituellen (*'ibadat*) und den [zwischen den Menschen] üblichen (*'adat*) Handlungen. Die Hinweise auf diesen Sinn [der Ausdrücke] sind grenzenlos. / Dir möge davon genügen, dass die Ziele (*maqasid*) unterschieden werden in das, was eine [zwischen den Menschen] übliche (*'ada*) Handlung, und das, was eine rituelle (*'ibada*) Handlung ist. Bei den rituellen Handlungen [unterscheidet man] zwischen dem, was verpflichtend (*wajib*), und dem was nicht verpflichtend ist, bei den [zwischen den Menschen] üblichen Handlungen zwischen dem, was verpflichtend (*wajib*) und anempfohlen (*mandub*), dem, was neutral (*mubah*), ablehnenswert (*makruh*) und verboten (*muharram*), dem, was gültig (*sahih*) und nichtig (*fasid*) ist oder anderen der Beurteilungen.⁶⁰ / Mit einer Handlung wird so eine Sache beabsichtigt, dann ist sie ein ritueller Akt (*'ibada*); es wird mit ihr eine andere Sache beabsichtigt, dann ist sie nicht so [– zumindest erscheint es so]. Vielmehr wird damit eine Sache beabsichtigt, und zwar geschieht dies aus Glaubensgründen (*iman*), eine andere Sache wird beabsichtigt, und diese geschieht aus Unglauben – wie das Niederwerfen vor Gott oder einem Götzen" (Shatibi 1997, Bd. 3: 7f.).

Der Faktor der Intentionen wird also entscheidend für die Beurteilung der Handlungen – und damit auch für das Urteil darüber, ob sie dem Erreichen der *maqasid* entsprechen.

Al-Ghazali (gest. 1111) ordnet die *maqasid* in einen Diskurs über den Beweis (*burhan*) ein. Zuerst analysiert er die Form des Beweises: „Der Beweis besteht aus einem Ausdruck mit zwei bekannten Prämissen

---

60 Al-Shatibi benutzt also beide Register der Beurteilungen menschlicher Handlungen.

(*muqaddima*), der ein spezifisches Kompositum unter einer bestimmten Bedingung hervorbringt" (Ghazali 1995, Bd. 1: 48).

Es geht also um ein Schlussverfahren, das in drei Kategorien unterteilt werden kann, von denen wir aus Raumgründen nur die erste Kategorie behandeln: „Jeder Körper ist zusammengesetzt und jedes Zusammengesetzte ist geschaffen. Dann ist notwendigerweise jeder Körper geschaffen. Aus dem *fiqh* [stammt] unsere Aussage: Jeder *nabidh*[61] macht trunken, und alles, was trunken macht, ist verboten (*haram*). Dann ist jeder *nabidh* verboten. Diese beiden Prämissen erfordern notwendigerweise, wenn sie gültig sind, dass der *nabidh* für verboten erklärt wird. Wenn die Prämissen gesichert (*qat'iyya*) sind, nennen wir sie einen Beweis" (Ghazali 1995, Bd. 1: 48).

Der Stoff des Beweises wird nun bei al-Ghazali von den Zielen (*maqasid*) gebildet. „Sie sind die Prämissen, die sich aus dem Beweis ergeben wie der Stoff aus dem Gewand und das Holz aus dem Bettgestell. [...] Wie es nun nicht möglich ist, aus jedem Körper ein Schwert oder ein Bett zu machen, denn es entsteht ja aus Holz kein Gewand, nicht aus Tuch ein Schwert oder aus dem Schwert ein Bett, so ist auch nicht möglich, aus jeder Prämisse einen fruchtbaren Beweis zu formulieren. Ein fruchtbarer Beweis wird nur aus sicheren (*yaqini*) gebildet, wenn ein sicherer gewünscht wird, oder auf Vermutung basierend (*zanni*), wenn das Gewünschte ein Argument im *fiqh* ist[62]" (Ghazali 1995, Bd. 1: 53f.).

Dann führt al-Ghazali die sieben Formen an, mittels derer man Gewissheit erringen kann. Das Spektrum reicht von den primären Ideen über die menschlichen Empfindungen von Hunger etc. bis zu den anerkannten Meinungen. Dieses Beispiel zeigt uns wiederum die Variabilität der von den *usulis* benutzten Terminologie, deren scheinbare Unsystematik nicht als nachteilig betrachtet werden muss, wohl eher die Wahrscheinlichkeit erhöht, dass neue Verkettungen möglich sind, die mit einem strengen Festhalten an fixierten Terminologien blockiert würden.[63]

Eng verbunden mit den *maqasid* sind die Diskussionen über den Nutzen (*maslaha*), besonders über die nicht belegte *maslaha*: die *maslaha*

---

61 Aus Datteln, Trauben oder anderen Grundstoffen gewonnenes fermentiertes Getränk.
62 Ein schöner Hinweis, dass Erkenntnis im *fiqh* immer nur approximativ ist, laut al-Ghazali zum Zeitpunkt der Abfassung des *Mustasfa*.
63 Zudem sollte man aus Wissenskulturen – die häufig als einzigen Fortschritt nur die Prägung eines neuen Begriffes ansehen, ohne dass ein Erkenntnisfortschritt zu verzeichnen ist – wohl kaum den ersten Stein auf andere Wissenskulturen werfen.

mursala. Beide Begriffe werden häufig austauschbar benutzt, auch dies ein Zeichen für ein probabilistische Grundstruktur juridischen Denkens und kein Defizit. Wir betrachten also die methodischen Vorgehensweisen bei der *maslaha* genauer.

Nutzen (*maslaha*)

Erwägungen, die sich auf den sozialen Nutzen rechtlicher Regelungen beziehen, können bis zum 8. und 9. Jahrhundert christlicher Zeitrechnung zurückgeführt werden. Damit können wir annehmen, dass die Rhizome, die den entfalteten Nutzenbegriff produziert haben, weit in die islamische Geschichte zurückreichen. Allerdings ist die Terminologie nicht einheitlich. So findet sich der Begriff des *istihsan* für diesen Gegenstand; die Malikiten benutzen den Begriff des *istislah* (oder er wird ihnen zugeschrieben).

Ein Werk, das eine – allerdings eher unsystematische Diskussion – des Begriffes *maslaha* enthält, ist das *usul al-fiqh*-Werk des Hanafiten Abu Bakr al-Jassas (gest. 980). Als Durchbruch für das Konzept werden allgemein die Werke des Schafiiten Abu Hamid al-Ghazali (gest. 1111) gesehen, der die *maslaha* als Teil der Ziele der Scharia (*maqasid*; s. o.) betrachtete. *Maslaha* war für ihn nicht nur eine Methode, neue Möglichkeiten für Beurteilungen zu schaffen, für die sich nicht direkt Hinweise auf den Koran oder die Sunna finden lassen. Es war ebenfalls ein Weg, bereits bestehende rechtliche Lösungen in bestimmten Fällen zu verbessern.

Die Diskussion über die *maslaha* konzentriert sich auf die Frage, wie es möglich ist, den Nutzen zu erkennen, wenn es keine Hinweise auf den Koran oder die Sunna gibt – oder auch aus dem Konsensus der Gelehrten. Damit wird die antiempiristische Verkettung auf diesem Gebiet erkennbar. Wird gesagt, dass die Frage beantwortbar ist, stellt sich die weitere Frage: Auf welchem Wege kann eine rechtlich gültige *maslaha* formuliert werden, die der notwendigen Sicherheit der Erkenntnis nahe kommt, die der juridische Empirismus ja bietet?

Das Problem ist eigentlich eines der nicht belegten *maslaha* (*maslaha mursala*). Eine *maslaha*, die nicht durch einen autoritativen Text aus Koran oder Sunna belegt wurde, stand für Empiristen immer im Verdacht, ein Einfallstor für unerlaubte Neuerungen im Recht zu öffnen. Und Verfechter der Anwendung dieses methodischen Instruments beschäftigten sich auch intensiv mit der Definition von Neuerungen, so auch al-Shatibi (gest. 1388) (Lohlker 1999b).

In den *usul al-fiqh* wurden vier unterschiedliche Wege zur Anwendung der *maslaha* verfolgt. Der erste Weg ist der von Abu Hamid al-Ghazali und Fakhr al-Din al-Razi (gest. 1210) eingeschlagene. Bei allen Unterschieden bauten beide die Analogiebildung dadurch ein, dass sie diese mit dem Kriterium der Angemessenheit (*munasaba*) identifizieren, das bereits im 10. Jahrhundert nachweisbar ist. Der Hanafit al-Shashi (gest. 955/56) schrieb dazu: „Wenn wir ein Merkmal finden, das für eine Beurteilung angemessen (*munasib*) ist, wobei es sich auf einen Fall bezieht, der ein Feststehen der Beurteilung notwendig erfordert und dieses eine solche offenkundig beanspruchen kann, fügen wir mit ihm die Beurteilung in der Kategorie des Konsenses hinzu. Die Beurteilung wird dem Fall hinzugefügt aufgrund der Angemessenheit (*munasaba*) [des Merkmales], nicht auf Grund eines schariagemäßen Zeugnisses dafür, dass sie ein Grund (*'illa*) ist. / Ein Beispiel dafür ist, wenn wir eine Person sehen, die einem Armen einen Dirham gibt. Mit an Gewissheit grenzender Wahrscheinlichkeit dient das Geben dem Abwenden der Bedürftigkeit des Armen und dem Erlangen der positiven Effekte der [göttlichen] Belohnung (*thawab*)" (Shashi 2002: 212).

Wird hier das Instrument der *maslaha* in der Weise eingesetzt, „dass einem bestimmten Merkmal des Ausgangsfalles die Eigenschaft eines am öffentlichen Interesse[64] ausgerichteten Rechtsgrundes für die Bestimmung zugesprochen wird" (Jokisch 1996: 166), kann das in der *munasaba* neubestimmte Verhältnis von Beurteilung (*hukm*) und (Rechts-)Grund (*'illa*), das jetzt keines Hinweises aus einem autoritativen Text bedarf, neu konfiguriert werden. Ein genau abgewogener Nutzen kann sogar eine bestehende Beurteilung aufheben. Ein von al-Ghazali gebrachtes Beispiel ist das der Tötung einer Gruppe von Muslimen, die als Schutzschild benutzt werden, durch andere Muslime, da sonst der Untergang aller Muslime nicht abgewendet werden kann. Wir werden das Beispiel gleich betrachten.

Der zweite Weg ist der des Malikiten Shihab al-Din al-Qarafi (gest. 1285). Er geht einen zweifachen Weg, der unterschiedliche Verkettungen ermöglicht. Einmal übernimmt er Fakhr al-Din al-Razis Kategorisierung von Methoden, die als (Rechts-)Grund dienen können. Als eine dieser Methoden setzt er die *maslaha mursala* ein. Das andere Mal benutzt er die *maslaha* im Rahmen der allgemeinen Prinzipien

---

64 Diese häufig benutzte Übersetzung von *maslaha* übersieht, dass dieser Begriff relational zu *mafsada* („Schaden, Verderbnis") zu verstehen ist. Damit wird eine genaue Abwägung von Nutzen und Schaden, die nur bei überwiegendem Nutzen zum Gebrauch der *maslaha* führt, noch unspezifischer.

(*qawa'id*). Er benutzt es genauso wie das Prinzip des *sadd al-dhara'i'* oder der erleichternden Regelungen (*rukhsa*). Er schreibt so über die Elemente, die auf einen (Rechts-)Grund (*'illa*) hinweisen: „Der dritte ist die Angemessenheit (*munasaba*), also das, was das Erreichen eines Nutzens (*maslaha*) und das Abwehren einer Verderbnis (*mafsada*) beinhaltet. Das erste [davon] ist z. B. der Reichtum als (Rechts-)Grund, der die [Entrichtung der] Reinigungsabgabe (*zakat*) verpflichtend macht, das zweite ist das Betrunkenmachen als (Rechts-)Grund für die Klassifizierung des Weins als verboten. Das Angemessene (*munasib*) wird unterteilt in das, was in die Kategorie der notwendigen Dinge (*darurat*) fällt, das, was in die ein Bedürfnis befriedigende Dinge (*hajat*), und das, was in die Kategorie der [den Lebensgenuss] vervollständigenden Dinge (*tatimmat*) fällt. Das erste steht vor dem zweiten und das zweite vor dem dritten, wenn ein Widerspruch auftritt. [...] Ein Beispiel für das Zusammentreffen aller [drei Kategorien] in einem einzigen Fall ist der Unterhalt für sich selbst als einer notwendigen Handlung, der für die Ehegattinnen als eine ein Bedürfnis befriedigende und der für die Verwandten als eine vervollständigende Handlung" (Qarafi 2004: 303f.).

Die *maslaha mursala* wird von ihm in seiner Reihung möglicher Quellen von Hinweisen recht hoch gereiht, gleich nach dem Koran, der Sunna, dem Konsens der muslimischen Gemeinschaft (*umma*), dem Konsens der Einwohner Medinas, dem *qiyas* und der Aussage eines Prophetengefährten (Qarafi 1994, Bd. 1: 149). Er definiert sie genauer: „Die *maslaha mursala*: Für die Nutzen (*masalih*) gilt es zusätzlich zum Zeugnis der Scharia dafür, drei Unterteilungen zu beachten: 1) Das, was die Scharia in ihrer Hinsicht bezeugt. Dabei handelt es sich um die Analogiebildung (*qiyas*), die zuvor behandelt wurde. 2) Das, was die Scharia ohne Rücksicht auf sie bezeugt, z. B. das Verbot, Trauben anzupflanzen, damit nicht Wein gepresst wird. 3) Das, in dessen Hinsicht nichts bezeugt wird, aber auch nicht hinsichtlich dessen, dass es verworfen wird. Das ist die *maslaha mursala*. Sie ist bei Malik [b. Anas], Gott erbarme sich seiner, ein Argument (*hujja*).[65] / [...][66] Ein Beispiel dafür ist: Das Ungläubigen eine Gruppe von Muslimen als Schutzschild benutzen. Würden wir von ihnen abstehen [die Muslime also nicht angreifen], würden sie [die Christen] sich auf uns stürzen, uns überwältigen und die Muslime allesamt töten. Beschießen wir sie, töten wir den Schild

---

65 Damit ist die Aussage mit dem Kanon der malikitischen Rechtsschule verkettet.
66 Al-Qarafi zitiert noch Abu Hamid al-Ghazali und verkettet damit sein Argument mit dem sekundären Kanon der *usul al-fiqh*.

mit ihnen" (Qarafi 1994, Bd. 1: 150). Hier wird der Nutzen, die Rettung der kämpfenden Muslime, gegen den Schaden, die Tötung der als Schutzschild benutzten Muslime, abgewogen und die an sich verbotene Tötung von Muslimen akzeptiert.

Der dritte Weg wird von Najm al-Din al-Tufi (gest. 1316) beschritten. Er integriert die *maslaha* nicht nur in sein methodisches Handwerkszeug. In seiner Auslegung des bekannten Hadithes „Füge keinen Schaden zu und vergelte keinen Schaden mit einem anderen!" (*la darar wa-la dirar*) konstatiert al-Tufi, dass in dieser Überlieferung ein Primat des Nutzens gegenüber allen anderen Quellen von Hinweisen liege. Wie kann nun ein solche einzelne Überlieferung, die nur mit einer gewissen, vielleicht hohen Wahrscheinlichkeit zutreffend ist, die Grundlage bilden für eine solche weit reichende Vorrangstellung eines induktiven methodischen Prinzips vor den Hinweisen, die aus autoritativen Quellen gewonnen werden können? Al-Tufi räumt ein, dass es sich um eine einzelne Überlieferung handelt, argumentiert aber, dass es Aussagen aus Texten gebe, die sie ausreichend „stark" machten. Außerdem gebe es hinreichend Hinweise im Koran, der Sunna und dem Konsensus, die die Wahrheit der Annahme über diese Überlieferung bestätigten (Hallaq 1997: 150f.). Für ihn entspricht alles, was Nutzen bringt und Schaden abwendet, dem inneren Kern der Scharia.

Allerdings begrenzt er den Rahmen der Anwendung der *maslaha* dadurch, dass er die rituellen Bestimmungen aus ihrem Anwendungsbereich ausschließt und feststellt, dass die *maslaha* weder textuell festgelegte Bestimmungen überwinden noch gegen einen spezifischen Hinweis (*dalil khass*) stehen könne (Opwis 2005: 195). Die Argumentationsweise mit der *maslaha* wird von ihm *istislah* genannt, also eine Übernahme eines hauptsächlich malikitischen Begriff in einen hanbalitischen Kontext – eine weitere, die Rechtsschulgrenzen transzendierende Verkettung. Der Sinn der *maslaha* ist auch für ihn „Das Herbeibringen des Nutzens und das Fernhalten des Schadens" (Tufi 1410h: 144).

Der vierte Weg schließlich ist der des Malikiten Muwaffaq al-Din al-Shatibi (gest. 1388). Er führte die juristische Induktion (*istiqra'*) als weiteres wichtiges Mittel der Erschließung von Beurteilungen in die *usul*-Diskussion mit einer neuen Betonung. Einerseits wandte er sich damit gegen den vorherrschenden juridischen Empirismus, andererseits war seine Absicht sicherlich nicht, diesen abzulösen. Es geht eher um eine Ergänzung durch einen weiteren Zugang. Er sieht die Beschäftigung mit der *maslaha* eher als eine Aufgabe für Fortgeschrittene in den *usul al-fiqh* an. Das bedeutet auch, dass das ganze Repertoire an hermeneutischen Techniken präsent sein muss, die sich auf die autoritativen Texte beziehen – eine Bezugnahme, die al-Shatibi nicht im Sinn hatte aufzugeben (Jackson 2006: 1476f.). Ausgeschlossen ist für ihn ebenfalls eine Anwendung im Bereich der rituellen Pflichten, der *'ibadat*, also derjenigen Vorfälle, die zur Zeit des Propheten stattgefunden haben und für die es eine Beurteilung gibt, sowie die kontinuierliche Praxis der Prophetengefährten (Opwis 2005: 196).

Mit al-Shatibi wird die juristische Induktion im methodischen Kanon der *usul al-fiqh* etabliert und es dürfte kein Zufall sein, dass dieses Instrument seit dem 19. Jahrhundert bis heute wieder intensiv diskutiert wird.

All die besprochenen Methoden mit einer Nähe zur juristischen Induktion sind Ausdruck von Verkettungen, die von der juridischen Logik getragen werden, die an bestimmten Stellen Verdickungen, Verknotungen hervortreibt, die Ausdruck von Bestrebungen der Reterritorialisierung dieser Logik in diesen Methoden sind. Eine Art Schatten der Rhizome der gelehrten Diskurse sind die folgenden beiden.

Rechtsbrauch und Gewohnheitsrecht ('urf, 'ada)

Grundsätzlich können wir unterscheiden zwischen dem Rechtsbrauch bestimmter Berufsgruppen. So wird unter Händlern eine bestimmte Berufspraxis verfolgt, die nicht unbedingt den Vorstellungen der Rechtsgelehrten entspricht und sicherlich nicht nach den Regeln der *usul al-fiqh* abgeleitet ist. Auch der örtliche Rechtsbrauch entspricht nicht immer der gelehrten Diskussion. So wird im Bewässerungsrecht häufig anderen Regeln gefolgt als denen, die in den Rechtshandbüchern dargelegt werden. Für beides werden die Begriffe *'urf* und *'ada* in bekannter recht flexibler Weise benutzt.

Dieser schwer zu umreissende Bereich hat immer wieder zu Bedenken geführt, ob man ihn überhaupt in die Systeme des *fiqh* integrieren kann.[67] Im Bereich des *furu'* findet dies immer wieder statt, im Bereich der *usul* ist der Befund schwieriger. Hinweise auf die Probleme, die sich aus der Unkenntnis der sprachlichen Konventionen ergeben, gibt es immer wieder (Gräf 1973).

Auf die Wichtigkeit der Kenntnis zumindest des sprachlichen *'urf* deuten Bemerkungen des Hanbaliten Ibn Qayyim al-Jawziyya (gest.

---

67 Heute wird sogar unter Berufung auf die Scharia versucht, das Gewohnheitsrecht komplett auszuhebeln. Für den südostasiatischen *adat* s. Ishak 1986.

1350) für den Mufti hin: „Es ist nicht erlaubt, eine Fatwa zu erteilen in Sachen des Anerkenntnisses (*iqrar*), der Eide (*ayman*), Erbschaftsfragen (*wasaya*) oder anderem, was abhängig ist vom sprachlichen Ausdruck (*lafz*) entsprechend dem, wie er [der Mufti] es gewöhnt ist, diese Ausdrücke zu verstehen, ohne dass er den Brauch (*'urf*) jener Leute kennt und denjenigen, die sie [die Ausdrücke] im Sprachgebrauch benutzen" (Ibn Qayyim 1996, Bd. 4: 200). Sollte der Mufti nicht in der Lage sein, die Sprache derjenigen zu verstehen, für die er eine Fatwa erteilt, sagt Ibn Qayyim weiter: „Wenn der Mufti die gebräuchliche Sprache nicht kennt oder derjenige, der um eine Fatwa einkommt, die Sprache des Mufti nicht kennt, kann die Übersetzung zwischen ihnen durch eine Person eintreten" (Ibn Qayyim 1996, Bd. 4: 226).

Damit wird der *'urf* in den zentralen Bereich des rechtsmethodischen Denkens und Handelns integriert: die Auseinandersetzung mit sprachlichen Phänomen – vom üblichen Sprachgebrauch der *usulis*, wenn sie vom „Sprachgebrauch (*'urf*) der Lexikographen und Hadithspezialisten" (Zarkashi 1988, Bd. 4: 163) reden, ganz zu schweigen.

Um die Tätigkeit der Gelehrten wirklich zu verstehen, wenden wir uns jetzt noch einmal im Zusammenhang der Arbeit der Rechtsgelehrten zu, dem Ergründen der rechtlichen Beurteilungen und der damit verbundenen Anstrengungen: dem *ijtihad*!

Die Mühen des ijtihad

Obwohl sich die meisten Rechtsgelehrten dem juridischen Empirismus bei der Formulierung von Recht verschrieben hatten und sich der Autorität der Absicht des göttlichen Autors unterwarfen – und obwohl sie darauf vertrauten, dass die Sprache ein adäquates Mittel war, um die Absicht des göttlichen Autors zu kommunizieren –, waren sie nicht blind, was die Probleme anging, die sich aus der tatsächlichen Arbeit der Erfassung der Absicht des göttlichen Autors ergaben. Sie waren Realisten, die sehr gut begriffen, dass Sicherheit im Verständnis des Rechts oft außerhalb ihrer Reichweite lag und ein Verständnis dessen, was bloß möglicherweise der Fall sein mochte, häufig alles war, was sie erreichen konnten.

Das heißt nicht, dass niemals Sicherheit erreicht werden konnte. Die Gelehrten waren sich einig, dass dies prinzipiell möglich war. Sie waren aber unterschiedlicher Meinung darüber, inwieweit das Recht wirklich sicher und inwieweit es nur möglicherweise sicher war. Unterschiedlich waren auch die Auffassungen, welche Teile, Regeln, Prinzipien des Rechts wirklich sicher und welche nur möglicherweise sicher waren. Sie waren ebenfalls unterschiedlicher Meinung darüber, wie man die nur möglicherweise sicheren Formulierungen des Rechts beurteilen sollte. Waren solche Formulierungen korrekt oder unkorrekt? Wenn sie unkorrekt waren: Wie sollte man sie dann beurteilen? Die letzte Frage betrifft das Problem, dass nur möglicherweise sichere Formulierungen des Rechts Ausdruck der fehlbaren Meinungsbildung der Gelehrten waren und sich auch von Gelehrten zu Gelehrten unterscheiden konnten. Damit wird ja – wir haben davon gesprochen – ein Pluralismus im Bereich des Rechts herbeigeführt, der von den Gelehrten durchaus positiv bewertet wird.

Angesichts der Schwierigkeiten, denen man bei der Arbeit an der Formulierung des Rechts begegnete, sahen die Gelehrten sie als „Mühsal" an und nannten sie so auch üblicherweise *ijtihad*, was wir eben mit „Mühsal", „harte Anstrengung" u. Ä. übersetzen können. Das Recht musste aktiv durch die Mühen der Gelehrten angeeignet werden. Dabei hatten sie sich verschiedener Werkzeuge zu bedienen.[1]

„Der *ijtihad* bedeutet, dass der Rechtsgelehrte (*faqih*) die größtmögliche Anstrengung aufwendet, um eine Meinung über eine Beurteilung (*hukm*) zu erreichen. Der *mujtahid* ist der Rechtsgelehrte. Er ist mündig und verständig, d. h., er hat die Fähigkeit zu begreifen, was gewusst werden kann [...]. Er weiß um den durch den Verstand gewonnenen Hinweis (*dalil*) [...]. Er hat einen mittleren Grad in der Beherrschung der Lexik (*lugha*), des Arabischen, der Grundlagen [der Grammatik], der Rhetorik (*balagha*), von dem, was mit den Beurteilungen zusammenhängt vom Koran und der Sunna, selbst wenn er die Texte nicht auswendig weiß.[2] [...] und das Abrogierende (*nasikh*) und das Abrogierte (*mansukh*), die Anlässe der Offenbarung [der Koranverse] (*asbab al-nuzul*), die Bedingungen für die durch *tawatur* und die einzeln (*ahad*) überlieferten Hadithe, für die authentischen (*sahih*) und die schwachen (*da'if*) Überlieferungen, die Lage der Überlieferer (*ruwat*) und die Biographien der Prophetengefährten. In unserer Zeit[3] genügt das Zurückgreifen auf die führenden Gelehrten in diesen Gebieten. Keine Bedingung ist die Kenntnis der Disziplin der spekulativen Theologie (*kalam*)[4], die Kenntnis der einzelnen Zweige des *fiqh*, das männliche Geschlecht[5], die Freiheit[6] und auch die Gerechtigkeit (*'adala*). Dies ist die überwiegend richtige Meinung" (Subki 2003: 118f.). So beschreibt ein führender schafiitischer Gelehrter der Mamlukenzeit, Taj al-din al-Subki (gest. 1370), die Anforderungen an den Gelehrten, der den *ijtihad* übt. In einem Lehrgedicht finden wir u. a., dass er sein muss: „wissend um die Definition und den Beweis, / die Grammatik, die Beugung und die Rhetorik" (Shinqiti 2006: 116).

Welche Arten des *ijtihad* gibt es nun? „Der *ijtihad* ist von zweierlei Art: / Die erste von ihnen beiden ist: Er endet erst, wenn die Grundlage der Belastung (*taklif*) endet, und das ist erst beim Kommen der letzten

---

1 Von manchen Gelehrten wird der *ijtihad* als Untergruppe der Analogiebildung (*qiyas*) gefasst (z. B. Sirasi 1998: 38).
2 Eine recht bemerkenswerte Aussage, die zeigt, dass der *ijtihad* nicht nur als die Hochleistungsdisziplin der Rechtmethodik zu verstehen ist.
3 Im mamlukischen Ägypten des 14. Jahrhunderts.
4 Dies im Gegensatz zu manch anderen Gelehrten.
5 Frauen können also *ijtihad* üben.
6 Sklaven können also *ijtihad* üben.

Stunde. / Die zweite: Es ist möglich, ihn vor dem Vergehen der Welt zu beenden. / Was nun die erste Art betrifft, so ist sie verbunden mit der Zuordnung eines konkreten Falles zu einer Regel, deren Rechtsgrund bereits feststeht (*tahqiq al-manat*). Es gibt in der muslimischen Gemeinschaft keinen Streit darüber, dass dieses akzeptiert wird. D. h., dass die Beurteilung durch die schariatische Begründung feststeht, es aber Meinungsverschiedenheiten über ihren Anwendungsbereich gibt. [...] / Was nun die zweite Art des *ijtihad* betrifft, so handelt es sich um denjenigen, bei dem es möglich ist, ihn zu beenden. Davon gibt es drei Arten: Die erste ist diejenige, die *tanqih al-manat* genannt wird. Es geht darum, dass die bei der Formulierung der Beurteilung zu beachtende Eigenschaft (*wasf*) zusammen mit anderen im autoritativen Text (*nass*) erwähnt wird. Dann wird sie durch *ijtihad* [von den anderen Elementen] isoliert, bis das, was zu beachten ist, von dem, was zu verwerfen ist, zu unterscheiden ist. [...] / Die zweite ist die, die *takhrij al-manat* genannt wird. Diese geht darauf zurück, dass der auf die Beurteilungen hinweisende autoritative Text nicht dem Rechtsgrund widerspricht. [Es ist so,] als ob er durch Erforschung [des Textes] zum Vorschein gebracht wird. Dies ist der *ijtihad* aufgrund des *qiyas*, und dieser ist bekannt. / Die dritte ist eine Unterart des bereits genannten *tahqiq al-manat*, weil dieser zwei Arten hat. Die erste der beiden ist die Bezugnahme auf die Arten von Sachen und nicht auf Personen wie [...] die Art der Sklaven bei der Freilassung als Teil der Sühneleistungen [...]. / Die zweite Art ist die Feststellung des Rechtsgrundes (*tahqiq al-manat*) bei dem, wodurch die Bestimmung des Rechtsgrundes für seine Beurteilung vorliegt" (Shatibi 1997, Bd. 5: 11ff.).

Eine andere grundlegende Einteilung, die wir immer wieder finden, ist die zwischen dem absoluten (*mutlaq*) *ijtihad*, der nur den Namensgebern der einzelnen Rechtsschulen zugestanden wird, und dem begrenzten (*muqayyad*) *ijtihad*, der allein den späteren Gelehrten zugestanden wird (Hallaq 1984: 17ff.). Von zwölferschiitischer Seite wird dies so formuliert: „Der *ijtihad* wird unterteilt in den absoluten und den partikularen. Der absolute *ijtihad* ist der, der befähigt, die Handlungsbeurteilungen aus einem bedeutsamen Zeichen (*amara*) abzuleiten [...]. Der partikulare [*ijtihad*] ist das, was befähigt, einige Beurteilungen abzuleiten" (Khurasani o. J.: 464).

Wenn wir solche Begriffe des *ijtihad* verwenden, müssen wir genau schauen, in welcher Form sie gebraucht werden. Dies gilt auch für den Begriff des *taqlid*, dem wir uns später zuwenden.

Ist das Tor des ijtihad verschlossen worden?

Häufig wird immer noch gesagt, das Tor des *ijtihad* (*bab al-ijtihad*) sei seit vielen Jahrhunderten verschlossen. In dieser Aussage mischen sich verschiedene Argumentationsebenen. Die muslimischen Reformer des 19. Jahrhunderts haben die Figur der Annahme der Schließung des Tores des *ijtihad* zur Begründung einer eigenständigen Position im Feld der islamischen Diskussion benutzt: die Position derjenigen, die einen erneuerten *ijtihad* fordern. Dabei handelt es sich um einen normalen Vorgang des Nachrückens neuer Teilnehmer des Kampfes in solchen Feldern, die ihre Position als neu gegenüber den als erstarrt klassifizierten Etablierten definieren. Als ein Beispiel wollen wir den südasiatischen Reformer Sayyid Ahmad Khan (gest. 1898) nehmen, „der im Koran die einzige Quelle der *šarī'a* sah und die normative Kraft des Ḥadīṯmaterials anzweifelte [...; bei ihm] avancierte von Koran und *sunna* unabhängiger ‚iǧtihād', den *qiyās* ersetzend, zu einer der vier *uṣūl* des Rechts und beschrieb eine von hemmenden Dogmen freie, modernen Ansprüchen genügende Entscheidung. Er rief zur Öffnung des Tores des ‚iǧtihād' auf, was ja den Gedanken, es sei irgendwann einmal geschlossen worden, still voraussetzt" (Wiederhold 1993: 335).

Die nicht muslimische Debatte knüpfte zum Teil – bewusstlos – an diese Positionierungen an, die sie getreulich nachzeichnete, ohne sie adäquat zu analysieren. Zum Teil wurde erkannt, dass es hierbei für die etablierten Strukturen um die Begründung der Autorität der Rechtsschulen ging, nicht um eine völlige Negation der eigenständigen Meinungsbildung mittels des *ijtihad*. Im defizitorientierten Denken zahlreicher nicht muslimischer Aussagen über den *ijtihad* wurde und wird die Schließung des Tores des *ijtihad* zum Indiz für die generelle Erstarrung des islamischen Rechts, die zum „sklavischen Gehorsam der einen oder anderen der vier anerkannten Rechtsschulen gegenüber" (Hourani 1983: 235) geführt habe.

Nun können wir sicherlich davon ausgehen, dass der *ijtihad* durch al-Shafi'i (gest. 820) neue Form angenommen hat, anschlussfähig für neue Verkettungen geworden ist. Es geht nicht mehr um eine nach dem persönlichen Empfinden und in Fortführung bestehender Regelungen entwickeltes Recht. Es hat sich mit und nach al-Shafi'i eine systematisch strukturierte Vorgehensweise eines juristischen Empirismus entwickelt, die sich auf den Koran und die Sunna rückbezieht. Dadurch wird der *ijtihad* zu einem festen Begriff, der z. B. in arabischen Nationalwörterbüchern nur im Rahmen der juristischen Tätigkeit auftaucht. Das Schließen des Tores des *ijtihad* tritt in diesem Zusammenhang nicht in den Vordergrund. Eines wird aber deutlich: Der *ijtihad* ist nicht nur für die gelehrte methodische Diskussion von Bedeutung, auch für die Rechtspraxis findet der Begriff immer wieder Verwendung (Wiederhold 1993).

Ein Begriff, den wir immer wieder finden, ist der der Nachahmung, des *taqlid*. Dies wird häufig als sklavischer Gehorsam im oben genannten Sinne (miss-)verstanden. Ein genauerer Blick auf das Selbstverständnis der Gelehrten zeigt aber eine andere Situation. Der Begriff kann sicherlich bis in die Frühzeit des islamischen Rechts zurückgeführt werden (El Shamsy 2008). Eine malikitische Sicht gibt uns diese Beschreibung: „Über den wahren Sinn des *taqlid* / Eine Gruppe sagt: Es handelt sich um die Annahme einer Aussage ohne Argument (*hujja*). Andere sagen: Es handelt sich um die Annahme einer Aussage ohne Hinweis (*dalil*). / Der wahre Sinn ist meiner Auffassung nach: Das Anhängen an die Beurteilung (*hukm*) des anderen Gelehrten [...]. Unsere Gelehrten spezifizierten dies in Richtung des Anhängens an eine Aussage ohne Argument. / Der Kadi ['Iyad, gest. 1149] sagte: Es gibt in keinem Fall einen *taqlid*. Es ist niemandem erlaubt, einen anderen nachzuahmen. / Die anderen Gelehrten sprechen sich für die Gültigkeit des *taqlid* für denjenigen aus, der unfähig ist, reflektiert nachzudenken (*nazar*). Man kann nicht annehmen, dass der Kadi bei seinem herausgehobenen Rang eine solche Sache vernachlässigt hätte [...]. / Unsere Gelehrten sagen, dass derjenige, der die Nachahmung übt, wenn er unfähig ist, reflektiert über die Hinweise auf die Beurteilungen nachzudenken, den gelehrtesten der Leute seiner Zeit fragt und dementsprechend handelt, was dieser als Fatwa formuliert. [...] / Demjenigen, der in der Lage ist, reflektiert nachzudenken, ist es nicht erlaubt, einen Gelehrten nachzuahmen" (Ibn al-'Arabi 1999: 154f.).

Es erfolgt also eine Abstufung der Gelehrten entsprechend ihrer Kompetenz. Und die Verkettungsmöglichkeiten mit den Meinungen anderer Gelehrter werden differenziert. Die Selbstbeschreibungen von Gelehrten zeichnen also ein komplexes Bild des Verhältnisses von *ijtihad* und *taqlid*. Zwar wird häufig gesagt, der *ijtihad* der Generation der Namensgeber der Rechtsschulen sei vergangen. Hierbei handelt es sich, wir sagten es bereits (s. S. 79), um die Schaffung eines Knotenpunktes für die Entwicklung der Rhizome der einzelnen Rechtsschulen, die sich als dominant gegenüber anderen Modellen der Organisation der rechtlichen Diskussion durchgesetzt hat. Damit entfällt also der absolute (*mutlaq*) *ijtihad*. Alle folgenden Gelehrten bewegen sich mit Bezug auf den sekundären Kanon der einzelnen Rechtsschulen und den primären Kanon des Korans und der Sunna fort.

Der Schafiit al-Nawawi (gest. 1277) unterscheidet den absoluten *ijtihad*, der sich in Auseinandersetzung mit der Offenbarung entwickelt, von einem *ijtihad*, der eine kreative Reaktion auf neue Fälle bedeutet, aber an die bestehenden Rhizome der Rechtsschulen anschließt. Davon wiederum zu unterscheiden sind Gelehrte, die auch als Muftis (s. S. 229) tätig sind, die ihre Lösungen für die Beurteilungen neuer Fälle aus den Texten des Kanons der Rechtsschule ableiten und auf der Basis dieser Texte kreativ die Beurteilung neuer Fälle ergründen. In der nächsten Unterscheidung finden sich die Gelehrten, die ihrer Lösung durch Abwägung des Traditionsbestandes der Rechtsschule erreichen. Die letzte Unterscheidung benennt schließlich die Gelehrten, die ihre Fälle mit bestehenden Regelungen der Rechtsschule in Verbindung bringen. Der *ijtihad* ist also verbunden mit dem *taqlid*, bezieht sich für al-Nawawi aber hauptsächlich auf die Rechtsschule und nur marginal auf die Offenbarung (und die Sunna) (Calder 1996: 155f.). In einigen früheren Zitaten konnten wir sehen, dass der *taqlid* auch von anderen Gelehrten als eine mögliche Variante des Prozesses des *ijtihad* verstanden wurde.

Wenn die *usul*-Gelehrten von der regelmäßigen Bezugnahme auf den Koran oder die Sunna sprechen, formulieren sie einen normativen Bezugspunkt, der im „alltäglichen" *ijtihad* durch die Notwendigkeit gebrochen wird, einen gewissen Grad an Rechtssicherheit zu erreichen. Und dies geschieht eben durch die Einbindung in die Rechtsschule. Zugleich ist die Notwendigkeit des *ijtihad* tief eingebunden in die Rhizome des *usul*-Denkens, da nur so die Mannigfaltigkeit der Realitäten erfasst werden kann. Dieser Gedanke findet sich – und dies ist signifikant – auch in anonymen Traktaten. Eines zitiert zustimmt den Häresiographen al-Sharastani (gest. 1153): „Allgemein wissen wir gewiss und sicher, dass die Ereignisse und Geschehnisse in den [Feldern der] rituellen und der zwischenmenschlichen Handlungen zu denen zählen, die keine Begrenzung oder Zahl haben. Wir wissen auch, dass es nicht für alle Ereignisse einen autoritativen Text (*nass*) gibt und das auch nicht vorstellbar ist" (Wiederhold 1993: 353). Damit ist auch noch das zentrale Problem des Empirismus benannt, dass schließlich zum Aufblühen induktionistischer Methoden führte, von denen wir bereits gesprochen haben.

Kommen wir jetzt zum *ijtihad* bzw. *taqlid* im gerade beschriebenen Sinne zurück. Auch der *taqlid* kann einiges an Anstrengung beinhalten. Dies dürfte deutlich geworden sein. Das viele Gelehrte und auch Nichtgelehrte sich leichthin auf die Nachahmung berufen haben, aus Bequemlichkeit oder anderen Gründen, entwertet nicht die methodischen Grundsätze, denen wir hier nachgegangen sind.

Die genaue Analyse der autoritativen Texte und die Herausarbeitung der darin enthaltenen Bestimmungen, also der – notwendig unvollkommene – Versuch des Ergründens des Sinnes dieser Texte, ist zentral für den *ijtihad*. Um zu verstehen, warum die Formulierung des Rechts als harte Arbeit, als Mühsal aufgefasst wurde, müssen wir nur die Aufgaben betrachten, die eine solche Arbeit einschloss; einige haben wir bereits kennen gelernt. Sehr gut zusammengefasst hat sie der Malikit Ibn Juzaiyy (gest. 1340): „Der Gelehrte muss dem Problem zuerst im Buch [im Koran] nachforschen. Wenn er es nicht findet, schaut er in die Sunna. Wenn er es dann nicht findet, schaut er in das, worin die Gelehrten übereinstimmen oder worüber sie verschiedener Meinung sind. Er hält sich an den Konsens und wägt beim Meinungsstreit zwischen den Aussagen ab. Wenn er es dann nicht findet, leitet er es mittels der Analogiebildung oder anderer Hinweise ab. Deren Zahl ist insgesamt zehn; unter ihnen gibt es solche, bei denen Übereinstimmung besteht, und solche, bei denen es Meinungsstreit gibt" (Ibn Juzaiyy 1990: 75).

Die Interpretation von Texten ist genau genommen nur ein Teil der Arbeit des *ijtihad*. Es gibt einen anderen Teil, der vor aller Interpretation liegt, der in gewissem Maße textkritische Aufgaben beinhaltet. Bevor die Interpretation eines Textes beginnen kann, muss es sicher sein, dass der Text autoritativ ist. Auf dieser Stufe bildet der Koran eine feste Grundlage für alles, was danach kommt. Der Koran, wir haben es gehört, ist durch seinen Wundercharakter das autoritative Wort des göttlichen Gesetzgebers; durch den fehlerfreien Überlieferungsprozess (*tawatur*) kann der Autor sicher sein, dass der Korantext, den er vor sich hat (oder in sich), vollkommen authentisch ist. Auch hier können wir das Wort Ibn Juzaiyy geben, der über den Koran sagt: „Er ist die Grundlage der Hinweise und deren stärkster. Wir meinen damit den erhabenen Koran, aufgeschrieben zwischen den beiden Einbanddeckeln des Koranexemplars (*mushaf*), uns überliefert in mannigfaltiger (*mutawatir*) Überlieferung in wohlbekannter Vortragsart" (Ibn Juzaiyy 1990: 76).

Bei der Reflexion über den Korantext wird sich der Gelehrte bewusst, dass die *sunna* eine komplementäre, gleichfalls autoritative Quelle des Rechts ist. Wenn er nun die Hadithe betrachtet, sieht sich der Gelehrte einem Problem gegenüber, das er beim Koran nicht hat: Er muss die Frage beantworten, ob diese Überlieferungen authentisch sind.

Nach allgemeiner Übereinstimmung unter den Rechtsgelehrten ist das Prinzip des *tawatur* (s. S. 123ff.) geeignet, die Authentizität eines bestimmten Hadithtextes nachzuweisen. Hinsichtlich des Inhaltes konnte dieses Prinzip auch durchaus geeignet sein, musste es aber nicht. Deshalb hatte der *mujtahid* auch andere Methoden und Kriterien heranzuziehen, um die Authentizität eines Textes festzustellen. Wir werden diese Kriterien kurz betrachten.

Im Gegensatz zur Einmütigkeit, die die Gelehrten hinsichtlich der Authentizität des Korans zeigten, gab es tief gehende Meinungsunterschiede über die Authentizität der Texte der Hadithliteratur. Für die meisten Rechtsgelehrten konnte deren Authentizität immer nur wahrscheinlich sein, nie aber völlig sicher. Ein unsicherer Text bedeutete natürlich, dass das daraus abgeleitete Recht unausweichlich bis zu einem gewissen Grade unsicher war – wie hoch auch immer der Grad der Wahrscheinlichkeit war.

Aber selbst wenn die Überlieferung authentisch war, sollten noch weitere Überlegungen angestellt werden: „Über die Sunna / Es gibt drei Arten: Die Aussage des Propheten, Gott segne ihn und spende ihm Heil, seine Tat und das, was er anerkannte. / Was nun seine Aussage, Gott segne ihn und spende ihm Heil, betrifft, so wird mit ihr argumentiert, wie mit dem Koran argumentiert wird, weil er, Gott segne ihn und spende ihm Heil, nicht von individuellen Begierden geplagt sprach. [...] Bei ihr gelangen alle sprachlichen Untersuchungsmethoden wie beim Koran zur Anwendung [...]. / Was seine, Gott segne ihn und spende ihm Heil, Tat betrifft, so werden sie in zwei Teile unterteilt [...]. / Wenn es sich um die Üblichen handelt, wie Essen, Kleiden, Aufstehen, Niedersetzen, so sind sie ein Hinweis auf die Erlaubtheit [solcher Handlungen]" (Ibn Juzaiyy 1990: 77).

Aber nicht nur mit der Frage der Authentizität mussten sich die *mujtahids* in der Phase vor der eigentlichen Interpretation herumplagen. Irgendeine Passage in einem der grundlegenden Texte mochte von unbezweifelbarer Authentizität sein, konnte aber trotzdem nicht benutzt werden, weil sie von einer anderen Passage abrogiert worden war. Die Entwicklung des Rechts während der Periode der Offenbarung war, so die allgemein akzeptierte Theorie der Abrogation, schrittweise vorangegangen, da die frühe muslimische Gemeinschaft sich noch in ihrer Entwicklung befand hin zu der sozialen Ordnung, die der göttliche Gesetzgeber ins Auge gefasst hatte. Frühere Regeln waren aus diesem Grunde manchmal nur für Situationen gedacht, die überholt waren, als die neue Ordnung sich mehr und mehr entfaltete. Nach Erreichen der nächsten Stufe wurden sie dann durch neue Regeln ersetzt. Wenn auch die meisten Gelehrten der Auffassung waren, dass die Zahl der abrogierten Passagen relativ klein war, so musste ein *mujtahid* doch immer daran denken, dass ein gegebener Text eventuell abrogiert worden war. Nicht selten kam es vor, dass Meinungsunterschiede auftraten, ob eine bestimmte Textstelle abrogiert worden war oder nicht, und damit kam der abrogierte (oder nicht abrogierte) Status eines Textes leicht in den Verdacht der Unsicherheit.

Auf der Ebene der Interpretation stieß man auf weitere Bereiche möglicher Unsicherheit und auf Meinungsunterschiede unter den Rechtsgelehrten, ob und in welchem Maße man eine solche Unsicherheit erlauben konnte. Die Rechtsgelehrten hörten nie auf, die Sprache als perfektes Mittel der Kommunikation zu betrachten. Ihre Perfektion bedeutete aber nicht, dass man sich nicht damit auseinandersetzen musste, dass das Verständnis des Menschen vielleicht unvollkommen sein mochte. Perfektion wurde dadurch gesichert, weil darauf bestanden wurde, dass die Absicht des göttlichen Autors im Prinzip immer erkennbar war, selbst wenn sie in manchen Fällen trotz aller Anstrengungen unerkannt blieb. Das Haupthindernis war die Vieldeutigkeit der Sprache; auch andere Hindernisse gab es. Diese Vieldeutigkeit war nicht an sich Ausdruck von Unvollkommenheit. Die Tatsache, dass ein Wort oder ein Satz im lexikalischen Code mehr als eine Bedeutung hatten, verbesserte sogar den kommunikativen Wert. Kommunikation entstand letztlich immer durch das Zusammenwirken von Wort und Kontext. Jeder *mujtahid*, der versuchte, den Willen des göttlichen Autors auf der Grundlage eines isolierten, kontextlosen Wortes oder Satzes zu erfassen, musste scheitern. Dies geschah allerdings nicht, weil der Fehler in der Sprache gelegen hätte.

Der Kontext, in dessen Licht mehrdeutige Ausdrücke verstanden werden mussten, umfasste für die muslimischen Rechtsgelehrten den gesamten primären Kanon der grundlegenden Texte, nicht nur den unmittelbaren Kontext, in dem die entsprechende Passage angesiedelt war. Dies waren ja Rechtstexte, die von dem allumfassenden, ewigen Geist des göttlichen Gesetzgebers ausgingen; als solche war ihre Autorität simultan mit der aller anderen Texte. Jeder Text – außer den abrogierten – konnte Einfluss auf jeden anderen Text nehmen. Der *mujtahid* watete so in einem See von Intertextualität und Unbestimmtheit (aufgrund des Problems der Authentizität), die ihm zugleich einer Mannigfaltigkeit von Verkettungen und Faltungen ermöglichte, die eine hohe Flexibilität erlaubte.

Wie viel Mehrdeutigkeit es in den grundlegenden Texten gab, war ebenfalls ein Punkt, an dem die Gelehrten keine Übereinstimmung erzielen konnten. In der älteren Rechtsliteratur sehen wir zwei Tendenzen: eine Tendenz, die versuchte, die Vieldeutigkeit so weit wie möglich zu reduzieren, und eine, die bereit war, eine weit gefasste Vieldeutigkeit zu akzeptieren und letztlich die dominante Position einnahm.

Diese beiden Tendenzen sind wiederum verbunden mit zwei Haltungen, die wir in der älteren Literatur über Diskussionen finden, die die Arbeit der Formulierung des Rechts betreffen. Einerseits finden wir eine Position, die wir vielleicht rigoristisch nennen können. Sie versucht die Unsicherheit mit allen Mitteln zu reduzieren und nimmt es nur sehr widerstrebend hin, dass es einen Bereich der möglichen Wahrscheinlichkeit gibt – wenn überhaupt, dann meist nur in peripheren Rechtsgebieten. Andererseits finden wir eine flexible Haltung, die sich selber als realistische Sichtweise der Ambiguitäten der Texte und der Schwierigkeiten versteht, die Absicht des Autors zu bestimmen. Sie bescheidet sich mit einem Recht, das in großen Teilen, vielleicht sogar im größten Teil, lediglich wahrscheinlich sicher ist. Der Unterschied zwischen den beiden Haltungen bezieht sich nicht einfach auf die Akzeptanz der Verwerfung einer lediglich möglichen Gewissheit im Recht. Diese mögliche Gewissheit wurde von beiden Seiten (bis auf wenige Ausnahmen) anerkannt. Worin sie sich unterschieden, war der Grad, bis zu dem eine mögliche Gewissheit im Recht zugelassen werden konnte. Es ging also um die Grenzen der Sicherheit, der Gewissheit. Wie weit konnten sie gedehnt werden?

Fahren wir mit der Betrachtung der Arbeit des *mujtahid* fort! Gesprochen haben wir schon über die Problematik der Authentizität der *sunna* (vgl. S. 82ff.). Für praktische Zwecke hieß dies, dass die Authentizität der Texte des Hadith auf etwas anderes als den *tawatur* gegründet werden musste. Hieraus entstand eine Methode der Textkritik, die als *al-jarh wa'l-ta'dil* (in etwa: „Anfechtung und Verifizierung der Integrität") bekannt wurde. Diese Methode konzentrierte sich auf die Gewährsmänner und nicht die Texte selbst, weil sie sich hauptsächlich mit dem Charakter der Gewährsmänner, mit deren Vertrauenswürdigkeit etc. beschäftigte. Da es sich darum handelte, auf diesem Wege die Verlässlichkeit eines Textes festzustellen, können wir diese Methode zur Textkritik rechnen.

Wir müssen uns noch einmal daran erinnern, dass die grundlegenden Texte des islamischen Rechts alle im Grunde orale, mündlich überlieferte Texte waren. Geschriebene Texte nahmen zuerst einmal eine sekundäre Position oralen Texten gegenüber ein. Es handelte sich um niedergeschriebene Wiedergaben des „wirklichen" Textes, der aus Worten bestand, die man von den Lippen des Rezitators gehört hatte, dann auswendig gelernt und anderen wiederum rezitiert hatte. Die schriftliche Wiedergabe konnte im Falle einer mangelnden Gedächtniskraft oder für Nichtgelehrte, die gar nicht die Absicht hatten, eine Unmenge von Text auswendig zu lernen, ein nützliches Hilfsmittel sein. Als Übermittlungsweg durch die Jahrhunderte hindurch war sie der Rezitation von Texten durch verlässliche Rezitatoren bei weitem unterlegen. Die Verlässlichkeit eines Textes wurde so untrennbar von der Verlässlichkeit des Überlieferers. Tatsächlich war es unmöglich, die Verlässlichkeit eines Textes allein auf der Grundlage des Textes zu beurteilen. Der ultimative Sprecher oder Autor, der hinter diesen Texten stand, war ja der souveräne Schöpfer, der sagen konnte, was ihm beliebte. Selbst wenn die Texte widersprüchlich erschienen, konnte man diese Widersprüchlichkeit nicht als Mittel benutzen, um einen Text als authentischer als einen anderen zu betrachten. Mit Widersprüchen musste man durch Interpretation umgehen, vielleicht sogar mittels des Begriffes der Abrogation.

Damit er überhaupt ernsthaft betrachtet werden konnte, musste jeder Hadith eine Kette von Überlieferern haben. Eine Überliefererkette sollte idealerweise zwei Kriterien erfüllen: Die Aussage des Propheten wird vom letzten Überlieferer bis zum Propheten zurückgeführt, ohne dass irgendein Glied der Überliefererkette fehlt, und sie gibt uns Hinweise darauf, dass jeder Überlieferer die Information von seinem Vorgänger gehört hat und dass der erste Überlieferer sie direkt vom Propheten selbst gehört hat. Problematisch sind natürlich lückenhafte Überlieferketten oder zweifelhafte Überlieferer und Überliefererinnen.[7]

Selbst wenn man eine Überlieferungskette hatte, die den beiden gerade genannten Kriterien entsprach, konnte man immer noch die Authentizität des Textes (also der Aussage des Propheten) bezweifeln. Als weitere Kriterien musste man die Religion, die Volljährigkeit, die Gedächtniskraft und den Charakter der Überlieferer (und Überliefernnen) einbeziehen. Da eigentlich alle Überlieferer muslimische Erwachsene waren, war die Religion nicht unbedingt der entscheidende Faktor. Mit Bezug auf die Gedächtniskraft konnte es genügen, wenn man feststellte, dass der Überlieferer nicht für sein schlechtes Gedächtnis bekannt war oder zum Zeitpunkt der Überlieferung nicht senil bzw. geisteskrank war. Was am meisten bei denen Beachtung fand, die sich mit Textkritik beschäftigten, war der Charakter. Die Annahme, die für die Einschätzung des Charakters des Überlieferers und damit für die Authentizität des Textes von Bedeutung war, war, dass eine vertrauenswürdige Person nicht lügt.

Hat man für den Text eines Hadithes eine Kette, die nur vertrauenswürdige Überlieferer enthält, kann man sicher sein, dass der Text

---

7   Frauen spielten gerade in den Hadithwissenschaften eine wichtige Rolle – oder zumindest wissen wir dort am meisten über sie.

durch einen Überlieferungsprozess gegangen ist, der keinerlei Mangel enthielt, und damit kann der Text als völlig authentisch betrachtet werden. Vertrauenswürdige Muslime mit gesundem Verstand berichteten, was sie von vertrauenswürdigen Muslimen mit gesundem Verstand direkt gehört hatten. Anders gesagt: Sie berichteten also eine Tatsache, die von ihnen mit eigenen Ohren gehört worden ist. Wären sie sich nicht sicher darüber gewesen, was sie überlieferten, hätten sie es nicht überliefert, oder sie hätten es als bloße Meinung deklariert. Wären sie sich ihres Gedächtnisses nicht sicher gewesen, hätten sie dies offengelegt. Vertrauenswürdige Leute überliefern nichts als sicher, wenn diese Sicherheit nicht genuin ist.

Um diese Logik zu verstehen, müssen wir begreifen, wie groß die Rolle war, die die Vertrauenswürdigkeit der Überlieferer im Denken der Gelehrten spielte, insbesondere dann, wenn dieses Konzept auf die Muslime der Frühzeit angewandt wurde, von denen geglaubt wurde, sie seien verantwortlich für die Überlieferung der Hadithe bis zur Entstehung der großen Hadithsammlungen. Der Prozess der Überprüfung der Haditherzählungen, der schließlich zu den großen Hadithsammlungen führte, konzentrierte sich auf die Vertrauenswürdigkeit der Überlieferer als Hauptkriterium für das Akzeptieren oder Verwerfen solcher Erzählungen. Die Hadithspezialisten, die sich mit dieser Überprüfung beschäftigten, unternahmen enorme Anstrengungen, um zu bestimmen, welche Überlieferer vertrauenswürdig waren und welche nicht.

Dies ganze Unternehmen erforderte, dass die Informationen über die Überlieferer gesammelt und bewahrt wurden. Es war diese Aktivität, die letztlich der Hauptantrieb für die reiche und vielfältige muslimische biographische Literatur war. Die biographischen Informationen waren nicht nur im Prozess der Überprüfung der Hadithe nützlich, sie erfüllten ihren Zweck auch im Gebrauch der so entstandenen Hadithsammlungen. Die Verlässlichkeit eines gegebenen Hadith wurde nicht nur dadurch sichergestellt, dass er in eine der Sammlungen aufgenommen wurde, nur die Überliefererkette, die ihn begleitete, war entscheidend. Intelligentes Gelehrtenhandeln vertraute nicht nur auf die Sammlungen, sie versicherte sich der Verlässlichkeit des Materials durch eine direkte Kenntnis der biographischen Informationen über die Überlieferer. Die Biographien blieben in ihrer ganzen Geschichte ein wichtiges Hilfsmittel der muslimischen Gelehrtenwelt.

Die Schlüssigkeit dieser Logik, die sich auf den Begriff der Vertrauenswürdigkeit bezog, garantierte nicht alleine die Authentizität eines Hadith. Diese Logik machte nur deutlich, was sich aus der Vertrauenswürdigkeit ergab. Der Prozess der Bewertung des Charakters eines

Überlieferers erforderte, dass man sich mit Dingen beschäftigte, die jenseits dieser Logik lagen. Wie war Vertrauenswürdigkeit, die Prämisse in dieser Logik, sicherzustellen? Eine Minimalanforderung, die manche Rechtsgelehrten stellten, war, dass er allem äußeren Anschein nach Muslim und ohne Sünde sein sollte. Ganz problematisch wird es natürlich, wenn ein Überlieferer Fehler macht oder gar lügt. Über Hadithfälschungen hatten wir schon gesprochen (s. S. 85).

„Den Überlieferer (*rawi*) soll kein Fall der Lüge oder des Fehlers betreffen. Dies fordert, dass zwei Dinge erreicht sind. Eines von ihnen beiden ist, dass er genau (*dabit*)[8] ist. Das andere ist, dass seine Nachlässigkeit nicht größer als seine genaue Erinnerung ist und auch nicht der Letzteren gleichwertig. Was nun die Genauigkeit betrifft: [Diese muss gegeben sein,] weil, wenn er für eine geringe Genauigkeit [bei unbedeutenden Dingen] bekannt ist, wird ihm bei größeren nicht geglaubt. Dann gibt es einen Mangel in seinem Hadith" (Razi 1999, Bd. 3: 1030).

Das Hauptkriterium, das hier zu berücksichtigen war, war also das allgemeine Ansehen des Überlieferers unter seinen Zeitgenossen. Die Vertrauenswürdigkeit oder der Anschein der Vertrauenswürdigkeit war also eine Folge des Status des Überlieferers in der Gesellschaft. Wurde er von Seinesgleichen als vertrauenswürdig angesehen und nicht öffentlich irgendwelcher Sündhaftigkeit angeklagt, konnte er als vertrauenswürdig angesehen werden.

Offensichtlich konnte eine so definierte Vertrauenswürdigkeit kaum mehr als wahrscheinlich sein. Dieser Ansatz setzte sich leicht der Kritik aus. Wie nur zu bekannt, kann eine Person seine Zeitgenossen leicht hereinlegen und Vertrauenswürdigkeit heucheln, während sie zugleich in ihrem Innern höchst zweifelhafte Gedanken und Motive hegen mag. So unwahrscheinlich dies auch für Personen gewesen mag, die in der muslimischen Gesellschaft ein hohes Ansehen genossen, so könnte es doch möglich sein und lässt einen Anflug von Zweifel spüren. Und wenn die Vertrauenswürdigkeit eines Überlieferers auch nur im geringsten Grade unsicher war, führte die Logik der Vertrauenswürdigkeit notwendigerweise dazu, dass der Text nur in einer unsicheren Weise als authentisch angesehen werden konnte. Dieser Ansatz zur Bestimmung der Vertrauenswürdigkeit konnte offensichtlich nur von Gelehrten benutzt werden, die schon eine Neigung zur Annahme von Wahrscheinlichkeiten in der Formulierung des Rechts hatten.

---

8 Ein Terminus der Hadithkunde, der die Vertrauenswürdigkeit und die Aufmerksamkeit des Überlieferers bei der Tradierung bezeichnet.

Der maximalistische Ansatz bestand darauf, dass die Vertrauenswürdigkeit eines Überlieferers auf der Basis einer genauen Kenntnis des Charakters und der inneren Überzeugungen und Haltungen möglich war. Dieser Ansatz erforderte ein sorgfältigeres Umgehen mit dem biographischen Material. Man musste seine Einschätzung des Charakters eines Überlieferers auf das Zeugnis derjenigen stützen, die in engem Kontakt mit ihm waren, und deren Vertrautheit mit ihm über sein bloß öffentliches Verhalten hinausging. Nur auf diesem Wege konnte man zu einer Prämisse kommen, die zu einem Schluss über die Authentizität eines Textes führte, der sicher und frei von jedem Zweifel war. Offensichtlich war dies der Ansatz derjenigen, die die Sicherheit im Recht so weit wie möglich ausdehnen wollten.

Das Bestreben, Sicherheit über die Authentizität von Hadithen zu erlangen, war verwurzelt in den Aktivitäten der Hadithspezialisten der ersten zwei Jahrhunderte des Islams. Diejenigen, die durch die muslimischen Länder reisten, um Informationen über den Propheten zu sammeln, nannten ihr Unterfangen „die Suche nach Wissen". In hohem Maße war diese Suche explizit eine Alternative zur Rechtsgelehrsamkeit der frühen Zeit, die als zu spekulativ angesehen wurden, zu sehr von den eigenen Meinungen der Gelehrten geprägt. Die Hadithspezialisten suchten bewusst die Distanz zu allen Formen von Spekulation. Sie suchten nach Sicherheit, bloße Wahrscheinlichkeit war für sie nicht hinreichend.

Der maximalistische Ansatz zur Bestimmung der Vertrauenswürdigkeit von Überlieferern war jedoch mit Problemen verbunden. Wenn man nur auf das Zeugnis derjenigen vertrauen durfte, die mit dem Überlieferer intim vertraut waren, um den wahren Charakter des Überlieferers zu beurteilen, welche Kriterien waren vorhanden, um zu bestimmen, was denn eine intime Kenntnis ausmachte? Wie lange musste ein Zeuge einen Überlieferer gekannt haben? Und wie nahe musste er ihm gestanden haben? Da nun die biographischen Informationen oral überliefert wurden, mussten sie dann nicht denselben Standards genügen wie die Hadithe? Musste man nicht die Vertrauenswürdigkeit der Überlieferer biographischer Informationen untersuchen? Und wenn wir dies müssen, muss sich dann nicht der ganze Prozess der Charakterbeurteilung nicht auch bei ihnen wiederholen? Kommen wir dann nicht in einen infiniten Regress hinein? Handelt es sich nicht auch beim biographischen Material um einen Korpus von Texten, der wiederum interpretiert werden müsste? Müssen wir von den biographischen Quellen eine explizite Bestätigung der Vertrauenswürdigkeit eines Überlieferers verlangen? Oder reichen implizite Hinweise und Anspielungen aus?

Fragen dieser Art veranlassten viele Rechtsgelehrte, und im Endeffekt die Mehrheit der Gelehrten, anzuerkennen, dass der Prozess der Bewertung des Charakters von Überlieferern selten absolute Sicherheit über die Authentizität eines Hadithtextes generieren konnte. Diese realistische Haltung führte aber nicht dazu, dass diese Bewertung aufgegeben wurde. Sie konnte als nützliches Mittel dienen, um eine wahrscheinliche Authentizität zu gewährleisten. Der Probabilismus wird also zur entscheidenden Haltung. Ob man sich bei seinem Urteil auf das äußerliche Verhalten verließ oder auf Informationen über innere Überzeugungen, das Ergebnis war identisch: ein möglicherweise sicherer Text, keine Gewissheit, dessen Beurteilung abhängig von der Abwägung aller Hinweise war.

Abrogation (naskh oder al-nasikh wa'l-mansukh)

Nachdem ein *mujtahid* einen Text als authentisch oder jedenfalls möglicherweise authentisch beurteilt hatte, war er verpflichtet zu bestimmen, ob der Text tatsächlich als Quelle des Rechts diente oder nicht, bevor er dazu fortschreiten konnte, den Text zu interpretieren. Da ein Text immer aufgehoben, also abrogiert (*mansukh*) sein konnte, in welcher Form auch immer, konnte man nicht von vornherein annehmen, dass er als eine Quelle für Hinweise dient. Es musste vor aller Interpretation ausgeschlossen werden, dass er abrogiert war.

Um einen Text als abrogiert zu beurteilen, mussten mehrere Bedingungen erfüllt sein: 1) Zwei Texte müssen sich tatsächlich widersprechen. Wenn ein Text einem anderen nur eine bestimmte Qualifikation hinzufügt, konnte der *mujtahid* nicht annehmen, dass er den anderen abrogierte. 2) Der Text, der als abrogiert eingestuft wurde, musste dem anderen chronologisch vorangehen. 3) Der *mujtahid* musste sicher sein, dass der Text zu der Kategorie von Texten gehörte, die abrogiert werden konnten. Um diese Bedingung zu erfüllen, musste der *mujtahid* entscheiden, ob ein koranischer Text von einem aus der *sunna* abrogiert werden konnte und umgekehrt.

Wie wird darüber in den *usul*-Werken gedacht? Der Schafiit Taj al-Din al-Subki (gest. 1370) schreibt dazu: „Es gibt einen Meinungsstreit darüber, ob sie [die Abrogation] eine Aufhebung (*raf*) oder eine Erklärung (*bayan*) ist. Die ausgewählte[9] Auffassung ist die Aufhebung der schariatischen Beurteilung durch einen ‚Text' (*khitab*). Somit gibt es keine Abrogation (*naskh*) durch den Verstand. [...] Es ist basierend auf der richtigen Auffassung erlaubt: die Abrogierung eines Teils des Korans in der Vortragsart und der Beurteilung oder lediglich eines von beiden; die Abrogierung einer Handlung bevor sie möglich ist; die Abrogierung einer koranischen Aussage und einer aus der Sunna durch den Koran[10]; was den Koran betrifft, so wird gesagt, dass [die Abrogierung] durch eine Einzelüberlieferung (*ahad*) unmöglich ist; richtig ist: Sie gibt es nur bei mannigfaltigen Überlieferungen" (Subki 2003: 57).

Ein Problem, das der besonderen Unbestimmtheit, wird dann angesprochen: „Die Abrogation (*naskh*) findet bei jedem Muslim statt. Abu Muslim[11] nennt es spezifizierend (*takhsis*).[12] Man sagt aber: Es gibt einen Meinungsstreit [bei dieser Formulierung], die Divergenz ist aber nur im sprachlichen Ausdruck vorhanden. Die ausgewählte Auffassung ist, dass bei Abrogierung der grundlegenden Beurteilung auch die Beurteilung des abgeleiteten Falles nicht bestehen bleibt[13]" (Subki 2003: 59). Komplikationen traten während dieser Überlegungen immer wieder auf und das Ergebnis konnte wiederum unter dem Verdacht mangelnder Gewissheit stehen. Viele Rechtsgelehrte waren der Auffassung, sie könnten höchstens eine mögliche Gewissheit erhoffen, andere erstrebten – trotz aller Schwierigkeiten – völlige Sicherheit.

Bei der Interpretation hatte der *mujtahid* andere Leistungen zu erbringen. In Übereinstimmung mit den intentionalistischen Grundüberzeugungen konnte sich der *muğtahid* mit nichts weniger als der Intention des (göttlichen) Autors als dem Ziel seiner Bestrebungen zufriedengeben; alles andere hätte das Eindringen eines fremden Elementes in das Gesetz Gottes bedeutet. Die göttliche Absicht war prinzipiell immer zu erfassen. Allerdings war das Erfassen *in der Praxis* manchmal schwierig. Das größte Hindernis war, wir erwähnten es, die Mehrdeutigkeit, der man zuweilen in den Texten begegnen konnte. Dieses Hindernis sollte allerdings ein *mujtahid* überwinden können, und die

---

9 Ein schöner Hinweis auf die ständig stattfindenden Abwägungsprozesse zwischen Meinungen.
10 Dies bezieht sich auf eine koranische Aussage, die die Sunna zur Erklärung des Korans macht und nicht umgekehrt.
11 Nicht eindeutig identifiziert.
12 Da er die Abrogation auf bestimmte Zeiten und Personen beschränkt.
13 Es gibt also keinen Rechtsgrund mehr für eine Analogiebildung.

Rechtsgelehrten waren sich sicher, dass es möglich war. Das galt auch für andere Hindernisse.

Probleme der Mehrdeutigkeit

Mehrdeutigkeit ist zuerst einmal eine simple lexikalische Tatsache; ein Wort kann zwei oder mehr Bedeutungen haben; wir hörten bereits darüber (s. S. 136ff.). Als Beispiel: Das arabische Wort *'ain* bezeichnet in der *lugha*, im lexikalischen Code, sowohl Auge als auch Quelle. Die Sprecherin[14] muss sich in all diesen Fällen, bewusst oder unbewusst, auf den Kontext beziehen, um die beabsichtigte Bedeutung zu kommunizieren, und die Hörerin muss ebenfalls auf den Kontext achten, um Hinweise auf die beabsichtigte Bedeutung zu erhalten. Sprecherin und Hörerin können erfolgreich kommunizieren, erreichen eine Verständigung durch die Kombination von mehrdeutigem Ausdruck und Kontext.

Ohne Hinweise aus dem Kontext oder einen entsprechenden Zusatz (*qarina*) ist der *mujtahid* nicht in der Lage, einen Rechtssatz zu formulieren, wenn er auf einen mehrdeutigen Ausdruck trifft. Ohne Berücksichtigung des Kontextes hat jede lexikalisierte Bedeutung die gleiche Chance, die beabsichtigte Bedeutung zu sein. Der *mujtahid* hat keine Veranlassung anzunehmen, eine Bedeutung entspreche eher als die andere der Absicht des göttlichen Gesetzgebers. Wenn er annimmt, eine dieser Bedeutungen entspreche tatsächlich eher der Absicht, könnte er wenigstens einen Versuch unternehmen, den Rechtssatz zu formulieren; er hätte etwas, mit dem er beginnen und das er durch ein vertieftes Studium der Texte überprüfen könnte. Gibt es aber eine Mehrdeutigkeit, ist kein Anfang gegeben und ohne Hinweise aus dem Kontext kann der *mujtahid* die Blockierung durch die mehrfache Bedeutung nicht auflösen. Das Recht hat noch nicht einmal begonnen, sich vor ihm zu entfalten.

Im Gegensatz zum mehrdeutigen Ausdruck (*mujmal*) steht ein Typus von Ausdrücken, den die muslimischen Rechtsgelehrten mit *zahir* bezeichnen, in etwa zu übersetzen mit „offenkundiger Ausdruck". Dies ist ein Ausdruck, der im lexikalischen Code nur *eine* Bedeutung hat. Wenn ein Sprecher einen solchen Ausdruck benutzt, erscheint nur eine Bedeutung im Bewusstsein des Hörers, nicht zwei, und der Hörer ist in

---

14 Wir erlauben uns manchmal, ein Femininum zu benutzen, um eine Blockierung der Rhizome des Denkens etwas zu behindern.

der Lage, die Absicht des Sprechers zu beurteilen. Wenn eine Sprecherin z. B. sagt: „Gestern habe ich eine Löwin gesehen", wird die Hörerin sofort begreifen, dass die intendierte Bedeutung von „Löwin" die eines bestimmten Raubtieres der Gattung Felidae ist, die üblicherweise beabsichtigt ist, wenn dieses Wort benutzt wird. *Zahir* bedeutet somit im Allgemeinen „offenkundig" oder „äußerlich" und wird manchmal mit Bezug auf Bedeutungen benutzt, wobei es dann „offensichtlich beabsichtigt" u. Ä. bezeichnet. Wenn es im weiteren Sinne für Ausdrücke benutzt wird, bezieht sich der Begriff auf Ausdrücke, deren intendierte Bedeutung während des Sprechaktes offensichtlich ist.

Eindeutige Ausdrücke, auch darüber haben wir bereits gehört, spielen eine Schlüsselrolle im Prozess der Interpretation und sind eine der Grundfesten des empiristischen Ansatzes. Die Hinweise aus dem Kontext, die der *mujtahid* benötigt, um die Absicht hinter einem mehrdeutigen Ausdruck zu verstehen, muss letztlich ein eindeutiger Ausdruck sein, da Mehrdeutigkeit nicht durch Mehrdeutigkeit zu überwinden ist. Als Interpret eines abgeschlossenen Kanons grundlegender Schriften, der nicht den Vorteil hat, in direktem Kontakt zum Autor oder Sprecher zu stehen, ist der *mujtahid* völlig davon abhängig, irgendwo in den Texten etwas zu finden, dass in erhellender, eindeutiger Sprache abgefasst ist.

Ein eindeutiger Ausdruck macht es dem *mujtahid* möglich, direkt zu einem Urteil über die Absicht des Autors zu gelangen und in den Prozess der Formulierung von Recht einzutreten. Dieses direkte Urteil hat aber immer in gewissem Maße den Charakter eines Versuchs und muss durch weitere Erforschung der Texte überprüft werden. Der Grund dafür ist, dass Sprecherinnen/Autorinnen manchmal von der wörtlichen Bedeutung eines Wortes „abweichen" und nicht wörtliche Bedeutungen benutzen, die z. B. als Metaphern fungieren. Wenn ein Sprecher sagt: „Gestern sah ich einen Löwen", versteht der Hörer unmittelbar, dass das Raubtier gemeint ist; weitergehende Überlegung wird ihm aber deutlich machen, dass der Sprecher den Ausdruck Löwe figürlich gemeint haben könnte, um einen besonders wilden oder furchtlosen Mann zu bezeichnen.

Viele eindeutige Ausdrücke haben so mehrere mögliche Bedeutungen, aber im Gegensatz zu den Bedeutungen eines mehrdeutigen Ausdrucks haben diese Bedeutungen nicht alle die gleiche Chance, die intendierte Bedeutung zu sein. Besonders eine Bedeutung, die wörtliche, ist die am wahrscheinlichsten gemeinte, die anderen nicht wörtlichen, figurativen eher nicht. Konfrontiert mit einem mehrdeutigen Ausdruck, kann der *mujtahid* nicht mit der Formulierung der Beurteilung fortfahren. Ist er mit einem eindeutigen Ausdruck konfrontiert, kann er sogar vorläufig beginnen, eine Beurteilung zu formulieren. Danach schaut er auf den Kontext, um Hinweise auf figurative Verwendung zu finden. Findet er solche, verwirft er seine erste Formulierung zugunsten einer neuen, die den figurativen Gebrauch berücksichtigt. Findet er keine solchen Hinweise – was nicht eben selten vorkommt –, hält er sich an seine erste Formulierung.

Wir müssen uns vergegenwärtigen, dass der Kontext in diesen beiden Fällen in unterschiedlicher Weise funktioniert. Im Falle der mehrdeutigen Ausdrücke muss der *mujtahid* solange in den Texten suchen, bis er einen Hinweis findet, der die Mehrdeutigkeit aufhebt. Findet er keinen, kann er nicht zur Formulierung von Recht fortschreiten.

Im Falle des eindeutigen Ausdrucks muss er die Texte nach einem Hinweis auf einen figurativen Gebrauch (*majaz*) durchsuchen. Er *muss* aber keinen Hinweis auf einen derartigen Gebrauch finden; höchstwahrscheinlich wird er es auch nicht. Wenn er keinen findet, fährt er fort und formuliert Recht auf der Grundlage der bloßen wörtlichen Bedeutung. Der eindeutige Ausdruck hat eine deutliche, ihm inhärente kommunikative Kraft, an der es dem mehrdeutigen Ausdruck mangelt; er übermittelt einen hohen Grad an Wahrscheinlichkeit.

Ein Beispiel: Diebstahl

Damit wir ein besseres Bild des Interpretationsprozesses erhalten, den die muslimischen Rechtsgelehrten verfolgten, ist es nützlich, diesen Prozess am Beispiel einer bestimmten Passage zu verfolgen. Nehmen wir Sure 5, *al-ma'ida*, 38: „Was den Dieb und die Diebin betrifft, schneidet ihrer beider Hand ab." Im Allgemeinen wird dies von den Rechtsgelehrten so verstanden, dass das Oberhaupt einer muslimischen Regierung oder seine Vertreter dazu verpflichtet sind, an einem Dieb/einer Diebin für einen Diebstahl die Strafe der Amputation einer Hand zu vollziehen. Soweit die allgemein vertretene Auffassung. Es gibt allerdings bei jedem Teil dieser koranische Aussage Interpretationsprobleme.

Beginnen wir mit den Worten „schneidet ab" und „Hand", den Standardübersetzungen für die arabischen Worte *iqta'u* und *yad*. Dies sind allerdings nur mögliche Bedeutungen, die der muslimische Rechtsgelehrte zusammen mit anderen Bedeutungen zu berücksichtigen hat. Für *yad* müssen drei mögliche Bedeutungen beachtet werden: Dieser Begriff konnte, so nahm man an, 1.) den Teil der oberen Extremität bezeichnen, der von den Fingerspitzen bis zum Handgelenk reichte, 2.) den Teil, der bis zu den Ellenbogen reicht, oder 3.) das ganze Körperglied bis hin zur Schulter. Das Wort *yad* kann eben „Hand", „Unterarm" oder „Arm" bedeuten („Unterarm" und „Arm" schließen dabei die Hand ein). Die Frage, die sich der *mujtahid* stellen musste: ob er alle drei Bedeutungen als „wörtlich" ansehen und damit *yad* als vieldeutigen Ausdruck behandeln sollte oder nur eine der Bedeutungen als „wörtlich" und damit *yad* als eindeutig ansehen sollte, soweit es diese eine Bedeutung betrifft, und als figurativ in Hinblick auf die anderen beiden Bedeutungen.

Um zu entscheiden, wie er verfahren soll, hat der *mujtahid* sich von seinem Sprachgefühl leiten zu lassen, das auf seiner Vertrautheit mit der „hohen" literarischen Tradition beruhte. Wenn jemand das Wort *yad* hört, kommen dem, der mit der Tradition vertraut und im lexikalischen Code bewandert ist und damit die Verständnisbedingungen al-Shafi'is erfüllt (s. S. 90), alle drei Bedeutungen als gleichwertig in den Sinn – oder kommt ihm nur eine in den Sinn, während die anderen zu einer sekundären Rolle verdammt sind, die einem erst nach einiger Reflexion zugänglich wird? Die Antwort auf diese Frage wird sich von *mujtahid* zu *mujtahid* unterscheiden – mit sofortigen Folgen für den Prozess der Interpretation. Entscheidet er sich, *yad* als mehrdeutig zu behandeln, schafft er eine Situation, in der die Arbeit der Formulierung von Recht zu einem Stillstand kommt, bis aus dem Kontext ein Hinweis auf die Absicht des göttlichen Gesetzgebers beigebracht werden kann. Wenn er sich entscheidet, *yad* als eindeutig zu behandeln, schafft er eine Situation, in der die Arbeit an der Formulierung des Rechts bereits begonnen hat. Er hat eine – hohe – Wahrscheinlichkeit, mit der er arbeiten kann.

Es ist merkwürdig, dass die Rechtsgelehrten, die *yad* als eindeutigen Ausdruck betrachteten, nicht notwendigerweise „Hand" als die wörtliche Bedeutung ansahen. Eine Meinung betrachtet „Arm" als die wörtliche Bedeutung auf der Grundlage der linguistischen Annahme, dass Sprecher sagen, wenn sie von einem Teil des Armes sprechen: „Dies ist ein Teil des *yad*, nicht der ganze *yad*." Anders gesagt: Die wörtliche Bedeutung müsste also der anatomische Teil sein, von dem man niemals sagen könnte: „Dies ist Teil des *yad*." Folgen wir dieser Annahme über die Bedeutung von *yad*, muss jeder, der behauptet, der göttliche Gesetzgeber habe nur die Hand im Sinn gehabt, kontextuelle Beweise erbringen, ohne die es allein angemessen wäre anzunehmen, er habe den Arm im Sinn gehabt. Entsprechend dieser Annahme wäre dann der Rechtssatz zu formulieren.

Das Wort *iqta'u* wirft für den *mujtahid* ähnliche Probleme auf. Es könnte nicht nur „abschneiden", „amputieren", es kann auch „einschneiden", „hineinschneiden" bedeuten. Sind diese Bedeutungen alle als „wörtlich" anzusehen, sodass *iqta'u* als mehrdeutig anzusehen ist, ist nur eine der Bedeutungen die „wörtliche", das Wort also in dieser Hinsicht als eindeutig behandelt werden muss (mit Hinsicht auf die anderen Bedeutungen als figurativ). Beide Auffassungen haben ihre Anhänger unter den Rechtsgelehrten, wobei Amputation von den Anhängern einer eindeutigen Bedeutung als „wörtliche" Bedeutung favorisiert wird. Die Konsequenzen der Position, die jeder Gelehrte einnimmt, sind für die Interpretation dieselben wie die, die wir für das Wort *jad* erwähnt haben.

Anders aber als *yad* erfordert *iqta'u* zwei Stufen der Überlegung. Hat der *mujtahid* in irgendeiner Art und Weise die Frage beantwortet, ob der Gesetzgeber Amputation oder lediglich einen Einschnitt in die Hand des Diebes meint, hat er weitere Arbeit zu tun. Das Wort hat nämlich eine formale Komponente, die ebenfalls Sinn transportiert – jenseits der Bedeutung, die das Wort übermittelt, wenn man es als isoliertes Einzelwort betrachtet. Genauer gesagt: *iqta'u* ist ein Imperativ. Auf der Ebene der Form muss sich der *mujtahid* mit einer Frage befassen, die nicht nur *iqta'u* betrifft, sondern alle anderen Verben im Imperativ: Was beinhaltet diese Form?

Da Verben im Imperativ überall in den grundlegenden Texten zu finden sind, sind sie ein eigenes Thema in der muslimischen Rechtsliteratur. Lange Kapitel sind ihnen gewidmet. Die Form, die diese Verben zeigen, wird in der Rechtsliteratur *sighat al-amr* genannt, was wir direkt mit Imperativform übersetzen können. In arabischen grammatischen Schriften wird diese Form aufgrund ihrer Morphologie als *if'al* bezeichnet. Ulrich Haarmann hat dies schon früh erkannt: „Auch hier ist wieder sprachliche Klarheit erste Voraussetzung für die juristische Überlegung. Große Sorgfalt verwenden die Usulis[15] darum auf die Frage, in welche grammatische Form ein Gebot oder Verbot gekleidet sein kann [...,] ob z. B. neben dem Imperativ auch andere Modi und sogar Partikel einen Befehl übermitteln können, und auch, ob ein formaler Imperativ in jedem Fall ein Gebot oder nur etwas Verdienstvolles, Wünschenswertes ausdrückt. Greifen wir als Beleg für letzteren Sinn den willkommenen Imperativ des Korans heraus: ‚Esst von den guten Dingen' (23,51) – ganz gewiß kein Verbot, dessen Nichtbeachtung Höllenstrafen nach sich zieht" (Haarmann 1971: 157f.).

Muslimische Rechts- und Sprachgelehrte stimmen darin überein, dass die Imperativform unterschiedlichste Bedeutungen hat. Sie kann

---

15 Transkription angeglichen.

die Auferlegung einer Pflicht, eine Ermahnung/Empfehlung, eine Erlaubnis (z. B.: „Nehmen Sie meinen Mantel, wenn Sie wollen."), eine Einladung („Komm zu mir!"), eine Bitte („Hab Gnade mit mir!"), eine Entmutigung („Mach das doch und mach dich zum Narren, wenn du es willst!") bedeuten, um nur einige mögliche Bedeutungen zu erwähnen. Außer mit Bezug auf die ersten beiden herrschte große Übereinstimmung. Diese Bedeutungen, so glaubte man, waren als nicht wörtlich und die Imperativform als figurativ anzusehen, wenn sie irgendeine dieser Bedeutungen beinhaltete.

Der Malikit al-Mazari (gest. 1141) schreibt dazu: „Über die Form des Befehls (*sighat al-amr*) / Darüber wird in zweierlei Hinsicht gesprochen. Eine von den beiden ist: Hat der Imperativ eine grammatische Form? Die zweite ist: Was ist das Ziel des Imperativs, wenn er feststehend ist? / Was den ersten Aspekt betrifft, so wisse, dass unser Ausdruck *sigha* vom Goldschmieden (*siyagha*) entlehnt ist. Als die Rechtsgelehrten die Sache, die durch sich selbst bestand, betrachteten und die Existenz ihrer Realisierung so feststehend war wie die aller anderen realisierten Dinge, erschien das Problem: Haben die Araber ein aus Partikeln nach irgendeinem System festgelegten Ausdruck bestimmt? Die Zusammensetzung war nun wie das Schmieden von Gold zu Schmuck. Deshalb nannten sie es *sigha*. / Die Leute sind darüber unterschiedlicher Meinung. [...] [Der Imperativ] tritt auf als Drohung [...], als Überraschung [...], als Schaffen [...], als Ausdruck, mit dem etwas für erlaubt erklärt wird" (Mazari 2001: 199f.).

Nebenbei: Der Gebrauch des Begriffs „figurativ", mit dem wir das arabische Wort *majaz* übersetzen, das üblicherweise als „Metapher" übersetzt wird, weicht hier doch vom deutschen Sprachgebrauch ab. Dieses Beispiel verweist uns darauf, dass wir arabische Begriffe nicht einfach ins Deutsche übersetzen können.

Mit Bezug auf die ersten beiden der oben genannten Bedeutungen – Auferlegung einer Pflicht, Ermahnung – waren die Rechtsgelehrten unterschiedlicher Auffassung. Wir kommen damit zu einer äußerst interessanten Debatte in der muslimischen Rechtsgeschichte. Diese beiden Bedeutungen korrespondieren mit zwei schariatischen Kategorien, von denen wir schon gehört haben: „verpflichtend, Pflicht" und „empfohlen". Die Debatte, mit der wir uns im Moment beschäftigen, ist also tatsächlich eine Debatte darüber, wohin der Imperativ den *mujtahid* führen könnte, wenn er nach spezifischen schariatischen Kategorien sucht.

Einige Rechtsgelehrte betrachten die Auferlegung einer Verpflichtung und die Ermahnung/Empfehlung beide als „wörtliche" Bedeutungen und behandeln dementsprechend die Imperativform als mehrdeutig. Die meisten Gelehrten betrachten jedoch die Imperativform als eindeutig, unterscheiden sich aber in der Beantwortung der Frage, welche der beiden Bedeutungen als die einzige „wörtliche" anzusehen ist. Jede der beiden Bedeutungen hat ihre Anhänger, während einige Rechtsgelehrte, die eine vermittelnde Position einnehmen, sich für eine allgemeinere Bedeutung als einzig „wörtliche" aussprechen: Der Imperativ bedeute die Aufforderung zu einer Handlung.

Es ist leicht einzusehen, warum die Mehrheit der Rechtsgelehrten der Imperativform keine Mehrdeutigkeit zusprechen wollte. Eine in den Texten derart allgegenwärtige Form war für Rechtsgelehrte eigentlich automatisch dazu bestimmt, ein Hauptmittel der Offenbarung der Scharia zu sein. Außerdem ziehen natürlich Imperative die Aufmerksamkeit der Personen auf sich, die sich mit der Formulierung von Recht beschäftigen, weil sie auf die Setzung einer Regel zielen. Wie immer man sie interpretieren mag, sie können einfach nicht ignoriert werden. Tatsächlich finden wir in der muslimischen religiösen Literatur für den Propheten Muhammad immer wieder die Bezeichnung „Übermittler der göttlichen Imperative", was uns darauf verweist, dass die Imperative den Kern der Offenbarung ausmachen, die der Prophet seinen Mitmenschen gebracht hat. Wenn also irgendetwas in der Sprache der grundlegenden Texte vom Vorwurf ausgespart sein sollte, ein Hindernis für das Verständnis des Rechts zu sein, sollte das die Imperativform sein.

Die Position, die ein *mujtahid* in dieser Debatte einnimmt, bestimmt auch die Art und Weise, in der er *iqta'u* in Sure 5,38 behandelt. Teilt er die Auffassung, der Imperativ sei ein eindeutiger Bezeichner der Auferlegung einer Verpflichtung, dann wäre er sofort in der Lage, ein – vorläufiges – Urteil des Inhalts zu fällen, dass das Abschneiden der Hand des Diebes eine Pflicht sei (nehmen wir einmal an, dass der *mujtahid* die Wörter *iqta'u* und *jad* als „schneidet ab" und „Hand" interpretiert hat). Ist er die Texte durchgegangen und hat zu seiner Zufriedenheit festgestellt, dass sie keinen Hinweis darauf enthalten, dass in diesem Falle ein figurativer Gebrauch vorliegt, würde er sein vorläufiges Urteil in eine endgültige Meinung transformieren. Wenn aber unser *mujtahid* den Imperativ als eindeutigen Bezeichner für eine Ermahnung ansieht, könnte er ebenfalls ein vorläufiges Urteil fällen. Dann würde das Urteil lauten, dass das Abschneiden der Hand des Diebes empfehlenswert sei. Dieses Urteil würde zu seiner endgültigen Meinung werden, wenn er einen figurativen Gebrauch ausgeschlossen hat.

Wenn der *mujtahid* überzeugt ist, dass der Imperativ mehrdeutig ist, ist er nicht in der Lage, seine Überlegungen mit irgendeiner Art vorläufigen Urteils darüber zu beginnen, ob nun das Abschneiden der Hand des Diebes obligatorisch oder empfohlen ist. Beides sind für ihn dann gleichwertige Repräsentationen des göttlichen Willens. Der Imperativ *iqta'u* hätte in diesem Falle nur die Funktion, die Aufmerksamkeit auf Möglichkeiten zu lenken, die erforscht werden müssten. Ohne irgendein anfängliches vorläufiges Urteil, mit dem er arbeiten könnte, wäre er in hohem Maße vom Kontext abhängig, der ihm zuerst einmal den Punkt definieren helfen muss, von dem er beginnen kann. Eine Sache, nach der er im Kontext schauen mag, wäre ein Hinweis darauf, ob das Unterlassen des Handabschneidens irgendeiner strafrechtlichen Sanktion unterliegt oder nicht. Wenn auf eine solche Sanktion hingewiesen wird, dann kann das Abschneiden der Hand des Diebes als verpflichtend angesehen werden; wenn nicht, dann ist es empfohlen.

Nehmen wir an, unser *mujtahid* entscheidet, dass Imperative eindeutige Bezeichner sind. Er entscheidet aber auch, dass ihre einzige „wörtliche" Bedeutung die ist, dass sie allgemein zu einer Handlung auffordern (beides enthalten in der Auferlegung einer Pflicht und in der Ermahnung). Dann hätte er seine Position nicht sehr verbessert, wenn wir es vom interpretativen Prozess her betrachten. Tatsächlich wäre seine Situation ähnlich der, die sich ergibt, wenn er sich entscheidet, Imperative als mehrdeutig zu betrachten. Er wäre auch jetzt nicht in der Lage, ein vorläufiges Urteil darüber zu fällen, ob das Abschneiden der Hand verpflichtend oder empfohlen ist. Das Wissen darum, dass zu dieser Handlung aufgefordert wird, wäre nicht hinreichend, um Recht zu formulieren.

Ein wichtiger Aspekt dieser Debatte ist noch zu berücksichtigen. Wir haben gehört, dass die Kategorie „verpflichtend, obligatorisch" unter den Oberbegriff des Rechts gefasst werden kann und die Kategorie „empfohlen" nicht. Wenn man eine Handlung als obligatorisch erklärt, macht man sie zu einer Regel, die rechtlich angewendet und deren Nichtbefolgung sanktioniert werden kann, also zu einer Rechtsregel. Es liegt in der Natur einer Rechtsregel, dass sie Handlungen als obligatorisch kategorisiert. Es liegt aber nicht in der Natur einer Rechtsregel, Handlungen als empfehlenswert zu kategorisieren, weil empfehlenswerte Dinge nicht rechtlich angewendet und sanktioniert werden können. Empfehlen heißt ermahnen und nicht unter Androhung einer Sanktion fordern.

Erinnern wir uns daran, dass die grundlegenden Texte von Koran und *sunna* im Überfluss mit Imperativen ausgestattet sind und dass diese von besonderem Interesse für die Gelehrten sind. Die Rechtsgelehrten, die den Imperativ als eindeutigen Bezeichner für die Auferlegung einer

Verpflichtung behandeln, definieren eine Interpretationsregel, die das Recht gegenüber der Ermahnung hervorhebt, also ein Prinzip, das ein Verständnis der Scharia produziert, das ein größeres Gewicht auf die Kategorisierung menschlicher Handlungen legt, die es zulässt, dass diese durch den Staat und seine Gerichte erzwungen werden, als auf die Kategorisierungen, die dies nicht zulassen. Die Gelehrten, die den Imperativ als eindeutigen Bezeichner für die Ermahnung behandeln, fördern dagegen einen Ansatz, der ein Verständnis der Scharia hervorbringt, das sich eher auf den Empfehlungscharakter richtet und damit den im engeren Sinne rechtlichen Teil der Scharia auf weniger fordernde Bereiche reduziert. Diejenigen, die den Imperativ als mehrdeutig oder als eindeutigen Bezeichner der allgemeineren Idee einer Aufforderung zu einer Handlung ansehen, machen die Schwere oder Leichtheit des rechtlichen Teiles der Scharia abhängig von den Überlegungen der *mujtahids*. Der Imperativ spielt für sie eine eher neutrale Rolle.

Ein letzter Aspekt von *iqta'u* in Sure 5, *al-ma'ida*, 38 bezieht sich auf das angesprochene Publikum. An wen richtet sich der Imperativ? An Menschen allgemein, an die Muslime insgesamt, an das Oberhaupt der muslimischen Regierung und seine Vertreter? Wenn er sich an eine dieser Kategorien von Personen richtet, wendet er sich nur an die Personen, die zu der Zeit lebten, als der Vers offenbart wurde, oder an alle Generationen? Oder richtet er sich vielleicht an bestimmte Personen, die zur Zeit der Offenbarung lebten? Hier haben wir es wieder mit Fragen zu tun, die nur durch eine Erforschung des weiteren Kontextes beantwortet werden können. Die Probleme, die sich ergeben, kann man sich inzwischen lebhaft vorstellen.

Kommen wir nun zur Formulierung „der Dieb und die Diebin" bzw. „der männliche und der weibliche Dieb". Zuerst ist natürlich zu bemerken, dass der Koran an dieser Stelle sowohl die männliche als auch die weibliche Form des arabischen Wortes für „Dieb" (*sariq* und *sariqa*) verwendet. Damit sind wir bei einem Problem angelangt, das sich bei der Betrachtung zahlreicher Passagen des Korans ergibt. Es geht um das Problem, ob die maskuline Form die feminine einschließt oder sich spezifisch auf Männer bezieht. Denken wir an die Vorherrschaft maskuliner Formen in den grundlegenden Texten des Islams, wäre es nicht verwunderlich, wenn wir in dieser Passage nur die männliche Form finden würden, sodass der *mujtahid* darüber grübeln müsste, ob hier die weiblichen Diebe, die Diebinnen, mit eingeschlossen sind. So wie die Formulierung aber ist, bleibt ihm die Mühe an dieser Stelle erspart.

Um die Diskussion etwas zu vereinfachen, konzentrieren wir uns auf die Formulierung „der Dieb", also auf die maskuline Form. Wie auch bei der Formulierung „schneidet ab" (*iqtaʻu*), enthält dieser Ausdruck entsprechend der Interpretationstheorie der Juristen zwei unterschiedliche bedeutungstragende Komponenten: einmal „Dieb" als ein individuelles Wort und die Kombination des bestimmten Artikels mit einem einzelnen Substantiv, also „der Dieb". Als individuelles Wort wurde „Dieb" von keinem Rechtsgelehrten als mehrdeutiger Begriff verstanden. Es handelt sich also um einen eindeutigen Begriff. Geht es aber um die bedeutungstragende Komponente, die aus bestimmtem Artikel und einem Substantiv besteht, in unserem Falle also „der Dieb", befinden wir uns wieder mitten in der Diskussion der Rechtsgelehrten; und als erstes stellt sich die Frage, ob es sich um einen eindeutigen oder mehrdeutigen Begriff handelt.

Die Form „der Dieb" könnte nun einen besonderen, einzelnen Dieb bezeichnen oder Diebe allgemein, als Kollektiv. Da nun kein Rechtsgelehrter den ersten Fall – also einen speziellen Dieb – als von Gott in Sure 5, *al-maʼida,* 38 gemeint versteht, beschäftigt sich die Debatte nur mit dem zweiten Fall. Die Frage ist: Bezieht sich die Formulierung „der Dieb" auf alle Diebe oder auf gewisse Diebe (aber eben nicht auf einen bestimmten Dieb)?

In der Debatte über diese Frage finden wir dieselben Standpunkte wie in der über den Imperativ. Einige Gelehrte betrachten „der Dieb" als eindeutigen Ausdruck, als eindeutigen Bezeichner für eine Allgemeinheit, eben: „alle Diebe". Andere betrachten ihn als eindeutigen Bezeichner einer Spezifität, eben: „bestimmte Diebe". Demgemäß könnte jetzt ein *mujtahid* mit einem provisorischen Urteil über die göttliche Intention beginnen und dann in der Weise fortfahren, die wir schon bei anderen eindeutigen Ausdrücken kennen gelernt haben. Manche Gelehrte würden ein provisorisches Urteil formulieren, dass die Absicht sei, dass „alle Diebe" erfasst würden, andere, dass nur „bestimmte Diebe" gemeint seien. Eine dritte Gruppe betrachtet die Formulierung „der Dieb" als mehrdeutig. Es seien also sowohl Diebe allgemein als auch spezifische Diebe gemeint. Für diese Gruppe wäre ein definitives Urteil nur möglich, wenn der *mujtahid* aus dem Kontext Hinweise gefunden hat, die bedeuten, ob Allgemeinheit oder Spezifität die göttliche Intention waren.

Die Vorstellung der Spezifität muss näher erläutert werden. Wenn man sagt, dass „der Dieb" bestimmte Diebe bezeichnet und dies die Bedeutung ist, die der göttliche Gesetzgeber im Sinne hatte, besagt das nicht, dass damit bestimmte Diebe genau identifiziert würden. Auch hier muss der *mujtahid* sich wieder dem Kontext zuwenden. Für diesen Zweck wird häufig ein Wort des Propheten (5,38) verwendet, das wie folgt lautet: „Es gibt keine Amputation, außer in dem Falle, dass etwas im Wert eines Viertel Dinars oder mehr gestohlen wurden." Aus dieser Aussage könnte der *mujtahid* ableiten, welche „bestimmten Diebe" von der Formulierung „der Dieb" bezeichnet werden. Es handelt sich dabei um die Diebe, die eine Sache gestohlen haben, die ein Viertel eines Dinars oder mehr wert war. Diese weiterführende Überlegung ist nun aber nicht Teil der Bedeutung von „der Dieb". Alles, was man aus der Formulierung „der Dieb" entnehmen kann, ist erst einmal, dass beabsichtigt ist, spezifische Diebe zu bezeichnen. Angenommen wird, dass es sich um eine spezifische, nicht identifizierte Gruppe von Dieben handelt. Bei der Exegese von Sure 5, *al-ma'ida*, 38 würden dann weitere Hinweise und kontextuelle Hilfen verwendet, um die Identität der Diebe noch genauer zu bestimmen, die der Strafe der Amputation unterworfen sind.

Wir müssen bedenken, dass die Position, die ein Rechtsgelehrter mit Bezug auf die Formulierung „der Dieb" einnimmt, die Art und Weise beeinflusst, in der er diese Form (bestimmter Artikel plus Substantiv) interpretiert, wo immer sie auftritt, und auch die Interpretation anderer, ähnlicher Formen (Beispiele: „die Diebe", „Diebe"). Also: Die besondere Interpretation von „der Dieb" bedeutet, dass man einem Interpretationsprinzip folgt, das auf alle Fälle angewandt werden kann, in denen Typen von Ausdrücken in Texten vorkommen, die entweder als allgemein oder spezifisch angesehen werden können. Es ist demnach nicht auf einen einzigen Fall beschränkt.

Unser Überblick über die verschiedenen Aspekte der Interpretation von Sure 5, *al-ma'ida,* 38 verweist uns auf einen wichtigen Punkt: Sicherheit über die Intention des göttlichen Gesetzgebers konnte nicht dadurch erreicht werden, dass einzelne Passagen betrachtet wurden, ohne dass andere Passagen aus dem weiteren Kontext herangezogen wurden. Eine solche Gewissheit konnte erst nach einer langen Reise durch eine sich weit ausdehnende Landschaft von Texten erreicht werden. Ob nun die Sprache, die in einer Passage verwendet wurde, eindeutig oder mehrdeutig war – der *mujtahid* konnte niemals ohne Hinweise aus dem weiteren Kontext eine endgültige Beurteilung eines Falles formulieren.

Wir haben Grund zu der Annahme, dass während der frühen Phase der Entwicklung des islamischen Rechts einige Gelehrte in der eindeutigen Sprache eine Zuflucht vor der Ungewissheit gesehen haben und deshalb auch darauf bestanden, dass eindeutigen Ausdrücken der Vorrang vor mehrdeutigen gegeben werde. Wenn z. B. gefragt wurde, wie man wissen konnte, dass das rituelle Gebet eine Pflicht für die Muslime sei, konnte man dann nicht einfach antworten: „Gott hat im Koran (Sure 17, *al-isra'*, 78 und andere) deutlich gesagt: ‚Vollzieht das rituelle Gebet!' Was brauchen wir mehr?" Imperative wie „Vollzieht das rituelle Gebet!" konnten dem Unreflektierten als kristallklarer Ausdruck des göttlichen Rechts erscheinen.

Für ein reflektierendes Denken war die Sache jedoch nicht so einfach. Als sich die rechtsgelehrte Debatte im Laufe der Zeit intensivierte und vertiefte, die systematisierte Exegese empiristischer Art die Oberhand gewann, wurde allen klar, dass ein eindeutiger Ausdruck nicht sofort Gewissheit über die Absicht des göttlichen Gesetzgebers garantieren konnte, denn man musste ja immer die Möglichkeit berücksichtigen, dass es sich um einen figurativen Ausdruck handelt. Diese Ausdrücke erstrecken sich über ein weites Spektrum, sodass es verständlich ist, warum solche Formulierungen eine wichtige Rolle im muslimischen Rechtsdenken spielten. Solange der *mujtahid* nicht die ganze Landschaft von Texten durchwandert hatte und einen Hinweis auf eine figurative Verwendung gefunden hatte (oder auch nicht), konnte er nicht glaubwürdig einen tragfähigen Anspruch darauf erheben, dass er sichere Kenntnisse erlangt hatte.

Tatsächlich bietet ein eindeutiger Ausdruck keinen Vorteil gegenüber einem mehrdeutigen, wenn wir ihn unter dem Aspekt der Gewissheit betrachten. Sein einziger Vorteil liegt im Bereich der Wahrscheinlichkeit. Ein eindeutiger Ausdruck liefert sofort eine gewisse Wahrscheinlichkeit; ein mehrdeutiger Ausdruck tut dies nicht. Beim mehrdeutigen Ausdruck kann man nur auf schwierigeren Wegen eine Wahrscheinlichkeit erreichen, denn dies kann durch Rückgriff auf den Kontext geschehen, auf die Textlandschaft und die darin enthaltenen Hinweise und Zusätze.

Sowohl beim eindeutigen als auch beim mehrdeutigen Ausdruck kann Gewissheit über die Absicht des göttlichen Gesetzgebers nur erreicht werden, wenn man sich zuerst der Wahrscheinlichkeit zuwendet. Ob nun diese Zuwendung zur Wahrscheinlichkeit zustande kommt, bevor man sich mit dem Kontext beschäftigt hat, oder danach, der *mujtahid* muss durch den Prozess der Formulierung von Wahrscheinlichkeiten gehen – bevor er den Punkt erreicht, an dem Wahrscheinlichkeit in Gewissheit umschlägt. Wie wahrscheinlich ist es nun, dass der *mujtahid* diesen Punkt erreicht?

Der mujtahid und die Gewissheit

Es ist schwierig, eine eindeutige Meinung der muslimischen Rechtsgelehrten in dieser Frage zu finden. Zweifellos sahen die meisten Gelehrten immer die Möglichkeit, Gewissheit zu erreichen; gewisse Überlegungen lassen aber vermuten, dass sie es in den meisten Fällen als unwahrscheinlich ansahen: Die Textlandschaft ist groß, die der *mujtahid* zu durchwandern hatte, um aus dem Kontext Hinweise zu entnehmen. So groß die Beherrschung dieses immensen Textkorpus auch sein mag, die Bescheidenheit erfordert es, dass der Gelehrte einräumt, ihm könne vielleicht ein wichtiger Hinweis entgangen sein. Die Textlandschaft ist aber nicht nur groß, ihre Grenzen sind auch unbestimmt. „Der Islam" hat niemals etwas wie Konzilien hervorgebracht, die autoritativ die Grenzen eines Kanons von Texten, an die zu glauben war, definiert hätten. Die Grenzen des Korans ergaben sich wie selbstverständlich. Die Worte Gottes, die verlässlich auf dem Wege des *tawatur* vom Propheten übermittelt wurden, waren Teil des Korans; alles andere war es nicht.[16] Die Grenzen der *sunna*, der Hadithliteratur, waren schwieriger zu erkennen; die Auffassung eines *mujtahids* konnte von der eines anderen abweichen. Zwar wurden die Hauptsammlungen weithin gebraucht und auch als autoritativ angesehen[17], prinzipiell war der *mujtahid* aber nicht an das gebunden, was er in einer der Sammlungen fand. Ein Text der *sunna* war nicht autoritativ, weil er in irgendeiner der großen Sammlungen zu finden war. Nur wenn seine Authentizität durch eine Bewertung der Überliefererkette nachgewiesen werden konnte, wurde er als autoritativ angesehen.

Die meisten Rechtsgelehrten anerkannten zudem, dass die Authentizität der Texte der Hadithliteratur, die den größten Teil des Korpus der grundlegenden Texte des islamischen Rechts ausmachen, größtenteils nur wahrscheinlich war. Wenn entweder die Textpassage, mit der sich der *mujtahid* beschäftigt, oder die anderen Textpassagen, denen er kontextuelle Hinweise entnimmt, von ungewisser Authentizität sind, dann kann das Endergebnis seiner interpretativen Anstrengungen selbst nur ungewiss sein. Nur wenn der Text und der Kontext aus mit Gewissheit authentischen Texten bestehen, kann Sicherheit bei der endgültigen Formulierung des Rechts erreicht werden.

---

16 Lassen wir die Frage des *hadith qudsi* hier beiseite.
17 Lassen wir einmal beiseite, dass die (Zwölfer-)Schiiten andere Hadithsammlungen als autoritativ ansehen als die sunnitischen Strömungen.

Unsicherheit ist allerdings auch in anderen Bereichen anzutreffen, die sich mit der Interpretation beschäftigen und die wir bis jetzt nicht behandelt haben. Bis jetzt haben wir uns darauf konzentriert, die Anstrengungen des *mujtahids* zu betrachten, die er aufwendet, um die Intention des göttlichen Gesetzgebers in dem Bereich zu erschließen, der von den Rechtsgelehrten explizit (*sarih*) genannt wird. Jenseits dieses Bereiches liegt aber der impliziten Bestimmungen, der Nuancen, in denen die Intention des göttlichen Gesetzgebers vielleicht ebenfalls gefunden werden kann. Wenn er z. B. über die Aussage des Propheten nachdenkt, dass die Reinigungsabgabe für frei grasende Tiere zu entrichten ist, muss sich der *mujtahid* mit einer Frage auseinandersetzen: War es die Absicht des göttlichen Gesetzgebers, dass die Reinigungsabgabe nicht für andere Tiere, z. B. im Stall gehaltene, erhoben werden sollte? Wie weit konnte der *mujtahid* gehen, wenn er zwischen den Zeilen las? Wie weit durfte er sich aus dem Bereich der expliziten Bedeutungen entfernen? Wenn einmal die Implikation als hinreichende Grundlage für das Recht zugelassen war, wo war die Grenze zu ziehen? Der Bereich der Implikation war potenziell sehr groß. Es gab hier wenig sichere Leitlinien, an die man sich halten konnte, und der *mujtahid* konnte nur wenig Sicherheit erwarten.

Wenn Sicherheit oder Gewissheit selten war im Bereich der Implikation, so war sie es auch im Bereich der Analogie. Der entscheidende Schritt bei der Bildung einer Analogie war, wir erinnern uns, die Bestimmung der Ursache einer existierenden Rechtsregel. Dies zieht nach sich, wie wir gesehen haben, die Untersuchung der bekannten Ursachen anderer Rechtsregeln und das Aufstellen einer Typologie von Ursachen oder auch – für andere Gelehrte – die Bezugnahme auf die Zwecke, die Ziele des Rechts. Beide Ansätze erfordern die Untersuchung des ganzen Korpus der grundlegenden Texte und die Beschäftigung mit Problemen der Interpretation und der Authentizität. Alle Gelehrten, die den Gebrauch der Analogie bei der Formulierung von Rechtssätzen akzeptierten, gaben durchaus zu, dass die Ergebnisse nicht gewiss sein konnten.

Ungewissheit in Rechtsfragen wurde aber von den Rechtsgelehrten nicht als Mangel des Rechts begriffen, der das ganze Unternehmen, Recht zu formulieren, zum Scheitern bringen könnte. Dank eines sorgfältig ausgearbeiteten Wahrscheinlichkeitsdenkens musste das Recht nicht gewiss oder sicher sein, um autoritativ wirken zu können. Möglicherweise sicheres Recht konnte eine Autorität haben, die der eines gewiss sicheren Rechts gleichkam.

Dieses Wahrscheinlichkeitsdenken ist vielleicht am besten in Aussagen erkennbar, die sagen, dass die Meinung (*zann*), nicht durch das sichere Wissen, bindend im Recht ist. Die „Meinung" wird verstanden als der Sinn für das Mögliche, den ein *mujtahid* als Ergebnisse seines Studiums der Texte erreichen konnte. Wenn sie das Arbeiten dieser Meinung beschreiben, benutzten die Gelehrten häufig die Metapher der Waage, des Abwägens (*tarjih*). Wenn der *mujtahid* sich durch einen Text arbeitete, legte er den Hinweis auf eine bestimmte Beurteilung auf die Waagschale, betrachtete die verschiedenen Textarten und ließ so die Waage zu seinen Gunsten oder Ungunsten ausschlagen. Mit den Worten eines bereits zitierten schafiitischen Lehrgedichtes: „Was nun die Hinweise (*adilla*) betrifft, so geht der offensichtliche (*jaliyy*) / von ihnen voran dem verborgenen (*khafiyy*), eine Beurteilung (*hukm*) wird enthüllt. / Was notwendig sicheres Wissen (*'ilm*) erzeugt, [geht] voran dem, was notwendig [nur] Meinung (*zann*) erzeugt[18]. Stell die klare Rede (*nutq*) voran einer Analogie (*qays*), die im Geiste sich entfaltet. / Stell die offensichtliche Analogie voran der impliziten. / Wenn du in klarer Rede etwas findest, das widerspricht / der Fortdauer des bestehenden Zustands, so ist es genug. Wenn nicht, / ist die Fortdauer des Zustand (*istishab al-hal*) manifest" (Shinqiti 2001: 125).

Hat die Waage sich einmal in eine Richtung bewegt, so hat der *mujtahid* begonnen, eine Wahrscheinlichkeit aufzubauen. Wenn er sich weiter und weiter durch die Texte arbeitet, häuft er mehr und mehr Beweise auf die Waagschale und lässt so die Waage immer weiter zu seinen Gunsten ausschlagen. Manchmal mag er in den Texten auf einen Beweis stoßen, der gegen die Regel gerichtet ist, die er zu belegen sucht. Wenn nun der Gegenbeweis anwächst und mehr wiegt als der ursprüngliche Beweis, wird der *mujtahid* aufhören, eine Meinung zugunsten dieser Regel aufrechtzuerhalten. Was schließlich entscheidet, ist die Richtung, in die die Waage ausschlägt. Wenn sie, sei es auch noch so leicht, zugunsten der vorläufig formulierten Regel ausschlägt, wird der *mujtahid* sich gerechtfertigt sehen und diese Regel als möglicherweise gewisse Regel formulieren. Damit hat er die Rechtsregel gefunden, auf die er seine Entscheidungen gründen kann.

Ein *mujtahid* muss allerdings immer, wenn er sich an seine Arbeit macht, versuchen, Gewissheit zu erreichen. Möglicherweise sicheres Recht kann nur dann den gleichen Grad an Autorität wie sicheres

---

18 Auch wenn die Meinung in den meisten Fällen das ist, was man bestenfalls erreichen kann.

Recht beanspruchen, wenn bewiesen worden ist, dass sicheres Recht nicht erreicht werden konnte. Der Beweis für die Unmöglichkeit, sicheres Recht mit Gewissheit zu formulieren, erwächst aus der Erfahrung des *mujtahids*. Wenn er den Punkt erreicht, an dem er sagen kann, dass er die Texte – soweit es ihm möglich ist – durchforscht hat und keine Gewissheit erlangen konnte, dann ist er berechtigt zu sagen, dass diese für ihn unerreichbar ist. Und an diesem Punkte greift das erwähnte Diktum (s. S. 213) ein: „Die rechtliche Meinung [also nicht nur das sichere Wissen] ist bindend im Recht."

Autorität

Wir können zwischen zwei Typen von Autorität im muslimischen Rechtsdenken unterscheiden: die legislative Autorität, die allein Gott zukommt und konkrete Form in der Autorität annimmt, die die grundlegenden Texte von Koran und *sunna* genießen, und eine interpretative Autorität, die den Rechtsgelehrten zukommt. Die legislative Autorität hat ihren Ort in der Sphäre dessen, was die Rechtsgelehrten tun, also bei der Formulierung von rechtlichen Beurteilungen, die nicht explizit und präzise in den grundlegenden Texten formuliert sind. In der Sphäre der Handlungen der Menschen und ihrer Beurteilung hat die interpretative Autorität der Rechtsgelehrten ihren Ort. Das Recht der Rechtsgelehrten hat gewissermaßen die Rechtskraft eines positiven Rechts in muslimischen Gesellschaften.

Wenn wir die Autorität der Rechtsgelehrten als interpretativ bezeichnen, sagen wir zugleich, dass sie abgeleitet ist aus der legislativen Autorität Gottes. Ein Rechtsgelehrter hat keine Autorität, die allein aus seiner Person oder seinem Status erwächst und seinen Erklärungen automatisch eine Akzeptanz seitens anderer Menschen garantiert. Die Autorität des Rechtsgelehrten basiert auf dem inneren Wert dessen, was er an Bedeutungen ergründet. Anders formuliert: Es ist eine Autorität, die auf der Methodik beruht, die der Gelehrte benutzt, und auf seiner Fähigkeiten in der Umsetzung dieser Methode. Was der Rechtsgelehrte formuliert ist autoritativ, nicht weil er es ist, der es erklärt, sondern weil angenommen werden kann, dass das, was er erklärt, nach allen Regeln der Kunst aus den grundlegenden Texten abgeleitet wurde und damit als angemessener Ausdruck des Rechts Gottes angesehen werden kann.

In dieser Hinsicht konzentriert sich die Beschreibung der Autorität der Rechtsgelehrten auf ihre formelle, theoretische Basis. Diese Autorität hat aber auch einen sozialen bzw. sozialpsychologischen Aspekt, den wir schon zu Beginn angedeutet haben. Die muslimischen Rechtsgelehrten hatten Autorität auch aufgrund des Respekts, den sie unter den anderen Mitgliedern der Gesellschaft genossen. Dieser Respekt rührte aber nicht allein aus ihrer sozialen Stellung her. Wenn auch eine größere Anzahl von Gelehrten aus Handelsfamilien stammte, die ein hohes Maß an sozialem Prestige genossen, kann man diese Schicht nicht einer besonderen sozialen Gruppe zuordnen – zumal eine gewisse Anzahl der Gelehrten aus den unteren sozialen Schichten stammte. Der Respekt, der den Rechtsgelehrten zugemessen wurde, entsprang einem Vertrauen in die Kenntnisse der Gelehrten, Kenntnisse, die in jahrelanger Ausbildung erlangt wurden. Die Gelehrten waren diejenigen, an die man sich wenden konnte, wenn man rechtlichen Rat oder Hilfe benötigte.

Aber die Gelehrten waren Menschen – und damit fehlbar. Die Idee der Fehlbarkeit und die damit einhergehende Vorstellung von der Unterschiedlichkeit der Rechtslehren wirft wichtige Fragen auf: Heißt Fehlbarkeit nicht auch, dass möglicherweise Irrtümer auftreten? Wenn ein *mujtahid* die Ergebnisse seiner interpretativen Anstrengungen als seine bloße Meinung vertritt – seinen Sinn für das Wahrscheinliche – und anerkennt, dass sie mit dem Makel einer gewissen Ungewissheit behaftet sind, gibt er dann nicht zu, dass er sich geirrt haben *könnte*? Impliziert nicht die bloße Tatsache, dass es Meinungsunterschiede unter den *mujtahids* gibt, die Möglichkeit, dass es Irrtümer gibt? Wenn *mujtahids* nicht übereinstimmen, müssen sie dann nicht folgern, dass einige – vielleicht sogar alle – die grundlegenden Texte falsch interpretiert haben?

Einige Gelehrte fanden die Möglichkeit des Irrtums im Bereich des Rechts so unerträglich, dass sie das berühmte Diktum formulierten: „Jeder *mujtahid* liegt richtig" (*kull mujtahid musib*), das aber von etlichen Gelehrten auch abgelehnt wurde (s. S. 55). Der Hanbalit Ibn Taymiyya (gest. 1328) sagt dazu in einer Fatwa: „Er wurde gefragt: Hat jeder *mujtahid* recht oder gibt es nur einen, der recht hat, und die anderen irren sich? Er [Ibn Taymiyya] gab zur Antwort: Über dieses Problem wird ausführlich an mehr als einer Stelle gehandelt. Er erwähnte, dass es darüber unter den Leuten Streit gab und erwähnte [auch], dass mit dem sprachlichen Ausdruck ‚der Fehler' die Sünde (*ithm*) gemeint ist. Gemeint wird damit auch der Mangel an sicherem Wissen (*'ilm*). Wenn ich nun die erste Bedeutung anspreche, dann [ist gemeint, dass] jeder *mujtahid* so gottesfürchtig ist, wie er kann. Somit liegt er richtig. Er ist also gehorsam Gott gegenüber und kein Sünder und es gibt nichts zu tadeln. Wenn ich nun die zweite Bedeutung anspreche, dann [ist gemeint, dass] einige *mujtahids* über ein anderes verborgenes Wissen verfügen. Dabei handelt es sich um ein Wissen über den wahren Sinn der Sache. Wenn nun ein anderer [Gelehrter] darüber erfährt, muss er ihm folgen. Die Pflicht, ihm zu folgen, entfällt, wenn er nicht in der Lage dazu ist, wobei ihm aber ein himmlischer Lohn (*ujr*) für seine Anstrengung zusteht. Wer aber das Richtige trifft, dem steht ein doppelter Lohn zu."[19]

Nehmen wir noch ein späteres Beispiel! Der jemenitische Reformer Muhammad al-Shawkani (gest. 1834) schreibt dazu: „Die schariatischen Probleme, zu denen die Gelehrten unterschiedlicher Meinung sind, [sind u. a.:]. Eine Gruppe gelangt dahin, dass in jeder der Aussagen der *mujtahid* eine Wahrheit (*haqq*) und dass jeder von ihnen richtig liegt. Al-Mawardi sagt, das ist die Aussage von Abu al-Hasan al-Ash'ari und der Mu'tazila. Abu Hanifa, Malik [b. Anas], al-Shafi'i und die Mehrzahl der *fiqh*-Gelehrten sind der Meinung, dass die Wahrheit in einer der Aussagen liegt, wir sie aber nicht sehen; sie ist nur bei Gott sichtbar, weil es unmöglich ist, dass eine Sache zu einer Zeit bei einer Person erlaubt *und* verboten ist" (Shawkani 1999: 231).

Diese Auffassung kommt auf den ersten Blick der Zurückweisung der Idee der Fehlbarkeit gleich. Der zweite Blick zeigt uns, dass wir eine Akzeptanz der bloßen Wahrscheinlichkeit vor uns haben. Um Ibn Taymiyya zu bemühen: Es kommt auf die gottesfürchtige Anstrengung an. Ungleich der '*isma*, der Unfehlbarkeit des Propheten und (für die Schiiten) der Imame war dieser Infallibilismus etwas, das die Möglichkeit gleichermaßen korrekter *und* widersprüchlicher Formulierungen des göttlichen Rechts durch einzelne Rechtsgelehrte beinhaltete – die grundlegende Ambiguität des rechtsgelehrten Denkens (Bauer 2011). Der Vorteil, der dieser Vorstellung innewohnte, war, dass sie es möglich machte, Irrtum und Ungehorsam gleichzusetzen und Unterschiede im Recht zu akzeptieren. Es machte in gewissem Maße Sinn zu sagen, dass Irrtum dem Ungehorsam gleichkam. Wie konnte man behaupten, dem göttlichen Gesetz zu gehorchen, wenn die eigene Formulierung des Rechts irrig war? Musste nicht ein Irrtum in der Formulierung des Rechts notwendigerweise bedeuten, dass das, was der *mujtahid* als richtige Beurteilung erklärte, tatsächlich nicht der Beurteilung Gottes nahe kam? Und wenn es tatsächlich nicht die Beurteilung Gottes repräsentierte, konnte es doch nur Ungehorsam Gott gegenüber bedeuten, wenn man es befolgte? Die Lösung derjenigen, die das Dilemma der Fehlbarkeit der Gelehrten ablehnten, war einfach: den Irrtum eliminie-

---

19 http://www.tafsir.net/vb/tafsir6548/ (Zugriff 10. 8. 2011), gepostet am 10. 3. 2006; dies als kleiner Hinweis darauf, dass und wie ältere Texte heute online rezipiert werden.

ren und konstatieren, dass es mehr als einen Weg gab, um korrekte Aussagen über das göttliche Recht zu treffen. Und diese Meinungsvielfalt (*ikhtilaf*) – wir haben es gehört – als eine Art Segen anzusehen!

Die einzige Bedingung, die dem *mujtahid* auferlegt wurde, wenn seine Formulierung des Rechts als korrekt angesehen werden sollte, war, dass er wahrhaftig behaupten können sollte, dass er seine Erforschung der grundlegenden Texte nach bestem Wissen und Gewissen vorgenommen hatte. Jeder *mujtahid*, dessen Formulierung des Rechts nicht auf seiner äußersten Anstrengung beruhte, der mehr getan haben könnte als er getan hatte, war als ungehorsam gegenüber Gott anzusehen.

Das Problem der Vertreter der Unfehlbarkeit des *mujtahid* war, dass sie den Bezug auf die Scharia relativierten, die empirische Objektivität der aus den Texten gewonnenen Aussagen erschütterten, da nicht sicher gesagt werden konnte, dass die Gelehrten tatsächlich richtig lagen. Das war eine Konsequenz, die hingenommen werden musste. Deshalb gaben die Rechtsgelehrten, die konfligierende Ansichten von Gelehrten als korrekt ansahen, freimütig zu, dass Gottes Recht von den Erwägungen des *mujtahids* abhängig war. Mit anderen Worten gesagt: Gottes Recht war für jeden *mujtahid*, wozu ihn seine Interpretation führte. Noch anders formuliert: Gottes Recht war in sich selbst unbestimmt und bedurfte der Anstrengungen menschlicher Gelehrter, um Bestimmtheit zu erlangen. Somit konnte es für jeden gegebenen Fall keine einzelne Regel geben, die exklusiv das Recht Gottes repräsentierte.

Diese Art zu denken war verständlicherweise verstörend für die Gelehrten, die ihr gesamtes Rechtsdenken darauf gründeten, dass es eine vorzeitlich existierende, einzigartige Absicht des Gesetzgebers gab, die „irgendwo da draußen" war und durch interpretative Anstrengungen aufgedeckt werden konnte. Wenn das Recht nicht in einer ursprünglichen Absicht des göttlichen Gesetzgebers seinen Ursprung hatte, was war es dann eigentlich, wonach der *mujtahid* strebte? Gab es eine ursprüngliche Absicht, die er zu verstehen versuchen sollte und die, wenn er kein hinreichendes Verständnis erreichen konnte, nicht mehr von besonderer Bedeutung war, nicht einmal als Maßstab dafür, wie erfolgreich er in seinen interpretatorischen Anstrengungen gewesen war? Wie konnte eine solche ursprüngliche Absicht überhaupt ein genuines Ziel für seine Suche sein?

Am äußersten Ende des Spektrums von Ansichten zu diesem Thema waren diejenigen angesiedelt, die in so hohem Maße auf der Präexistenz und der Singularität von Gottes Recht bestanden, dass sie Uneinigkeit unter den *mujtahids* für völlig unzulässig erklärten. Wenn *mujtahids* nicht übereinstimmten, konnte nur derjenige, der sich erfolgreich der

Scharia angenähert hatte, als korrekt, als Einziger als gehorsam gegenüber Gott anerkannt werden. Die Anderen waren sowohl im Irrtum als auch des Ungehorsams schuldig. Diese Auffassung, die von Wenigen vertreten wurde, war verständlicherweise ein Affront gegen die Wahrscheinlichkeitslehre der Mehrheit der Rechtsgelehrten, die darauf bestanden, dass das göttliche Recht in den seltensten Fällen mit absoluter Gewissheit erkannt werden konnte und dass, wo Wahrscheinlichkeit vorhanden war, es unvermeidbar war, dass unterschiedliche Auffassungen entstanden.

Die meisten Gelehrten vertraten eine Auffassung, die Fehlbarkeit mit Wahrscheinlichkeit kombinierte. Gottes Recht war für sie präexistent und einzig. Und vom *mujtahid* wurde erwartet, dass er die Aufdeckung dieses Rechts zum Ziel seiner Anstrengungen machte. Erreichte er dieses Ziel nicht, obwohl er eine angemessene Anstrengung aufgewendet hatte, konnte er mit dem arbeiten, was er dachte, das wahrscheinlich das göttliche Recht war, mit seiner – qualifizierten – Meinung darüber. Wenn er so handelte, begab er sich jedoch mit vollem Bewusstsein auf das Feld einer Debatte, in dem nichts gewiss war und in dem Meinungen, die sich von seiner unterschieden, respektiert und toleriert werden mussten. Die Präexistenz und Einzigkeit des göttlichen Rechts vorausgesetzt, konnte es bei jedem Meinungsstreit unter den *mujtahids* nur eine korrekte Meinung geben, aber man konnte nicht wissen, welche Meinung korrekt war. Davon sprach al-Shawkani gerade. Hätte man es können, hätte man alle anderen Auffassungen als irrig brandmarken können; in diesem Falle wäre die Meinung zu sicherem Wissen geworden und hätte aufgehört, eine Meinung im eigentlichen Sinne zu sein.

Dass die einzige Sicherheit in Rechtsfragen bei Gott liegt, wird also geradezu zur Voraussetzung einer religiös fundierten Säkularität, die mit den Unwägbarkeiten der Entwicklungen des weltlichen Lebens zurechtkommen kann. Ein Klima, in dem die Meinung vorherrschte, schloss naturwüchsig einen solchen Dogmatismus aus, denn Meinung war eben *kein* Wissen. Wo sicheres Wissen nicht vorhanden ist, kann der Irrtum notwendigerweise nicht erkannt werden; wo es vorhanden ist, kommt er schnell zum Vorschein.

Für diejenigen, die in dieser Art dachten, musste Korrektheit eindeutig als systematische exegetische Korrektheit definiert werden, als methodische Korrektheit bei der Bestimmung des präexistenten göttlichen Willens. So sehr exegetische Korrektheit als Ziel der interpretativen Anstrengung des *mujtahids* zählte, war sie doch nicht die *conditio sine qua non* dafür, dass diese auch einen Wert besaß. Anders formuliert: Eine Meinung konnte in irriger Weise die „dort draußen" existierende göttliche Absicht repräsentieren und doch als *fiqh* gültig sein. Nur wenn die Meinung als irrig erkannt wurde, musste sie verworfen werden. In diesem Falle aber war das Feld der Debatte nicht mehr eines, in dem die Meinung vorherrschte; das sichere Wissen war dominant. Solange der Irrtum eine bloße Möglichkeit war, die gleichermaßen für alle Meinungen galt, konnte er unbeachtet bleiben und allen Meinungen die gleiche Gültigkeit zuerkannt werden.

Wenn auch nicht bekannt war, welche Meinung irrig war, so war doch bekannt, *dass* eine oder einige Meinungen irrig waren. Das war eine Notwendigkeit der Prämisse, dass, wenn die *mujtahids* unterschiedlicher Meinung waren, nicht alle der richtigen Auffassung sein konnten. Dass der Irrtum in der Debatte gegenwärtig war, war also gewiss, selbst wenn die irrige Position nicht identifiziert werden konnte. Notwendigerweise war damit das Recht, das der *mujtahid* formulierte, in einigen nicht identifizierbaren Fällen anders als das präexistente göttliche Recht. Die Akzeptanz der Fehlbarkeit, die jeder Meinung Gültigkeit zusprach, anerkannte damit, dass es zwei Arten von Recht gab: Recht, das bei Gott lag, und Recht, das von fehlbaren Gelehrten formuliert wurde. Wir können dies – und genau das haben wir eingangs getan – Scharia und *fiqh*-Recht nennen, Gottesrecht und Juristenrecht. Scharia ist das Ergebnis der Rechtssetzung, deren letztes Subjekt Gott ist. *Fiqh*-Recht besteht aus dem Rechtsverständnis, dessen Subjekt der menschliche Gelehrte ist.

Fiqh-Recht ist das positive Recht der muslimischen Gesellschaft, denn es ist das Recht, das die menschlichen Angelegenheiten regelt – wiederum auf der Ebene betrachtet, die von den Schriftgelehrten beherrscht wird. Daneben gibt es andere Ebenen, jedoch erst die Kenntnis all dieser Ebenen lässt uns die tatsächliche Topographie des islamischen Rechts erkennen.

Fiqh-Recht nun kann aber nach fallibilistischer Sicht nur dann Gültigkeit beanspruchen, wenn es den Anspruch erheben kann, die größtmögliche Annäherung an das Recht Gottes zu sein, die Menschen erreichen können. Gottes Recht ist also im Verhältnis zum positiven Recht ein Ideal, das der *mujtahid* zu erreichen versucht, wenn er das Recht so formuliert, wie es ihm möglich ist. Wichtig ist, dass wir die Vorstellung, dass das äußerste an Anstrengung aufgewendet werden müsse, richtig verstehen. Ein *mujtahid* muss wirklich in der Lage sein, mit vollem Bewusstsein zu sagen, dass er bei der Erforschung der grundlegenden Texte alles getan hat, was er tun konnte, und dass er nicht wisse, was er hätte mehr tun können. Kann ein *mujtahid* dies nicht sagen, ist seine Formulierung des Rechts ohne Wert. Die Gültigkeit des Rechts des *fiqh* ist nicht eine Gültigkeit, die die Menschen ihm von sich aus zugestehen.

Es ist in letzter Instanz eine göttlich sanktionierte Gültigkeit, die Ausdruck der göttlichen Barmherzigkeit ist.[20]

Die Hauptbelege aus dem Koran sind in diesem Zusammenhang „Und er hat euch in der Religion nichts auferlegt, was euch bedrückt" (22, *al-hajj*, 78) und „Gott will euch nichts auferlegen, was euch bedrückt" (5, *al-ma'ida*, 6). Diese Passagen werden so interpretiert, dass sie bedeuten, dass Gott in seiner Barmherzigkeit das Wissen um sein Recht nicht zum Endziel aller menschlichen Existenz gemacht hat. Hätte er dies getan, wäre das menschliche Dasein eine einzige Last – das würde dem Koran widersprechen. Gott hat vielmehr den Menschen andere Möglichkeiten gegeben: die eine vernünftige, begründete Meinung zu formulieren, die darauf beruht, dass sie ihre äußerste Anstrengung aufgewendet haben. Solch eine Meinung werde von Gott gnädig als Maßstab für den Gehorsam seiner Diener ihm gegenüber akzeptiert.

Dass diejenigen, die die Fehlbarkeit anerkannten, darauf bestehen, dass Korrektheit als exegetische Korrektheit zu begreifen sei, ist Ausdruck einer kompromisslosen intentionalistischen Sicht. Das Recht Gottes könnte eben nicht etwas anderes sein als die Intention des göttlichen Autors, die unter Benutzung der normalen philologischen Methoden, insbesondere unter Berücksichtigung des lexikalischen Codes, bestimmt wird. Was außerhalb der Grenzen der Intention des göttlichen Autors liegt, könnte deshalb nicht als Teil des idealen Rechts betrachtet werden; aber, Gottes Barmherzigkeit sei es gedankt, es kann als Teil des gültigen positiven Rechts betrachtet werden, wenn der *mujtahid* den Test über „die äußerste Aufwendung von Anstrengungen" bestanden hatte. Der *mujtahid* musste in höchstem Maße überzeugt sein, dass seine Formulierung des Rechts die wahrscheinliche Intention des göttlichen Gesetzgebers wiedergab – in der Hoffnung, dass sich dies am Tage des Jüngsten Gerichts als richtig erweisen würde. Sollte es sich aber als falsch erweisen, würde er zumindest eine einfache Belohnung erhalten; inzwischen hätte seine Formulierung des Rechts in den weltlichen Angelegenheiten, also im Diesseits, die Kraft eines positiven Rechts.

Im Licht dieser Erwägungen können wir die Logik der Position, die die Unfehlbarkeit vertritt, besser einschätzen. Es scheint ein größeres Maß zu geben, in dem *fiqh*-Recht – trotz allem – mit dem göttlichen Recht übereinstimmt, denn: Wenn die Menschen dem *fiqh*-Recht gehorchen, so gehorchen sie Gott zu den Bedingungen Gottes, gehorchen in

---

20 Wer jetzt wieder Einzelbestimmungen hervorholt, hat nicht begriffen, dass es in unseren Überlegungen um methodische Grundsätze geht.

gewisser Weise dem Recht Gottes. Wenn das der Fall ist, müssen all die unterschiedlichen Formulierungen des Rechts durch die *mujtahids* korrekt sein. Die Vertreter der Position der Fehlbarkeit waren nicht bereit, so weit zu gehen. Was wir aber in ihrer Auffassung erkennen können, ist eine weit gefasste Interpretation des Willens Gottes, die es erlaubt, dass sein Wille sich über die Grenzen des idealen, präexistenten Schariarechts erstreckt und das fehlbare Recht der Gelehrten als Versuch, das ideale Recht zu erfassen, mit einschließt – unter Einbeziehung der Teile, die einen Irrtum in der Interpretation enthalten.

Konsens (ijma')

Die Fehlbarkeit, von der ihre Verfechter sprechen, ist allerdings, dies sei betont, eine Fehlbarkeit, die charakteristisch für die Anstrengungen eines *mujtahids* ist, der als Einzelperson arbeitet. Wenn zu einer gegebenen Zeit alle lebenden *mujtahids* über eine spezifische Formulierung des Rechts übereinstimmen, dann macht dieser Konsens, so die allgemein anerkannte Meinung, diese Formulierung zu einer unfehlbaren Repräsentation des göttlichen Rechts. Die Möglichkeit eines Irrtums bedrohte Formulierungen des Rechts nur, insofern es Meinungsunterschiede zwischen den *mujtahids* betrifft. Ist erst einmal Übereinstimmung entstanden, wird die Fehlbarkeit der individuellen *mujtahids* ausgelöscht durch ein übergreifendes Prinzip: das Prinzip der Unfehlbarkeit des Konsenses. Diese Unfehlbarkeit wurde in den Begriff der *'isma* gefasst, eben der Begriff, der die Unfehlbarkeit des Propheten und der schiitischen Imame bezeichnet.

Das Prinzip der Unfehlbarkeit des Konsenses wurde schließlich zum Markenzeichen der muslimischen Rechtsmethodik, sunnitischer wie auch, in etwas anderer Form, schiitischer Rechtsmethodik. Für alle Rechtsgelehrten setzte der Konsens der Verschiedenheit in der Formulierung des Rechts Grenzen. In den Fällen, in denen die *mujtahids* übereinstimmen, erscheint die Rechtsregel, über die Übereinstimmung herrscht, praktisch in Stein gemeißelt als unfehlbarer Ausdruck des göttlichen Rechts, der von keinem zukünftigen *mujtahid* unberücksichtigt bleiben kann. Gibt es keine Übereinstimmung, sind die zukünftigen *mujtahids* frei, bereits existierende Meinungen abzuwägen und neue Formulierungen zu wagen, wenn dies ihrer Ansicht nach möglich ist. Das Recht hat also zwei Bereiche: die Sphäre dessen, worüber Übereinstimmung herrscht, und die Sphäre dessen, worüber es unterschiedliche Meinungen gibt. In der erstgenannten Sphäre herrscht Einigkeit, in der zweiten eine auf einem Kanon von Lehrmeinungen beruhende Diversität. Und in der Existenz dieser zweiten Sphäre liegt auch die Begründung für das Bestehen verschiedener Rechtsschulen, die wiederum auf verschiedenen Formen internen Konsenses beruhen.

Das Prinzip der Unfehlbarkeit des Konsenses wurde so weit akzeptiert, dass es zu einem unverzichtbaren Bestandteil der Rechtsmethodik wurde, zu einem ihrer Hauptprinzipien. Der Konsens der *mujtahids* wurde in der Tat zu den vier Grundlagen des Rechts gezählt, neben Koran, Sunna und, für die meisten Sunniten, Analogieschluss; für die Schiiten trat an die Stelle des Analogieschlusses die Vernunft (*'aql*). Der Koran und die Sunna waren natürlich textuelle Quellen, die wir unter dem Oberbegriff „autoritative Texte" kennen gelernt haben. Der Konsens war in der Praxis quasi auch eine textuelle Quelle, denn er musste ja, um effektiv zu sein, in zitierbaren Worten niedergelegt werden, die wiederum von Generation zu Generation ähnlich den Worten des Korans und der Hadithe überliefert werden.

Allerdings war seine zeitliche Gültigkeit begrenzt: „Mit Konsens (*ijma'*) ist nicht die Übereinstimmung der Gemeinschaft der Gläubigen (*umma*) von der Zeit des Gesandten, Gott segne ihn und spende ihm Heil, bis zum Tag der Auferstehung gemeint, weil das, was auf den Konsens hinweist, auf die Notwendigkeit der Argumentation (*istidlal*) mit ihm hinweist. Diese Argumentation aber findet entweder vor dem Tag der Auferstehung statt. Dies ist unmöglich, folgen wir dem, was sie über die Erlaubtheit dessen sagen, dass danach ein anderes Volk auftritt.[21] Oder nach ihm [dem Tag der Auferstehung]. Dies ist nichtig (*batil*), weil es in jener Zeit keine Notwendigkeit für Argumentation gibt" (Razi 1999, Bd. 3: 883).

Aber was ist nun der Konsens? Schauen wir uns eine Definition an: „Er ist die Übereinstimmung der *mujtahids* der Gemeinschaft der Gläubigen (*umma*) nach dem Tode Muhammads, Gott segne ihn und spende ihm Heil, in einer Zeit, um welche Sache es sich auch handelt. Seine Spezifikation ist den *mujtahids* bekannt" (Subki 2003: 76).

Trotz seiner bedeutenden Rolle in der muslimischen Rechtsmethodik – oder vielleicht gerade deswegen – warf das Konzept des Konsenses eine Reihe von Problemen auf, die in umfangreichen Kapiteln in den Werken des älteren islamischen Rechts diskutiert wurden. Da die Unfehlbarkeit des Konsenses nicht evident war und nicht genauestens rational begründet werden konnte, musste er eine feste Basis in den

---

21 Hier argumentiert Fakhr al-Din u. a. gegen al-Sarakhsi.

grundlegenden Texten haben. Das erforderte eine komplexe und langwierige Auslegung bestimmter Passagen, die wiederum höchst unterschiedlich interpretiert werden konnten. Ein gutes Beispiel dafür ist die oft zitierte Aussage des Propheten, dass die Gemeinschaft der Muslime nie in einem Irrtum übereinstimmen wird. War „Irrtum" ein allgemeiner oder ein spezifischer Begriff – umfasste er alle Arten von Irrtum oder nur bestimmte? Wie konnte man sicher sein, dass er nicht auf den Bereich grundlegender religiöser Glaubenssätze beschränkt war – im Gegensatz zu einem Irrtum über Rechtssätze? Und was war die Bedeutung des Wortes „Gemeinschaft"? Schloss es alle Muslime ein oder nur manche? Welchen Grund gab es dafür anzunehmen, er beziehe sich nur auf *mujtahids*? Schließlich hatten einige ältere Gelehrte, unter anderem al-Shafi'i (gest. 820), die Meinung vertreten, Unfehlbarkeit bezeichne nichts weniger als den Konsens der gesamten muslimischen Gemeinschaft *(jama'at al-muslimin)*, *mujtahids* und andere Gläubige; dabei werden die Rechtsgelehrten nicht explizit genannt (Shafi'i o. J.: 475f.).

Es gibt eine Vielzahl von Definitionen dessen, welche Personen den *ijma'* ausmachen. Fakhr al-Din al-Razi (gest. 1209) zählt z. B. auf: „Malik sagte: Der Konsens der Einwohner von Medina – allein – ist ein Beweis. Die übrigen sagen: So ist es nicht. [...] Der Konsens der Familie des Propheten *(ijma' al-'itra)* – allein – ist kein Beweis, im Gegensatz zur Zaydiyya[22] und Imamiyya. Unsere Meinung ist, dass 'Ali [b. a. Talib], Gott habe Wohlgefallen an ihm, die Prophetengefährten in vielen Fragen widersprochen haben. Und keiner von denen, die ihm widersprochen haben, hat gesagt: Meine Aussage ist ein Beweis, also widerspricht mir nicht."[23] [...] Der Konsens der vier Imame [der] Rechtsschulen – allein – ist kein Beweis" (Razi 1999, Bd. 3: 860ff.).

Die schließlich vorherrschende Meinung bezog die Unfehlbarkeit auf den Konsens der *mujtahids* und sah den Konsens der Gemeinschaft dadurch als unfehlbar an, dass die Rechtsgelehrten Teil der Gemeinschaft waren. Wenn nun aber nur ein oder zwei Personen dem Konsens nicht folgen? Folgen wir dazu weiter Fakhr al-Din al-Razi: „Der Konsens wird nicht vollendet, wenn ein oder zwei widersprechen. [Dies gilt] im Gegensatz zu Abu al-Hasan al-Khayyat von der Mu'tazila, von Muhammad b. Jarir al-Tabari und Abu Bakr al-Razi. Unser ist [die Meinung], dass die Prophetengefährten einer Meinung darüber waren, den

---

22 Bei den Zayditen sind speziell die zayditischen Imame gemeint.
23 Also wiederum ein deutliches Argument für Pluralität.

Kampf gegen die Verweigerer der Reinigungsabgabe[24] zu unterlassen. Darin widersprach ihnen Abu Bakr[25], Gott habe Wohlgefallen an ihm, als Einziger. Keiner sagte: Seine Gegenmeinung zählt nicht. Vielmehr, als sie sie erörtert hatten, kehrten sie zu seiner Meinung zurück" (Razi 1999, Bd. 3: 872).

Andere Probleme mussten aber auch behandelt werden: Wie konstituierte sich überhaupt der Konsens? War eine wörtliche Stellungnahme jedes einzelnen lebenden *mujtahid* erforderlich? Oder genügte es, dass keine Gefahr bestand, irgendeiner der zeitgenössischen *mujtahids* widersprochen hatte? War eine wörtliche Aussage erforderlich, wurde es beinahe unmöglich, die Existenz eines Konsenses festzustellen: Wie sollte man wissen, wer die *mujtahids* zu einem gegebenen Zeitpunkt waren? Wie sollte man ihre Aussagen sammeln? Und dies in vormoderner Zeit! Es gab sogar Gelehrte, die sagten, solch ein Konsens sei unmöglich!

An dieser Stelle begegnen wir dem Problem, dass es unter Muslimen keine offizielle Agentur gab, die Individuen die Qualifikation eines *mujtahid* verleihen konnte, sodass man durch diese Verleihung feststellen konnte, wer ein *mujtahid* war und wer nicht. *Mujtahids* waren keine Inhaber von Mitgliedskarten einer Vereinigung, die Mitgliederverzeichnisse unterhielt. Eher waren *mujtahids* schlicht und einfach Personen, die behaupteten, *mujtahids* zu sein. Dazu kommt, dass ihr Anspruch von den anderen gleichrangigen Gelehrten als gültig anerkannt wurde. Also musste jeder, der feststellen wollte, wer zu einem gegebenen Zeitpunkt *mujtahid* war, auf sein eigenes Urteil vertrauen. Es ist offensichtlich, dass dies eine sehr schwierige Sache war. Solche Überlegungen lassen es verständlich erscheinen, dass viele Rechtsgelehrte es verführerisch fanden zu sagen, dass ein Konsens erreicht worden war, wenn es keine Ablehnung der Auffassung eines *mujtahid* gab, die bekannt geworden war. Diese Art des Konsenses war als „stillschweigender Konsens" bekannt, weil er auf dem Prinzip beruhte, dass Schweigen eine Zustimmung beinhaltet. Deshalb finden wir quer durch die muslimische Rechtsliteratur Zitate bekannter Gelehrter, die von Aussagen gefolgt werden, die ausdrücken, dass ihre Aussage nicht abgelehnt wurde.

Wie konnte man aber sicher sein, dass Schweigen tatsächlich eine Zustimmung bedeutete? Und wie konnte man sicher sein, dass *alle* lebenden *mujtahids* Kenntnis hatten von der Auffassung, die der eine

---

24 Es geht um einen Vorfall aus der frühen Geschichte der islamischen Gemeinschaft, als sich bestimmte Stämme nach dem Tode des Propheten weigerten, weiter eine Abgabe zu zahlen.
25 Der erste Nachfolger des Propheten.

mujtahid geäußert hatte, sodass ihr Schweigen als Zustimmung verstanden werden konnte? Und für diejenigen, die tatsächlich Kenntnis von dieser Aussage hatten: Wie lange musste ihr Schweigen dauern, um als Zustimmung gelten zu können? Musste vielleicht die Zeit des Schweigens bis zum Tode aller beteiligten Personen dauern? Oder: Musste erst die ganze Generation der zu diesem Zeitpunkt lebenden *mujtahids* von der Erdoberfläche verschwunden sein?

Obwohl der Konsens einen Schlusspunkt für die Meinungsfindung der einzelnen *mujtahids* setzte, war er – für die Mehrzahl der Gelehrten – nicht eine unabhängige Quelle des Rechts, die den aus den grundlegenden Texten gewonnenen Beurteilungen gleichkam. Die Arbeit der *mujtahids* war schließlich im Grundsatz exegetischer Art. Da der Konsens letztlich aus dieser Art Tätigkeit entsprang, war auch das konsensuell verbürgte Recht in den Texten verankert, denn die Meinungen der Gelehrten, aus denen sich der Konsens bildete, basierten auf den grundlegenden Texten, mit denen sie arbeiteten. Damit war er auch sicheres Wissen: „Der Konsens (*ijma'*) erzeugt sicherlich notwendig das Wissen (*'ilm*); es entsteht nicht aus einer Einzelüberlieferung oder der Analogiebildung, weil die Einzelüberlieferung und der *qiyas* erzeugen sicherlich nicht notwendig Wissen. Wie soll dann das, was aus ihnen entsteht, notwendig dieses erzeugen können? Und [dies gilt umso mehr,] weil die Leute auch unterschiedlicher Meinung über den *qiyas* sind: Ist er ein sicheres Argument (*hujja*) oder nicht? Und wie soll der Konsens aus dem Meinungswiderspruch selbst entstehen? Die ist ein offenkundiger Fehler. Wir haben bereits erklärt, dass der Konsens dieser Glaubensgemeinschaft aufgrund seines Wesens ein schariagemäßes Argument ist und nicht aufgrund eines Hinweises auf ihn" (Sarakhsi 1993, Bd. 1: 302).

Der Konsens hat aber, rufen wir uns das ins Gedächtnis, keine Auswirkung auf die Rechtswirksamkeit einer Rechtsregel. Eine Rechtsregel, die in angemessener Weise durch einen qualifizierten *mujtahid* formuliert worden war, beansprucht Rechtsgültigkeit, ob sie nun einen Bereich des Rechts betraf, über den Konsens bestand, oder nicht. Es konnte sogar der Fall eintreten, so einige Gelehrte, dass der Konsens aufzuheben war: „Im Gegensatz zu dem, was über den Konsens vorher gesagt wurde, kommt dies darauf hinaus, dass es erlaubt ist, diesen Konsens aufzuheben wegen des Auftretens von Verderbnis, in dem, worauf er sich gestützt hat" (Shashi 2002: 184).

Die einzig wirkliche Funktion des Konsenses war es, eine Einheitlichkeit des Rechts zu stiften und Diversität der Auffassungen zu delegitimieren. Er legte fest, ob Einheit oder Vielfalt vorherrschten, wenn ein spezifisches Rechtsproblem zum ersten Male auftrat. Wenn in diesem entscheidenden Moment die *mujtahids* eine Übereinstimmung erzielten, wäre ihre gemeinsame Meinung bindend für alle folgenden Generationen. Stimmen sie nicht überein, werden ihre unterschiedlichen Meinungen ein Erbe für die nachfolgenden Generationen, die diese in ihre Überlegungen hinsichtlich der ursprünglichen Frage berücksichtigen (oder auch nicht). Einheit wäre dann niemals möglich.

Angesichts der Probleme, überhaupt festzustellen, ob es einen Konsens gab, war die Rolle, die diese Vorstellung bei der Formulierung des Rechts tatsächlich spielte, etwas, das jeder einzelne *mujtahids* in jedem einzelnen Falle immer wieder zu erwägen hatte. Es konnte natürlich unterschiedliche Ergebnisse geben – je nach *mujtahid*. Ein *mujtahid* mochte vielleicht behaupten, er habe Hinweise auf einen Konsens über eine spezifische Rechtsfrage gefunden, ein anderer mochte dies bestreiten, vielleicht auf der Grundlage dessen, dass es eine Meinungsverschiedenheit über die Methoden gab, mit denen man diesen Hinweis beurteilen konnte. Der erste *mujtahid* konnte nun darauf verzichten, neu zu versuchen, eine Rechtsregel zu formulieren, und meinen, dass die anderen *mujtahids* derselben Beschränkung unterlagen – das wäre aber bloß seine Auffassung. Der zweite *mujtahid* würde natürlich sagen, er sei frei von solchen Beschränkungen.

Insgesamt kann man wohl den tatsächlichen Einfluss des Konsenses auf die Formulierung von Rechtssätzen, so wie ihn die älteren Rechtsgelehrten sahen, als gering einstufen. Er wird oft als Grundlage für fundamentalste Pflichten z. B. im Ritualrecht angesehen. Dass die Anzahl der Pflichtgebete fünf beträgt, wurde als durch den Konsens verbürgt gesehen; die Einheitlichkeit des muslimischen Denkens über diese Frage ist unbestreitbar. Dies gilt auch für andere fundamentale Fragen. Aber im Bereich der Detailfragen, der Fragen also, denen sich der Mensch im täglichen Leben gegenüber sah und für deren Beantwortung er sich dem Recht zuwandte, war die Rolle des Konsenses viel kleiner.

Es trifft wohl nicht zu, dass die den vier sunnitischen Hauptrechtsschulen eigene Lehre einen Konsens konstituierte, der aus theoretischer Sicht tatsächlich Unfehlbarkeit bedeutete. Einmal: Die Theorie schließt nicht die Schiiten aus dem Prozess der Konsensfindung aus. Außerdem: Die vier sunnitischen Hauptrechtsschulen entstanden zu einer Zeit, als auch andere Rechtsschulen bestanden (z. B. die der Zahiriten). Selbst wenn man sich sicher wäre, dass es eine Lehre gegeben hätte, die allen Rechtsschulen in der formativen Periode des islamischen Rechts gemeinsam war, musste man, so die Theorie, berücksichtigen, ob man wirklich alle *mujtahids* einbezogen hatte. Außerdem: Es wird angenommen, dass nur die *mujtahids*, die zu *einem* gegebenen Zeitpunkt lebten, einen unfehlbaren Konsens hervorbringen konnten; die Begründer der vier Hauptrechtsschulen lebten aber *nicht* alle zur selben Zeit.

Mujtahids und Autorität

Wir können jetzt einige allgemeine Punkte betrachten, die sich auf ein übergreifendes Thema beziehen: die Autorität.[26] Wir haben bemerkt, dass die Autorität der *mujtahids* immer als abgeleitet und rein interpretativ verstanden wurde. Sie war abhängig von der Korrektheit der philologischen und interpretativen Methoden, die der *mujtahid* benutzte. Wir müssen nun zwischen zwei Typen der deklarativen Autorität unterscheiden: 1) die, die von den *mujtahids* kollektiv ausgeübt wurde, wenn sie einen Konsens erreicht hatten, und 2.) die, die von den *mujtahids* individuell ausgeübt wurde.

Der erste Typus gehört zu einer Art von Autorität, die wir auch als absolute Autorität bezeichnen können, der zweite könnte auch als relative Autorität bezeichnet werden. Absolute Autorität genossen nicht nur der Konsens der *mujtahids*, auch die grundlegenden Texte genossen diese Autorität. Dabei war die Autorität der grundlegenden Texte legislativ – die des Konsenses, nach der Meinung der Mehrheit der Rechtsgelehrten, war es nicht.

Absolute Autorität ist etwas, dem die *mujtahids* direkt unterworfen sind. Sie ist ungeteilt und einheitlich; sie unterscheidet sich nicht von *mujtahid* zu *mujtahid*. Jeder *mujtahid* ist also der Autorität des Korans, der *sunna* und des Konsenses gleichermaßen unterworfen. Nicht-*mujtahids* sind ihr natürlich auch unterworfen, aber indirekt: durch die vermittelnde Instanz der *mujtahids*. Relative Autorität genießt der einzelne *mujtahid* im Verhältnis zu seiner Anhängerschaft unter den Nicht-*mujtahids*, aber nicht gegenüber gleichgestellten Gelehrten. Nicht-*mujtahids* sind ihr direkt unterworfen. Diese Autorität ist aber aufgeteilt, ungleich unter den *mujtahids* verteilt, die alle ihre eigene Gefolgschaft hatten.

Da nun der Konsens aus uns inzwischen bekannten Gründen recht schwierig zu bestimmen ist und Auswirkungen zuerst einmal nur auf einige grundlegende Pflichten hat, können wir aus praktischen Erwägungen jegliche rechtsgelehrte Autorität als relative Autorität verstehen. Auch wenn der Konsens einen hohen Rang genießt – man sagen kann, dass das Recht, sobald es durch einen Konsens gestützt wird,

---

26 Ich folge hier Weiss 2006.

eigentlich nicht mehr der Kritik der Gelehrten unterliegt und über dem Feld des akzeptablen gelehrten Meinungsstreits schwebt, also eine Aura von Endgültigkeit aufweist –, so ist doch immer, wenn nichts anderes als die Anstrengungen der Rechtsgelehrten am Werke sind, nur relative Autorität zu erreichen, nicht absolute. Diese Art von Autorität ist also die eigentliche Autorität der Rechtsgelehrten.

Die Gefolgschaft eines *mujtahid* bildet sich nicht als Folge einer Initiative des *mujtahids*; sie ist Ergebnis der Initiative der einzelnen Gefolgsleute. Diese Initiative ist bekannt als *istiftaʿ* oder *taqlid*. Der Begriff *istiftaʿ* bezeichnet den Vorgang, durch den jemand einen Rechtsexperten um eine Fatwa, eine Rechtsmeinung, bittet. Beim *istiftaʿ* legt man einem Rechtsgelehrten ein Rechtsproblem vor mit der Absicht, dessen Meinung zu folgen und sich von ihr leiten zu lassen. Derjenige, der um eine Fatwa bittet, wird als *mustafti* bezeichnet; derjenige, der die Fatwa erteilt, als *mufti*.

Die Formulierung von Recht ist tatsächlich eine Partnerschaft. Obwohl nur der *mujtahid* das Recht auf der Basis der grundlegenden Texte formulieren kann, kann er es doch nicht ganz alleine Recht formulieren, das den Bedürfnissen der Gesellschaft entspricht. Dafür müssen ihm Fragen vorliegen, mit denen er arbeiten kann, wirkliche Rechtsprobleme; und wenn es solche Fragen geben muss, muss es auch Personen geben, die sie stellen. Wenn auch ein *mujtahid* Fragen hypothetischer Art bearbeiten mag, die er oder ein anderer *mujtahid* formuliert haben, ist das nicht die Art und Weise, in der sich das Recht normalerweise entwickelt. *Ijtihad*, die Tätigkeit des *mujtahid*, ist kein nur selbstbezüglicher Prozess. Er ist vielmehr ein Komplement zum Prozess, in dem Fragen gestellt werden. Als *mufti*, als jemand, der Rechtsmeinungen formuliert, formuliert der *mujtahid* ein Recht, das für wirkliche menschliche Leben relevant ist. *Ijtihad* ist also grundsätzlich altruistisch; es ist eine Interpretation für andere, für die gesamte Gesellschaft.

Damit aber der *idschtihad* für andere als soziale Kraft wirken kann, ist es notwendig, dass „normale Leute" feststellen können, wer ein *mujtahid* ist, und dass *mujtahids* identifizierbar sein müssen. Die muslimischen Rechtsmethodiker diskutieren lang und breit, welche Qualifikationen ein *mujtahid* haben muss, um als *mujtahid* zu gelten, aber all diese Qualifikationen beziehen sich auf die Fähigkeiten und das Wissen, das man benötigt, um *ijtihad* zu üben; ob nun ein Gelehrter die Fähigkeiten und das Wissen besitzt, dies zu tun, kann manchmal für Laien schwer zu beurteilen sein. Die Diskussionen über die Qualifikationen für den *ijtihad* zeigen einen völligen Mangel an formalen Kriterien. Nirgends finden wir erwähnt, dass es einen formellen, öffentlichen Akt der Beglaubigung eines *mujtahid* gebe. Es gab zwar in der älteren muslimischen Gelehrtenkultur eine etwas formalisierte Methode, durch die man bestätigt bekam, dass man das Studium bestimmter Werke unter einem bestimmten angesehenen Gelehrten absolviert hatte, die sogenannte *ijaza*. Aber eine *ijaza* innezuhaben, machte einen nicht zum *mujtahid*.

Angesichts dieses Mangels an formalisierten Prozeduren der Beglaubigung konnte der Nicht-*mujtahid*, der einen *mujtahid* suchte, der ihm eine Lösung für ein bestimmtes Problem liefern konnte, sich nur auf sein eigenes, wohlerwogenes Urteil stützen. Seine Anstrengung war in dieser Hinsicht ähnlich der des *mujtahid*, wenn dieser versuchte, zu einem angemessenen Urteil darüber zu gelangen, was das Recht ausmachte; der Nicht-*mujtahid* hat zu einem angemessenen Urteil darüber zu gelangen, wer wirklich dafür qualifiziert war, das Recht für ihn zu interpretieren. Bei diesem Unternehmen musste er sich auf die äußere Erscheinung verlassen. Für ihn konnten vielleicht solche Dinge wie ein Lehramt an einer Lehrinstitution oder ein hohes Richteramt wichtige Hinweise sein. Wichtig könnte auch sein, welchen Respekt ihm diejenigen, bei denen er studiert hatte, oder ihm gleichrangige Personen zollten. Es könnte auch seine gelehrte Wissensproduktion, sein allgemeines Ansehen in der Gemeinschaft oder der Umfang seiner Gefolgschaft sein. All diese Faktoren mussten sorgsam abgewogen werden und ein Urteil gefällt werden. Keinerlei institutionalisierte Prozeduren konnten ihm diese Bürde abnehmen.

Bemerkenswert ist, dass die Mehrheit der muslimischen Rechtsgelehrten dem Nicht-*mujtahid* in beiden Fällen die Freiheit der Wahl zugestanden – allerdings nicht ohne einen Vorbehalt. Ein Nicht-*mujtahid* konnte sich an einen *mujtahid* und dann an einen anderen wenden, wenn er sich nicht an einen *mujtahid* gebunden hatte durch die formelle Erklärung: „Ich gehöre zur Schule von ..." Diese Erklärung war praktisch die willentliche Aufgabe der Freiheit zugunsten der Loyalität zu einer bestimmten Rechtsschule. Dieser Fall – die Bezugnahme auf die Meinung eines besonderen *mujtahid* und die Erklärung der Anhängerschaft zu seiner Schule – bildet eine weitere theoretische Rechtfertigung für die Existenz der großen Rechtsschulen. So hat also jede Schule ihre *mujtahids* und deren Gefolge aus Nicht-*mujtahids*. Anhänger (*mustafti*, *muqallid*) einer bestimmten Schule sein – also z. B. Hanafit, Malikit, Schafi'it oder Hanbalit – hieß, den Lösungen für Probleme zu folgen, die von den Gelehrten und *mujtahids* der betreffenden Schule erarbeitet worden waren.

Die Begriffe, mit denen Anhänger bzw. Gefolgsleute bezeichnet werden, insbesondere *mustafti* und *muqallid*, wie sie von den muslimischen

Rechtsmethodikern benutzt werden, beziehen sich nicht auf Personen minderen Wissens, etwa die „breite Masse". Die großen *mujtahids*, z. B. die Namensgeber der vier sunnitischen Hauptrechtsschulen und ihre herausragenden Schüler, formulierten Meinungen, nach denen Generationen ihr Leben ausrichteten. All die, die der Rechtslehre eines der großen Meister folgten, wie lange nach diesen sie auch lebten, werden als *mustaftis* und *muqallids* bezeichnet, so der vorherrschende Sprachgebrauch in der muslimischen Rechtsdiskussion. Andererseits wurde natürlich angenommen, dass im Normalfalle die Meinungen der *mujtahids* aufgrund von Anfragen entstanden, die ihnen von ihren Schülern oder anderen Ratsuchenden vorgelegt wurden. Wenn einige Fragen sich auf hypothetische Fälle bezogen haben mögen, waren sie doch Fragen. Das Recht, so dachte man sich, wurde durch den Austausch von Fragenden und Antwortenden geformt. Sobald aber eine Antwort ergangen war, galt sie definitiv auch für andere Personen als die ursprünglichen Fragesteller.

Wir sprechen von Fällen, in denen die Beziehung besteht zwischen einem *mujtahid* als Erteiler einer Meinung, also als Mufti, und einem Nicht-*mujtahid* als Anhänger dieses *mujtahid*. Sind der Anhänger und der *mujtahid* gleichrangig – also beide *mujtahids* oder beide Nicht-*mujtahids* –, ist diese Beziehung ohne rechtfertigenden Grund. Situationen, in denen der Gefolgsmann ein *mujtahid* und der Mufti ein Nicht-*mujtahid* ist, werden nicht einmal diskutiert.

Der Fall, dass ein *mujtahid* eine Rechtsmeinung äußert und ein anderer *mujtahid* um diese Meinung nachsucht, hat das spezielle Interesse der Gelehrten gefunden. Besonders irritierend an dieser Art Beziehung war, dass eine der beteiligten Parteien ihre Pflicht vernachlässigt, insbesondere der *mujtahid*, der sich auf die Meinung eines anderen verlässt. Ein *mujtahid* sollte immer seine eigenen Meinungen erarbeiten. Wenn jemand sich zum *mujtahid* erklärt, muss er auch die Konsequenzen akzeptieren. Zu behaupten, ein *mujtahid* zu sein, bedeutet auch, die Verantwortung zu übernehmen, seine eigenen Lösungen auszuarbeiten und diese nicht auf andere abzuschieben. *Ijtihad* ist harte Arbeit, aber jemand, der beansprucht *mujtahid* zu sein, kann diese Arbeit nicht einer anderen Person überlassen. Selbst wenn diese harte Arbeit von anderen *mujtahids* schon getan ist und Meinungen schon formuliert worden sind, muss diese harte Arbeit wiederum vollführt werden und eine neue Meinung unter Aufwendung der äußersten Anstrengung gefunden werden. *Ijtihad* bringt immer im besten Falle Formulierungen der wahrscheinlichen Intention des göttlichen Gesetzgebers hervor; er kann niemals völlige Gewissheit erlangen. Ein *mujtahid* muss diesen Sinn für das Wahrscheinliche durch eigene Erfahrung erwerben, erst dann ist es wirklich *sein* Sinn für die Wahrscheinlichkeit. Akzeptiert er die Meinung eines anderen *mujtahid*, hat er keine Basis, auf der aufbauend er die wahrscheinliche Korrektheit dieser Meinung beurteilen kann.

Ein *faqih*, der die entsprechenden Kenntnisse hatte und kein *mujtahid* war, konnte gewiss den nicht gelehrten Gläubigen Auskunft in Rechtsfragen erteilen. Warum sollte er dann nicht, wenn man diese Fähigkeit berücksichtigt, als Mufti bezeichnet werden? Diese Sicht war es denn auch, die schließlich die Oberhand gewann. Wenn auch die großen Muftis der Vergangenheit, also die Begründer der Rechtsschulen, absolute *mujtahids* waren, mussten die Muftis der jeweiligen Gegenwart es nicht sein. Sie konnten einen kreativen, mit *ijtihad* verbundenen *taqlid* pflegen.

Die Unterscheidung zwischen einem Mufti, der ein *mujtahid* war, und dem Mufti, der dies nicht war, hatte also nichts damit zu tun, wohin man schaute, um einen Präzedenzfall zu finden, auf den man seine Fatwa zu dem anhängigen Rechtsfall stützen konnte. Der Mufti, der ein *mujtahid* war, schaute direkt in die grundlegenden Texte. War er ein *mujtahid* innerhalb einer Rechtsschule, benutzte er die methodischen Prinzipien der Rechtsschule, um mit diesen Texten zu arbeiten. Er beschäftigte sich also tatsächlich mit den grundlegenden Texten. Der Mufti, der ein Nicht-*mujtahid* war, übte *istifta'*: er schaute für einen Präzedenzfall in die Rechtsliteratur der Schule, deren Handbücher, Einzelabhandlungen, Fatwas. Er arbeitete nicht mit den grundlegenden Texten. Er beschäftigte sich – wie es auch andere Gelehrte taten – mit dem Formulieren von Fatwas auf der Grundlage von anderen Fatwas. Auf diesem Wege akkumulierte sich das Recht des *fiqh* der jeweiligen Rechtsschule im Laufe der Zeit in höchst eigenständiger Weise.

Mit der *fiqh*-Literatur einer Rechtsschule zu arbeiten konnte aber genauso gut eine interpretative Anstrengung erfordern wie die Arbeit mit den grundlegenden Texten. Die neuere Forschung zeigt uns, dass der *istifta'* bzw. der *taqlid*, also der Prozess der Nachahmung, der bedeutet, dass ein Gelehrter den bereits bestehenden Rechtsmeinungen folgt, was häufig als sterile, gedankenlose Nachahmung verleumdet wird, tatsächlich gegenüber der Epoche des *ijtihad* eine methodisch weiterentwickelte Stufe des Rechts darstellte mit äußerst komplexen Methoden, die ein weit größeres Spektrum an interpretativen Anstrengungen als ein bloßes Nachahmen verlangte. *Taqlid* war erforderlich, um die Konsistenz und Kontinuität des Rechts von Generation zu Generation zu gewährleisten. Ein Recht, das nur von *mujtahids* entwickelt würde, wäre mit quasi unendlicher Diversität und Veränderbarkeit geschlagen.

Bei einem Rechtsmethodiker finden wir eine Unterscheidung zwischen zwei Typen von Präzedenzfällen, also früheren Fatwas: die bloße Übertragung einer Fatwa auf einen vorliegenden Fall und die Ableitung (*takhrij*) einer Fatwa aus früheren Fatwas unter Berücksichtigung der grundlegenden Prinzipien der jeweiligen Rechtsschule. Der erste Typus ist natürlich nur realisierbar, wenn der aktuelle Fall mit dem identisch ist, der in einer früheren Fatwa behandelt wird. Die Rolle des Nicht-*mujtahids* als Mufti ist bei diesem Typus die eines bloßen Übermittlers (*naql*). Wie ein Hadithgelehrter übermittelt er eine bereits formulierte Fatwa, die auf den aktuellen Fall anwendbar ist, an die Person, die sich an ihn wendet, ohne sie durch irgendeine Interpretation zu verändern. Findet er in der Literatur der Rechtsschule einander widersprechende Fatwas, die auf den aktuellen Fall anwendbar wären, muss er mehr tun, als sie nur zu übermitteln; er muss entscheiden, welche Fatwa auszuwählen ist. Wenn er sich entscheidet, die Fatwa auszuwählen, die in der jeweiligen Rechtsschule die weithin anerkannte (*mashhur*) ist, hat er seine Aufgabe relativ schnell und unproblematisch erledigt. Macht er dies nicht, muss er in der Lage sein, die sich widersprechenden Fatwas gegeneinander abzuwägen, eine Tätigkeit, die ihn in eine Position versetzt, in der ähnlich wie beim *idschtihad* vorgehen muss.

Eigentlich ist die Wahrscheinlichkeit, dass ein Nicht-*mujtahid*, der als Mufti fungiert, einen Präzedenzfall findet, der zu dem Fall, der ihm gerade vorliegt, passt, nicht sehr hoch. Meistens wird er die Methode der Ableitung anwenden müssen und nicht die der Übermittlung. An diesem Punkte wird seine Tätigkeit sehr der eines *mujtahids* ähneln, nur die Texte, auf die er sich stützt, sind andere. Während der *mujtahid* mit den grundlegenden Texten arbeitet, wird der Nicht-*mujtahid* mit den Texten der jeweiligen Rechtsschule arbeiten. Die Arbeit mit den Texten der jeweiligen Rechtsschule erfordert dieselben methodischen Überlegungen wie die Arbeit mit den grundlegenden Texten, eigentlich sind sie sogar ausgefeilter. Er muss sich mit der Authentizität des Textes, mit dem er arbeitet, beschäftigen. Manchmal wird er sich widersprechende Äußerung ein und desselben *mujtahids* finden; dann muss er die Chronologie der Äußerungen feststellen, um sicher sein zu können, dass er mit der jeweils letzten Äußerung arbeitet (ein *mujtahid* kann durchaus seine Meinung ändern); oder er muss die Methoden der Hadithkritik anwenden, um die Äußerungen auszuscheiden, die von zweifelhafter Authentizität sind. Er muss sich mit Ambiguitäten u. Ä. beschäftigen und – soweit es ihm möglich ist – Unsicherheit dadurch auflösen, dass er sich auf Hinweise aus dem Kontext stützt. Dabei schließt er meistens damit, dass er sich für das entscheidet, was die wahrscheinliche Absicht des *mujtahids* ist. Er wird sich möglicherweise auch einer analogistischen Argumentation bedienen, um seinen Text auf den aktuellen Fall anwenden zu können.

Der Nicht-*mujtahid*, der es unternimmt, Fatwas zu formulieren, muss also eine genauso gründliche Ausbildung in der Textkritik und der Hermeneutik haben wie der *mujtahid*. Er muss sich in der Literatur der *usul al-fiqh* auskennen, in der diese Prinzipien erläutert werden. Seine Hermeneutik unterscheidet sich natürlich darin von der eines *mujtahids*, dass er sich auf die Absicht richtet, die hinter einem Text aus der Rechtsschule steht, und nicht auf die eines grundlegenden Textes. Dieser Unterschied entwertet aber nicht seine interpretativen Anstrengungen. Der Nicht-*mujtahid* fühlt sich genauso der ursprünglichen, der göttlichen Intention verpflichtet wie der *mujtahid*, hat aber nur Zugang durch das Medium des höherrangigen *mujtahids*, eines Meisters der jeweiligen Rechtsschule. Die Absicht des Meisters ist somit sein einziger Zugang zur göttlichen Intention.

Fatwas, Furu' und Usul

Das Erteilen von Fatwas und die Bedingungen, die damit verknüpft sind, nehmen in vielen rechtsmethodischen Werken einen größeren Raum ein. Aus Raumgründen können wir hier dieses Thema nicht breit behandeln. Ein Punkt sei aber besonders markiert. Wir haben bis jetzt mehr oder weniger behauptet, dass eine innige Beziehung zwischen den beiden großen Bereichen des *fiqh*, den *furu'* und den *usul* bestanden hat. Wael B. Hallaq (1994a und 1994b) hat überzeugend demonstriert, dass Fatwas bereits seit der medinensischen Periode der Existenz der frühen islamischen Gemeinschaft eine wichtige – wenn nicht die wichtigste – Rolle in der Entwicklung des angewandten islamischen Rechts gespielt haben. Die These, dass das islamische Recht schon bald den Kontakt zu den sozialen Realitäten verloren habe, ist zu verwerfen. Die damit verknüpften Defizitdiagnosen, von denen wir eingangs sprachen, sind dem gleichen Urteil zu überantworten.

Was besagt dies aber für unser Thema, die *usul al-fiqh*? Wir haben bereits über die Verbindung zwischen den Funktionen eines *mujtahid* und eines Muftis gehört. Wir haben gerade gehört, dass die Fatwatätigkeit mit allen damit verbundenen Bedingungen in *usul*-Werken umfangreich behandelt wird. Allein diese beiden Aussagen, die sich leicht mit vielerlei Beobachtungen in den Falten dieses Buches verbinden lassen, zeigen, dass die *usul*-Gelehrten ihre Tätigkeit nicht als rein geistige Gymnastik verstanden haben können. Es mutet skurril an, wenn nicht muslimische Gelehrte meinen, ein solches Urteil fällen zu müssen. Allein um der Wahrung der okzidentalen Superiorität willen?

Dieses Urteil ist noch weniger zu rechtfertigen, wenn wir bedenken, wie wenig wir über die Verkettungen der verschiedenen Textgattungen wissen. Auch über vermittelnde Texte, die weitere Verbindungen zwischen Rechtspraxis und den *furu'* und *usul* wissen wir noch wenig. Messick (1993: 5) erwähnt so für die Zayditen relevante Meinungen der zayditischen Imame, lokale Dokumente und lokale Geschichtswerke. Für andere Regionen der muslimischen Welt dürfen wir ähnliche intermediäre Verknüpfungen annehmen.

Damit beenden wir unseren Durchgang durch den Prozess der Rechtsergründung. Dieser Durchgang hat sich in erster Linie mit methodischen Überlegungen beschäftigt. Das „angewandte Recht" der *furu'* ist, wir sagten es bereits, ein anderes Gebiet.

Abschließende Gedanken

Nehmen wir noch einmal den Begriff der Falte, des Faltens auf! Die Gedanken auf den Seiten dieses Buches haben nicht den Anspruch, die Wahrheit über die Methodik des islamischen Rechts zu sprechen. Es werden nur neue Falten geschlagen. Auch wenn wir uns jenseits des Leibniz'schen Barock bewegen, kann für diese Gedanken die Aussage von Gilles Deleuze gelten: „Wir entdecken neue Weisen zu falten und neue Hüllen, wir bleiben aber Leibnizianer, weil es immerzu darum geht zu falten, zu entfalten, wieder zu falten" (Deleuze 2000: 226).

Diese Studie möchte in diesem Sinne andere Dinge zum Vorschein bringen, als es üblicherweise geschieht, wenn vom islamischen Recht die Rede ist, und damit ein Bewusstsein für die Porosität von Konzepten schaffen. Und vielleicht zum Weiterdenken anregen. Wir können, wenn wir uns mit diesen Formen menschlichen Wissens beschäftigen, nicht nur Kenntnisse darüber gewinnen. Sicherlich wäre eine Erweiterung unserer Kenntnisse ein gutes Ergebnis der hier vorgestellten Gedanken.

Wir können die auf den vorhergehenden Seiten herausgearbeiteten Gedanken des Denkens in Wahrscheinlichkeiten als eines der wichtigen Früchte sehen, die nicht nur für Muslime und Musliminnen, sondern auch für Nichtmusliminnen und Nichtmuslime wohlschmeckend sein können. Wir können auch die Möglichkeit, plural zu denken, als eine dieser Früchte sehen. Thomas Bauer (2011) hat ähnliche Gedanken hinsichtlich der Ambiguitätstoleranz des älteren arabisch-islamischen Denkens formuliert. Manche Gedanken scheinen in der Luft zu liegen, wenn man sich unbefangen und mit gewissen Kenntnissen dem älteren muslimisch-arabischen Denken nähert.

Wir wollen aber hier Paul Feyerabend das letzte Wort geben, der über den Physiker Wolfgang Pauli und seinen Blick auf die Vergangenheit schrieb: „Er wollte einige ihrer Aspekte wieder zum Leben erwekken. Aber durch die Verbindung dieser Wiederbelebung mit neuen Entdeckungen und durch das Im-Fluss-Halten der Dinge hätte er zum Aufkommen einer begrenzten, aber menschlichen Kultur oder Weltsicht beitragen können" (Feyerabend 2005: 190).

Das Beschäftigen mit alten Büchern wirbelt also nicht nur Staub auf, der vielleicht die Sicht vernebelt, es schärft zuweilen den Blick auf die Gegenwart – wenn der Staub sich wieder gelegt hat. Aus dem Staub der Vergangenheit erheben sich Entwicklungen, Falten der Gegenwart in erkennbarer Form, die sonst wohl im unhistorischen Dämmerlicht verborgen geblieben wären. In diesem Sinne tragen diese Seiten hoffentlich zum „Im-Fluss-Halten der Dinge" bei.

Die homogenisierte, vielerlei Systemzwängen unterworfene Art des Denkens moderner Art führt zu vielerlei Blöcken, die keine Verkettungen mehr ermöglichen, zu Pfahlwurzel-Strukturen, denen Rhizome auf lange Sicht überlegen sein können, ohne dass wir moralisierend behaupten wollen, sie seien *besser*. Rhizome und daraus gebildete Mannigfaltigkeiten können durchaus unangenehm erfolgreich sein, sodass Rhizomsperren sehr sinnvoll sind.

Warum aber Rhizome? Eines der Hauptprobleme, dem die Beschäftigung mit islamischen Dingen in nicht theologischer Perspektive begegnet, ist die Frage, ob und wie man es vermeiden kann, theologische Aussagen zu machen. Das sind Aussagen wie „im Islam ist es soundso", „der Islam sagt" usw. Solche Aussagen sind normativ und gehören in das Gebiet der islamischen religiösen Wissenschaften. Außerdem produzieren solch normative Formulierungen einen gedanklichen Stillstand, der die Dynamik menschlichen Denkens und Handelns in eine Stasis versetzt.

Um diesen Problemen zu entgehen, haben wir eine Sprache gewählt, die sich an von Félix Guattari und Gilles Deleuze entwickelt Konzepte anlehnt. Warum? Es geht um die Vermeidung von transzendenten Bezügen, unter denen wir hier ketzerisch auch z. B. eine juridische Rationalität europäischen Zuschnitts verstehen. Deshalb verbleiben wir auf einer immanenten Beschreibungsebene der *usul al-fiqh*, auf der es uns möglich ist, dynamische Bewegungen zu beschreiben, Entfaltungen in einer anderen Terminologie. Die Immanenzebene ist allerdings nicht als statisch misszuverstehen. Sie wirkt eher wie ein Sieb, zieht konsistente Elemente aus den Variabilitäten des Unendlichen heraus, ohne das Unendliche aufzugeben. „Sie ist es, deren variable *Krümmungen* die unendlichen Bewegungen bewahren, die im fortwährenden Austausch zu sich selbst zurückkehren, aber zugleich unablässig andere freisetzen, die sich bewahren" (Deleuze/Guattari 2000: 51).

Wir setzen mit unseren Überlegungen auch Bewegungen frei, die es ermöglichen, Verkettungen zu Diskussionen und Praktiken der Säkularität und der Pluralität zu bilden und neue Mannigfaltigkeiten zu bilden. Diese Offenheit der Struktur unserer Diskurse wie auch der Diskurse, über die wir schreiben, erfordert andere Konzepte als sie die gängigen hierarchischen nahelegen. Und hier kommt das Rhizom zum Vorschein, sei es unterirdisch oder als Luftwurzel.

Das Rhizom besteht aus Linien, die zwischen Punkten und Positionen[1] verlaufen, an diesen sich immer wieder verzweigen und verbinden. „Es hat seine eigene Außenseite, mit der es ein anderes Rhizom bildet, weshalb ein rhizomatisches Ganzes weder Außen noch Innen hat. Das Rhizom ist kein Abdruck, sondern eine offene Karte, die in all ihren Dimensionen mit etwas anderem verbunden werden kann. Es kann abgebaut, umgedreht und beständig verändert werden, niemand kann von ihm eine globale Beschreibung liefern, denn das Rhizom ist multidimensional, kompliziert und seine Struktur ändert sich in der Zeit. Darüber hinaus gibt es in einer Struktur, in der jeder Knoten mit jedem anderen Knoten verbunden werden kann, auch die Möglichkeit widersprüchlicher Schlüsse (Paradoxa)" (Chlada 2011: 10).

Auch der Begriff der Falte ermöglicht es uns, die beiden Seiten von Falten zugleich zu denken und eine unendliche Zahl von Falten zu denken, die sich immer wieder zusammenfalten und entfalten.

Zu leisten ist auf dem engeren Gebiet der Rechtsforschung im Bereich des islamischen Rechts sicherlich noch viel. Eine Untersuchung der Entwicklung der verschiedenen rechtsmethodischen Ansätze – wenn nicht gar Theorien – in ihrer historischen Situierung und Entwicklung wäre sehr wünschenswert. Nur so können wir die Rhizome, die wir besprochen haben, im Detail verstehen.

---

1 Diese Punkte und Positionen existierten allerdings ohne die Linien nicht.

Literatur

Der vorliegende Band basiert auf vielen Jahren intensiver Lektüre vieler Seiten der islamischen schariatischen Schriften und vielen Diskussionen. Im folgenden Literaturverzeichnis wurden nur die direkt verwendeten und zitierten Werke aufgenommen. Die Transkription ist eine vereinfachte Fassung der im englischen Sprachraum üblichen.

'Abd al-Jabbar b. Ahmad (1960–1966), al-Qadi Abu al-Hassan, *al-Mughni fi abwab al-tawhid wa'l-'adl, al-Imama*, Bd. 20, Ed. 'A. Mahmud/S. Dunya, Kairo

Abu al-Fath al-Hanafi (1279h), Muhammad, *Ithaf al-absar wa'l-basa'ir bi-tabwib al-Ashbah wa'l-naza'ir*, Alexandria

Abu 'Imran 'Ubayd al-Fasi b. Muhammad al-Sanhaji (2010²), *al-Naza'ir fi 'lfiqh al-maliki*. Ed. J. 'A. al-Juhani, Beirut

Abu Ishaq al-Ghirnati (1988), al-Qadi, *al-Watha'iq al-mukhtasara*, Rabat

Afsaruddin (2010), Asma, „Where Earth and Heaven meet: Remembering Muḥammad as Head of State", in: J. E. Brockopp (Hg.), *The Cambridge Companion to Muḥammad*, Cambridge u. a., S. 180–198

Afsaruddin (2007), Asma, *The First Muslims: History and Memory*, Oxford

Ahdal al-Yamani al-Shafi'i (o. J.), al-Sayyid Abu Bakr al-, *Nazm al-Qawa'id al-fiqhiyya*, Ed. 'Adiyy b. Muhammad al-Ghubari, o. O.

Ahmad (2010), Abu Umar Faruq, u. a., „Shari'ah Maxims and their Implication on Modern Financial Transactions", in: *Journal of Islamic Economics, Banking and Finance* 6, S. 75–104

Ahmad (1970), Aziz, „The Role of Ulema in Indo-Muslim History", in: *Studia Islamica* 31, S. 1–13

Akkach (2007), Samer, *Abd al-Ghani al-Nabulusi: Islam and the Enlightenment*, London

Al-Azmeh (1997), Aziz, *Muslim Kingship. Power and the Sacred in Muslim, Christian and Pagan Polities*, London

Alvi (1989), Sajida S., „Religion and State during the Reign of Mughal Emperor Jahāngīr (1605–1627): Nonjuristical Perspectives", in: *Studia Islamica* 69, S. 95–119

Amidi (1404h), Abu al-Hasan 'Ali b. Muhammad al-, *al-Ihkam fi usul al-ahkam*, Bd. 1, Beirut

Ammann (2001), Ludwig, *Die Geburt des Islam. Historische Innovation durch Offenbarung*, Göttingen

Auda (2008), Jasser, *Maqasid Al-Shariah as Philosophy of Islamic Law: A Systems Approach*, London/Washington, DC

Baji (1995²), Abu al-Walid, *Ihkam al-fusul fi ahkam al-usul*, Bd. 1, Ed. 'A. Turki, Beirut

Bajuri (2007), Ibrahim b. Muhammad b. Ahmad al-, *Hashiyyat al-Bajuri al-musammat Tahqiq al-maqam 'ala Kifayat al-'awamm fi 'ilm al-kalam*, Ed. A. F. al-Mazidi, Beirut

Basuj (1994), Ahmad Hasan, *Lisan ad-din al-Chatib: 'asruhu, beituhu, hayatuhu wa-atharuhu*, Beirut

Bauer (2011), Thomas, *Die Kultur der Ambiguität. Eine andere Geschichte des Islams*. Berlin

Bauer (2011a), Wolfgang J., *Aishas Grundlagen der Islamrechtsergündung und Textinterpretation*, Diss., Wien

Bennington, Georges/Derrida, Jacques (1994), *Jacques Derrida. Ein Porträt*, Frankfurt a. M.

Berger (2010), Lutz, *Islamische Theologie*, Wien

Bernand (1985), Marie, „Hanafī Usūl al-Fiqh through a Manuscript of al-Ǧaṣṣāṣ", in: *Journal of the American Oriental Society* 105, S. 623–635

Brockopp (2011), Jonathan, „Contradictory Evidence and the Exemplary Scholar: the Lives of Sahnun b. Sa'id (d. 854)", in: *International Journal of Middle East Studies* 43, S. 115–132

Brown (2011), Jonathan A. C., „Even if it's not true it's true: Using unreliable Hadīth's in Sunni Islam", in: *Islamic Law and Society* 18, S. 1–52

Brown (2010), Jonathan A. C., *Hadith: Muhammad's Legacy in the Medieval and Modern World*, Oxford (Reprint der Ausgabe Oxford 2009)

Brown (2009), Jonathan A. C., „Did the Prophet say it or not? The literal, historical, and effective Truth of Hadīths in early Sunnism", in: *Journal of the American Oriental Society* 129, S. 259–285

Bruckstein Çoruh (2009), Almut Sh., „TASWIR – Ein Bildatlas zu Moderne und Islam. Zur Genese einer Ausstellungsidee", in:

dies./H. Budde (Hg.), *TASWIR. Islamische Bildwelten und Moderne*, Berlin, S. 10–14

Buck-Morss (2011), Susan, *Hegel und Haiti*, Berlin

Calder (1996), Norman, „Al-Nawawī's Typology of *Muftīs* and its Significance for a General Theory of Islamic Law", in: *Islamic Law and Society* 3, S. 137–164

Calder (1995), Norman, „Exploring God's Law: Muḥammad ibn Aḥmad ibn Sahl as-Sarakhsī on zakāt", in: C. Toll/J. Skovgaard-Petersen (Hg.), *Law and the Islamic World. Past and Present*, Kopenhagen, S. 57–73

Chehata (1968), Chafik, „Le contrat en droit musulman", in: *Zeitschrift für vergleichende Rechtswissenschaft* 70, S. 81–96

Chlada (2011), Marvin, „Denken mit dem rosaroten Panther: Deleuze und die Philosophie", in: ders. (Hg.), *Das Universum des Gilles Deleuze. Eine Einführung*, Aschaffenburg, S. 9–45

Cilardo (1994), Agostino, *Diritto ereditario islamico delle scuole giuridiche sunnite (Ḥanafita, Mālikita, Šāfiʿita e Ḥanbalita) e delle Scuole Giuridiche Zaydita, Ẓāhirita, e Ibāḍīta. Casistica*, Rom/Neapel

Cilardo (1993), Agostino, *Diritto ereditario islamico delle scuole giuridiche Ismailita e Imamita. Casistica*, Rom/Neapel

Dawkins (1989^2), Richard, *The Selfish Gene*, Oxford u. a.

Deleuze (2000), Gilles, *Die Falte. Leibniz und der Barock*, Frankfurt a. M.

Deleuze, Gilles/Guattari, Félix (2000), *Was ist Philosophie?*, Frankfurt a. M.

Deleuze, Gilles/Guattari, Félix (1992), *Tausend Plateaus. Kapitalismus und Schizophrenie*, Berlin

Deleuze, Gilles/Guattari, Félix (1976), *Kafka. Für eine kleine Literatur*, Frankfurt a. M.

Dutton (1996), Yasin, „ʿAmal v Ḥadīth in Islamic Law the Case of Sadl al-Yadayn (Holding One's Hands by One's Sides) When Doing the Prayer", in: *Islamic Law and Society* 3, S. 13–40

Eco (1999), Umberto, *Die Grenzen der Interpretation*, München

Eickelman (1978), Dale F., „The Art of Memory: Islamic Education and its Social Reproduction", in: *Comparative in Society and History* 20, S. 485–516

El-Rouayheb (2010), Khaled, *Relational Syllogisms and the History of Arabic Logic, 900–1900*, Leiden u. a.

El Shamsy (2008), Ahmed, „Rethinking *Taqlīd* in the Early Shafiʿī School", in: *Journal of the American Oriental Society* 128, S. 1–23

Endress (1987), Gerhard, „Wissenschaftliche Literatur", in: H. Gätje (Hg.), *Grundriß der arabischen Philologie. Band II: Literaturwissenschaft*, Wiesbaden, S. 400–506

Fadel (2002), Mohammad, „'*Istiḥsān* is Nine-Tenth of the Law. The Puzzling Relationship of *uṣūl* to *furūʿ* in the Mālikī *Madhhab*", in: B. G. Weiss (Hg.), *Studies in Islamic Legal Theory*, Leiden u. a., S. 161–176

Feyerabend (2005), Paul K., *Die Vernichtung der Vielfalt. Ein Bericht*, Wien

Fierro (1994), Maribel, „The *qāḍī* as a ruler", in: M. García-Arenal/M. Marín (Hg.), *Saber religioso y poder político en el Islam, Actas del Simposio Internacional (Granada, 15–18 octubre 1991)*, Madrid, S. 71–116

Foucault (1983), Michel, *Sexualität und Wahrheit: Der Wille zum Wissen*, Frankfurt a. M.

Gerber (1999), Haim, *Islamic Law and Culture 1600–1840*, Leiden u. a.

Ghazali (1995), Abu Hamid Muhammad b. Muhammad al-, *al-Mustasfa min ʿilm al-uṣul*, Bd. 1, Ed. M. Y. Najm, Beirut

Ghazali (o. J.), Abu Hamid Muhammad b. Muhammad al-, *al-Mankhul min taʿliqat al-usul*, Ed. M. H. Hitu, o. O.

Gilroy (1993), Paul, *The Black Atlantic. Modernity and Double Consciousness*, Cambridge, Ma.

Gleave (2007), Robert, *Scripturalist Islam. The History and Doctrines of the Akhbārī Shīʿī School*, Leiden u. a.

Gleave (2001), Robert, „Between Ḥadīth and Fiqh: the ‚Canonical' Imāmī Collections of *Akhbār*, in: *Islamic Law and Society* 8, S. 350–382

Gleave (2000), Robert, *Inevitable Doubt. Two Theories of Shīʿī Jurisprudence*, Leiden

Goitein (1967), S. D., *A Mediterranean Society*, Bd. 1: *Economic Foundations*, Berkeley, Cal. u. a.

Goldziher (1887), Ignaz, „Das Prinzip des istishāb in der muhammedanischen Gesetzeswissenschaft", in: *Wiener Zeitschrift für die Kunde des Morgenlandes* 1, S. 228–236

Gottheil (1911), Richard, „A Fetwa on the Appointment of Dhimmis to Office", in: C. Bezold (Hg.), *Festschrift Ignaz Goldziher von Freunden und Verehrern gewidmet*, Straßburg, S. 203–214

Gräf (1973), Erwin, „Brauch/'Urf und Sitte/'adad in der islamischen Jurisprudenz", in: K. Tauchmann (Hg.), *Festschrift zum 65. Geburtstag von Helmut Petri*, Köln/Wien, S. 122–144

Graham (1977), William A., *Divine Word and Prophetic Word in Early Islam*, Den Haag

Haarmann (1971), Ulrich, „Religiöses Recht und Grammatik im klassischen Islam", in: *ZDMG Supplement II, XVIII. Deutscher Orientalistentag vom 1. bis 5. Oktober 1972 in Lübeck*, Wiesbaden, S. 149–169

Hallaq (2009), Wael B., *An Introduction to Islamic Law*, Cambridge u. a.

Hallaq (2004), Wael B., *Authority, Continuity, and Change in Islamic Law*, Cambridge u. a.

Hallaq (1997), Wael B., *A History of Islamic Legal Theories. An Introduction to Sunnī uṣūl al-fiqh*, Cambridge u. a.

Hallaq (1995), Wael B., „Model *Shurūṭ* Works and the Dialectic of Doctrine and Practice", in: *Islamic Law and Society* 2, S. 109–134

Hallaq (1994a), Wael B., „From Fatwas to Furu': Growth and Change in Islamic Substantive Law", in: *Islamic Law and Society* 1, S. 17–56

Hallaq (1994b), Wael B., „Murder in Cordoba: Ijtihād, Iftā' and the Evolution of Substantive Law in Medieval Islam", in: *Acta Orientalia* 55, S. 55–83

Hallaq (1993), Wael B., „Was al-Shafi'i the Master Architect of Islamic Jurisprudence", in: *International Journal of Middle East Studies* 4, S. 587–605

Hallaq (1992), Wael B., „*Uṣūl al-fiqh*: Beyond Tradition", in: *Journal of Islamic Studies* 3, S. 172–202

Hallaq (1989), Wael B., „Non-Analogical Arguments in Sunni Juridical *Qiyās*", in: *Arabica* 36, S. 286–306

Hallaq (1988), Wael B., „Notes on the Term *Qarīna* in Islamic Legal Discourse", in: *Journal of the American Oriental Society* 108, S. 1–15

Hallaq (1984), Wael B., „Was the Gate of Ijtihad Closed?", in: *International Journal of Middle East Studies* 16, S. 3–41

Halm (1988), Heinz, *Die Schia*, Darmstadt

Hamawi (1992), Usama, *Nazariyyat al-istihsan*, Beirut/Damaskus

Hamawi (1985), Ahmad b. Muhammad al-, *Ghamz 'uyun al-basa'ir fi sharh al-Ashabah wa 'l-naza'ir*, Bd. 1, Beirut

Hartmann (2004), Angelika, „Kalifat und Herrschaft im Islam. Erinnerung an Vergangenes und Zukünftiges", in: A. Hartmann (Hg.), *Geschichte und Erinnerung im Islam*, Göttingen, S. 223–242

Hassan (2005), Wan Zulfikli Wan Hassan, „Sadd al-Dharâ'i' Dalam Memelihara Agama dan Kaitannya Dengan Asas Keharmonian Hubungan Etnik", in: *Jurnal Pengajian Umum* 6, S. 95–108

Heinrichs (2002), Wolfhart, „*Qawā'id* as a Genre of Legal Literature", in: B. G. Weiss (Hg.), *Studies in Islamic Legal Theory*, Leiden u. a., S. 365–384

Heinrichs (2000), Wolfhart, „Structuring the Law: Remarks on the *Furūq* Literature", in: I. R. Netton (Hg.), *Studies in Honour of Clifford Edmund Bosworth*, Bd. 1: *Hunter of the East: Arabic and Semitistic Studies*, Leiden u. a., S. 332–344

Hennigan (2004), Peter C., *The Birth of a Legal Institution. The Formation of the Waqf in Third-Century A. H. Ḥanafī Legal Discourse*, Leiden/Boston

Hilal b. Yahya b. Muslim al-Ra'y al-Basri (s. d.), *Ahkam al-waqf* (Handschrift Maktabat al-Azhar Nr. 333642), http://al-mostafa.com (Zugriff: 24. 7. 2011)

Hoenerbach (1963), Wilhelm, *Was verspricht sich das Volk von seinem Herrscher*, in: *Oriens* 16, S. 61–78

Hofheinz (2009), Albrecht, *Der Scheich im Über-Ich oder: Haben Muslime ein Gewissen? Zum Prozess der Verinnerlichung schriftislamischer Normen im Suakin des frühen 19. Jahrhunderts*, http://folk.uio.no/albrech/Hofheinz_Gewissen.pdf (Postpublikationsfassung: 24. 2. 2009, Zugriff: 10. 6. 2011)

Hourani (1983), Albert N., *The Rise of Colleges: Institutions of Learning in Isiam and the West*, Edinburgh

Horii (2002), Satoe, „Reconsideration of Legal Devices (Hiyal) in Islamic Jurisprudence: The Hanafis and their ‚Exits' (Makharij)", in: *Islamic Law and Society* 9, S. 312–357

Horii (2001), Satoe, *Die gesetzlichen Umgehungen im islamischen Recht (ḥiyal)*, Berlin

Hurvitz (2007), Nimrod, *Competing Texts: The Relationship Between al-Mawardi's and Abu Ya'la's al-Ahkam al-sultaniyya*, Cambridge, Ma.

Ibn 'Abd al-Wahhab (o. J.), Muhammad, *Arba'at qawa'id taduru al-ahkam 'alayha wa-yaliha nubdha fi 'Ttiba' al-nusus ma' 'htiram al-'ulama'*, aus dem 3. Band der Werke, Ed. 'A. b. Z. al-Rumi/S. b. M. al-Hasan, o. O., http://ia600401.us.archive.org/10/items/waq50041/03-1_50043.pdf (Zugriff: 8. 8. 2011)

Ibn al-'Arabi al-Ma'afiri (1999), Abu Bakr, *al-Mahsul fi usul al-fiqh*, Ed. H. 'Ali al-Yadari, Beirut

Ibn al-Hajib (1326h), Jamal al-din Abu 'Amr 'Uthman b. 'Umar, *Muntaha al-usul fi 'ilmay al-usul wa 'l-jadal*, Kairo

Ibn al-Khatib (1119h), Muhammad b. ‚Abdallah b. Sa'id, *Raudat al-ta'rif fi l-hubb al-sharif*, Handschrift, King Saud University, 218 ra'.lam, http://www.al-mostafa.com (Zugriff : 9. 7. 2011)

Ibn al-Muqaffa' (1989), 'Abdallah, *Athar al-Muqaffa'*, Beirut

Ibn 'Aqil Muhammad (1999), Abu al-Wafa' 'Ali, *Al-Wāḍiḥ fī uṣūl al-fiqh*, Bd. 2: *Kitāb Jadal al-uṣūl*, Berlin

Ibn Farhun al-Ya´muri (1995a), Burhan al-din Abu al-Wafa' Ibrahim b. 'Ali, *Tabsirat al-hukkam fi usul al-aqdiya wa-manahij al-ahkam*, Ed. Jamal Mar´ashli, 2 Bde., Beirut

Ibn Farhun al-Ya´muri (1995b), Burhan al-din Abu al-Wafa' Ibrahim b. 'Ali, *Kashf al-niqab al-hajib min mustalah Ibn al-Hajib*, Ed. H. Abu Faris/'A. al-Sharif, Beirut

Ibn Hazm (1983), Abu Muhammad 'Ali, *al-Ihkam fi usul al-ahkam*, Bd. 3, Ed. A. M. Shaker, Beirut

Ibn Hazm (1969), Abu Muhammad 'Ali, *Mulakhkhas ibtal al-qiyas wa 'l-istihsan wa 'l-taqlid wa 'l-ta'lil*, zusammengefasst von Muhyi al-din b. al-Dhahabi, Ed. S. al-Afghani, Beirut

Ibn Juzaiyy (1990), Abu al-Qasim Muhammad b. Ahmad, *Taqrib al-wusul ila 'ilm al-usul*, Ed. J. 'A. al-Juhaniyy, http://www.ahlalhadeeth.com (Zugriff: 4. 8. 2011)

Ibn Nujaym (2005), Zayn al-Din b. Ibrahim, *al-Ashbah wa'l-naza'ir*, mit dem Kommentar *Nuzhat al-nawazir 'ala 'l-Ashbah wa'l-naza'ir* von Ibn 'Abidin, Ed. M. M. al-Hafiz, Damaskus

Ibn Qayyim al-Jawziyya (1996), Abu 'Abdallah Muhammad b. a. Bakr b. Ayyub, *I'lam al-muwaqqqi'in 'an rabb al-'alamin*, Bd. 3 und 4, Ed. M. al-M. al-Baghdadi, Beirut

Ibn Qudama (1990), Muwaffaq al-Din al-Maqdisi, *Tahrim al-nazar fi kutub al-kalam*, Ed. 'A. b. M. Sa'id Dimasqiyya, Riyadh

Ibn Rajab (1998), Zayn al-Din 'Abd al-Rahman b. Ahmad, *Taqrir al-qawa'id wa-tahrir al-fawa'id*, 4 Bde., Ed. Abu 'Ubayda M. b. H. Al Salman, Khobar

Ibn Rushd (1994), Abu 'l-Walid Muhammad, *al-Daruri fi usul al-fiqh au mukhtasar al-Mustafa*, Ed. J. al-'Alawi, Beirut

Imber (1994), Colin, „Why You Should Poison Your Husband: A Note on Liability in Ḥanafī Law in the Ottoman Period", in: *Islamic Law and Society* 1ii, S. 206–216

Isfahani (1986), Shams al-Din Abu al-Thana' Mahmud b. 'Abd al-Rahman b. Ahmad al-, *Bayan al-Mukhtasar. Sharh Mukhtasar Ibn al-Hajib*, Bd. 1, Ed. M. Mazharbaqa, Jiddah

Ishak (1986), Madya Othman, „'Urf and Customs as being practised among the Malay Community", in: *Arabica* 33, S. 352–368

'Izz al-Din b. 'Abd al- Salam (1991), Abu Muhammad, *Qawa'id al-ahkam wa-masalih al-anam*, Ed. T. 'A. Sa'd, Kairo

Jackson (1999), Peter, *The Delhi Sultanate: a Political and Military History*, Cambridge u. a.

Jackson (2006), Sherman A., „Literalism, Empiricism, and Induction: Apprehending and Concretizing Islamic Law's *Maqâsid al-Sharî'a* in the Modern World", in: *Michigan State Law Review* 1469 Special, S. 1469–1486

Jassas (1994), Ahmad b. 'Ali al-Razi, *al-Fusul fi al-usul*, Bd. 2: *'Ujayl Jasim al-Nashmi*, Kuwait

Jizani (1428h), Muhammad b. Husain al-, *I'mal qa'idat sadd adh-dhara'i' fi bab al-bid'a*, Riyad

Johansen (1988), Baber, „Die sündige, gesunde Amme. Moral und gesetzliche Bestimmung (*hukm*) im islamischen Recht", *in*: A. Havemann/ders. (Hg.), *Gegenwart als Geschichte. Islamwissenschaftliche Studien. Fritz Steppat zum 65. Geburtstag*, Leiden, S. 264–282

Jokisch (1996), Benjamin, *Islamisches Recht in Theorie und Praxis*, Berlin

Judd (2005), Stephen C., „Al-Awzā'ī and Sufyān Al-Thawrī: The Umayyad Madhhab?", in: P. Bearman u. a. (Hg.), *The Islamic School of Law. Evolution, Devolution, and Progress*, Cambridge, Mass., S. 10–25

Juwayni (1997), 'Abd al-Malik b. 'Abd Allah b. Yusuf al-, *al-Burhan fi usul al-fiqh*, Bd. 1, Ed. S. b. M. b. 'Uwayda, Beirut

Juynboll (1992), G. H. A., „Notes on Islam's First fuqahā' Distilled from Early ḥadīṯ Literature", in: *Arabica* 39, S. 287–314

Kafi (1994), Muhammad, R b. Yusuf al-, *Ihkam al-ahkam ´ala Tuhfat al-ahkam ´ala manzuma fima yalzam al-qudat min al-ahkam fi madhhab al-imam Malik ibn Anas* von Ibn ´Asim mit dem Kommentar und Ergänzungen von Ma'mun b. Muhyi al-din al-Jannan, Beirut

Kamali (2006), Mohammad Hashim, „Legal Maxims and other Genres of Literature in Islamic Jurisprudence", in: *Arab Law Quarterly* 20, S. 77–101

Khurasani (o. J.), Muhammad Kazim al-, *Kifayat al-usul*, http://www.alhassanain.com/ (Zugriff: 9. 7. 2011)

Klausing (2010), Kathrin, „Zur Terminologie einer Islamischen Theologie in Deutschland", in: *Hikma* 1i, S. 44–56

Klein (2007), Denise, *Die osmanische Ulema des 17. Jahrhunderts: Eine geschlossene Gesellschaft?*, Berlin

Krawietz (2002), Birgit, *Hierarchie der Rechtsquellen im tradierten sunnitischen Islam*, Berlin

Lamishi (1995), Abu 'l-Thana' Mahmud b. Zaid al-, *Kitab fi usul al-fiqh*, Ed. 'A. Turki, Beirut

Leeuwen (1999), Richard van, *Waqfs and Urban Structures: the Case of Ottoman Damascus*, Leiden u. a.

Leibniz (1996), Gottfried Wilhelm, *Monadologie*, Frankfurt a. M./Leipzig

Lisan al-Din ibn al-Khatib (1119h), Muhammad b. 'Abdallah b. Sa'id, *Raudat al-ta'rif fi l-hubb al-sharif*, Handschrift, King Saud University, 218 ra'.lam, http://www.al-mostafa.com (Zugriff: 9. 7. 2011)

Lohlker (2008), Rüdiger, *Islam. Eine Ideengeschichte*, Wien

Lohlker (2006a), Rüdiger, *Islamisches Völkerrecht. Studien am Beispiel Granada*, Bremen

Lohlker (2006b), Rüdiger, „Al-'Umarī's Bericht über Indien. Eine Studie zur arabisch-islamischen Geographie des 14. Jahrhunderts", in: *Zeitschrift der Deutschen Morgenländischen Gesellschaft* 156, S. 339–367

Lohlker (2003), Rüdiger, „Das Recht ist Poesie – die Poesie ist Recht. Einige Bemerkungen zu *fiqhīyāt* aus dem Sūs", in: L. Behzadi (Hg.), *Gelehrte Dichter, dichtende Gelehrte. Göttinger Symposium über arabische Gedichte zu Ehren von Peter Bachmann*, Hildesheim u. a., S. 99–107

Lohlker (2002), Rüdiger, *Islamisches Familienrecht. Methodologische Studien zum Recht mālikitischer Schule in Vergangenheit und Gegenwart*, Göttingen

Lohlker (1999a), Rüdiger, *Das islamische Recht im Wandel. Ribā, Zins und Wucher in Vergangenheit und Gegenwart*, Münster

Lohlker (1999b), Rüdiger, „,Unstatthafte Neuerungen' oder das Feld der religiösen Diskussion im Islam", in: *Zeitschrift der Deutschen Morgenländischen Gesellschaft* 149, S. 221–244

Lohlker (1996), Rüdiger, *Schari'a und Moderne. Diskussionen über Schwangerschaftsabbruch, Versicherung und Zinsen*, Stuttgart

Lohlker (1991), Rüdiger, *Der Handel im mālikitischen Recht* (Islamkundliche Untersuchungen 143), Berlin

Löschner (1971), Harald, *Die dogmatischen Grundlagen des šīitischen Rechts. Eine Untersuchung zur modernen imāmitischen Rechtsquellenlehre*, Köln u. a.

Lowry (2008a), Joseph E., *Early Islamic Legal theory: the Risāla of Muḥammad ibn Idrīs al-Shāfiʿī* (Studies in Islamic Law and Society 30), Leiden

Lowry (2008b), Joseph E., „The First Islamic Legal Theory: Ibn al-Muqaffaʿ on Interpretation, Authority, and the Structure of the Law", in: *Journal of the American Oriental Society* 128, S. 25–40

Lowry (2007), Joseph E., *Early Islamic Legal Theory*, Leiden/Boston

Lowry (2004), Joseph E., „The Legal Hermeneutics of al-Shāfiʿī and Ibn Qutayba: A Reconsideration", in: *Islamic Law and Society* 11, S. 1–41

Lucas (2010), Scott, „Principles of Traditionist Jurisprudence Reconsidered", in: *The Muslim World* 100, S. 145–156

Lucas (2009), Scott, „Justifying Gender Inequality in the Shāfiʿī Law School: Two Case Studies of Muslim Legal Reasoning", in: *Journal of the American Oriental Society*, S. 237–258

Maiyara al-Fasi (o. J.), Muhammad b. Ahmad, *Sharh Maiyara al-Fasi 'ala Tuhfat al-hukkam*, mit der Glosse von Ibn Rahhal, o. O.

Makdisi (1974), George, „The Scholastic Method in Medieval Education: An Inquiry into Its Origins in Law and Theology", in: *Speculum* 49, S. 640–661

Mazari (2001), Abu 'Abd Allah Muhammad b. 'Ali al-, *Idah al-mahsul min burhan al-usul*, Ed. 'A. Talbi, Beirut

Mehren (1970), August F. M. von, *Die Rhetorik der Araber*, Hildesheim/New York (Reprint der Ausgabe Kopenhagen/Wien 1853)

Melchert (2001), Christopher, „Traditionist-Jurisprudents and the Framing of Islamic Law", in: *Islamic Law and Society* 8, S. 383–406

Melchert (1997), Christopher, *The Formation of the Sunni Schools of Law, 9th to 10th C. E.*, Leiden

Messick (1993), Brinkley, *The Calligraphic State. Textual Domination and History in a Muslim Society*, Berkeley u. a.

Modaressi (1984), Hossein, „Rationalism and Traditionalism in Shīʿī Jurisprudence: A Preliminary Survey", in: *Studia Islamica* 49, S. 141–158

Moosa (1998), Ebrahim, „Allegory of the Rule (Ḥukm): Law as Simulacrum in Islam?", in: *History of Religions* 38, S. 1–24

Muhissi (2007), Fakhr al-Din b. al-Zubayr b. 'Ali al-, *Sharh Murtaqa al-wusul ila 'ilm al-usul li-imam Ibn 'Asim al-Ghirnati al-Maliki*, Amman

Mulay (2006), Muhammad b. Sidi Muhammad, *Durar al-usul ma'a sharhihi fi usul al-fiqh*, Kifa/al-'Ayn

Muranyi (1999), Miklos, *Die Rechtsbücher des Qairawāners Saḥnūn b. Saʿīd. Entstehungsgeschichte und Werküberlieferung*, Stuttgart

Nagel (1988), Tilman, *Die Festung des Glaubens. Triumph und Scheitern des islamischen Rationalismus im 11. Jahrhundert*, München

Nagel (1981), Tilman, *Staat und Glaubensgemeinschaft im Islam*, Bd. 1, Zürich/München

Neuwirth (2010), Angelika, *Der Koran als Text der Spätantike: ein europäischer Zugang*, Berlin

Newman (2000), Andrew J., *The formative period of Twelver Shī'ism: ḥadīth as discourse between Qum and Baghdad*, Richmond

Noth (1994), Albrecht, „Les 'ulamā' en qualité de guerriers", in: M. García-Arenal/M. Marín (Hg.), *Saber religioso y poder político en el Islam, Actas del Simposio Internacional (Granada, 15-18 octubre 1991)*, Madrid, S. 175-195

Oberauer (2004), Norbert, *Religiöse Verpflichtung im Islam*, Würzburg

Opwis (2010), Felicitas, *Maṣlaḥa and the Purpose of the Law: Islamic Discourse on Legal Change from the 4th/10th to 8th/14th Century*, Leiden

Opwis (2005), Felicitas, „Maṣlaḥa in Contemporary Islamic Legal Theory", in: *Islamic Law and Society* 12, S. 182-223

Pagani (2004), Samuela, „The Meaning of the *Ikhtilāf al-Madhāhib* in ʿAbd al-Wahhāb al-Shaʿrānī's *al-Mīzān al-kubrā*", in: *Islamic Law and Society* 11, S. 177-212

Peters (2005), Rudolph, *Crime and Punishment in Islamic Law. Theory and Practice form the Sixteenth to the Twenty-first Century*, Cambridge

Petry (1994), Carl F., „Royal Justice in Mamlūk Cairo: Contrasting Motifs of Two sulṭāns", in: M. García-Arenal/M. Marín (Hg.), *Saber religioso y poder político en el Islam, Actas del Simposio Internacional (Granada, 15-18 octubre 1991)*, Madrid, S. 197-211

Powers (2006), Paul R., *Intent in Islamic Law: Motive and Meaning in Medieval Islamic Law*, Leiden/Boston

Qahtani (1429/30h), Yasir b. 'Ali b. Mas'ud Al Shuwaiyyah al-, *al-Qawa'id wa'l-dawabit al-fiqhiyya 'inda al-imam Ibn Daqiq al-'Id (t. 702h) min khilal kitabihi Ihkam al-ahkam sharh 'Umdat al-ahkam, jam^{an} wa-dirasat^{an}*, Mekka

Qarafi (2004), Shihab al-din Abu al-'Abbas Ahmad b. Idris al-, *Sharh Tanqih al-usul fi 'khtisar al-Mahsul fi 'l-usul*, Beirut

Qarafi (1998), Shihab al-din Abu al-'Abbas Ahmad b. Idris al-, *Al-Furuq: Anwar al-buruq fi anwa' al-furuq*, mit dem Kommentar *Idrar al-shuruq 'ala Anwa' al-furuq* von Abu al-Qasim Ibn al-Shat und den beiden Glossen *Tahdhib al-furuq* und *al-Qawa'id al-sanniyya fi asrar al-fiqhiyya* von Muhammad 'Ali b. Husain al-Makki, Bd. 3, Ed. Khalil al-Mansur, Beirut

Qarafi (1994), Shihab al-din Abu al-'Abbas Ahmad b. Idris al-, *al-Dhakhira*, Bd. 1, Ed. M. Hijji, Beirut

Qarafi (1988), Shihab al-din Abu al-'Abbas Ahmad b. Idris al-, *Umniyya fi idrak al-niyya*, Ed. Musa'id b. al-Qalim al-Falih, Riyadh

Ramić (2003), Sukriya Husejn, *Language and the Interpretation of Islamic Law*, Cambridge

Razi (1999), Muhammad b. 'Umar b. al-Husain Fakhr al-Din al-, *al-Mahsul fi 'ilm usul al-fiqh*, Bd. 1 und 3, Ed. 'A. A. 'Abd al-Wujud/ 'A. M. Mu'awwad, Sidon/Beirut

Razi (1992), Muhammad b. 'Umar b. al-Husain Fakhr al-Din al-, *al-Kashif 'an usul al-dala'il wa-fusul al-'ilal*, Ed. A. Hijazi Iliqqa, Beirut

Reinert (1963), Werner, *Das Recht in der altarabischen Poesie*, Diss., Köln

Reinhart (2008), A. Kevin, „*Khiṭāb* ‚Discourse' in the Jurisprudential Theory of Ibn ʿAqīl al-Ḥanbalī", in: B. Gründler/M. Cooperson (Hg.), *Classic Arabic Humanities in their own Terms. Festschrift for Wolfhart Heinrichs on his 65th Birthday*, Leiden, S. 165–175

Ricklefs (1998), Merle C., *The Seen and Unseen Worlds in Java, 1726-49: history, literature and Islam in the court of Pakubuwana II.*, Honolulu

Risch (1885), Friedrich, *Commentar des Izz-ed-Din Abu Abd-ullah über die Kunstausdrücke der Traditionswissenschaft nebst Erläuterungen*, Leiden

Rölli (2011), Marc, „Gilles Deleuze – Philosoph der Immanenz", in: F. Balke/ders. (Hg.), *Philosophie und Nicht-Philosophie. Gilles Deleuze – Aktuelle Diskussionen*, Bielefeld, S. 31–70

Sa'di (1981), 'Abd al-Rahman b. Nasir, *Risala fi 'l-qawa'id al-fiqhiyya*, Ed. 'A. H. Mahmud, Kairo

Safiyy al-din al-Baghdadi (1988), 'Abd al-Mu'min b. Kamal-al-Din 'Abd al-Haqq, *Qawa'id al-usul wa-ma'aqid al-fusul mukhtasar Tahqiq al-amal fi 'ilmai 'l-usul wa'l-jadal*, Ed. 'A. 'A. al-Hakami, Mekka

San'ani (1988), Muhammad b. Isma'il al-, *Usul al-fiqh al-musamma Ijabat al-sa'il Sharh Bughyat al-amil*, Ed. H. b. A. al-Siyaghi/H. M. Maqbuli al-Ahdal, San'a'

Sarakhsi (1993), Abū Bakr Muhammad b. Abi Sahl al-, *Usul al-Sarakhsi*, Bd. 1 und 2, Beirut

Sarakhsi (o. J.), Abū Bakr Muhammad b. Abi Sahl al-, *Kitab al-mabsut*, Bd. 23 und 26, Beirut

Schacht (1964), Joseph, *An Introduction to Islamic Law*, Oxford

Schacht (1927), Joseph, „Vom babylonischen zum islamischen Recht", in: *Orientalistische Literaturzeitung* 30, S. 664–669

Schacht (1926), Joseph, „Aus zwei arabischen Furūq-Büchern", in: *Islamica* 2, S. 505–537

Schulze (2010), Reinhard, „Die dritte Unterscheidung: Islam, Religion und Säkularität", in: W. Lienemann/W. Dietrich (Hg.), *Religionen – Wahrheitsansprüche – Konflikte. Theologische Perspektiven*, Zürich

Shafi'i (1973), Muhammad b. Idris al-, *al-Umm*, Bd. 4, Ed. M. Z. al-Najjar, Beirut

Shafi'i (o. J.), Muhammad b. Idris al-, *al-Risala*, Ed. A. M. Shakir, Beirut

Sha'rani (o. J.), 'Abd al-Wahhab al-, *Lata'if al-minan wa 'l-akhlaq fi bayan wujub al-tahadduth bi-ni'mat allah 'ala 'l-itlaq*, mit den Glossen K. *Lata'if al-minan fi manaqib Abu al-'Abbas al-Mursi wa-shaykhihi Abu al-Hasan* und *Kitab al-falah wa-misbah al-arwah* von Taj al-Din Ahmad b. 'Ata Allah al-Sikandari, Bd. 1, Kairo

Shashi (2002), Nizam al-Din Abu 'Ali Ahmad al-, *Usul al-Shashi*, mit der Glosse *'Umdat al-hawashiyy* von Muhammad Faid al-Hassan al-Gangohi, Ed. 'A. M. al-Khalili, Beirut

Shatibi (1997), Abu Ishaq Ibrahim b. Musa b. Muhammad al-Lakhmi al-, *al-Muwafaqat*, Bd. 2 und 5, Ed. Abu 'Ubaida M. b. H. Al Salman, Khobar

Shawkani (1999), Muhammd al-, *Irshad al-fuhul*, Bd. 2, Damaskus

Shinqiti (2006), al-Mukhtar b. Buna al-Jakani al-, *Durar al-usul ma'a sharhihi fi usul al-fiqh*, Ed. M. b. S. M. Maulay, Kaifa/al-'Ayn

Shinqiti (2001), Sidi Muhammad b. al-Shaykh Sidi al-Mukhtar al-Kunti al-, *Sharh nazm al-Waraqat Imam al-Haramayn fi usul al-fiqh*, o. O.

Sirasi (1998), Ahmad b. Muhammad v. 'Arif al-Zaili, al-, *Zubat al-asrar fi sharh Mukhtasar al-Manar*, Ed. 'A. A. 'Abd al-Maujud/ 'A. M. Mu'awwad, Mekka

Stearns (2011), Justin, „The Legal Status of Science in the Muslim World in the Early Muslim Period: An Initial Consideration of Fatwas from Three Maghribi Sources", in: A. Q. Ahmed/B. Sadeghi/M. Bonner (Hg.), *The Islamic Scholarly Tradition. Studies in History, Law, and Thought in Honor of Professor Micahel Allan Cook*, Leiden/Boston, S. 265–290

Stewart (2010), Devin J., „Notes on Zayn al-Dīns al-'Āmilī's *Munyat al-murīd fī ādāb al-murīd wa-l-mustafīd*", in: *Journal of Islamic Studies* 21, S. 235–270

Stewart (1998), Devin J., *Islamic Legal Orthodoxy: Twelver Shi'i Responses to the Sunni Legal System*, Salt Lake City

Strawson (1995), John, „Islamic Law and English Texts", in: *Law and Critique* 6, S. 21–38

Subki (2003), Taj al-din 'Abd al-Wahhab b. 'Ali b. 'Abd al-Kafi al-, *Jam' al-jawami' fi usul al-fiqh*, Ed. 'A. Kh. Ibrahim, Beirut

Subki (1991), Taj al-din 'Abd al-Wahhab b. 'Ali b. 'Abd al-Kafi al-, *al-Ashbah wa'l-naza'ir*, Bd. 1 und 2, Beirut

Suyuti (1997), Jalal al-Din 'Abd al-Rahman, *al-Ashbah wa'l-naza'ir fi qawa'id wa-furu' al-shafi'iyya*, Bd. 1, Mekka/Riyad

Tabari (o. J.), Abu Ja'far Muhammad b. Jari al-, *Ikhtilaf al-fuqaha'*, Beirut
Tartushi (1997), Abu Bakr Muhammad b. al-Walid, *Risala fi tahrim al-jubn al-rumi wa-kitab tahrim al-ghina' wa 'l-sama'*, Beirut
Tasuli (1991), Abu al-Hasan 'Ali b. 'Abd al-Salam al-, *al-Bahja fi Sharh al-Tuhfa*, Bd. 1, Beirut
Tilimsani (1996), Abu 'Abd Allah Muhammad b. Ahmad al-Maliki al-, *Miftah al-wusul ila bina' al-furu' 'ala al-usul*, Beirut
Tillschneider (2006), Hans-Thomas, *Die Entstehung der juristischen Hermeneutik (uṣūl al-fiqh) im frühen Islam*, Würzburg
Tucker (1998), Judith E., *In the House of Law: Gender and Islamic Law in Ottoman Syria and Palestine*, Berkeley, Calif., u. a.
Tufi (1410h^2) Najm al-Din al-, *al-Bulvul fi usul al-fiqh*, Riyadh
Tufi (1987) Najm al-Din al-, *'Alam al-jadhal fi 'ilm al-jadal*, Ed. W. Heinrichs, Wiesbaden
Tulaytuli (1994), Muhammad b. Mughith al-, *al-Muqni' fi 'ilm al-shurut*, Ed. F. J. Aguirre Sádaba, Madrid
Turki (1976), Abdel Majid, *Polémiques entre Ibn Hazm et Baji sur les principes de la Loi musulmane. Essai sur le littéralisme zahirite et la finalité malikite*, Algier

Udovitch (1975), Abraham L., „Reflections oft he Institutions of Credits and Banking in the Medieval Middle East", in: *Studia Islamica* 41, S. 5–21

Weiss (2006), Bernard, *The Spirit of Islamic Law*, Athens/London
Weiss (1974), Bernard, „Medieval Muslim Discussions of the Origin of Language", in: *Zeitschrift der Deutschen Morgenländischen Gesellschaft* 124, S. 33–41
Wheeler (1996), Brannon M., *Applying the Canon in Islam. The Authorization and Maintenance of Interpretive Reasoning in Ḥanafī Scholarship*, Albany, NY
Wiederhold (1993), Lutz, „Das Manuskript Ms. orient. A 918 der Forschungsbibliothek Gotha als Ausgangspunkt für einige Überlegungen zum Begriff ‚iǧtihād' in der sunnitischen Rechtswissenschaft", in: *Zeitschrift der Deutschen Morgenländischen Gesellschaft* 143, S. 328–361
Winter (1988), Michael, „A Polemical Treatise by 'Abd al-Ġanī al-Nābulusī against a Turkish Scholar on the Religious Status of the Dimmīs", in: *Arabica* 35, S. 92–103

Yilmaz (2005), Ihsan, „Inter-Madhhab Surfing, Neo-Ijtihad and Faith-based Movement Leaders", in: P. Bearman u. a. (Hg.), *The Islamic School of Law. Evolution, Devolution, and Progress*, Cambridge, Mass., S. 191–206

Zarkashi (1992), Badr al-Din Muhammad b. Bahadur al-, *al-Bahr al-muhit fi usul al-fiqh*, Bd. 5, Ed. 'A. Abu Ghudda, Ghardaqa/Kairo

Zarkashi (1988), Badr al-Din Muhammad b. Bahadur al-, *al-Bahr al-muhit fi usul al-fiqh*, Bd. 4, Ed. 'U. S. l-Ashqar, al-Ghardaqa/Kairo

Zilfi (1986), Madeline C., „Discordant Revivalism in Seventeenth-Century Istanbul", in: *Journal of Near Eastern Studies* 45, S. 251–269

Personenregister

Die Namen sind in einer vereinfachten Umschrift in Anlehnung an englischsprachige Transkriptionen aufgeführt.

Abu Hanifa 58, 61, 79, 162, 217
Abu 'l-Husayn al-Basri 95
Adam 113
Aghlabiden 31
Ahmad b. Hanbal 79f.
'Allama al-Hilli 94f.
'Amili, Hasan b. Zayn al-Din al- 94

Bahrani, Yusuf b. Ahmed al- 94, 119
Baji, al- 120, 127
Bajuri, al- 113
Bauer, Thomas 8, 15f., 18, 28, 35f., 44, 47, 67, 75, 77, 100, 131, 134, 144, 217, 236
Bihbihani, Muhammad Baqir Akmal al- 94
Brown, Jonathan C. 83f., 86

Casanova, José 21

Deleuze, Gilles 22, 41f., 52f., 236f.

Ghawri, al-Ashraf Qansuh al- 32f.
Ghazali, Abu Hamid al- 95, 101, 171, 172, 175–180
Gilroy, Paul 8
Goldziher, Ignaz 170

Haytami, al- 79
Heinrichs, Wolfhart 55ff., 59–62, 64f.
Hennigan, Peter C. 87f.

Ibaditen 31f.
Ibn Abi 'Aqil 49, 93f., 110
Ibn 'Abidin 77, 98
Ibn Abi Shayba 84
Ibn al-Hajib 53f., 95, 101, 165
Ibn al-Khatib, Lisan al-din 29f.
Ibn Hazm 120f., 139f., 164f., 171f.
Ibn Juzaiyy 131, 190f.
Ibn Malik 24, 224
Ibn Nujaym 57, 59, 61
Ibn Qayyim al-Jawziyya 101, 159–162, 170, 175, 182f.
Ibn Qutayba 81
Ibn Taymiyya 216f.

Jackson, Sherman 30, 91, 120f., 182
Jassas, al- 91ff., 110, 178
Johansen, Baber 19ff.
Juwayni, al-Haramayn al- 34f., 39, 49, 95, 104f., 109f., 115, 152, 175
Juynboll, G. H. A. 14, 80

Khurasani, Muhammad Kazim al- 94, 180
Kulayni, al- 93

Lamishi, al- 100
Leibniz, Gottfried W. 7, 22, 236

Majlesi, Mohammad Baqer 87
Malik b. Anas 57, 79, 165, 180, 217
Mawardi, al- 36, 217
Mazari, al- 95, 104f., 110, 125, 130, 153, 175, 205
Messick, Brinkley 235
Mufid, Shaykh 94, 118
Muhaqqiq al-Hilli al- 94, 118f.
Murtada, al-Sayyid al- 119

Nawawi, al- 79, 189

Qadi 'Abd al-Jabbar, al- 34
Qadi 'Iyad, al- 188
Qarafi, Shihab al-Din al- 54, 64f., 134f., 174f., 179ff.

Rafi'i, al- 79
Ramli, al- 79
Razi, Fakhr al-Din al- 49, 54, 95, 100f., 119, 126, 140ff., 148, 156, 172f., 179, 196, 223f.

Samarri, al- 64
San'ani, al- 144
Sarakhsi, al- 19f., 37, 102, 137, 163f., 223, 226
Schacht, Joseph 25, 64, 67, 74
Shafi'i, al- 33, 59, 79, 81f., 89ff., 93, 120, 129, 153, 159, 187, 203, 217, 224
Shahid al-Awwal, al- 60, 94, 119
Shatibi, al- 52, 57, 161f., 169, 175f., 178, 181f., 186
Shawkani, Muhammad al- 217, 219
Shurayh b. Harith 87
Subki, Taj al-Din al- 56, 58f., 62f., 185, 198f., 223

Tabari, al- 76, 224
Tartushi, Abu Bakr al- 116
Tilimsani, al- 17, 117
Tillschneider, Hans-Thomas 16, 89–93, 110, 139
Tusi, Muhammad b. Hasan al- 94, 118

Weiss, Bernard 7, 111, 123, 131, 147, 228

Sachregister

ablehnenswert (s. auch *makruh*) 23, 59, 102f., 176
Abrogation, Abrogierung 66, 137, 191, 194, 198f.
Absicht (s. auch *irada*) 10, 117, 128f., 131–136, 138, 154, 156, 159, 170, 176, 181, 184, 192f., 199ff., 203, 209, 211, 213, 218, 220, 233
'ada ('āda) 58ff., 148, 176, 182
'amal ('amal) 60f., 72, 82
'amd ('amd) 135
'amm ('āmm) 57, 137f.
Analogie (s. auch *qiyas*) 66, 70, 73, 108, 138–146, 151–157, 163f., 166, 213f.
Analogiebildung (s. auch *qiyas*) 10, 12, 66, 73, 82, 115, 120ff., 139f., 142, 144, 148, 151f., 154, 156, 163–166, 179f., 185, 190, 199, 226
'aql ('aql) 108, 118f., 156, 172, 175, 223
asahh (aṣaḥḥ) 54
ashbah wa'l-naza'ir, al- (ašbāh wa'n-naẓā'ir, al-) 55, 57, 59–62
Ausdruck, sprachlicher (s. auch *lafz*) 52, 92, 129, 137, 183
Ausweg (s. auch *makhraj*) 159, 161, 168

bara'a (barā'a) 119, 172, 174
batil (bāṭil) 106, 126, 223
Beurteilung (s. auch *hukm*) 10–13, 16, 20, 23, 39, 48, 54, 56, 58, 62–65, 67, 82, 84, 92f., 99–102, 107, 118f., 121f., 128, 135, 137–141, 143f., 146, 148, 152, 160f., 163ff., 169–174, 176, 178f., 181ff., 185f., 188f., 198f., 201f., 210, 214f., 217, 226
Beurteilungskategorien (s. auch *hukm*) 19
Bezeichnetes (s. auch *madlul*) 129

Code, lexikalischer (s. auch *lugha*) 129ff., 134, 136, 138, 192, 200, 203, 221

dalil (*dalīl*; Pl. *adilla*) 12, 20, 48, 54, 118, 121, 129, 143f., 165f., 181, 185, 188, 214
dawabit (*ḍawābiṭ*) 56, 61
Deterritorialisierung 38, 42, 45, 52f., 95, 174
din (*dīn*) 175

Ehevertrag 23, 43, 45, 62, 64f., 83, 107, 133, 168
Einzelüberlieferung (s. auch *khabar al-wahid*) 120, 199, 226
empfehlenswert (s. auch *mustahabb* und *mandub*) 23, 59, 102, 206, 207
Empirismus, juridischer 9f., 91, 120–123, 143f., 146, 150, 157, 166, 174, 178, 181, 184, 187, 189
erlaubt (s. auch *halal* und *ja'iz*) 12, 23, 25, 59, 65, 105f., 135, 150, 160ff., 167f., 170f., 191, 199, 205, 217, 223

fara'id (*farḍ*) 87
fard (*farā'iḍ*) 102, 106
farq (Pl. *furuq*; *furūq*) 55, 64f.
fasid (*fāsid*) 106, 176
Fatwa 10, 13, 32f., 37, 47, 57f., 61f., 80, 96, 115, 164, 183, 188, 216, 229, 232ff.
fiqh 15f., 17, 44, 220
Freilassung 159, 186
Freisein (s. auch *bara'a*) 119, 174
furuq (s. auch *farq*) 55, 64f.

Gelehrtengemeinschaften 9, 68ff., 73
Gewohnheitsrecht (s. auch *'ada*) 15, 17, 59, 69, 182
Gutdünken (s. auch *istihsan*) 163–166

Hadith 8f., 12f., 37, 66, 71, 76, 80–87, 90, 107, 124, 127, 132, 139, 141, 162, 166, 181, 185, 190, 193–197, 223
hadith qudsi (*ḥadīṯ qudsī*) 83, 212
Hadithfälschung 196
Hadithspezialisten 13, 81, 83ff., 183, 195, 197
haja (*ḥāǧa*) 59, 175
hajiyyat (*ḥāǧiyyāt*) 175
halal (*ḥalāl*) 12, 14, 25, 59, 105f.
Hanafiten 57, 61f., 91, 100, 115, 137, 148, 159, 164, 178f., 230

hanafitisch 19f., 27, 31f., 54, 57, 75, 78f., 91, 93, 98, 133, 158–164, 166–169
Hanbaliten 48, 58, 60, 64, 79, 86, 101, 170, 182, 216, 230
hanbalitisch 56, 75, 110, 158–161, 170, 181
haram (ḥarām) 12, 14, 25, 59, 102, 106, 177
hila (ḥīla; Pl. hiyal; ḥiyal) 25, 157–163, 169f.
hudud (ḥudūd) 97, 168
hukm (ḥukm; Pl. ahkam, aḥkām) 12, 16, 19, 23, 36, 48, 58, 92, 100f., 137, 139, 143f., 170, 172f., 179, 185, 188, 214

'ibadat ('ibādāt) 132, 176, 182
Ibaditen 31f.
ijma' 12, 64, 66, 82, 119, 139, 172, 222ff., 226
ijtihad (iǧtihād) 10, 12ff., 57f., 66, 82, 94, 121, 183–190, 229, 231f.
ijtihad mutlaq (iǧtihād muṭlaq) 186, 188
ijtihad muqayyad (iǧtihād muqayyad) 186
ikhtilaf (iḫtilāf) 48, 75ff., 218
'illa ('illa) 139, 141, 148f., 151f., 179f.
ilmiye 96,
Imam 34f., 39, 57f., 61, 79, 83, 86f., 93, 105, 107, 117f., 128, 148, 152, 173f., 217, 222, 224, 235
indifferent (s. auch mubah) 105
Intention 10, 59f., 90, 128, 132–136, 154, 158, 176, 199, 209f., 213, 221, 231
'iqab ('iqāb) 103f.
irada (irāda) 132, 134f.
isnad (isnād) 83
istihsan (istiḥsān) 140, 163–166, 169f., 178
istishab (istiṣḥāb) 60, 119, 170, 172ff.
istishab al-hal (istiṣḥāb al-ḥāl) 13, 170f., 214

jadal (ǧadal) 48f.
ja'iz (ǧā'iz) 105f.
jarh wa'l-ta'dil, al- (ǧarḥ wa'l-taʿdīl, al-) 12, 193

Kadizadeli 96f.
kalam (kalām) 100, 108–113, 121, 185
Kanon, Kanonisierung 9, 26, 45, 53, 71, 78f., 85, 89ff., 93, 107, 117, 122, 128, 139, 150, 180, 182, 188f., 192, 201, 212, 223
Kettenglied 42ff., 46
khabar al-wahid (ḫabar al-wāḥid) 120

khass (*ḫāṣṣ*) 138, 181
khitab (*ḫiṭāb*) 100f., 118, 199
Konsens 10, 12, 64, 66, 82, 116, 119ff., 136, 139, 145, 157, 164, 172f., 178–181, 190, 222–228
Koran 8, 12f., 20, 26ff., 37f., 63, 65–68, 78, 82f., 85ff., 90ff., 100, 104, 107, 109ff., 113, 117f., 121–127, 138f., 141, 145ff., 151, 155ff., 163, 165, 168, 171, 178, 180f., 185, 187–191, 198f., 202, 204, 207f., 211f., 215, 221, 223, 228
Krankheit zum Tode (s. auch *marad al-mawt*) 134, 160
kutub al-ahkam 23

lafz (*lafẓ*) 52, 92, 129, 137, 183
lawm 103
Literalismus 120f.
Logik, ethisch-religiöse 15f., 18, 21f., 27, 30, 32, 36, 39, 49, 87, 96f., 101, 135, 158, 168f., 173, 175
Logik, juridische 16, 18, 20ff., 24, 26f., 29f., 36f., 39, 60, 96, 101, 132, 135, 145, 158, 168f., 174, 182
lugha (*luġa*) 104, 129, 131, 144, 185, 200

madlul (*madlūl*) 129
majaz (*maǧāz*) 49, 126f., 202, 205
makhraj (*maḫraǧ*) 161
makruh (*makrūh*) 102, 176
mandub (*mandūb*) 102, 176
maqasid (*maqāṣid*) 13, 54, 56, 58–61, 80, 149, 156, 175–178
marad al-mawt (*maraḍ al-mawt*) 134
Marktvogt (s. auch *muhtasib*) 96
maslaha (Pl. *masaliḥ*), *maṣlaḥa* (Pl. *maṣāliḥ*) 13, 34, 59, 61, 80, 148, 151, 162, 164f., 177–181
matn 83, 86, 117
Maxime (s. auch *qaʿida*) 9, 56, 155
mehrdeutig (s. auch *mujmal*) 10, 92, 136ff., 192, 199–204, 206–211
Meinungsstreit (s. auch *ikhtilaf*) 63, 65, 76f., 102, 190, 198f., 219, 229
Missbilligung (s. auch *lawm*) 103
Mogul 30, 33, 95, 97
Motiv-Modell 147, 149f., 154
mubah (*mubāḥ*) 102f., 105f., 160f., 176
Mufti 13, 65, 164, 167f., 183, 189, 229, 231–234
muhtasib (*muḥtasib*) 96
mujmal (*muǧmal*) 92, 136, 137, 200

mustahabb (*mustaḥabb*) 102
Mu'tazila 31, 90, 148, 217, 224

Nachahmung (s. auch *taqlid*) 12, 57f., 66, 188f., 232
nasikh wa'l-mansukh (*nāsiḫ wa'l-mansūḫ, al-*) 198
naskh (*nasḫ*) 66, 198f.
nass (*naṣṣ*) 117, 136f., 139, 171, 186, 189
neutral s. indifferent
nicht rechtsgültig (s. auch *batil* und *fasid*) 106, 160
niyya 59f., 132–135
Notwendigkeit, zwingende (s. auch *darura*) 59, 164, 175

Osmanen 9, 14, 30, 95–98, 166ff.

Pflichten, rituelle (s. auch *'ibadat*) 132, 176, 182, 210
Pflichtteilerbrecht (s. auch *fara'id*) 87
Prinzip (s. auch *qa'ida*) 13, 19, 54, 56–60, 62, 74, 162

qa'ida (Pl. *qawa'id*; *qāʿida*, Pl. *qawāʿid*) 13, 54, 56–62, 80, 180
qanun (*qanūn*) 97
qarina (Pl. *qara'in*; *qarīna*, Pl. *qarāʾin*) 12, 137f., 200
qasd (*qaṣd*) 132, 134f.
qiyas (*qiyās*) 12, 66, 82, 94, 108, 120ff., 139f., 147f., 151, 163, 165f., 180, 185ff., 226
qiyas al-'illa (*qiyās al-ʿilla*) 151f.
qiyas al-munasaba (*qiyās al-munāsaba*) 151f.
qiyas al-shabah (*qiyās al-šabah*) 152

ratio legis s. Ursache
ra'y (*raʾy*) 71, 82, 164
Recht, angewandtes (s. auch *fiqh*) 8, 12, 16, 21, 27, 39, 43f., 53, 57, 64, 94, 234f.
Recht, religiöses 15f., 18
Rechtsbrauch (s. auch *'urf*) 15, 17, 58f., 72, 165, 182
rechtsgültig (s. auch *sahih*) 106f., 171, 226
Rechtskniff (s. auch *hila*) 157–163
Rechtsmethodik (s. auch *usul al-fiqh*) 8f., 16f., 22, 25, 39, 43, 47, 49, 53, 57, 67, 81, 94, 108, 120, 157, 175, 222f., 229, 231, 233
Rechtspraxis (s. auch *'amal*) 22f., 27, 65, 69, 73, 78, 81f., 88, 99, 188, 235

Rechtsschule (s. auch *madhhab*) 8f., 13, 19f., 23, 25ff., 31ff., 43, 45, 52ff., 57f., 61–64, 70–81, 84ff., 95, 99, 120, 134, 145, 157ff., 161f., 165, 170, 180, 186–189, 223f., 227f., 230–234
Regelung, erleichternde (s. auch *rukhsa*) 169, 175, 180
Reines-Zeichen-Modell 147, 149
Reinigungsabgabe (s. auch *zakat*) 16, 84, 180, 213, 225
Religion (s. auch *din*) 15, 18, 19, 21, 34, 36, 38, 40, 69, 155, 175, 194, 221
Reterritorialisierung 9, 41, 52f., 79, 88f., 174, 182
Rhizom 9, 16f., 24, 36, 39, 41ff., 46f., 49, 53f., 57, 95, 119, 174, 178, 182, 188f., 200, 237, 238
Richterhandbücher (s. auch *kutub al-ahkam*) 23, 43
rida (*riḍā*) 133
rukhsa (*ruḫṣa*; Pl. *rukhas, ruḫaṣ*) 169, 175, 180

Safawiden 30, 97
sahih (*ṣaḥīḥ*) 54, 106, 176, 185
Säkularität, religiöse 8ff., 22, 28, 30, 39, 97, 219
saukara 98
Scharia 7, 9–18, 33ff., 39, 49, 57, 59, 70, 76, 85, 87, 96, 99–102, 104ff., 120, 132, 139f., 147f., 154, 158, 160, 165, 167, 175, 178, 180ff., 206, 208, 218ff., 222
Schiiten 8f., 13, 30, 60, 71, 73, 79, 83, 86f., 91, 93ff., 99, 107f., 115, 117ff., 128, 140, 145, 157, 173ff., 186, 212, 217, 222f., 227
Setzung der Sprache 131
shurut (*šurūṭ*) 25, 27
Sicherheit (s. auch *rida*) 20, 39, 60, 133, 160, 173, 178, 184, 193, 195, 197ff., 210, 212f., 219
Stiftung (s. auch *waqf*) 87f.
Sunna 20, 73, 78, 82, 84ff., 90ff., 95f., 117, 122, 124, 127, 138, 145, 157, 164, 171, 178, 180f., 185, 187–191, 193, 198f., 207, 212, 214, 223, 228

Tadel (s. auch *dhamm*) 103, 105
tanqih al-manat (*tanqīḥ al-manāṭ*) 186
takhrij al-manat (*taḫrīǧ al-manāṭ*) 186
taqlid (*taqlīd*) 12, 13, 21, 66, 76, 144, 186, 188f., 229, 232
tawatur (*tawātur*) 123, 125ff., 139, 185, 190, 193, 212
Texte, autoritative (s. auch *nass*) 58, 73, 96, 118–122, 139, 146, 162f., 170ff., 175, 178f., 181, 186, 189f., 212, 223
Texte, grundlegende (s. auch *nass*) 12f., 117ff., 122ff., 128, 141f., 144, 146, 150f., 153, 155ff., 165, 191ff., 201, 204, 206ff., 212f., 215f., 218, 220, 224, 226, 228f., 232ff.

Theologie (s. auch *kalam*) 8, 10, 108–111, 114, 185

Überlieferer/in 12, 82, 85, 123, 126, 185, 194–198
Überliefererkette (s. auch *isnad*) 83f., 86, 194f., 212
Unterscheidung (s. auch *farq*) 55, 64f., 135, 152, 189, 233
'urf ('urf)
Urkunde (s. auch *shurut* und *watha'iq*) 25ff.
Urkundenhandbücher 25ff.
Ursache (s. auch *'illa*) 91, 103, 112, 141f., 147–154, 156f., 173, 213
usul al-fiqh (uṣūl al-fiqh) 8f., 11, 16f., 27, 39, 47f., 51, 53, 57f., 65, 73, 80f., 88f., 93ff., 97, 101, 103f., 109, 115, 122, 128f., 131, 139, 163, 165, 172, 174f., 178–182, 234, 237

verboten (s. auch *haram*) 12, 23, 59, 65, 101ff., 106, 110, 113, 141f., 147f., 153ff., 159, 166, 168, 171, 176f., 180f., 217
Verkettung 9, 16, 25, 27f., 35–39, 42ff., 47, 51, 54, 57f., 60, 64f., 70, 75, 84, 88, 93, 96, 104, 118f., 131, 161, 171f., 175, 177ff., 181f., 187f., 192, 235, 237f.
Vernunft (s. auch *'aql*) 10, 21, 90f., 93f., 115, 117ff., 140, 149, 155f., 172f., 175, 221, 223
Versicherung (s. auch *saukara*) 97f.
Vorsatz (s. auch *'amd*) 19, 121, 135

wad' (waḍ') 131
wajib (wāǧib) 102, 104, 106, 176
waqf 87
watha'iq (waṯā'iq) 25
Wahrscheinlichkeitsabwägung 55, 66, 144

Zahiriten 91, 120, 139, 164, 171, 227
zaiditisch 8, 99
zakat 16, 84, 159, 180
Zeichen (s. auch *dalil*) 42, 49, 93, 110f., 144, 147, 186
Zielsetzung (s. auch *qasd*) 49, 52, 134f., 148, 155, 162, 169, 173
zihar (ẓihār) 63
Zufriedenheit (s. auch *rida*) 133, 206
Zusatz (s. auch *qarina*) 12, 43, 125, 137, 138, 200, 211
Zwölferschiiten s. Schiiten